老板必知的十大风控合规工具

张能鲲　沈佳坤◎著

Top 10 Risk Control Compliance Management Tools the Boss Must Master

中国经济出版社
CHINA ECONOMIC PUBLISHING HOUSE
·北京·

图书在版编目（CIP）数据

老板必知的十大风控合规工具 / 张能鲲，沈佳坤著
.--北京：中国经济出版社，2023.7
ISBN 978-7-5136-7344-0

Ⅰ. ①老… Ⅱ. ①张… ②沈… Ⅲ. ①企业法-研究
-中国 Ⅳ. ①D922.291.914

中国国家版本馆 CIP 数据核字（2023）第 098572 号

责任编辑　丁　楠
责任印制　马小宾
封面设计　任燕飞

出版发行　中国经济出版社
印 刷 者　北京富泰印刷有限责任公司
经 销 者　各地新华书店
开　　本　710mm×1000mm　1/16
印　　张　22
字　　数　360 千字
版　　次　2023 年 7 月第 1 版
印　　次　2023 年 7 月第 1 次
定　　价　88.00 元
广告经营许可证　京西工商广字第 8179 号

中国经济出版社 **网址** www.economyph.com **社址** 北京市东城区安定门外大街 58 号 **邮编** 100011
本版图书如存在印装质量问题，请与本社销售中心联系调换（联系电话：010-57512564）

序一

在企业经营面临内外部市场巨大变化之下，企业需要应对风险的难度呈现指数级的扩大，尤其民营企业的风险应对。针对风险渗透的深度和广度，企业通过对各个部门的职能简单链接和协同已无法解决。这已成为风控领域和业界的共识。数字化转型已经成为企业知识创新驱动发展的必要手段，企业的风控合规和内部治理也到了需要结合数字化赋能提升的阶段。因此，企业法务管理、合规管理、风险管理、内部控制、内部审计等五项具体职能，就需要按照企业发展的特定阶段，实现风险预防、控制与应对等融合措施，形成多维、立体、全面的风控合规集成化运用。因此，集成风控合规工具就需要整合所有企业层面的风控合规部门的功能，实现边界厘定、跨界融合、综合支撑、集约效率，系统推动民营企业风控治理的转型。

在大数据和云计算技术迅速发展的背景下，企业无论是被动还是主动应对，发展过程中的数字化转型都会给企业带来市场拓展压力、数据资产确认、员工操作合规、用户数据保密等问题，都为企业的风控合规带来了巨大的挑战。企业从传统模式向数字化模式转型，必须面临流程自动化、弹性业务、动态员工、信息安全、灵活用工、企业声誉等数字化转型过程中必然面临且可能爆发的风控合规风险，尤其是民营企业。因此，在民营企业的发展进程中，必须推动企业从数字化到智能化的转变、建立合规风险识别与预警机制、构建信息管理云平台安全防护、完善与零工平台合作管控模式、防范企业外部链接风险。因此，要系统设计并实现企业风控工具的界定，落实各个工具的具体模式，通过工具的分析解决企业数字化转型中的风险防控问题。风控合规工具的明确，和其他的领域不同，风控合规涉及方方面面，界定工具本身就是一件难事，对民营企业而言，从顶层设计出发构建企业风控体系，结合风控为先的前置设计，筑牢企业稳健的发展根基，需要做的细节工作很多。尤其在企业资产质量层面，企业面临的防控风险更多的是营收的质量和管控的效果。风控合规的逻辑，常常需要从企业业务前端融合设计，各个节点融合风控管理逻辑，协同强化企业制度建设才能达成。就企业风控的本质而言，需要回归本源，着力做好企业结构优化，同时实现民营企业特色的三道防线建设。

为此，张能鲲先生和沈佳坤女士协同完成的风控合规工具这本新书，将复杂的风控合规与多元个性化的民营企业做了融合，大刀阔斧地做了系统增删。同时，结合企业以风险管理为导向、合规管理监督为重点的成本效益原则，将风险管理和合规管理要求嵌入业务流程，把“强内控、防风险、促合规”的管控目标融入法务管理、风险管理、合规管理、内部控制、内部审计五位一体中，提纲挈领地总结出十大工具，结合基本常识的阐述，构建了企业基于自身可持续发展的监督评价体系。全书阅读下来，各个工具互相独立，但又形成联动闭环机制，可以助力民营企业从股东会、董事会、管理层的“三会”建设，系统实现民营企业在风控合规方面的管控目标。

特别说明的是，民营企业的发展历程和国有系统差别巨大。针对发展过程中面临的各种风险，对做好处置化解工作的灵活性和艺术性要求更高，由于系统提升企业资产质量的方法受制于商业模式和市场拓展的方式，因而也和国有系统有很大不同。民营企业使用的企业风控合规工具有别于国有系统，重要的模式和逻辑也有很大不同。具体五项职能中的每一项职能的效果，也可能存在很大的不同，风控的本身内涵也有很大差异。在保障企业商业模式实现和客户平台管理的安全、稳定基础上，在企业五位一体融合的十大工具的应用上，还得就数字化转型带来的双刃剑作用做好风控层面的筹划。数字化不单单可以实现业务流程优化、用人方式变革、产品服务个性化等全面的转型升级，同时也面临着“互联网+”产生的各种新型合规风险。一方面，企业应加强风控合规意识；另一方面，应积极加强风控合规管理，保障企业数字化转型的安全平稳进行。因此，在风控合规工具的应用上，本书给出了数字化转型背景下各种工具的落地应用方法，民营企业可以系统应用。

总之，对民营企业的风控合规十大工具的分解，最终是为了企业在可持续的财富最大化过程中，首先解决活下来的问题，再解决活得好的问题，最终实现可持续发展目标。在这一过程中，民营企业独特的风控合规工具应用，需要解决企业传统管控功能的升级，提升企业风控支持证据链的协同。为此，本书将民营企业十大工具分为两大类型，一是法务管理、合规管理、风险管理、内部控制、内部审计协同一体的企业管控功能的转型升级；二是顶层设计之下，企业应做好三道防线建设，在企业流程管控、平台管控之下，系统提升企业的证据链条。应该说这十大工具的分解，体现了民营企业本身管控的难点，融会贯通之后，可以实质性助力民营企业以较小的代价，实现风控合规能力上一个新台阶。

本书对企业风控合规工具的模块化分解，以及对五项职能的概念界定、功能界定等，是对风控合规的基础转型的重新梳理和设计。文字浅显易懂，且对不同层面的风控案例进行了融合说明，既有理论高度还非常接地气，值得民营企业老板和管理层，以及从事风控合规、顶层设计，规避爆雷风险的民营实践端的相关人士一读。得益于两位作者的理论转化、实践经验、系统知识的融合，本书对复杂的风控合规五位一体化转型归纳的十大工具做了很有战略高度和实操价值的模块化分解，想法独到，特此隆重推荐。

北京物资学院会计学院院长、教授

张军

2023年01月31日

序二

在剧烈变化的外部经济形势下，民营企业面临着各环节各层面的风险。民营企业光靠调整战略还不足以突破发展瓶颈，须同时系统采取妥善的风控措施，辅之以合适的风控工具，才能确保企业的可持续。和国有企业不同，民营企业的生存在于市场竞争力、市场拓展力和合规化压力，以及基于市场拓展的持续运行维护的方法。因此，民营企业做好既有企业特色，又能平稳落地，且不突破法律法规的风控系统建设很重要。

民营企业面临数字经济和国有系统发展日渐复杂的外部环境，反系统做好企业战略规划和优化，持续获得市场份额，确保企业所在赛道的持续竞争优势。针对风控合规的落地，从成本效益而言，以一岗多职岗位协同等集约化方式解决企业风控合规五项职能落地是当务之急。

民营企业在做好成本可控的前提下，制定一揽子风控措施，实现五项职能的落地非常必要。风控合规的关键节点体现在企业实现流程、制度、平台的协同，解决企业三道防线和证据链支持的协同，推动企业管理向有效风控并持续向构建企业生态系统进化，改善企业生存状态，实现企业活下来、活得好、活得久的根本目标。因此，有必要针对风控合规系统做好模块化分解，细化风控合规工具。借助风控合规各个工具的系统应用，企业可以实现风控合规五项职能的专业化运作，形成意识形态、底线思维、战略价值、制衡模式、兜底管控系统的落地。借助企业风险管理、内部控制、审计监督、合规和法务等专业部门的职能整合，通过一体化融合手段，企业可实现既能成功化解存量风险，又能筑牢风险防范体系的企业治理目标。民营企业实现这一目标需要考虑如下几个方面。

第一，“五位一体”监督机制结合数字化转型融合在工具端的应用。在“互联网+”营销大变革并形成红海的当下，企业营销数字化转型成为提升业绩和竞争力的必要手段，产销链条各环节的数字化和数据流通，运用大数据和智能算法技术挖掘数据价值、自动化处理业务、提供决策支持、驱动商业模式创新等，是企业营销的未来趋势。数字经济发展应当遵循创新驱动、融合发展、普惠共享、安全有序、协同共治的原则。在国家层面发展的基础上，把离线的客户在线化，多场景收集全面的客户数据，将客户从线索、购买到服务的过程全部进行数字化记录。这样，不仅可以实现客户数据对销售营销策略的指导，还可以反向驱动企业对研发、生产制造、物流运输的模式创新，并加强合规风险的管理，保障企业营销数字化转型的安全平稳进行。面对时代变化和严峻的企业内外部形势，企业需要结合面临的不同风险类型，进行系统风险层面的梳理，做好闭环逻辑的设计，妥善构建“五位一体”监督机制，借助十大工具的应用，实施动态分类授权，实现治理管理与流程优化融合，推进合规建设，实现合规和内控融合。加强内部审计监督，加快推进数字化转型，提升信息化管控水平，加强内控体系建设，完善责任体系。

第二，“五位一体”监督机制结合企业精益化管控下的证据链的落实。企业证据链的落实是企业需要十分注意的重点。企业风控合规五项职能的有效落实，需要确保企业支持证据链的真实、完整、准确。如果证据链形成的四流一致的业务链条出现漏洞，企业将会面临外部业务落地风险和税务风险，并给企业带来无形潜在风险。企业内部治理也会由于支持证据链本身不完善而导致舞弊行为的发生，甚至严重影响企业的可持续健康发展。民营企业无法选择经营期间的营商环境，风控合规的集约化的协同效应形成，也需要完善企业基于业务运营的证据链支持系统，以保证五项职能落地的风险管理工作。

第三，“五位一体”监督机制结合企业制度规章流程嵌套的核决权限的落实。企业按照制度规章的设计，通过核决权限的分授权模式，借助流程管控效果，提升企业成本费用支出的合理性和费用支出的“四流一致”匹配性，从而系统提升企业流程管控下的降本增效，提质增收。

第四，“五位一体”监督机制结合企业落地协同的平台化转型。民营企业的风控合规一体化的平台化管控，有助于形成“点、线、面、体”的立体式的平台化的架构模式。企业的平台化管控模式，借助运用统一工作部署等方式完善企业管理，推动一体化建设，保证一体化各个环节的稳步运行。为系统克服五项职能本身各个环节等制度体系过多、容易出现偏重某单项职能而忽略五项职能融合的流程管理，导致企业实践脱节的低效等问题，企业应积极推动战略目标融合与嵌入五项职能的平台化模式。

针对上述四个方面的落实，张能鲲先生和沈佳坤女士系统研读了风控类材料，结合民营企业发展的需要，基于民营企业内部风控合规视角，融合民营企业的特殊性、风控合规的普适性，系统设计了风控合规的十大工具。这十大工具包括顶层设计、三道防线、法务管理、风险管理、合规管理、内部控制、内部审计、证据链条、流程管控、平台管控。全书阅读下来，这十个工具从传统、经典的理论抽样出来，既结合作者本身企业实践经历和参与的现场实践调研，又结合科技赋能产业的普适性，以及国有系统的风控合规一体化转型的经验，从产业运营的内生式角度出发，给出了民营企业做好风控合规的建议和对策。

从本人的工作经验和经历看，该书实实在在地给出了系统的民营企业应对风控的方案和对策，对不少时代变化之下的常识性问题做了系统解答。因此，无论是传统类型的民营企业，还是处于科技创新转型的民营企业，或是既有国有成分又有民营成分的混改型企业，该书都具有不少实质性的参考意义。

中央财经大学金融学院金融科技系主任、数量经济学博士，教授、博导

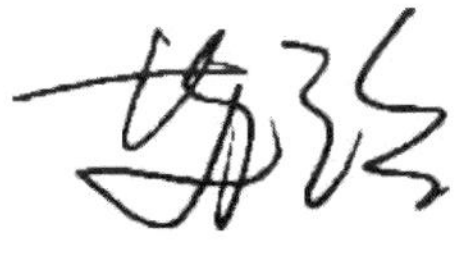

2023年01月31日

前 言

当前，世界已进入“百年未有之大变局”，企业的风控系统面临着科技赋能模式的改变、外部环境的变化、经济周期波动和震荡所带来的巨大挑战。对风险的预防、控制与应对，已成为一项相对独立的企业管理职能。时代发展已将“防风险”变成贯穿所有类型企业治理的最重要职责之一。企业的风险管理、内部审计、内部控制、法务管理、合规管理这五项职能，成为企业防风险的五项关键职能。具体体现在如下方面。

首先，企业要做好基于数字化转型的五项职能的战略布局和优化。在数字化转型背景下，企业不断呈现业务一体化、管理模块化、产品多维化、服务集成化等特征。新时期的商业模式使企业面临着更加激烈的竞争与复杂多变的外部环境。企业商业模式的优化，体现在企业的供产销系统不断融合，预算和费控系统不断打通，以及企业的智能化程度在不同程度地加速。企业在风险管理、内审管理、内控管理、法务管理、合规管理五项职能的实现上，会面临数字化转型下的大融合和大共享的冲击。企业需要系统思考五项职能，从合规风险识别出发防控可能出现的安全隐患，以保障企业数字化转型的高效发展，基于企业可持续经营背景，做好一体化的动态风控合规的融合管控，实现从传统的、独立的运营模式中转型。

其次，企业要根据风控合规五项职能，做好系统的综合设计与运营规划。要营造健康、可持续发展的良好的企业氛围，实现精益化管控，系统防控外部和内部风险，为建设可持续发展的企业生态提供坚实的制度保障体系。具体主要涉及两个方面。一方面，企业需要做好对五项治理职能的内涵和边界的界定，制定相应的制度规范和流程体系，明确企业负责人相关管理职责，落实企业风控合规管理融合的重点，提出合规管理运行及保障机制的要求。另一方面，需要进一步建立健全与之相匹配的风控系统的实现机制。建立合规风险识别、内控管理、法务管理与防控机制、事后纠偏的内审机制等。这就需要针对一揽子风控系统的融合，做好企业的转型工作，包括制定全员普遍遵守的风控转型的合规行为规范、建立风险预警机制、完善内控办法、解决法务工作转型路径、实施内部审计的应对策略，为企业数字化转型中及转型后的持续稳定发展提供保障，为企业系统实现有效管控落地打好基础。

最后，企业要针对风控合规五项职能做好落地工作。企业的制度是准绳，国家的法律是红线，尤其不能逾越底线。企业要形成从股东会、董事会、管理层到员工层的从上至下的高效风控执行力，就需要实实在在的企业管理执行落地。为贯彻落实企业活下来、活得好的根本宗旨，企业需推动风控合规五项职能一揽子治理体系的有效管理，需要做好系统的落地安排和风险应对的动态平衡，从而系统性防范化解企业可持续经营的重大风险，推动企业发展的有效决策部署，推动企业依法合规经营。一方面考虑到国家层面的监管在逐步完善，监管和惩罚力度不断加强，企业应主动结合监管全面整改，加强内控合规管理；另一方面企业需系统部署，不断升级风控工具，尤其是防范在经营中产生重大风险的有效工具，层层分解，动态调整。针对企业运营阶段的风险事件库和相应管控的落地对策，形成一个自我造血和自我化解风险的企业生态，从而打造企业自身的风控合规的核心竞争力。这是企业在执行层面应对越来越多的不确定性的法宝。

因此，随着外部环境不断变化，科技不断赋能产业实体，企业开展五位一体的生态化管理体系，是适应新形势，实现企业活下来、活得好的发展目标的现实要求，也是企业实现可持续发展、做好风险防范、系统解决企业综合风险的必然要求。企业需要构建系统完备、科学规范、职责清晰、协调有序、服务到位的管理体系，加强企业一揽子风控系统的文化建设，掌握系统的风控合规工具，深刻认识到新时期新工具不断转型迭代的重要性。

企业的发展需要做好风险控制，敬畏和尊重行业以及产业的发展规律，牢固树立风控和法治意识，坚持用好一揽子系统的企业治理风控工具。应通过简捷有效、形式丰富多样的工具，助力企业实现可持续发展，帮助企业员工掌握风控工具，营造“学习型组织”的风控环境，将基于企业风控合规的观念和意识，融入企业的生存和发展中，不断渗透到企业的各个方面，形成企业对风控工具的娴熟应用，使其成为融合企业发展自驱力的生存基因。

结合风控合规的融合迭代大趋势，在风控合规的五项职能的落实上，可以进一步划分为十大工具。通过十大工具的应用，实现企业活下来、活得好、可持续的目标。这十大工具的出发点以融合贯通和实用可操作为主。

因此，风控合规的十大工具内容，既对过往五项职能做了进一步梳理和聚焦，也结合时代的要求做了大量的改进，可以作为企业发展的顶层逻辑和企业落地实操的行动指南，甚至还可以成为企业发展和员工协同的思想共识、行动指引。通过企业各道防线的协同和融合，结合企业的特色，发挥企业从管理层的“关键少数”到基层的“普遍多数”的自上而下的一致性认知，并融合工具的使用，使各级员工以身作则、率先垂范、汇聚共识、激发活力，使企业在风控引领、生态建设、融合发展、持续转型的理念下，实现可持续发展！

在本书编写过程中，得到了中雪投资（北京）有限公司全体员工以及中和财智云数字科技有限公司全体员工、中国人民大学商学院部分师生的大力支持。詹满亮先生及其团队、北京物资学院会计学院的部分师生也为本书的编写提供了大量的幕后支持工作，不少专家学者对本书的编写和审阅提供了非常有价值的修改建议，尤其是中国中车股份有限公司风险审计部总经理陈震晗先生给予了系统的指导和审阅。本书深度调研的十余家民营企业创始人和相关法务、内审、内控职能部门的不少员工提供了大量有价值的素材，大量参考文献也给本书的写作提供了思路。

最后，本书的出版得到了中国经济出版社的大力支持与帮助，向为本书出版提供帮助的所有同人表示由衷的感谢！也向本书的编辑老师表示衷心的感谢！

目 录

第一章　战略定位：风控合规五项职能的优化转型 / 001

第一节　五项职能转型的五大特征与五大风险 / 002
第二节　企业传统五项职能的闭环逻辑与常识 / 027
第三节　企业数字化转型下五项职能转型的三道防线 / 039
第四节　与风控合规相关的四个案例 / 047
第五节　风控合规十大工具的逻辑与对策 / 055
第六节　本章小结 / 057
本章参考文献 / 057

第二章　十大风控合规工具之顶层设计 / 059

第一节　构建企业风控顶层设计的七个原则与三大方面 / 060
第二节　内部风控模式筑牢企业根基 / 066
第三节　顶层设计助力五项职能融合 / 074
第四节　企业的五位一体融合及智能化案例 / 080
第五节　本章小结 / 089
本章参考文献 / 090

第三章　十大风控合规工具之三道防线 / 091

第一节　风险引发的三道防线和闭环模式建设 / 092
第二节　三道防线的整合逻辑与落实落地 / 102
第三节　三道防线建设案例 / 109
第四节　本章小结 / 112
本章参考文献 / 112

第四章　十大风控合规工具之法务管理 / 113

第一节　法务管理的边界界定与四层协同 / 114
第二节　企业合同管理的成功标准与落地方案 / 123
第三节　本章小结 / 133
本章参考文献 / 134

第五章　十大风控合规工具之风险管理 / 135

第一节　全面风险管理的概念界定与闭环流程 / 136
第二节　企业日常运营风险管理的基本常识 / 159
第三节　本章小结 / 165
本章参考文献 / 166

第六章　十大风控合规工具之合规管理 / 167

第一节　以底线思维体现制度权威的合规管理 / 168
第二节　企业合规管理的系列常识 / 183
第三节　企业合规管理成功转型的案例 / 190
第四节　本章小结 / 195
本章参考文献 / 195

第七章　十大风控合规工具之内部控制 / 197

第一节　以制衡思维建设制度的内控知识 / 198
第二节　以制衡思维建设流程的制衡模式 / 206
第三节　以闭环监督评价推动的内控常识 / 211
第四节　本章小结 / 221
本章参考文献 / 222

第八章　十大风控合规工具之内部审计 / 223

第一节　内部审计的两大功能、三大职能与集成框架 / 224
第二节　内部审计的基本常识 / 233
第三节　内部审计智能化一体化建设及企业案例 / 241
第四节　本章小结 / 247
本章参考文献 / 247

第九章　十大风控合规工具之证据链条 / 248

第一节　企业风控证据链的模式与框架体系 / 249
第二节　企业制度规章证据链的清单与对策 / 253
第三节　企业成本费用证据链的路径与对策 / 259
第四节　企业经营管理证据链的对策与案例 / 263
第五节　本章小结 / 272
本章参考文献 / 273

第十章　十大风控合规工具之流程管控 / 275

第一节　企业五项职能的一体化融合 / 276
第二节　企业五项职能的三大价值与融合流程 / 282
第三节　本章小结 / 295
本章参考文献 / 296

第十一章　十大风控合规工具之平台管控 / 297

第一节　全流程业务网络平台化的三维空间与统一部署 / 298
第二节　企业平台模式推动风控建设的五步法与四对策 / 308
第三节　本章小结 / 319
本章参考文献 / 320

第十二章　归纳总结：风控合规工具转型——边界化、一体化、价值化 / 321

第一节　五项职能融合发展的五大原则 / 322
第二节　五项职能风控管理的协同与融合 / 323
第三节　本章小结 / 331
本章参考文献 / 332

第一章 战略定位：风控合规五项职能的优化转型

随着时代的发展，数字化已成为企业知识创新驱动发展的必要手段，企业的内部治理到了需要结合数字化赋能的提升阶段。因此，企业法务管理、合规管理、风险管理、内部控制、内部审计五项职能，需要结合新时期风险预防、控制与应对等有效措施，实现立体、复合、全面的融合，以此推动企业风控治理的转型与升级。

与此同时，由于数字化赋能和竞争不断加剧，企业传统风控工作面临很多不足，已经无法系统适应和支持发展的需求，数字化新风险控制应对策略的推出已势在必行。按照五项职能的模块化分解、共享化协同的模式，五项职能分解演进为十大风控合规管理工具，以针对企业不同类型的风险。通过十大工具的应用，可形成系统、完整的风控应对闭环逻辑，从而系统建设企业风控有效转型的新型防线，全面助力企业风险管理五项职能的不断提升。

第一节　五项职能转型的五大特征与五大风险

一、企业数字化转型的三大内容与五大特征

数字化是将许多复杂多变的信息转变为可以度量的数字、数据，再以这些数字、数据建立起适当的数字模型，把它们转变为一系列二进制代码，并引入计算机内部，然后进行采集、存储、挖掘、分析、利用和共享。

企业数字化转型是指通过深度应用新一代数字技术，构建“全场景”“全感知”“全联接”“全智能”和“全价值”的数字世界，推动企业组织、技术、融合、跨界创新，实现高质量发展，如表 1-1 所示。

表 1-1　企业数字化转型特点

特点	介绍
全场景	打破业务和管理的障碍，从董事到员工、从产品到技术、从国内市场到国际市场均应适应业务全场景的转型，从发展战略和经营理念上都要进行转型
全感知	企业自外向内确定客户的需求，所有供产销管理流程都要每天 24 小时不断地收集和利用用户的信息，感知到客户的需求，了解他们的痛点，及时满足他们的需求
全联接	跨越企业界别，联接内外部资源和信息，把企业相关的内外部资源和信息全部打通
全智能	通过人工智能的收集、分析和判断，联接和预测人的行为信息，产生不同于传统的新行为
全价值	充分挖掘、分析、利用数据，打破单个产品服务价值体系的封闭性，穿透所有的价值体系，并整合与创建前所未有的巨大的价值链

（一）企业数字化转型的三大内容

在企业的数字化转型下，企业管理不断实现共享模式、内部平台化及集成化的转型。企业的风控合规和内部审计制度也必然随之转型升级。受到现代信息技术的影响，众多企业开始考虑如何将改进风控合规与当下的智能化趋势协同，使企业在时代的潮流中站稳脚跟，甚至是弯道超车实现质的飞跃。

企业数字化转型通常是指企业从业务、管理到运营的全面信息化。与传

统企业信息化相比，数字化代表的是一种融合、高效、具有洞察力的企业运营模式。体现的形式是行业软件将云计算、大数据、人工智慧、物联网等数字技术串联起来，应用到企业业务、管理和运营中。具体应用体现在企业的电子发票、数据挖掘、移动支付、机器学习、移动互联、图像识别、数据安全技术等方面。

企业数字化转型的内容主要体现在以下三个方面。

1. 业务数字化

业务数字化是指技术和数据驱动的业务创新。数据驱动企业为客户提供个性化服务，技术实现高效、多渠道交互，典型场景是业务的在线化、移动化以及大数据、人工智慧等新技术在业务中的运用。这是数字化从业务模式上对传统行业的颠覆。各类线上购物平台，都开启了个性化推荐功能，极大地满足了人们的个性化需求，这正是对传统门户站点的颠覆，是企业进行数字化转型的重大进程。

2. 管理数字化

管理数字化本质上就是流程信息化，以 ERP、OA、HR 为代表。在过去的几十年间，企业都在与各种咨询企业配合做管理信息化和流程再造，以改进传统的管理模式，适应企业数智化转型的要求。

3. 运营数字化

运营数字化是指企业通过积累数据资产，依靠数据和技术驱动、营销等方式吸引客户并维持企业运营。这样不仅可以提高企业获客效率、降低企业获客成本，还可以帮助企业构建极致的客户体验，增强客户忠诚度，挖掘客户潜在的长期价值。这个领域的核心解决方案就是客户关系管理（CRM）。数字化转型的关键是客户本身，要以客户需求为导向，以客户的持续运营为承接点，这就意味着企业要从“以产品为中心”向“以客户为中心”转变。

（二）企业数字化转型的两个层面与五大特征

科学技术推动商业模式变革，重点体现在企业业务的不断集成化，不断实现业务各个模块的标准化和持续的共享化。人力共享、采购共享、资产共享、IT 共享、研发共享等，都是共享服务中心建设的重要内容。在这个共享理念驱动下，企业能集中的资源都可以共享，企业信息化要以共享理念为统领，构建大共享思维。共享中心建设要以企业大数据为目标，大共享带来大数据。

由科技导致的企业端信息技术革命，也在不断推动企业商业模式的改变。业务功能的拓展，引发后台支持系统架构基本面的改变。云兴起，以行业多元创新业务为起点，既需要关注多元业务的协同与融合，也需要关注传统业务系统的互联网化重构。在不摒弃传统业务的基础上，紧跟行业创新方向，不断完善系统对创新和核心业务的全面支持。企业的基础业务层面和创新业务层面，呈现如下转型趋势。

在企业的基础业务层面，不断实现连锁管理规范化。企业基础业务的标准化发展商，一般按照行业业务实践和标杆最佳业务实践进行对标，推动基于规范的连锁业务模式和流程设计，从而实现企业的经营管理精细化。与此同时，企业针对不同管理的模块独立主体，进行精细化经营，实现企业的供应链管理、品类管理、销售链管理、财务辅助管理的融合互通，提升传统和基础业务的降本增效、提质增收等。

在企业的创新业务层面，企业需要结合商业模式的创新，打通企业电商模式，实现线上线下一体化运营模式。通过响应市场全渠道需求，建立线上线下一体化运营体制。在这个过程中，构建以客户为中心的数字化经营体系，实现企业的全业务环节线上线下一体化。

通过基础层和创新层的协同，企业实现了业务模式和形态从数字化到智能化的转型。由此可知，数字化转型实现的五大特征是标准化、流程化、可视化、智能化、自动化，如图 1-1 所示。在企业的数字化转型过程中，均涉及上述五大特征的数字化赋能和模式的转变。具体如图 1-1 所示。

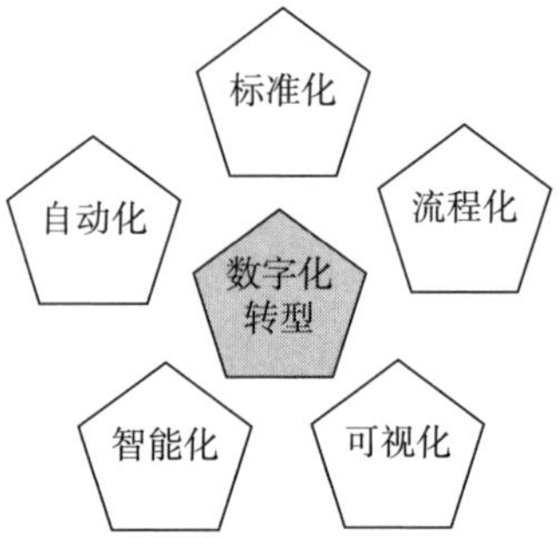

图 1-1　数字化转型实现的五大特征

1. 标准化

标准化是基于企业的完整性运营角度，涉及企业的营销、研发、制造、运营、维护、采购等各个环节，涉及企业全生命周期的数据标准及标准化系统的建设。

2. 流程化

流程化是对企业整个产品和服务的营销、生产、质量、安全、采购、成本、业务的全过程，进行线上线下全环节数字化的管控。通过企业的流程化管控，实现对企业各业务数据的结构化、模型化、流程化处理，实现全企业管线业务信息的数字化管理。

3. 可视化

可视化的作用不言而喻，通过可视化可实现企业各类业务数据、风险合规数据、证据链完整性和运行参数、收支业务等信息的多维度查询。这类数据的可及性和可应用性，需要以图形、图像、视频、图表分析等可视化方式展示。

4. 智能化

智能化是根据企业营销的特殊性和产品以及服务模式的本质属性，按照线上与线下融合、产品与服务融合、营销与供应商一体化等模式，实现企业常态化运营中的营销统计、生产运行、业务管理、采购管理的智能化业务管理，并根据业务运营模式做好企业的内控风险管理、“四流一致”管理、爆雷事件自主预警和交互联动管理，形成企业对业务和财务协同的优化、预测、预警、预知、联动。

5. 自动化

自动化是指基于企业风险管控，对证据链进行多维度分析，以形成风控合规以及监控系统的自动化。

（三）企业数字化转型的三阶段风控合规风险

数字化转型是指企业在全球数字化变革的背景下，为适应数字经济环境下生存发展和市场变化的需要，对企业进行主动的、系统的、整体的转型升级。是通过新一代数字技术的深入应用，构建一个全面感知、无缝联接、高度智能的数字孪生企业，进而通过数字仿真，优化再造物理世界，对传统管理模式、业务模式、商业模式进行创新和重塑，实现企业的业务增长与发展。

数字化转型分为尝试期、发展期及深入期三个阶段，如图 1-2 所示。数字化转型是客户驱动的战略性业务转型，不仅需要实施数字技术，还牵扯到各个部门的组织变革。

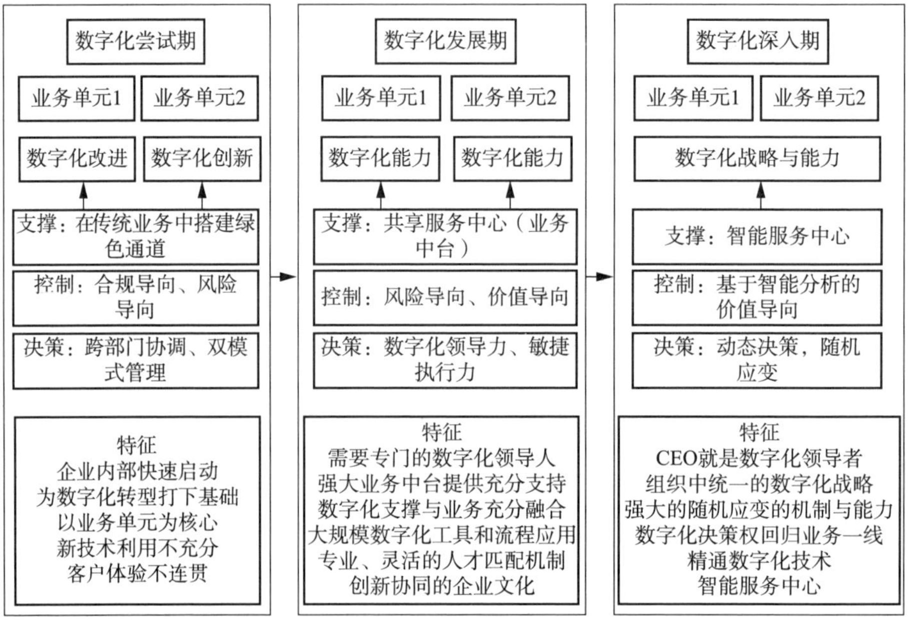

图 1-2　数字化转型的三个阶段

1. 数字化尝试期

在数字化试点阶段，帮助企业实现互联互通，实现业务数字化或数字化转型，使企业内部所有业务均在线上运营。由于部分企业信息化水平较高，可以进一步利用技术手段，进行数字化改进和数字化创新。然而，该阶段的企业对数字化的认识还不够深入，数字化能力与原有业务的整合还不够充分，客户认知也不一致，这是后续数字化发展的基础。

从风险角度来看，要充分认识到 IT 和业务创新融合型部门存在的合理性。从控制角度来看，这个阶段的企业应更多注重合规导向、风险导向的治理。

2. 数字化发展期

与数字化尝试期不同，处于数字化发展期的企业需要强大的数字共享服务中心来提供共享服务支持。经过尝试期的转型迭代，随着大量数据的积累，我们可以通过大数据技术对一些数字模型进行分析和挖掘，进而推动业务向智能化发展，不再依赖人的经验来确定业务发展方向。同时，数据也可以打包并作为商品出售。此外，在企业文化层面，应更加重视创新与协同的企业文化。

从风险角度来看，与尝试阶段的不同之处在于，数字风险管理负责人管理和控制企业的风险，更加重视数字领导和敏捷执行。从控制的角度来看，现阶段的企业应更加注重价值导向的治理。企业应成立风险控制中心，向其他部门提供风险控制措施建议，确保数字业务健康运行。

3. 数字化深入期

很少有企业能进入数字化深入期。数字化深入期的特点是：形成统一的数字化战略，数字化决策权回归到业务一线，以及拥有大量精通数字化技术和业务的人才。随着增强智能和深入学习的广泛应用，将形成更加智能的服务中心，以支持动态决策。

二、企业面临的五项职能与五类风险

在市场不断放开的经济形态下，国家管理部门虽对市场经营主体的设立条件放宽，但管理却越来越严格。企业在经营和“走出去”中面临着各种各样的合规风险，这就需要相关制度能够在关键决策上帮助企业控制风险。风险一般分为战略风险、财务风险、运营风险、市场风险、法律风险五类。因此，企业为避免合规风险，建立健全稳定的企业合规制度在新形势下尤为重要。

在企业生产经营过程中，往往会面临以上五大类风险问题，尤其是企业业务设计和资金管控协同。以G省L市IPO的企业为例，企业核心的直接的生态包括45家企业和21位自然人，这种网状结构体现了企业运营系统在各个层面的一体化建设和生态打造，但也潜在不少风险。战略风险主要是人的风险，包括股东管理、客户管理、供应链管理以及企业内部人员管理。常见的财务风险就是指在内外部环境中的不确定因素作用下，发生核算混乱、两套账本、内控失措现象，造成资金流失，使企业瞬间陷入困境。由于民营类生产制造企业在发展过程中的原始积累问题，常伴有不少财务风险。企业内外部环境的复杂性，使企业主体对环境的认知能力和适应能力可能有限，纵使企业暂不考虑运营的管理效率问题，但只要在上述涉及45家企业和21位自然人的协同配合上，在资金的某一个链条节点上，有一个小小的失误，企业的资金安全就将出现问题。市场风险是指因市场等外界条件变化而使企业产生经济损失的风险，包括商品价格与物资供应风险，客户、供应商信用风险，税收风险，利率、汇率风险，竞争风险等。企业面临的法律风险主要包括两方面：一是自身经营行为不规范，在业务开展过程中有违法行为，比如非法集资；二是外部法律环境发生重大变化而造成不利后果，比如合同纠纷引起的法律诉讼。具体如图 1-3 所示。

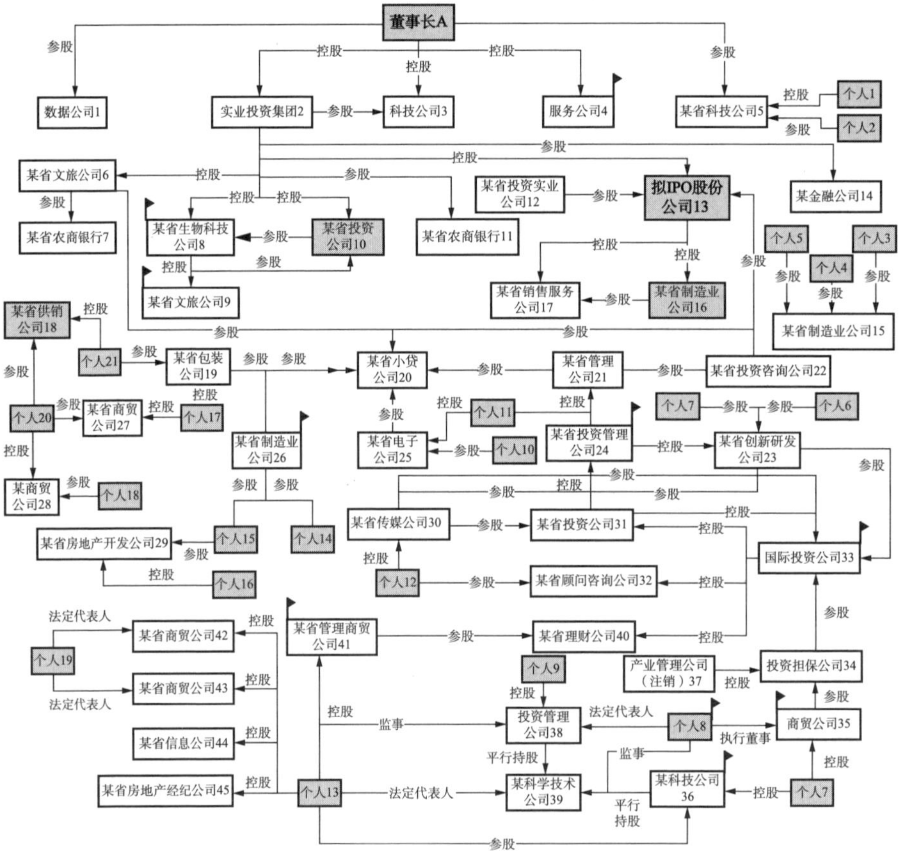

图 1-3　企业生产经营中的资金流动

备注：旗帜表示资金主要流入路径，箭头所指表示资金主要流出路径。

因此，随着民营企业的发展，风险因素也在不断聚集，在商业过程中会存在大量的风险事件。风险核心的“不确定”风险，包括事件发生与否的不确定、事件发生时间的不确定、事件发生状况的不确定、事件发生的后果严重程度不确定这几个层面。为此，就风险类型和项目梳理如下。

（一）企业的五类基本风险类型

在企业经营管理活动当中，虽然在一定时期内企业目标是确定的，但受各种因素的影响，每一个生产、经营、管理活动又都是不确定的，因此企业能否实现既定目标也是不确定的。国际标准化组织发布的 ISO 指南 73：2009《风险管理——术语》将风险定义为“不确定性对目标的影响”；国务院国资委 2006 年颁发的《中央企业全面风险管理指引》，将企业风险定义为“未来的不确定性对企业经营目标的影响”。

风险有多种分类方式。一般而言，以能否为企业带来盈利机会为标志，风险可以分为纯粹风险（结果包括损失、不损失）和机会风险（结果包括获利、损失、不损失）两类。如以引发风险的原因来分类，风险可以分为外部风险和内部风险两类。《中央企业全面风险管理指引》将风险分为战略风险、财务风险、运营风险、市场风险、法律风险五类。风险并非独立存在，而是隐藏在各项流程的执行过程中，隐含投融资项目风险的业务流程如图 1-4 所示。

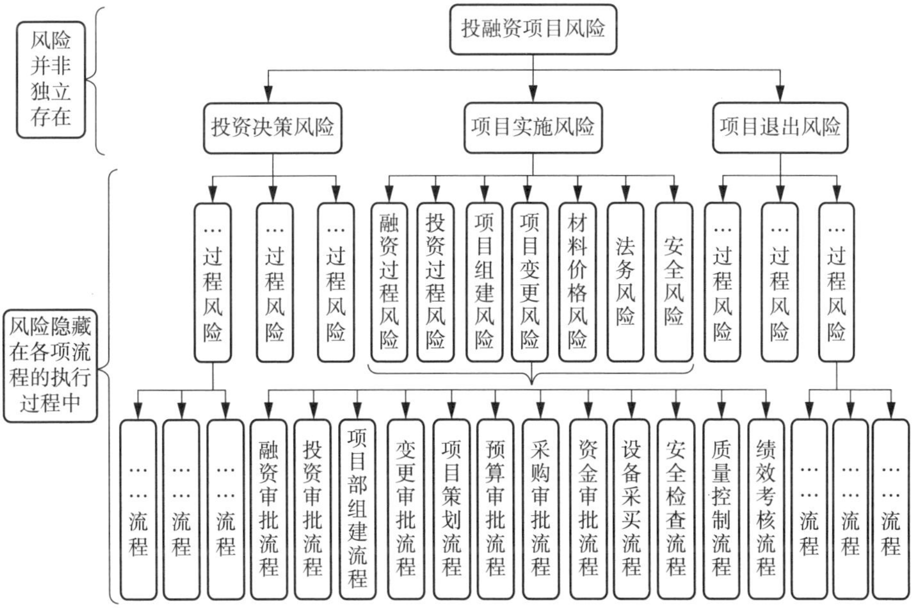

图 1-4　隐含投融资项目风险的业务流程梳理

常见的企业风险包括以下五个方面。

1. 战略风险

战略风险是指企业在战略管理过程中，由于内外部环境的复杂性和变动性以及主体对环境的认知能力、适应能力的有限性，导致企业整体性损失和战略目标无法实现的可能性及损失。产生原因主要是：战略不明确、超出实际能力；偏离主业、因主观原因频繁调整；执行不到位；在战略的制定和实施上出现错误，或因未能随环境的改变而做出适当的调整，从而导致经济上的损失。常见的战略风险有：宏观政策及形势把握风险、新产品推广策略风险、对新市场开发投入风险、并购风险等。

2. 财务风险

财务风险是指企业在生产运营过程中，由于内外部环境的各种难以预料或无法控制的不确定性因素的作用，使企业在一定时期内所获取的财务收益与预期收益发生偏差。产生原因主要是：不编制预算或编制不健全；预算目标不合理、编制不科学；预算缺乏刚性、执行不力、考核不严；筹资决策不当、投资决策失误、资金调度不合理、营运不畅、资金活动管控不严；违反会计法律法规、提供虚假财务报告、不能有效利用财务报告等。

3. 运营风险

运营风险是指企业在运营过程中，由于内外部环境的复杂性和变动性以及主体对环境的认知能力、适应能力的有限性，而导致的运营失败或使运营活动达不到预期目标的可能性及损失。产生原因主要是以下几方面的不足：企业组织效能、管理现状、企业文化；高、中层管理人员和重要业务流程中专业人员的知识结构、专业经验；期货等衍生产品业务中曾发生或易发生失误的流程和环节；质量、安全、环保、信息安全等管理中曾发生或易发生失误的业务流程或环节；产品结构、新产品研发；新市场开发，市场营销策略，包括产品或服务定价与销售渠道，市场营销环境状况；企业风险管理的现状和能力；对现有业务流程和信息系统操作运行情况的监管、运行评价及持续改进能力。此外，企业创新研发还可能引发企业的技术风险。广义的技术风险是指某一种新技术给某一行业或某些企业带来增长机会的同时，可能对另一行业或另一些企业形成巨大威胁。狭义的技术风险是指技术在创新过程中，由于技术本身的复杂性或其他相关因素变化的不确定性，导致技术创新遭遇失败的可能性。

4. 市场风险

市场风险是指因市场等外界条件变化而使企业产生经济损失的风险，包括商品价格与物资供应风险，客户、供应商信用风险，税收风险，利率、汇率风险，竞争风险等。产生原因主要是：产品或服务价格及供需变化；能源、原材料、配件等物资供应的充足性、稳定性和价格变化；主要客户、主要供应商的信用情况；税收政策和利率、汇率、股票价格指数的变化；潜在竞争者、竞争者及其主要产品、替代品情况。

5. 法律风险

法律风险是指企业在经营过程中因自身经营行为的不规范或者外部法律环境发生重大变化而造成的不利后果的可能性。产生原因包括国内外政治法律环境与政策变化、员工道德操守缺失、重大协议与合同的遵守与履行不足、法律纠纷、知识产权风险等。

在法律风险中，因违反法律或监管要求而受到制裁、遭受金融损失以及因未能遵守所有适用法律、法规、行为准则或相关标准而给企业带来信誉、经济等方面损失的可能性都会给企业带来合规类风险。合规类风险产生原因包括违反法律法规、监管规定、行业准则、国际条约、国际规则、企业章程、企业规章制度等。

（二）企业的四十八项二级风险

每个企业对于风险的分类是不同的。国家层面对于如何进行分类提出了相关的指导意见。如 2018 年国务院国资委下发文件，将企业风险分为五大类四十八个二级风险，按照民营企业的实际情况修订后，2020 年进一步细分为三十二个二级风险，具体如表 1-2 所示。

表 1-2　企业风险分级

序号	一级风险	二级风险（按国务院国资委 2018 年版）	二级风险（按国务院国资委 2020 年版结合民营企业情况修订）
1	战略风险	外部环境风险	政策风险、宏观经济风险
2		企业治理风险	企业治理风险
3		投资风险	投资风险
4		规划与资源配置风险	战略管理风险、管控风险

续表

序号	一级风险	二级风险（按国务院国资委 2018 年版）	二级风险（按国务院国资委 2020 年版结合民营企业情况修订）
5	战略风险	并购风险	
6		产业结构风险	业务转型风险
7		重组改制风险	内部整合和协同风险
8		企业文化风险	公共关系风险、社会责任风险
9		信息沟通风险	
10		其他战略风险	其他战略风险
11	运营风险	供应链风险	采购风险
12		技术风险	科技创新风险
13		产品质量风险	质量风险
14		生产风险	供应链管理风险、工程项目管理风险
15		安全环保风险	健康安全环保风险
16		运营控制风险	经营风险、经营效益风险
17		人力资源风险	人力资源风险
18		信息技术风险	信息系统风险
19		营销管理风险	
20		售后风险	
21		股权管理风险	
22		资产管理风险	
23		品牌风险	品牌与声誉风险、舆情风险
24		灾害风险	
25		其他运营风险	其他运营风险
26	市场风险	市场需求风险	
27		市场竞争风险	市场竞争风险
28		市场供应风险	
29		市场开拓风险	
30		金融市场风险	金融业务风险、衍生品交易风险
31		信用风险	客户信用风险
32		汇率风险	汇利率风险
33		利率风险	
34		其他市场风险	其他市场风险

续表

序号	一级风险	二级风险（按国务院国资委 2018 年版）	二级风险（按国务院国资委 2020 年版结合民营企业情况修订）
35	财务风险	财务报表风险	
36		现金流风险	现金流风险
37		债务风险	债务风险
38		融资风险	
39		票据风险	
40		税务风险	
41		担保风险	担保风险
42		其他财务风险	关联交易风险、财务管理风险
43	法律风险	法律法规遵从风险	合规风险
44		合同履约风险	合同管理风险
45		知识产权风险	知识产权风险
46		廉政风险	廉洁合规风险
47		舞弊风险	
48		其他法律风险	其他法律风险

注：本表体现的风险类型和细化分解，与实际五类风险分解（按调整后）略有差异。

（三）企业的十一项战略风险

1. 宏观环境与政策风险

宏观环境与政策风险是指由于外部环境因素（国内经济环境、区域经济发展形势、政府机构体系等）或外部政策因素（国家和地方区域经济性政策、金融货币政策、行业政策法规、上级监管部门对企业的相应政策等）发生变化，对国家和地方相应政策法规缺乏研究预判与分析等，导致企业不能及时应对行业市场的变化而出现营业收入和企业利润下降，从而给企业正常运营、预期经营收益和持续发展带来不确定性。

2. 战略规划风险

战略规划风险是指由于战略规划的研究与决策机制不健全、不合理，缺乏对行业与市场的基础性调研，决策论证依据不充分，决策程序不合理，审批权限界定不明确，未设立战略落实监督机制，监督落实执行不到位，落实单位（部门）未严格执行，未依据环境变化及时评估与调整战略目标，评估程序履行不严格、不及时等，可能导致没有明确的战略目标，战略决策效率和决策质量无法得到保证，战略目标调整不及时，调整方向不明确，战略目标难以实现，而给企业发展目标和方向带来不确定性。

3. 产业结构风险

产业结构风险是指企业只有一种或几种相互关系不大的产品，产品结构尚未形成或只是简单地具有结构的形式却没有形成有机联系的结构体系，产品处于不同的产业链条上或产业链的某一环节，其创造价值能力较弱，一旦出现新的产品或行业竞争格局产生分化，会增加企业发展目标实现的不确定性。

4. 企业并购风险

并购尽职调查和资信调查不恰当、不全面、不科学，导致并购决策错误。并购与股权交易未履行评估或未按评估估值合理推动并购，并购与股权交易违规或违反国家法律法规，导致企业产生并购溢价或跌价损失，被监管机构处罚，声誉和形象受损。

5. 行业研究风险

行业研究风险是指由于企业行业研究机制不健全、不合理，对投资业务涉及的行业不熟悉，对行业发展趋势的调研不够深入、不及时，对行业引领作用的政策规则研究不全面、不系统，研究团队配备不到位、缺乏熟悉行业的人才等，导致企业市场预测不准确、经营模式与市场需求不匹配、已进入的行业发展受阻、新投资的项目失利、整体盈利水平下滑，而给企业正常运营、预期经营收益和持续发展带来不确定性。

6. 决策风险

决策风险是指由于企业决策机制不健全，决策事项可行性研究不到位，对市场、竞争环境和可利用资源认识不足，授权管理体系不健全、不科学，决策权限未细化到位，决策程序不科学、不严谨或者未严格按照决策程序执行，决策事项的效果评价机制设立不健全、不合理等原因，可能导致决策失误、决策目标难以实现，给企业决策效率和效果带来不确定性。

7. 治理结构风险

治理结构风险是指由于企业对董事会、专业委员会、总经理办公会的定位不明确，管理权限划分不清晰、授权授信体系设立不合理，监事会对董事会、董事会对企业的战略性指导和对管理人员未起到严格监督作用，人员构成不合理或人员管理能力不足，信息披露不及时、不准确等，可能导致现有的治理结构无法适应业务需要，而给企业运行效率、管理效果带来不确定性。

8. 组织结构风险

组织结构风险是指由于企业组织结构设立不健全、不规范，与经营管理需要脱节，组织机构管理职责界定不明确，管理层次（纵向结构）划分不清晰、各部门之间（横向结构）职能界定不清晰，未建立有效的组织结构梳理评估机制等，可能导致现有的组织结构无法适应业务需要，机构重叠、职能交叉或权责过于集中、推诿扯皮，而给企业工作效率、管理效果、经营目标实现带来不确定性。

9. 子企业管控风险

子企业管控风险是指企业对其设立的子企业采取类似国有企业的“三重一大”（重大决策、重大项目、重要人事任免及大额资金使用）的管理，由于子企业管控机制不健全、不合理，各部门对子企业管控的管理权责划分不清晰，缺乏合理的分级授权和制衡机制，对子企业的监管不到位，对子企业领导班子的约束、考核机制制定不合理、执行不严格等，可能导致决策失误，成本失控，串通舞弊，对子企业的管控效率和效果低下，而给企业经营收益和持续健康发展带来不确定性。

10. 企业文化风险

企业文化风险是指由于对企业文化建设与管理工作缺乏重视和整体规划，文化建设和宣贯不到位，各部门、各权属单位人员旧有的工作习惯与企业建立的企业文化标准或工作方式没有很好地融会贯通，企业管理缺乏创新意识等，可能导致企业文化流于形式，企业凝聚力不强，整体合力难以实现，员工与所属单位对企业归属感淡漠，而给企业长期健康发展带来不确定性。

11. 社会责任风险

社会责任风险是指由于企业除企业责任外，还承担着安全生产、促进就业、保护员工权益等社会职责，由于对社会责任未能足够重视，相关责任和措施未有效落实等，可能导致企业形象受损，媒体发表负面报道，员工积极性受挫，而给企业的发展和声誉带来不确定性。

（四）企业的三十一项运营风险

1. 经营分析风险

经营分析风险是指由于缺乏对市场和政策法规变化的研究，对国内外经济形势及发展趋势预测不准确，经营计划制定不合理，经营分析机制与程序设立不科学，权责分配不明确，经营信息获取途径不正确，搜集的相关资料及数据不准确、不及时，统计分析能力不足，经营分析结果未得到有效落实等，可能导致经营分析结果失真、决策失误，而给企业经营目标实现带来不确定性。

2. 投资管理风险

投资管理风险是指由于对国家相关法律法规及上级单位规定缺乏足够的研究，市场调研与分析不充分，科研分析不全面、不客观，未经严格的评审和论证，审批不规范，资源储备不足，投资项目团队配置不合理，业务人员专业水平不足，投资项目实施与监管程序不健全、监督执行不到位，投资退出程序不合规，投资后评价机制不健全等，可能导致投资决策失误，未能达到预期投资目标，而给企业收益带来不确定性。

3. 投资项目风险

投资项目风险包括两类。

（1）境内投资项目风险。特指投资项目未做好投资标的的可行性分析，未履行尽职调查，未履行投资标的的资信调查，导致形成的结果不全面客观，未严格评审论证，未履行规范核决权限，未配置专业投资项目团队，未做好投资项目实施与监管，未履行好融投管退的程序，导致主并企业的投资决策失误，未能达到对被并标的企业预期投资目标，甚至因违反国家法律法规，被国家相关监管机构处罚，给企业带来声誉和形象损失，导致企业收益有一定不确定性。

（2）境外投资项目风险。特指主并企业对投资标的企业所在国涉及的政治、经济、文化、人力、法律、税收等规定未深入研究，对被并标的企业信息掌握不全面、不准确、不到位，未严格按照规定的决策程序执行；缺乏境外被并标的企业所在地的信息渠道、资源和人才，监管机制缺失或失效；缺乏境外被并标企业的信息充分沟通路径、问题反映机制、资金投融资渠道。导致境外投资项目失败或者不能实现被并标的企业预期的并购目标，从而给企业持续发展和经营收益实现带来不确定性。

4. 工程项目管理风险

工程项目管理风险是指由于建设工程项目管理制度不健全、管理程序不明确，项目立项的审查与论证不到位，项目实施与监管程序执行不严格，工程变更把控不严格，验收结算程序不规范等，可能导致项目目标无法实现，造成资金损失，而给企业的经济利益和持续发展带来不确定性。

5. 采购管理风险

采购管理风险是指由于未制定供应商名录或未设立供应商评价机制，未按照供应商名录选择供应商，对大宗采购未提供供应商名录，缺乏研究、分析采购物资市场价格变化，采购计划制定不合理或未经有效审批，职责分配不清晰，采购方式选择和验收程序不规范或未严格履行等，可能导致采购成本失控或采购物资质量无法保证，而给企业正常生产带来不确定性。

6. 资产管理风险

资产管理风险是指由于资产（包括固定资产、无形资产）购置、研发程序不合理或未严格履行审批程序，对资产日常管理不严，日常维护不当，资产租赁或处置程序不合理，对出租房屋监管不力，资产管理人员处理相关信息不合法、不真实、不完整等，可能导致资产闲置、遗失、毁损，资产价值遭受损失，加速折旧，企业资产使用效率和效果低下，造成企业资产损失或账实不符，而有损企业自身利益和形象。

7. 生产技术风险

生产技术风险是指由于企业的技术研发能力有限，缺少高等院校、研发机构的外部支持，技术路线制定不合理，职能部门对下属企业的技术监督、指导不到位，技术培训不足，激励考核机制不健全、不合理，专业技术人员缺乏，技术创新力量不足，系统内部缺乏技术交流与合作等，可能导致技术落后，发现问题不能及时解决，存在安全隐患，企业环保标准不达标，而给企业的生产经营收益带来不确定性。

8. 安全生产风险

安全生产风险是指由于安全管理体系不健全，责任划分不明确，未建立健全并落实企业全员安全生产责任制，未加强安全生产标准化建设，未建立健全安全生产规章制度和操作规程，安全生产规章制度和操作规程执行不到位，未建立并落实安全风险分级管控和隐患排查治理双重预防机制；未检查安全生产状况，及时排查治理生产安全事故隐患，未保证安全投入的有效实施，未制定并实施安全生产教育和培训计划，员工安全意识薄弱，安全教育不到位，安全生产技能不足，员工经验不足或未按操作规程作业，未组织制定并实施生产安全应急预案，安全巡查、预警预案机制不合理，执行不到位，安全事故未及时妥善处理，未组织开展危险源辨识和评估，重大危险源普查、辨识不严谨，管控措施未落实，未制止和纠正违章指挥、强令冒险作业、违反操作规程的行为，未及时、如实报告生产安全事故，安全考核力度不足等，可能导致安全事故频繁发生，造成人员伤亡和资金（财产）损失，而给企业正常生产经营、资产安全带来不确定性。

9. 突发事件应对风险

突发事件应对风险是指由于突发事件应对机制不健全，未制定有效、具有针对性的应急预案，未能采取有效的突发事件应对策略，突发事件发生时未能快速反应，应对措施不合理等，导致企业利益受到影响，造成人员伤害、政府工作被动、社会稳定受影响等不良后果，而给企业和政府形象造成负面影响，给企业未来发展带来不确定性。

10. 职业健康风险

职业健康风险是指由于职业健康安全管理体系不健全，生产环境低于国家相应标准，员工生产防护不到位，对员工劳动保护缺乏有效措施，劳动保护投入不足等，可能导致员工健康受到损害，企业生产经营受到影响，而给企业持续经营带来不确定性。

11. 环境保护风险

环境保护风险是指由于环保政策的变更，对环保政策执行不及时、不到位，设备环保标准不达标，节能减排措施或项目不合格，员工环保意识薄弱，环境破坏突发事件应急处理不到位等，可能导致环境污染，遭受法律处罚和损害员工健康，而给企业的发展带来不确定性。

12. 科技创新项目管理风险

科技创新项目管理风险是指由于科技创新机制不健全，新知识、技术的学习与论证、项目建议依据不充分，内容不客观、不完整，立项申请不合理，可行性研究不科学，未按照实施方案严格落实或在项目实施过程中遇到问题未及时解决，科研项目的落实执行缺乏可靠的保证等，可能导致企业对科技创新项目盲目跟进或过于谨慎，从而影响企业开发新产品或提高产品质量等，影响企业的经济效益和社会效益。

13. 关联交易风险

关联交易风险是指由于关联方之间存在控制与被控制，按非市场经济原则确定内部转移价格或方式，使交易的价格、方式等在非竞争的条件下出现不公正情况，形成对股东或部分股东权益的侵犯，从而给企业规范运营带来不确定性。

14. 内部审计风险

内部审计风险是指由于企业内部审计机制不健全，审计计划编制不合理或未经过有效审批，缺乏对企业风险和存在问题的识别和认识，审计计划执行不到位，审计人员不具备相应能力和经验，未遵守职业道德规范，审计报告编制不规范、出具不及时，未与被审计单位充分沟通，未经适当审批，被审计单位对审计发现问题未进行整改或整改未达到要求等，可能导致内部审计效率和质量低下，审计报告不公允、不具有客观公正性，不能发挥审计报告效力，而给企业资产安全带来不确定性。

15. 标准化管理风险

标准化管理风险是指由于企业建立的标准化体系不规范、不健全，标准化制度的起草、审核、发布、考核程序不规范，管理权责界定不清晰，制度之间相互重叠、相互冲突或过于繁杂，未及时依据业务变化调整标准化制度内容，标准化执行力度、监督力度不够，对标准化宣贯不到位，未设立标准化考核机制等，可能导致标准化管理混乱、可行性低下，已发布的制度形同虚设，制度执行效率和效果无法达到预期，内部实际控制力下降，而给企业内部控制效率与效果带来不确定性。

16. 内部控制风险

内部控制风险是指由于内部控制体系建设不健全，缺乏全面统筹，组织构架设计不适当，部门职责定位不清晰，权责分配不能相互制约，内控执行不到位，内控评价体系建设不健全，评价标准制定不合理，内控评价执行不到位、不及时，内控缺陷不能及时整改等，可能导致内部控制体系混乱，管理漏洞较多，运营效率和效果低下，风险隐患加剧，而给企业规范运营和持续发展带来不确定性。

17. 权责分配风险

权责分配风险是指由于企业组织构架设计不适当，结构层次设立不科学，企业高级管理人员之间、各部门之间以及各部门相应岗位之间的职责定位不明确，授权管理体系不健全、不科学，权限划分不清晰等，可能导致管理效率和管理效果低下，而给企业经营目标的实现带来不确定性。

18. 融资租赁风险

融资租赁风险是指由于融资租赁资产管理机制不健全，管理程序不规范或未严格执行，租赁资产的验收、登记程序管理不到位，抵债资产处置方案不合理或未经过有效审批，租后跟踪或逾期管理不到位等，可能导致企业损失加大，抵债资产变现率降低，企业利益受损，而给企业正常运营、经营收益、持续发展带来不确定性。

19. 干部任免风险

干部任免风险是指由于干部任免制度体系不健全，归口管理部门不明确，干部任免条件不明确，干部任免信息不公开、不公平、不公正，任用选拔、免职程序不规范，未经集体决策，干部任免监督不到位等，可能导致干部任免混乱，干部能力参差不齐，而使企业管理效率降低，给企业有序、健康、持续发展带来不确定性。

20. 人才管理风险

人才管理风险是指由于结构层次不科学，人才市场匮乏，专业队伍建设不能满足企业发展需要，招聘方式不合理，岗位晋升程序不合理，后备干部培养与企业业务发展不匹配，关键岗位人员不稳定，员工培训和薪酬体系不合理等，可能导致员工无法满足岗位需要，而给企业稳定发展带来不确定性。

21. 绩效管理风险

绩效管理风险是指由于企业绩效考核机制不健全，绩效指标制定不合理、偏离实际，考核程序不规范，考核结果未得到及时落实，奖惩机制设定不合理等，可能导致员工履职情况无法得到公平、有效的评估，被考人员积极性下降，工作效率降低，绩效考核工作流于形式，而给企业经营目标实现带来不确定性。

22. 劳动关系管理风险

劳动关系管理风险是指由于劳动合同管理制度不够健全，未明确专职管理人员，劳动合同的内容审核不严谨，签订、变更、解除、调岗、降职、降薪等管理工作执行不到位，劳动纠纷解决不及时，应对方案不合理等，可能导致劳动关系紧张，甚至引发劳动合同纠纷和法律诉讼，而给企业声誉和持续发展带来不确定性。

23. 职业道德风险

职业道德风险是指由于人员职业道德缺乏，信息不公开、不透明，反商业贿赂、反舞弊、保密制度等监督机制不健全，职业道德教育宣传不到位，风险事件发生后未及时组织全员进行学习、教育等，可能导致员工思想涣散，舞弊、泄露企业商业机密行为发生，且发生后因未及时纠正、反思，导致舞弊行为连续发生，而给企业经济利益带来不确定性。

24. 内部沟通与协作风险

内部沟通与协作风险是指由于部门之间沟通不及时、工作衔接不顺畅、配合不默契等，可能导致对项目开发的理念、观点不能达成共识，工作方向不明确，部门之间、员工之间不能协调配合，资源、信息不能共享，工作效率低下，而使企业不能达到预期经营目标。

25. 信息系统风险

信息系统风险是指由于缺乏全面、可行的信息系统建设规划，信息系统覆盖面不足，系统资源未能得到充分利用，权限设置不合理，缺乏系统硬件和软件的维护，安全管理工作执行不到位，系统崩溃，数据被窃取，未设立系统故障应急措施，信息系统使用、培训不到位等，可能导致信息传递和共享不足，而给企业经营活动效率和效果带来不确定性。

26. 房屋土地及拆迁管理风险

房屋土地及拆迁管理风险是指由于房屋土地管理制度不健全，管理职责不明确，房地产产权登记不清或未及时登记，土地处置不当，土地日常管理不到位，资产清查不全面，国有土地使用证管理不严谨，房屋土地管理混乱，拆迁措施制定不合理，拆迁程序不规范等，而给企业资产使用效率及管理开展带来不确定性。

27. 公共关系管理风险

公关管理风险是指由于企业与政府及相关单位之间的双向交流与沟通不顺畅，导致双方达不到相互了解和相互适应，而使企业经营和企业形象受到影响，给企业利益带来不确定性。

28. 权证管理风险

权证管理风险是指由于权责划分不明确，证照办理、年审、变更、登记、注销不及时，使用审批流程不规范，保管不善等，可能导致证照被滥用、过期或遗失，而给企业资产安全和正常运营带来不确定性。

29. 维稳风险

维稳风险是指由于缺乏对国家相关劳动保护政策的研究，企业结构调整宣传不到位，员工不理解，员工安置或调动不恰当、不公平，国家和地方政策不配套，离退休人员安置不妥善，安置成本超出企业承受能力，信访处理程序不健全、职责不清等，可能导致企业遭受法律法规处罚或用工成本上升，而给企业可持续发展带来不确定性。

30. 廉洁风险

廉洁风险是指由于缺乏廉洁风险防范意识，廉洁防控体系不健全，监察程序执行不力，监察人员徇私舞弊，检举信息渠道不通畅，监察结果落实不到位等，可能导致无法察觉、预防和根除企业内部的舞弊贪腐现象，而给企业健康发展带来不确定性。

31. 宣传与舆情管理风险

宣传与舆情管理风险是指由于企业对宣传与舆情工作的重视程度不够，管理水平不高，制度规范缺失，工作程序未落实到位，信息宣传及报送不及时，对负面消息的应对处理不及时、不妥当等，可能导致企业的社会舆论压力增大，而给企业可持续发展带来不确定性。

（五）企业的十一项财务风险

1. 全面预算风险

全面预算风险是指由于全面预算计划未实行定额预算机制，计划制定不合理，编制依据不充分、不准确、与实际脱节，预算没有得到有效落实，未严格参照全面预算指标进行分解执行，执行出现较大偏差，缺乏预算执行偏差分析，预算调整过于频繁或未及时进行预算调整，预算考核机制不健全，考核指标制定不合理，考核不认真，使考核形同虚设等，可能导致全面预算目标难以实现，而给企业实现成本控制、利润和经营目标带来不确定性。

2. 资金管控风险

资金管控风险是指由于资金收付未经适当审批或超越授权审批，执行不严格，权责划分不清晰，资金调度不合理，资金计划不准确，提交不及时，会计记录不准确、不完整、不及时，货币资金盘点、对账不及时，银行账户开立、撤销未经适当授权审批等，可能导致资金使用效率不高，发生重大差错、舞弊、欺诈、挪用等，给企业资金安全和经济利益带来不确定性。

3. 融资风险

融资风险是指由于对资金需求预测不准确，在融资方式、融资成本、融资结构、偿债能力以及融资时机等方面有决策失误，融资合同或协议条款不合法、不合规等，可能导致融资失败，融资成本过高，企业资金不足，资金冗余或债务结构不合理，无法满足资金需求，而给企业经营、资金安全和经济收益带来不确定性。

4. 担保管理风险

担保管理风险是指由于担保业务违反国家法律法规，未经有效审批或超越授权审批权限，担保评估不准确，相关担保资料虚假，后续跟踪管理不完善，缺少预警机制和应对措施等，可能导致承担连带责任，企业遭受处罚和经济损失，而给企业担保信誉和资产安全带来不确定性。

5. 应收账款管理风险

应收账款管理风险是指由于产品质量、时间不能完全满足客户要求，与客户签订的合同存在漏洞，没能对客户信用状况及还款能力进行严格审查等，可能导致客户因产品质量或合同漏洞拒付货款，甚至出现恶意拖欠货款的情形，而给企业经济利益和产生法律纠纷带来不确定性。

6. 收益分配风险

收益分配风险是指企业由于收益分配不合理，可能给后续经营和管理带来不利影响，从而影响投资者的利益和信心，给企业长期稳定发展带来不确定性。

7. 纳税管理风险

纳税管理风险是指由于税务筹划缺失或不合理、对税收政策缺乏研究和了解，纳税执行和监督管理不到位等，可能导致企业税务支出额度加大，少交或漏交税款遭受行政处罚，而给企业声誉和日常经营带来不确定性。

8. 资本运作风险

资本运作风险是指企业在资本运作过程中，由于外部环境的复杂性和变动性以及企业对环境认知能力的有限性，而导致的资本运作失败或使资本运作活动达不到预期目标的可能性及其损失。

9. 会计核算风险

会计核算风险是指由于企业未遵循国家相关法律法规，会计政策制定不规范、不合理，核算不准确、不及时，信息披露不真实、不完整等，可能导致会计信息无法真实反映财务状况，而给企业会计工作质量和效率带来不确定性。

10. 财务报告管理风险

财务报告管理风险是由于财务报告编制前期准备工作不充分，纳入合并报表范围不准确，调整事项或合并调整事项不完整，披露程序不当、不及时等，可能导致财务报告信息不真实、不完整，而给企业的日常经营带来不确定性。

11. 信息披露风险

信息披露风险是指由于企业对外披露的重要信息及财务数据，没有经过严格的审核或授权审批不严，企业相关人员意外提前透露企业信息，使企业相关信息对外披露不当，可能对市场产生影响，而给企业声誉和经营收益带来不确定性。

（六）企业的五项法律风险

1. 合同管理风险

合同管理风险是指由于未设立合同全程管理归口部门，合同管理制度与授权体系不完善、不合理，对合同的订立审查不严格，合同未全面履行或监控不当，合同变更管理不及时，合同变更或解除内容不可行，合同台账的管理未能得到有效落实，合同结清后未及时存档，合同纠纷处理不妥当等，可能导致合同管理不规范，发生纠纷后无法提供完整资料，合同事项无法得到有效的法律保障，从而受到法律制裁，导致企业合法利益受损，而给企业的正常经营带来不确定性。

2. 法律事务风险

法律事务风险是指由于企业法律事务管理制度不健全，对法律咨询机构选取及管理不规范，法律顾问意见不专业、不及时或未得到有效落实等，可能导致无法对企业日常业务及重大经营决策提供专业的法律支持，而给企业利益及战略发展带来不确定性。

3. 诉讼与纠纷风险

诉讼与纠纷风险是指由于企业纠纷处理不妥当，相关法律意见未及时有效落实，对纠纷影响程度及处理中的困难预计不足，对纠纷处理的准备不充分，企业诉讼请求不完全或缺乏时效性，诉讼证据不充分，诉讼法定程序履行不严格，上诉不及时，法律知识欠缺等，可能导致企业协商和解失败或败诉，合法权益受到侵害，遭受法律制裁，而给企业正常生产经营、战略发展带来不确定性。

4. 商业秘密管理风险

商业秘密管理风险是指由于企业保密管理体系不健全，对商业秘密范围和保密期限不明确，外聘专家缺乏职业操守，中介机构未履行保密协议，企业员工未履行保密协议等，可能导致商业秘密泄露，而给企业合法权益、正常运营和预期收益带来不确定性。

5. 外部合规风险

外部合规风险是指由于企业对国家及地方现行的法律、法规和政策研究不深入，或企业行为无法满足相关监管机构及法律法规要求，可能导致遭受监管机构的处罚，而给企业的经济利益以及正常经营带来不确定性。

（七）企业的六项市场风险

1. 品牌管理风险

品牌管理风险是指由于品牌管理的策划不合理、组织与实施过程不规范、投资者关系维护不善、企业资源利用不充分、品牌维护工作不到位等，可能导致品牌的知名度降低，而给企业的信誉度以及品牌的生命力带来不确定性。

2. 营销管理风险

营销管理风险是指由于企业未制定营销策略或策略制定得不健全、不合理，责任部门不明确，职责划分不清晰，企业缺乏专业的营销资格评审机制，上岗聘用、竞争流动机制不合理，营销队伍素质不高，考核管理过于粗放，未明确奖励与惩罚机制，营销现代化建设及应用水平不高，科技投入贫乏，未制定运营补贴机制，财政补贴预算管理不到位，政府对上网发电量、城市管网供热运营亏损的财政补贴金额有限等，可能导致企业运营成本的大幅度提高，而给企业形象和经济收益带来不确定性。

3. 信用风险

信用风险是指由于合作伙伴的资信管理标准不健全，信用信息收集及资信调查不全面，合作伙伴或交易对方因评级变动、偿债能力、资产损失等原因，不愿或无力履行合同/协议条件而构成违约，风险防控手段不合理，未及时识别损失的资产，未在适当条件下停止相关业务等，可能导致违约、欺诈及恶意拖欠事项频繁，而给企业效益带来不确定性。

4. 客户管理风险

客户管理风险是指由于对客户结构分析不准确，客户关系管理不到位，对客户的需求状况研究不深入和客户服务缺失、管理不到位等，可能导致客户满意度下降、忠诚度改变，市场占有率下降，甚至面临法律诉讼，而给企业的长远发展带来不确定性。

5. 市场竞争风险

市场竞争风险是指由于对电力市场形势分析预测不准确，现有的装机容量不能满足电网的需要，地产板块起步晚，专业人才缺乏，项目管理水平与行业水平有差距，地块储备不足，规模体量过小，融资能力不足，资金支持不到位，热力市场投资主体多元化，民营供热企业发展迅速，现有热力运营机制缺乏吸引力，成本控制不到位等，可能导致企业电量配额减少，地产竞争优势丧失，热力市场占有率下降或市场占有率越高企业亏损越大，企业利润空间被压缩，给企业经营规模和未来发展带来不确定性。

6. 境外投资风险

境外投资风险是指由于对投资所在国的政治局势、经济发展状况、文化差异、对外优惠政策、法律规定等相关情况不了解、未深入研究，对所投项目的信息掌握不全面、不准确，对境外投资项目可行性研究与决策分析不到位，或者偏于高级管理人员主观意识，盲目追求规模而忽视风险，未严格按照规定的决策程序执行，缺乏境外经营人才，外派人员专业能力不够，工作积极性不高，境外项目监督管理机制不健全、不合理，存在信息不对称、联系沟通困难、问题反映不及时等情况，境外投、融资渠道较窄，容易出现资金短缺等，可能导致境外投资项目失败或者不能实现企业预期效果，而给企业持续发展和经营收益实现带来不确定性。

第二节　企业传统五项职能的闭环逻辑与常识

一、企业传统五项职能的闭环逻辑与价值

（一）企业传统风控一体化的闭环逻辑

企业经营发展，需要结合企业发展实际，做好风控工作。就传统模式而言，如图 1-5 所示，企业面临的合规要求包括开展业务中应遵守的外部法律、法规、行业规范等合规义务以及企业认同的高标准合规道德规范。企业业务执行与战略实施要点如图 1-6 所示，所有员工不仅要准确理解合规明示的要求，还要深刻把握合规背后所体现的风控原则和精神。

因此，企业管理者的责任体现在：各级管理者要发挥遵守企业合规发展的表率作用，体现担当精神，以身作则，以高标准规范自身的合规行为，带动全员诚信合规。具体实操体现在：向员工说明日常业务中诚信与合规的重要性，以及工作中适用的法律法规和合规的相关规定；指导并监督员工遵守合规的要求，同时采取必要的措施以防止出现违反法律法规和合规规定的行为，切实履行预防、发现和应对合规问题的管理责任。企业的员工责任体现在：作为企业的一名成员，无论是高级管理者、中层管理者，还是普通员工，都有责任知悉并理解合规的要求并在日常工作中遵守。

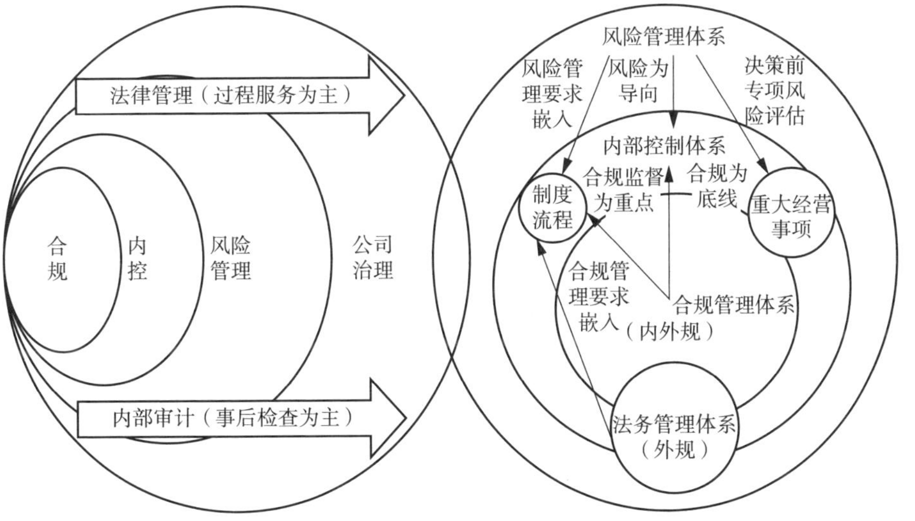

图 1-5　企业传统模式闭环风控逻辑

	法务管理	合规管理	内部控制	风险管理
思维方式	商业思维	底线思维	制衡思维	权衡思维
工作抓手	以绩效为核心	以制度为核心	以流程为核心	以授权为核心
互动机制	交易模式	权威模式	控制模式	信任模式

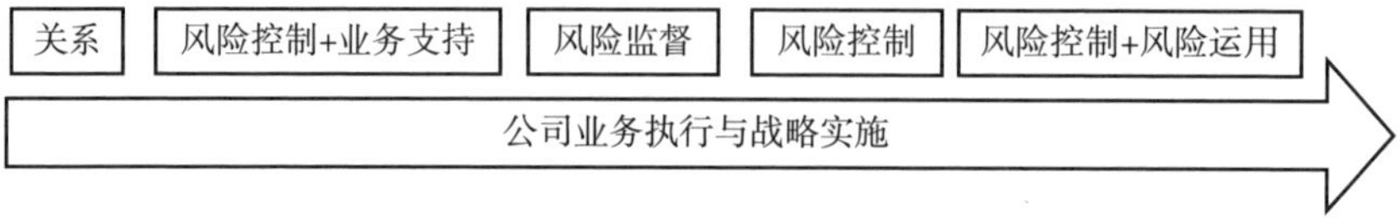

图 1-6　企业业务执行与战略实施要点

民营企业按照可持续发展的目标，需要制定完善风险管控体系、提升合规经营能力，实现一体化战略价值导向（见图 1-7）。

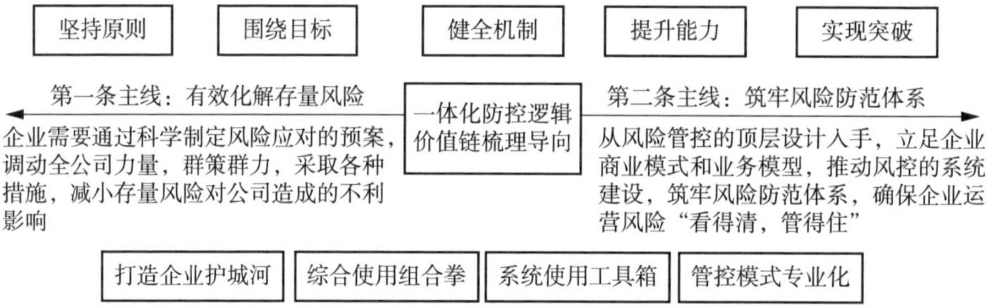

图 1-7　一体化战略价值导向

（二）企业传统风控的三大瓶颈与痛点

传统模式下的风控体系，具有多个风险管理系统，没有一个统一的平台集中管理；而且风险处理工作量大，主要依赖人工，效率低，难以对风险进行动态监控，因而无法及时对风险进行预警和防范。

就内部控制传统模式下的发展趋势而言，在传统的内部控制体系下，企业通过建立不相容岗位分离制度、严格的审批制度、健全的会计制度等控制举措，来实现企业内部控制目标。虽在一定程度上实现了控制目标，但仍存在较大的缺陷。

一方面，传统内部控制体系使用通用的控制手段对企业的业务交易进行一般性的控制，而对特殊业务或蓄意钻流程空子的交易或行为则无法进行有效控制；另一方面，传统的企业内部控制体系大多数流程依靠人工审核和相互监督得以实现，导致对涉及数据量大、计算复杂、人工审核成本高、错误概率大的业务，以及串通舞弊和内外部勾结等行为可能失效。许多企业建立了完善的内部控制体系，仍会发生对企业造成致命影响的舞弊和内部控制案件。

第一，信息化应用程度不够。部分经济效益较好、规模较大的企业能够实现风控合规五项工作文档的计算机管理，却仅限于将文档实现电子化，数字化转型的基础较薄弱。我国企业近年来所应用的内部管理软件基本上来源于通用软件，由于开发成本较高、周期较长，很少有适用于各企业自身情况的个性化平台软件，企业整体信息化程度不高，无法及时、客观、有效地反馈企业风控信息。

第二，信息化建设的人力与财力投入不足。促进内部工作方式优化升级，提升工作效率，提高风控合规质量，这些不仅是信息化建设能够给企业带来的好处，更是持续发展的必然趋势。但不少企业对风控合规类的五项不直接产生经济效益的工作认识不足、关注不够，导致信息化建设与企业的生产经营活动以及与企业效益相比，缺乏足够的资源配置和资金支持。只有从根本上改变管理层的理念，才能促使企业风控合规类工作信息化更快实现。

第三，复合型审计人才短缺。传统的五项风控合规工作只需传统人员即可，而信息化时代下的新型风控合规五项工作需要具备新技能、新理念的新型复合型人才。现有的审计人员很难适应信息化的需要。加之很多流动性较差的企业，人员知识体系陈旧，不易接受快速发展的计算机技术，而在年轻人中培育既懂财务、懂审计、懂法律又懂计算机技术的复合型人才需要时间，因而人才的缺失也是影响和制约风控合规信息化的一大因素。

（三）企业传统风控合规的价值与内部审计的三大趋势

企业风控合规工作是一种独立、客观的确认和咨询活动，其目的是改善企业运营和增加企业价值。因此，企业这方面工作的根本目的是帮助企业平稳健康地发展，帮助企业实现经营目标，最终目的是使企业每一个业务活动都能够合理合规，不断提升项目的管理水平，从而实现企业规范管理的目标。毋庸置疑，企业风控合规的作用是随着风控合规的职能、内容以及范围的拓展而不断扩大的。企业风控合规相关机构由于其自身性质与工作内容，可以相对独立地对本部门、单位内部控制情况进行不定时抽查，因此可以客观地反映企业业务的实际情况，并通过这种自我约束性的监督检查，促进企业各部门建立健全内部控制制度。具体体现在以下两个方面。

1. 风控合规的价值

第一，业务应用层面价值。企业风控合规落地需要对业务层面做好把关，主要是对企业生产经营全过程的合理性、各种生产力要素的开发利用情况以及经济性、效率性和有效性的实现程度做风控融合。传统的风控合规制度，需要不断优化转型以适应现代企业的发展。企业通过现代智能化手段，对企业的物资供应过程、生产组织过程、资源利用过程、产品销售过程等进行优化升级，确保企业内控制度正常运行。

第二，管理应用层面价值。管理应用层面通常是企业风控合规管理的一个重要方面。企业内部的风控合规通常是指对管理体系和管理工作的确认和咨询。其考核内容一般包括两个方面：一是考核企业的管理职能，二是考核企业各项具有管理职能的工作。为做好企业管理层面的风控，企业可提前设定好覆盖企业整体需求的管理制度，配套核心的管理流程，对关键节点做好不同企业职员的分解授权，并不断优化升级，增加企业风控合规的组织价值。

2. 企业内部审计的三大趋势

企业风控合规的两个价值的实现，需要对企业风控合规的内部审计功能进行优化。内部审计的优化体现在如下三个方面。

第一，内部审计职能定位趋向精准化。近年来，内部审计的职能定位日趋变化，开始从“企业价值的守护者”转变为“企业价值的提升者”。收集信息时，企业也不再拘泥于传统的财务和业务数据，而是逐渐把范围扩大到图像、文字、音频视频等更加复杂的领域。在数字化经济环境下，内部审计部门对数据的重要性认知逐步增强，基于对大量数据的搜集、整理，充分攫取数据深层次的信息，借以监督和评价企业各项工作。综上可以看到，大数据和智能化技术的出现可以帮助审计人员通过数据库技术等手段进行数据分析，并通过数据可视化的方式更加清晰和精准地定位审计疑点和审计发现，促使企业内部审计职能定位日趋清晰精准。如图 1-8 所示。

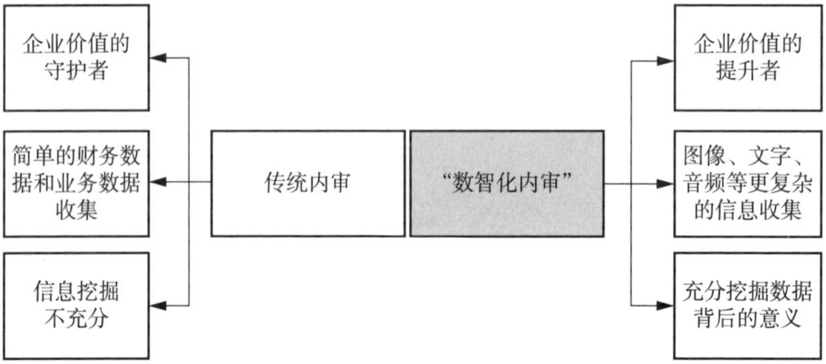

图 1-8　传统内部审计 VS“数智化”内部审计

第二，内部审计被审计的对象发生变化。企业内部审计部门在搜集被审计对象的相关数据时，也呈现复杂、量大、全面、及时和更为精准的特点。由于这些数据的特性，很难靠纸质或者其他一些传统形式去记录，这就促使无纸化的电子数据存储形式逐渐成熟。在这种数字经济背景下，企业内部审计数据种类的具体内容如表 1-3 所示。

表 1-3 数字经济下的内部审计数据类型

数据来源	数据种类	具体内容
企业或集团内部	基础数据	基本的产品信息、客户和供应商信息、部门信息、人员权限与分工信息等
	业务数据	订单合同、采购单、报销单、销售单、差旅票等业务数据
	财务数据	原始凭证、记账凭证、账簿和报表数据等，通过 ERP 系统或共享中心的前台和后台数据导出生成
	管理数据	由数字化共享中心（包括审计信息系统、人力资源管理系统等）产生的会议纪要、文件文档、审计底稿与记录资料等
	影像和音频资料等	盘存盘点或审计时形成的票据、凭证、上下机构往来填报的单据附件等材料扫描后形成的影像，访谈过程中的录音和视频等文档资料
外部	第三方数据	来源于银企互联操作系统的对账数据、来源于供应商和客户的信息数据

处理大量的结构化和非结构化的数据，内部审计流程和审计模式的变革，使得企业的内部审计工作更加趋于数字化和智能化。

第三，内审工作模式需要系统转型实现模式系统创新。企业内部审计流程得益于人工智能等信息技术日趋简化，移动化、无纸化的业务处理模式在众多业务处理中得以体现，审计报告实时性呈现常态化发展趋势。内审人员和 RPA（智能机器人）共同配合完成内部审计工作趋于主流化，企业内部审计也将开始重新考虑离岸运营的审计模式。

二、企业传统风控五项职能的三类基本常识

从风控合规的综合角度来说，如果企业需要实现系统的风控，规避企业发展的非合规行为，合理的风控措施是必要的。从基本常识来说，需要了解如下几个方面。

（一）企业员工管控合规十六条

（1）企业需要针对员工做好保障人身安全的措施。企业要为所有员工提供安全健康的工作环境，以及符合要求的劳动保护措施，保障员工获得职业卫生保护。同时，企业需要保障员工权益。

（2）企业合规运营的最低成本，就是将员工视为企业成功的必要因素。企业需要坚持利益共享，构建内部和谐共融的职业生态环境，积极推进民主管理，激发员工主人翁意识，不断提升团队凝聚力、战斗力。企业要为每个员工创造平等的职业发展机会，对满足岗位要求、具备任职能力的员工进行公平选拔任用。

（3）保护企业资产。员工在使用企业的资产时，以合理使用、有效节约为原则。企业的资产只能用于合法的商业目的。员工应依法合规保护企业的资产，包括流动资产、固定资产、无形资产、股权投资、其他资产等，确保有效利用。未经授权，任何人不得越权决策，擅自占有、处置企业的任何资产。

（4）企业员工须遵守商业秘密保护的相关要求，保护企业商业秘密。员工严禁违规使用知识产权等相关信息，不得侵犯他人知识产权。员工未经企业允许，不得泄露本企业的技术秘密，或者擅自转让、变相转让高新技术成果。员工在职期间或离职后不得泄露企业的任何保密信息，不得有任何不正当使用企业保密信息的行为。企业在外包业务中应当要求承包方对其从业人员提示保密要求和应承担的责任。

（5）信息披露与对外宣传。企业及员工应严格按照信息披露的相关法律法规和监管要求，依法合规地披露有关信息。企业应严格按照相关法律法规，及时、公平地披露信息，保证所披露的信息真实、准确、完整。未经企业授权或批准，员工不得擅自以任何形式对外发布企业相关信息。

（6）企业相关从业人员必须严守安全底线，自觉遵章守纪，正确使用劳动防护用品和生产设施设备，杜绝违章操作、违规指挥、强令冒险作业和违反劳动纪律的行为。企业须要求外委项目承包方依法签订合同，承包方应签订安全管理协议作为合同附件，明确规定发包方与承包方各自应承担的安全责任，否则不许开工。

（7）员工需遵守企业的各项安全生产管理制度和操作规范，了解本岗位的安全生产职责，掌握岗位相关的安全知识和操作技能，熟悉本岗位的危险因素及可能造成的职业伤害，掌握事故隐患的排查能力，具有应急自救技能。员工应尽到发现事故隐患的义务。岗位员工应严格执行巡检制度，及时发现事故隐患并逐级评估上报。对威胁人身安全、威胁企业生产安全、随时可能发生重大事故的隐患，应立即停工治理。

（8）在信息安全与隐私保护上，企业应该尊重和保护员工、客户和其他合作伙伴的个人信息和隐私。企业应制定隐私管理政策和支持政策、设定隐私责任职责，并培训员工、推广隐私文化，根据问责原则及监管机构要求，建立收集、存储、处理、传输、处置全流程的个人信息保护管理制度。

（9）员工严禁在私人信件、文案宣传中泄漏通信（讯）机密。凡未进行申报、登记、审批的移动存储介质均属非涉密移动存储介质，严禁用于存储秘密信息。对信息安全有要求的岗位，相关岗位人员应接受必要的信息安全技术和知识培训。员工应当按照相应的管理控制权限，对企业计算机信息系统进行访问，不得进行越权操作。员工不得在未经批准的情况下，使用个人即时通信软件、邮箱等通信工具将企业绝密、机密、秘密文件进行传播。员工及使用信息处理设施的第三方用户（包括借调人员、长期驻场运维人员及短期临时人员）都应遵守企业网络信息保密相关规定。

（10）员工不得利用行业协会与竞争对手进行违反正当竞争政策要求的接触或沟通，不得与竞争对手交换或谈论竞争性的敏感信息，包括价格、价格构成或其他条件，市场、客户或区域分割，商业机会或潜在订单，产能、产量或配额，企业战略或未来市场行为，报价和项目投标等。

（11）员工应遵守企业财务制度和流程，不接受不符合规定的资金付款。员工在对外付款时，应对资金用途和资金流向进行审核监督，警惕可疑付款方式。员工不应向非交易账户以及非正常账户付款，对违法违规的支付指令有权拒绝执行。

（12）员工不得篡改、伪造财务记录，不得提供虚假财务报告，确保其业务内产生的费用记录准确、如实反映每笔交易或支出；任何人不得以未经批准或不符合财务要求的票据字条等充抵现金，不得擅自挪用现金；员工有义务举报会计与财务相关的违规行为。

（13）员工禁止因商业目的通过任何形式向商业伙伴、政府官员提供、给予或承诺给予好处费，以影响官方行为或获取不当利益。员工禁止在商业活动中收受、索取他人好处。不得从商业伙伴处获得不当利益。员工不得为配偶、子女及其他特定关系人从商业伙伴处获得不当利益，包括但不限于金钱或其他任何有价物品或服务等。

（14）利益冲突是指员工履职时可能会出现影响其判断的商业、金钱、家庭、政治或个人利益的情形。利益冲突的形式包括但不限于员工未经企业允许直接或间接与企业进行交易，或从事妨碍其履行岗位职责的兼职工作，经营与企业相竞争的业务等。企业员工应正确处理个人利益与企业利益的关系，独立客观地开展业务。

（15）员工不得自营或者为他人经营其任职企业的同类业务或者从事损害本企业利益的活动。员工不得在与企业的关联企业或与企业有业务关系的企业投资入股。员工不得为个人利益直接或间接干扰市场准入、招标投标和合同签订等工作，不得指定或授意指定交易对象，也不得向特定关系人透露招标标底、内幕信息等。

（16）员工不得利用对外捐赠向受赠人或者受益人索要或者收受回扣、佣金、信息费、劳务费等。

（二）企业运营风控合规十条

（1）在环境保护问题上，企业需要坚持“保护优先、预防为主、综合治理、突出重点、全面管控”的原则。在生产经营活动的过程中，严格贯彻执行环境保护相关的法律、法规、政策和标准，建立健全环保管理体系，实行全员环保教育。企业环境保护工作应实行主要负责人负责制，按政策要求对所有污染物进行管控，不发生重大环境污染事故等违法违规行为。

（2）企业建设项目（包括新建、改建、扩建等基本建设项目、技术改造项目以及收购或资产划拨项目）应严格执行国家相关法律法规。建设项目环境影响评价文件未经审批部门审查或审查后未予批准的，不得开工建设。企业生产过程中产生的环境污染物必须达标排放。环境保护设施应正常运行和维护，不得擅自降低运行效率、停运或拆除。

（3）企业在环保新工艺、新技术、新设施（设备）投入使用前，应对相关操作岗位人员进行专业技能培训。企业合作相关方进场服务时，应签订环境保护协议，明确双方环境保护责任。企业应积极组织本单位做好环保隐患排查治理工作，及时发现隐患，并及时将隐患情况向企业主要负责人汇报，做好隐患整改工作。

（4）在安全生产问题上，企业应坚守安全发展理念，坚持“安全第一、预防为主、综合治理”的方针，构建安全生产长效机制，逐级落实全员安全生产责任制，保障安全生产目标的实现。

（5）在反垄断与公平竞争问题上，企业应坚持自愿、平等、公平、诚信的原则，遵守法律和商业道德，严格遵守适用的反不正当竞争法和反垄断法，坚决反对滥用市场支配地位，排除、限制竞争行为。

（6）在商业伙伴管理上（商业伙伴是指与企业存在任何业务或潜在业务、

工作往来的单位或个人，包括供应商、投资伙伴等），企业应坚持互惠共赢合作的理念，与商业伙伴建立平等互信的合作关系，公平公正地开展各项业务。企业应对商业伙伴开展尽职调查，根据调查结果，对合规风险进行分级，并采取相应的合规管控措施。企业应严格按照供应商准入和采购管理规定，公平、公开、公正选择供应商，并要求供应商遵守企业的准则。企业应对不合格、不合规的供应商实施相应的处理，强化供应商的合规管理。

（7）在社会责任的慈善赞助上，对外捐赠是指企业有捐赠意向，自愿将其财产（现金和物资）赠予合法的受赠单位和个人，用于救灾、扶贫、社会公益等。企业对外捐赠应遵循自愿无偿、权责清晰、量力而行、合法合规、诚实守信的原则。企业在进行对外捐赠财产决策和审批时，应该按照国家相关法律法规和企业规定的权限履行相关程序。出资企业对本企业及所属企业对外捐赠行为实行统一管理，严格按照规定程序对外捐赠。企业或员工不得以企业名义向不符合社会组织定义的个人、组织、政党进行捐赠。

（8）企业在境外业务活动中，要严格按照国家及地方境外投资相关管理规定及要求，依法合规开展境外投资活动。同时，应严格遵守国际通用准则和业务所在国（地区）的法律法规，符合当地政府监管要求，尊重业务所在国（地区）的文化、宗教、习俗，遵守经营所在国或者地区的政策法规及监管要求，诚信合规地开展各项业务活动。

（9）企业无论开展境内还是境外投资，都应确保经营活动全流程、全方位合规，全面掌握关于市场准入、贸易管制、国家安全审查、行业监管、外汇管理、反垄断、反洗钱、反恐怖融资等方面的具体要求。企业开展境内或境外日常经营，应确保经营活动全流程、全方位合规，全面掌握关于劳工权利保护、环境保护、数据和隐私保护、知识产权保护、反腐败、反贿赂、反垄断、反洗钱、反恐怖融资、贸易管制、财务税收等方面的具体要求。

（10）在知识产权与商业秘密保护上，企业对通过研发或其他合法方式掌握、能带来经济利益或竞争优势的技术成果、技术信息等知识产权，采取严格的保护措施，包括但不限于专利、著作权、专有技术、商标、商业秘密等。

（三）企业资金风控合规五条

（1）在反洗钱问题上（洗钱是指掩饰或隐瞒通过犯罪活动取得的资金或资产来源，并将其转入合法经济活动的犯罪行为），企业在开展境内外收付、调度资金时，应当保证资金的合法来源与流向，并符合国家有关外汇管理的规定。企业应遵守关于反洗钱的相关法律法规，防止协助洗钱或非法融资活动。

（2）在会计与财务合规上，企业遵守财务会计法律法规和相关准则，健全完善财务内部控制制度，认真履行所有会计、财务记录和财务报告义务，保证对所有交易都进行妥善和准确记录，保证财务账目的真实性和完整性。认真做好依法纳税，严格履行代扣代缴税款的义务。

（3）在反腐败与反商业贿赂上，企业反对任何形式的腐败、商业贿赂，反对以不正当手段谋取商业机会或其他经济利益的行为。员工应遵守适用的反腐败法律法规，廉洁地开展业务。

（4）在礼品招待上，企业应严格规范业务招待支出，按照标准和审批流程报销礼品及业务招待费。员工不得超过企业标准收受礼品与进行业务招待，其中礼品包括但不限于现金、折扣、佣金、有价证券、支付凭证、股票、股权、房产、车辆和其他财产，或者旅游度假、就业机会、职务晋升等非财产性利益。员工在开展商务合作中，需要赠送礼品和进行业务招待时，礼品应当符合有关法律法规要求，并做好完整诚信的赠送记录；业务招待应本着节俭、合理、必需的原则，不讲排场、不铺张浪费，不得突破标准。

（5）员工不得接受可能影响商务决策和独立判断的礼品、招待和好处费，也不允许亲属或委托他人接受。在归还不正当礼品时应当注重礼节，向对方解释企业的相关政策，因故未能拒收或退回的礼品，应一律上交登记。

三、五项职能融合建设的基本常识

（一）民营企业五项职能下“三重一大”的闭环逻辑

企业在实施管控架构的设计方面，按常理而言，需要构建企业总部职能部门、产业平台系统、企业架构管控体系，以有序推动企业的可持续发展。

在企业治理结构方面，无论是否体制健全，无论是否一人兼任多岗，一般需要做好股东会建设、董事会建设、经营班子建设，必要时还需要成立专门项目小组或相关专门委员会，对企业重大事项进行专项研究讨论，充分发挥专委会协助董事会做好专业决策的作用职能，如果需要董事会决策的，还需要在股东会层面提供最终决策参考。

所谓企业“三重一大”事项，主要是指企业在重大决策、重要人事任免、重要项目安排和大额度资金的使用方面的事项。这些事项，在国有企业层面，一般实行集体决策审批或者联签机制，任何个人不得单独进行决策或者擅自改变集体决策意见。常规而言，每个国有企业都应当确定“三重一大”事项的具体标准。对于民营企业，此类“三重一大”事项一样需要实现实际控制人确认之下的各个层面的内控功能履行。因为这一功能对民营企业的管理和内部决策具有重要的参照意义。

常规而言，针对类似“三重一大”事项，无论民营企业体量大小，民营企业的系统规模建设形式基本一致。民营企业常规按照核决权限表的核决事项逻辑统一规定执行，以及核决权限表确定的“三重一大”事项的动态额度的调整和性质变化，以及“管理层办公会或经理办公会提议执行、企业董事会确定执行、股东会决策执行”的新型民营模式的“三会逻辑”，使议事决策模式落地。

企业可以在一人兼任多岗的情况下，优化内控管理职能设置，将内控评价的相关职能明确给相应承担责任的部门时，兼顾不相容岗位分离原则。

企业持续推动内控管理体系优化整改，由企业统一组织，并开展内控专项检查，指导对内控缺陷进行整改，提高风险管控水平。企业内控责任的相关部门，需要系统指导新设、新收购项目以及企业部门推动内控体系建设。

（二）五项职能下内控制度建设的贯通模式与三个细节

企业需要针对风控合规状况，做好从股东会到企业执行层面的贯通设计，持续开展企业内控体系建设工作。编制管理标准，涵盖企业经营行政管理范畴的各项业务内容，包括并涵盖决策管理、投资管控、法律合规、财务管理、采购管理、资产管理、安全管理等关键业务领域的制度建设。

推进企业核决权限和财务核决权限的分授权体系的持续改进。在适度授权放权的同时，要控制授权风险。此外，企业可以以国内外经济形势变化和企业内外部发展环境变化为契机，持续推进内控缺陷整改工作，确保企业股东会决策事项、董事会确定事项、管理层办公会事项的贯彻执行，推动企业的内部监督检查、内控缺陷整改、经营风险识别与监测、不相容职务分离控制等合法合规。针对企业发现的问题，制定整改措施，按照“问题清单”逐项进行跟踪落实。

内控信息化建设主要有三个细节，具体体现如下。

（1）**财务信息化系统。**统一建设企业资金集中管控系统和财务数据集中展示系统，将企业资金年度计划及资本性支出投入的项目年度计划数据固化到资金管控系统中，将资金管理和财务预算管理深度融合，提升资金计划管控能力，推进财务信息化融合建设。

（2）**物资采购信息化系统**。需要统一制定关于物资计划、采购、联合储备、仓储、调剂、供应商、物料主数据、废旧物资等系统的管理标准及流程，并配套运用标准化和信息化手段，统一物资标准体系，建设统一的 ERP 系统物资模块和电子商务平台，整合企业招标和集采业务，实现企业集采业务的规范统一管理。

（3）**法律信息化建设**。将法律审核的内控流程嵌入现在的 OA 系统审批流中，确保企业相关负责人在规定时间内对重要性质和超出一定金额的大合同及时做出批示，提高企业业务处理效率和质量。

（三）内控监督评价问题的七个缺陷整改领域

企业风险管理及内控体系中，存在对企业治理、经营管理及企业发展有重大影响的缺陷。内控体系运行缺陷一般会涉及企业的资产管理、投资管理、采购管理等业务。

（1）企业预算管理涉及的缺陷主要有：预算方案、预算分解未履行审批程序，预算分析工作未全面开展，预算调整方案审核不规范，预算考核执行不严格等。

（2）企业资产管理涉及的缺陷主要有：固定资产内部调拨、盘点程序不规范，盘盈盘亏处置未按规定履行审批程序；无形资产管理制度不健全、归口管理部门及管理职责不明确。

（3）企业投资管理涉及的缺陷主要有：投资退出机制不健全、投资项目后评价成果应用机制不完善。

（4）企业采购管理涉及的缺陷主要有：采购计划、采购方案、采购结果未严格履行审批程序，询比价、竞争性谈判采购程序不规范，采购计划与实际采购偏差较大，质量验收不及时不规范，未严格执行供应商评价的规定等。

（5）企业合同管理涉及的缺陷主要有：合同签订日期早于审批日期或合同实际履行日期早于合同签订日期，委托代理人未严格依照授权签订相关合同，合同登记台账信息不完整，未对合同履行情况进行评估等。

（6）企业档案管理涉及的缺陷主要有：部分企业档案管理的档案借阅、移交、归档、外借等记录不规范，个别分支机构未建立统一的档案室等。

（7）企业标准化管理涉及的缺陷主要有：标准管理体系未实现有效闭环，

分级管理标准层级划分不清晰，未随组织部门职责的调整及时进行修编，管理标准宣贯力度不足等。

（四）年度风险评估的六个方面

企业每年度都应开展风险评估工作，评估出企业运营涉及的风险，并就这些风险设计主要管控措施。

就风险事件监控而言，企业审计部应持续加强对所属企业风险管理监控力度，以风险管控为核心，将事后审计转向全过程审计，结合企业风险评估成果和现存重大经营风险，查找风险管控工作薄弱环节，及时反馈给企业管理层，提升企业整改工作的效率和效果。

企业年度风险评估涉及六个方面：一是不断完善企业治理结构，为企业可持续发展提供内部环境；二是针对企业不断完善的治理结构，做好制度建设和制度规范工作，编制核决权限，约束企业全体员工的责权利，推动工作不断向制度和流程管控转型；三是不断加强对企业供产销一体化的重点领域和重点环节的内部控制；四是以制度为抓手，不断强化对投资全环节的监管；五是不断强化内部控制，持续做好企业层级压减的重点工作；六是加强重大风险化解，推进解决历史遗留问题取得实效。

第三节　企业数字化转型下五项职能转型的三道防线

企业的智能化协同是一件非常复杂的事情，智能化协同的前提是流程化，这需要管理，也需要技术，需要知识，更需要智慧。企业只有把协同的逻辑搞清楚了，才能告诉机器怎么做，才能推进机器的智能化。

一、企业建设三道防线的风控合规生态体系路径

企业风控基本逻辑体现在企业顶层设计的架构端和营销端的转化上，其他各个端口模块也应不断实现融合。因此，对于营销系统一体化带来的风控合规内控风险管理，就有系统的新要求。

企业风险控制的系统设计已经呈现模块化、标准规范化、参数化等特性，通过将大数据技术运用到具体的业务流程中，可以构建全渠道场景、实时智能的风控系统。

企业风险管理的关键在于“数据”的处理。数据的采集和分析成为企业

构建一体化风控系统需要解决的问题。因此，企业的数字化转型会带来数字化的便捷性和风险性，这也是风控工作的双刃剑。

组织运营能力与企业运营管理不同，组织运营能力以完善企业运营机制和人的管理来实现企业效率的提升，包含组织能力和运营能力两个方面。组织运营能力是企业的一项重要能力，并且可能成为核心竞争力。企业战略的制定与实施，必须依靠良好的机制和高效的团队去执行。对组织运营能力的研究，主要集中在运营机制和对人的激励与管理上。

（一）建立“三道防线”的全面风险架构体系

全面风险管理体系明确了风险管理“三道防线”的架构及职责：股东会和董事会为决策层，业务部门为第一道防线，经营层、相关风险控制建设和运转部门为第二道防线，审计委员会、审计部为第三道防线。全面风险管理体系包括流动性风险、信用风险、市场风险、合规风险、操作风险等各类风险。在风险管理流程方面，需要建立并实施包含风险识别、评估、监测与控制的管理机制，按年度实施全面风险识别与评估管理，根据识别出的风险点建立企业风险应急方案，及时指导业务调整，确保企业业务经营稳健合规。

风控管理体系：企业围绕总体经营目标，建立健全风险控制体系，实施风险识别、风险计量、风险监测等风险管理流程，制定风险管理制度，包括《风险控制管理规定》《风险识别与评估管理规定》《全面风险管理办法》《合同管理办法》等。企业主要风险包括战略风险、信用风险、市场风险、流动性风险、法律风险、信誉风险等。

（二）建立“三道防线”的内控合规管理体系

建立包括核决权限表、内控手册、内控评价手册、授权管理手册、内控预警体系、重大风险解决方案在内的内控体系。企业坚持以内控评价为抓手，按年度开展内控自评，综合运用抽样法、个别访谈法、穿行测试法等方法，经过逐项检查、证据查找、逐点评分，制定整改措施、落实责任到人，并由企业相关部门做好动态监督整改。

全面梳理企业内控管理现状，识别、分析和评估企业面临的各项风险，提高风险管理水平，构建充分可操作的以风险管理为导向的内部控制体系。组织开展年度风险评估和内控评价工作，根据评价结果进行修订、完善。

全面推进制度变革和流程优化，坚持以防控风险为导向，突破管理模块的边界，实施从需求到分析、从设计到落实、从制度到流程、从上线到应用的制度“体检”，逐级深入研究，逐个短板攻破，组织管理标准修订，搭建边界清晰、职责明确的管理模块、流程图，夯实提升合规管理的制度基础。

二、企业五项职能的智能内控框架与九大环节

科技制造和科技服务类企业，在组织制度和信息安全的支撑下，内部控制涉及营销、设计、存货管理、供应链管理、计划、制造、质量等方面经济业务。

（一）智能内控框架

这些支撑条件和经济业务的发生均伴随着企业资金的运动，构成了一个封闭的生产循环系统。企业应使内部控制贯穿于整个智能制造的生产循环系统，从而保护企业资产完整、避免舞弊，同时降低生产成本，提升企业经济效益，如表 1-4 所示。

表 1-4　企业的智能内控框架

内控环节	内控项目
组织制度	人员职责分工是否合理清晰，是否建立风险评估程序
	内部单据是否进行检查稽核，是否开展企业内控自评
	是否进行员工培训与再教育
信息安全	企业电子数据是否持续管控，企业数据存取是否依权限进行管控
	企业电子数据是否定期备份，外部信息资源是否持续管控
	信息资源是否进行评估与测试，信息资源是否进行监控与改善
	企业信息安全政策是否完善，企业软硬件遴选是否合理
	信息资源是否符合终端使用者需求
营销	是否开展客户信息搜集与分析
	对客户的售后服务是否完善，是否切实考虑顾客需求
设计	产品设计是否应顾客需求进行改良，产品所需原材料是否进行规划
存货管理	原材料与存货领取是否记录完善
	存货是否以恰当的会计方式表达，存货是否均由授权人员处理
	存货是否有完善的仓储管理，存货移转是否经过授权核准
	存货订购与生产是否经详细规划，是否对存货盘点进行规划
供应链管理	是否对供货商资质进行评估核准，供应链流程是否进行规划
计划	物料计划是否通过信息系统进行，对企业总体产能是否进行评估
	制造设备是否配置适当，生产流程是否妥善计划

续表

内控环节	内控项目
制造	作业现场是否进行监督与控制，是否形成生产进度报告并进行复查
	是否遵循生产流程进行制造，是否对生产流程进行检测与管控
	企业是否测试工作效能，制造相关设备是否由专人进行管控
质量	产品是否进行质量检测与管控，生产设备是否进行质量管控
	生产循环是否进行质量管理

（二）智能内控框架的九大环节

1. 组织制度环节

内控制度应制定明确的内部组织架构，并载明智能制造项目经理的设置、职称、委任与解任及职权范围等事项。企业必须能够识别项目所面临的风险，并对其进行定性或定量的评估，针对风险评估结果采取相应的控制活动。审查购销合同、增值税发票真伪与合理支出，了解项目真实的收益和成本状况。通过开展内控自评找出并消除内部控制缺陷，为改进内部控制提供依据。根据项目计划目标，有序开展各类教育培训工作，提高各级员工的技能素质及思想认识。只有组织控制、营运控制、人员控制、定期复核等组织层面的制度不断完善，才能奠定智能制造项目顺利开展的基础。

2. 信息安全环节

智能制造正是通过各种智能化信息系统的联结进行产品制造的生产方式，因此信息安全环节是智能制造项目内控机制的重中之重。信息安全控制就是采取防止灾害、失误、计算机舞弊和犯罪等危害信息系统安全的控制措施。系统安全控制主要包括系统的接触控制、后备控制和环境安全控制。接触控制是防止未经授权擅自运用系统的各种资源，以保证各项资源的正确性。后备控制即做好数据备份，重要数据做到“不同设备存储、不同地点存放”，主要数据文件要进行多级备份，防止一损俱损。系统环境保护则是为了尽量减少外界因素所致的计算机故障，以保障机器正常运行。

3. 营销环节

智能制造项目实施中，工业企业必须对客户进行营销方面的管控并搜集顾客的信息。工业企业对搜集而来的顾客信息进行分析后，便可以对客户需求开展预测，以便制造出符合市场需求的产品，更重要的是能够维系企业与客户之间的关系。

4. 设计环节

工业企业针对现有产品进行改良时，应借助先进的数字技术将产品通过仿真方式预先建构出来，使之有利于工程师评估改良产品的特性与样式，减少设计成本。通过建立完整的产品原材料列表，形成生产制造的基础。

5. 存货管理环节

工业企业必须对材料与成品的存货数量进行管控，若无法借助信息化手段进行精确的仓储预测与管理，将导致企业无法精确掌控其存货状况，进而影响企业接单后的采购行为。企业囤积货品过多，有可能面临存货跌价导致企业受损的风险，甚至存货堆积过多可导致资金周转困难问题。

6. 供应链管理环节

在工业企业的生产制造过程中，首先面临的是原材料供给问题，而企业如何与供应商沟通协调运输方式、原料数量、原料价格等，都是供应链管理的处理范围。工业企业应完善供应商资质评价，避免因为供货商的能力不足而使企业受到损失，如出现原材料品质不佳、原材料交期不稳定等问题，从而扰乱企业生产计划。

7. 计划环节

工业企业需针对制造与流程两方面进行计划。前者为企业整体计划，需通过原材料的需求与企业现有产能进行匹配，开展制造排程，以避免接单过多而企业生产能力不足的情形发生；后者着重于制造流程、设备选择以及设备产线如何调配，以利于企业制造产品。具体实施过程中，由于产品制造工艺过程的明显差异，在生产计划环节的流程管控中，重点控制内容有所不同。

8. 制造环节

工业企业在进行生产制造时，主要是针对原材料进行加工制造，因此企业需要对制造现场进行控制与管理，并且对生产设备进行装修、配置以及维护，甚至是对设备进行监督与控制，以确保企业生产力不受工作现场突发状况的影响。

9. 质量环节

制造流程中，不论原料、半成品、在制品以及制成品，都应建立一套科学的检验方式，以利于企业针对产品进行管理与控制，保障产品质量。除了企业内部的制造外，当客户发现产品质量瑕疵时，企业也应进行完善的售后服务，例如退换货、线上支持、线下维护等，以利于企业外在形象的塑造。

因此，科技应用在企业内部风险控制领域，可创新企业风险管控手段，大幅提升企业内部控制能力和水平。大数据、云计算和人工智能技术不仅可以应用在财务管理领域，还可以延伸到业务管理、生产建设等各个领域。除通信企业外，基于大数据的智慧内部控制系统的建设和应用还可延伸到其他行业和领域，可降低企业运营风险，同时其他行业也可借鉴通信企业在智慧内控方面的成功经验，助力企业的内部控制及其他方面的建设。

（三）企业内部审计组织运营能力的五个提升路径

当今企业正处于一个复杂的、急剧变革的环境中，决定企业生死存亡的运营能力包括知识获取与转化能力、从知识到产品的创新能力、订单获取与处理能力以及产品与服务的提供能力。组织运营能力来源于以流程与规范为基础的制度体系。组织运营的三大重要流程是战略与客户价值实现过程、提升价值实现、协同流程，而与之相应的六大规范化任务分别是战略决策、组织职责体系、运作流程、规章制度、管理控制、信息管理。所以，在企业数字化转型背景下若想获取组织运营能力，就必须在组织运营的三大流程与对应的六大规范化任务上下好功夫。在此总结出企业内部审计组织运营能力提升的五个路径。

1. 转变企业内部审计理念

企业要想进行自身内部审计模式的转型，首先要转变企业内部审计的理念，更新和优化自身的思想观念，其次要认识到智能化是企业内部审计模式转型的必然趋势。在进行内部审计模式转型的同时，企业要对每一位内部审计员工进行培训，培养员工的智能化审计意识，使员工的内部审计理念能够顺应时代发展。企业还要对员工进行多个维度的培养，使员工具备发散性的内部审计思维。

2. 引进培养新型审计人才，打造数智化审计人才队伍

首先，对企业原本具有会计与审计专业知识的传统专业型人才进行再培训，使传统会计人员能够顺利与数智化内部审计时代接轨。其次，要根据打造数智化审计人才队伍的需要，科学合理地聘用各类专业化人才，选聘精通数据管理、智能技术以及审计模型构建的信息技术人才，并对其进行内部审计专业知识的培训。最后，要注重培养审计人员的实践能力，促使他们把新

学技术与实战训练相结合，积累实践经验，提高队伍的数智化审计能力。

在智能化内部审计的要求下，企业内审人员要掌握传统的内部审计工作所需要的基本理论知识和技能，掌握财务管理、稽核审计等内部审计的专业知识，并且要熟练具备操作审计软件和数据处理软件的计算机技能，如图 1-9 所示。在智能化新视野下，企业内部审计模式的转型工作急需同时掌握金融经济、会计审计及计算机知识的高素质复合型人才，以此助力企业内部审计工作的改革和创新。企业内部审计模式的智能化转型，虽然能够在很大程度上提升企业内部审计工作的质量和效率，但同时也会给企业带来一定的风险和挑战。在对内部审计人员进行培训时，要注重培养内部审计人员的风险防范意识，提高内部审计人员的控制风险能力，这样有助于在风云莫测的市场环境中实现企业的长期可持续良性发展。

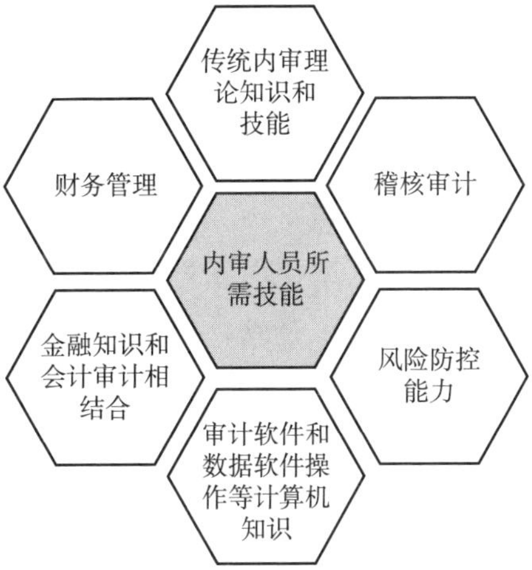

图 1-9　内审人员应具备能力

3. 改变传统内审组织形式，向数智化内部审计靠拢

企业若想对传统的内部审计工作模式进行数智化改革，就需要对传统的内部审计部门以及人员岗位结构进行重组改进，贯彻实施“线上+线下”的工作模式。将审计项目组线上与线下人员的岗位职责与分工进一步明确。贯彻落实“台前+台中+台后”模式，可以将企业内部审计部门设置为开展具体审计业务的前台小组，实施审计监控并提供管理决策支持的中台小组和提供技术支撑的后台小组。尽可能做到在审计项目开展前，依据关口前移的业务数据分析与挖掘结果，发现企业重大风险，科学确定审计项目与审计计划，依

据审计项目与业务对象的特性，合理配备审计人员。

4. 加强审计数据管理，打破“信息孤岛”的处境

在传统的内部审计模式下，很多数据信息关联性不强，导致一个个独立的数据很难对比分析，难以充分挖掘数据内部的潜藏价值。利用现代信息技术、大数据、云计算等，建立标准的数据规范体系，可将获取的数据和储存的数据按照既定的标准存储并加以分析，探寻其中关联，充分挖掘其中价值。要对业务部门数据质量进行管控，建立业务领域数据源头管控与数据使用风险管控机制，然后由数智化内部审计部门对各部门的数据治理情况进行监督和评估，并向审计委员会或者企业治理层进行汇报，以落实工作考核与问责机制，确保数据来源的可追溯性与可验证性。

5. 建立健全企业内部审计智能化体系

在企业内部审计所运用的技术上，企业也要加大投入力度，引进智能化程度、多元化程度和可视化程度都比较高的大数据技术进行企业内部审计模式的转型，如表 1-5 所示。企业应将其自身运营过程中的全部环节和互联网集成，打造涵盖财务数据、市场数据、采购数据等所有与内部审计工作有关的数据的智能化数据库，以帮助企业内部审计工作更加高效地开展。企业还要注重对专业内部审计软件的开发，加大研发力度。针对企业自身具体情况，建立相应的审计模型，使内部审计软件不仅具有强大的功能和性能，而且具有高度的适用性，为企业内部审计的成功转型提供技术和系统层面的支持与帮助，提高企业内部审计的质量和效率。

表 1-5 传统风控与智能风控的比较

项目	传统风控	智能风控
模型	人工审核为主，依据专家经验	以模型、策略体系自动分析决策为主，人工审核为辅
数据来源	企业内部资料、客户提交、央行征信资料	除传统风控数据来源外的第三方数据、线上线下多维度数据
数据维度	数据规模小，以基本信息强变量为主	数据规模大，以基本信息、行为特征信息为主的弱变量
数据关联性	数据关联度低	数据关联度高，可交叉验证
模型设定	线性模型为主，因果关系强	以深度、集成学习模型为主，可应用相关关系
技术应用	IT 系统相对简单	IT 系统完善、AI 技术充分应用

第四节　与风控合规相关的四个案例

一、企业不同类型风险的三个案例

（一）S 企业多元化扩张的战略风险案例

S 企业是 20 世纪 90 年代初期成立的民营企业，注册地在 F 市，成立时注册资本金为 1000 万元。经过十余年积累，至 2000 年前后合并营收达到 5 亿元，产业运营和资产质量达到 15 亿元的规模。

S 企业在 2000 年至 2004 年不到 5 年的时间里，通过收购兼并，形成医药、食品、酒业、农业四大产业并举的发展格局。为推动多元化发展，S 企业累计贷款额度接近 20 亿元，下属板块的贷款和贷款担保额约达 18 亿元，整个 S 企业体系内的贷款和贷款担保余额约为 38 亿元。

但是，2005 年上半年，S 企业的医药板块被银行要求提前偿还不到 5 亿元的贷款，但 S 企业和医药板块的业绩和现金流均无法兑付，导致 S 企业本部和医药板块子企业股权被司法机关冻结。

至此，整个 S 企业和下属四个板块的财务危机全面爆发。危机爆发导致 S 企业下属几十家企业的三级管理体系崩塌。经事后落实发现，S 企业本部的财务管理就存有较大漏洞并且无法履行大部分功能，在二级和三级板块则是全面失控。

以 S 企业总经理为代表的管理层，在财务危机爆发之前，针对银行主动降低贷款利率提供资金的方式，均采取乐观态度全部接受了银行贷款，使得企业管理层对投资扩张模式和后续资金的融资能力过于乐观。企业的风控尽调工作哪怕已完成风险提示，但企业管理层依然大力推动和上马投资项目，最终导致企业的系统风险爆发。

S 企业战略风险系统引发财务风险爆发的主要原因有以下几点。

S 企业多元化投资（非主业/非相关性投资）扩张的战略失误，对陌生的其他三个产业领域投资并未匹配合适的资源。过度投资引发了过度负债，投资项目收益率低、负债率高。

S 企业投资管理控制失效，扩展战略管理模式之下的财务管理未能跟上。

S企业财务管理混乱，内部控制薄弱，部分下属子企业为达到融资和完成考核指标等目的，大量采用虚计收入、少计费用、不良资产巨额挂账等手段，蓄意进行会计造假，导致报表虚盈实亏，会计信息严重失真。

S企业投资过急过快，人财物和资源匹配不足，过度投资明显。下属企业因融资和业绩压力而进行财务造假。对投资后的管理未形成系统化的应对，市场效益和现金流无法覆盖新增运营成本，从而引发S企业的过度负债。S企业不断采取“并购—重组—整合”的方式，实际是有并购无重组、无整合。长期以来以短贷长投支撑其快速扩张，最终引发企业资金链的断裂。

S企业的扩张战略高度依赖银行贷款支撑。金融体制对S企业这类发展快速的民营投资并未采取妥善的风控措施，对S企业战略发展规划的盲目性未进行妥善的调查，而是为S企业快速膨胀推波助澜，导致企业与银行双输格局。

（二）C企业市场拓展的财务风险案例

C企业是20世纪90年代初期由5位自然人联合成立的民营企业，其中李姓自然人个人控股，注册地在C市，成立时注册资本金为3000万元，经过十余年积累，注册资本金历经多次增资和转增股本已经达5亿元。至2010年前后，C企业的经营范围涉及能源及综合服务，合并营收达到25亿元，净利年稳定在2亿元以上并呈稳步增长态势。

鉴于行业原因，C企业存在较大的应收款，涉及的产品销售和政策补贴均有较大体量应收类债权，最高峰的2010年至2015年，C企业一度合并应收类债权达75亿元，接近当期C企业营收的3倍左右规模。

C企业为争夺市场份额，在应收账款较高、流动性较差的阶段，依然制定了关注争夺客户和市场份额的战略。2012年前后，在无法及时收回货款的情况下，仍然向客户发货，忽视了应收账款的坏账风险。C企业在2010年至2015年，创造了12亿元净利润的好成绩，却产生了75亿元的欠款。

2016年9月，C企业在银行的一笔5亿元贷款到期，这笔贷款是C企业2012年为扩大市场份额而贷。银行担心C企业过大的欠款体量并未为其提供续贷，C企业也未能从其他银行或其他金融机构获得资金，从而引发了C企业的资金周转危机。

C企业最终不得不于2017年起，就其中的30亿元欠款向代理商及客户提起诉讼。2019年C企业为尽早结束无休止的诉讼，不得不与代理商及客户签订和解协议，收回的应收账款金额仅为18亿元，产生了12亿元的应收账款坏账损失，相当于过往6年的经营成果付之东流。

C企业财务风险爆发的主要原因体现在以下几点。

第一，销售升级，误判市场风险。销售升级主要是指企业管理决策者为了证明自己最初选择销售客户的正确性，进一步向已经存在较大风险，可能导致货物销售损失的代理商或客户追加新的发货，希望能够通过对客户的支持扭转企业过去的损失，并最终反败为胜实现赢利。C企业持续发货支持客户的做法主要采取分批销售的方式，累计超过4个批次，累计货物含税售价达20亿元。此时，该类客户大规模人员离职等问题已提示企业发展疲软等危险征兆，该类客户财务出现危机的征兆也非常明显。在这种情况下，C企业仍在一味多批次发货，试图通过多次发货以挽救客户的方式来挽回之前发货带来的损失，结果窟窿越填越大。C企业依据过往个性化成功解套的案例，对新的客户同样予以宽松的销售政策持续发货，最终导致多年业绩毁于一旦。

第二，个人独断，群体决策缺失。对于现代化企业治理而言，无论国有企业还是民营企业，决策都应规范化、民主化，这有助于应对市场的有效决策和高风险。也就是说，正常状态下，企业一般实行群体决策制度，如股东会、董事会、专业委员会、经理层办公会等。

但是，对于民营类企业而言，占控股股东地位的自然人是企业高层管理者中的特殊人物。这就使得企业形式上的群体决策失效，而被动进入由少数个别人把控局面。这种情况也是不少家族企业的通病，这也使得企业老板需要有足够的觉悟才能提升企业的民主性。

因此，C企业的组织成员构架和决策过程陷入了“股东个人统治企业的一支笔一言堂”境地。一股独大的C企业没有做好股东决策和团队经营两个层面的管理，导致C企业产权所有者和产权经营者的利益链条不对等，责任全部上交股东。C企业这个做法，不仅淡化了除股东之外的管理层对经营的责任意识和市场风险意识，也导致了管理层经营责任的割裂，使股东兼任管理层的职责加大，非股东管理层的管理职责淡化。最终导致了企业一揽子财务风险爆发的恶果。

（三）L企业产品质量的运营风险案例

L企业是2000年上半年，由3位自然人、1个民营投资机构联合成立的民营企业，由3位自然人形成一致行动人控股，注册地在S市，成立时注册资本金为5000万元。L企业自成立以来，聚焦主业，经营范围为饮料及食品制造业。截至2010年，合并营收达5亿元，每年净利润稳定在3000万元左右。

2009年第二季度，J省N市某三甲医院收治腹泻等症状人群过百人，共同特征为饮用或食用L企业产品后产生腹泻。2010年第三季度，L企业产品被地方卫生部门网站披露有质量问题，不少省份几十人出现腹泻和不适等症状，患者多有饮用或食用L企业产品的历史。

由于怀疑饮料或食品在2007年第四季度至2009年第三季度的生产过程中被污染，L企业内部经短暂停业检查，发现产品的某几个原料有质量问题，生产过程也明显未按操作规程操作，管控过程也有人为失误。这些影响了饮料和食品的生产，产品质量确有根本性缺陷。

为此，2011年下半年，地方各级卫生部门和质量监督检验检疫相关部门等组成调查组进入企业进行专项调查，确认这些问题饮料或食品在2007年第四季度至2009年第三季度阶段生产，在原料采购和生产过程中出现污染。

L企业产品质量风险爆发的主要原因有以下几点。

第一，采购入库端内部控制管理缺失。在业务管理过程中，采购与付款环节履职缺失，质量管理履职缺失。

L企业在建立并实施采购与付款内部控制制度时，对需要强化的关键环节没有采取相应的风险控制措施。在权责分配和职责分工上，虽然机构设置和人员配备形式上有分工，但均由采购部经理一手操办完成。请购的申请单据材料不充分，请购事项和审批程序均由生产部门和采购部门负责人直接审核交办。采购与验收的管理流程控制措施不清晰，验收与使用均为生产部门相关人员，仓储部门人员未履行应有的审核验收和相关程序。L企业的质检人员并未执行对原料的全部检验合格后再予以入库的程序，仅进行了部分小范围的抽样检查。

L企业对供应商的选择、采购方式的确定、采购合同的签订、购进商品的验收等具有随意性，付款方式、程序、审批权限基本从简。这导致L企业的采购供应商本身已经处于明显的经营风险之下，却仍在采购原料，这些以次充好的原料由于抽样检查方式的疏忽，结果系统引发了原料端的质量危机。此外，L企业还存在下属人员积极性无法调动，责任集中在生产、采购一把手上；与客户的对账仅限于余额，明细等事项未做规定等缺陷。

第二，生产管理端内部控制管理缺失。L企业生产车间管理者为节约成本，未履行明确的权责分配和职责分工要求。生产部门以部分外包和临时使用外部人员方式替代全职员工，导致生产端的机构设置和人员配备不合理。

L 企业在生产成本费用的成本计划编制方面，由于缺乏合适的依据，导致成本费用事项具有随意性，成本费用预测、决策、预算、控制、核算、分析、考核的控制流程等相关要求缺失。

L 企业对生产放权并采取“用人不疑疑人不用”的全放手模式，对企业的产品质量关彻底放开，导致企业长期以来的产品质量关被突破，失去了企业信誉，带来了无法挽回的损失。

二、一体化模式转型的风控案例

（一）G 企业风控体系的数据方案

G 企业结合大数据技术及组件进行深度自主创新，研发了包括分布式基础服务框架与服务管控、分布式缓存、分布式配置管理中心、网关服务、同步以及异步消息中心、监控中心、作业调度、分布式数据访问等基础中间件，并结合企业实际需要进行了优化与集成，实现了信息技术安全可控。

G 企业后台也进行了微服务拆分，包括业务服务、查询服务、接口服务、报告服务等。通过对内部数据的梳理、外部数据的整合、风险引擎的搭建，将各种技术融入企业客户资信和回款管理的全生命周期，解决了信息碎片化之下的风险决策机制过于落后的问题。加工拓展后的数据信息为信贷决策提供了有效支持，使 G 企业不必花费大量人力、物力便能得到准确的决策依据，提升了 G 企业的风控水平。

（二）G 企业风控逻辑的三个层面

G 企业针对企业营销、生产、采购设计了系统的运营平台，针对财务实际完成了财务共享的服务支持。企业为此将风控平台融合嵌入，并将风控平台分为数据层、技术层、业务层三个方面，如图 1-10 所示。

首先，G 企业做好了大数据的收集，也就是数据层。一方面是企业内部自己所拥有的客户信息、交易数据等，另一方面则是外部的大数据源，例如银行公开的数据、征信数据、税务数据等。由于 G 企业各个系统模块间都是标准化接口，外部数据在接入企业内部时要进行标准化处理，同时利用 OCR 对图片、文本资料等进行分析识别，提取有效的数据信息。G 企业将这些信息快速汇集起来，实现存储和计算，为决策提供基础支撑。

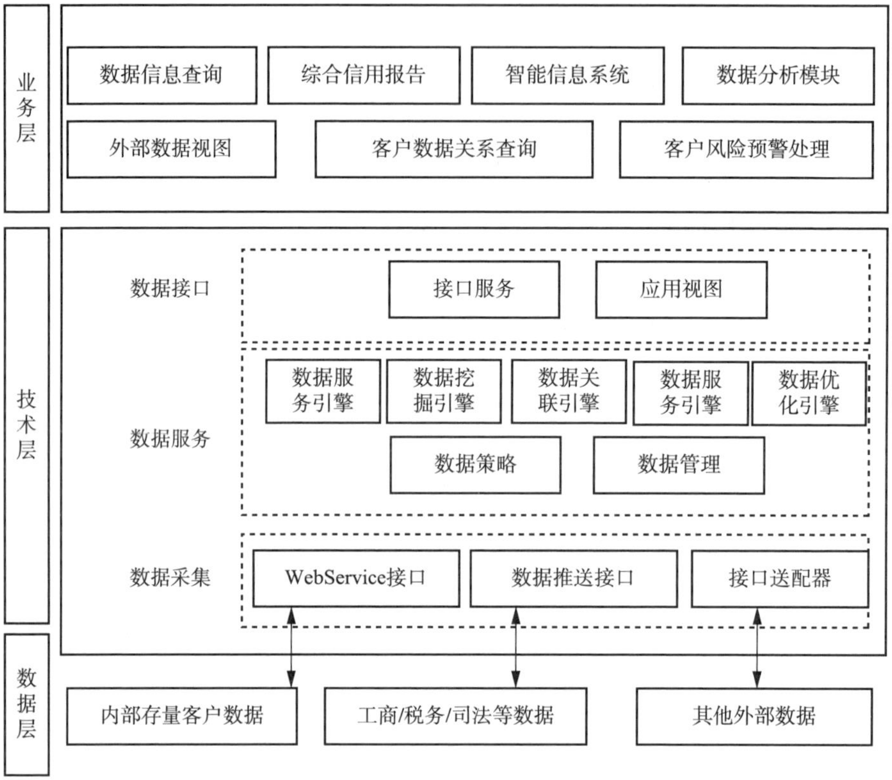

图 1-10 大数据风险控制逻辑图

其次，G 企业通过对技术层面大数据的内部加工，将数据进行量化和可视化处理，也就是运用数据引擎对信息进行加工和拓展。

最后，G 企业针对数据的应用，在业务层面生成数据报表，以提供数据信息的查询，对企业的所有客户进行资信授权，匹配风险预警机制，明确企业客户的动态风险等。

（三）G 企业智能风控实施过程的六个节点

1. 数据接入

为了保障系统安全稳定地运转，G 企业将外部数据集中统一管理，并把内外部数据系统分隔，在获取大量外部数据的同时，也对自身已有的数据资产进行有效维护。大数据风控管理通过建立统一标准的接口，接入外部数据和监管数据，搭建起与外部数据的互联机制，为数据的分析应用提供基础。

2. 数据转换

G 企业借助主动元数据管理，将外部数据转换为内部能够识别的数据并进行解析存储。通过数据采集、运行监控、数据加工等模块对外部数据进行个性化信息提取，再由数据标准、数据加工等模块加工，最后为下游应用系统提供便捷高效的服务。模块化的管理流程可以有效整合内外部数据，打通数据孤岛，提供口径一致的风险数据。

3. 数据服务

G 企业将各种服务视图、业务场景通过风控管理系统嵌入企业业务系统中，将内外部服务端、平台端、业务端等互联互通，数据在模型的加工下变为数据的服务引擎，以供 G 企业在各种业务场景下调用数据引擎，实现实时便捷的风控管理。

4. 数据智能引擎

风控智能引擎将内外部数据整合加工，根据 G 企业不同场景下的不同需求，进行各个引擎的个性化组合，并尽量降低引擎之间的干扰。将风控智能引擎贯穿业务的全过程，确保风险决策科学可靠，及时识别、管控风险，帮助企业对销售客户进行实时的资信调整，确定客户的发货额度、赊销政策、签批政策，使企业针对客户端的风险预警更加及时高效。

数据智能引擎包括风险预警引擎、规则设计引擎和风控决策引擎几个层面。

首先，发货与收款层面的风险预警引擎。这个层面的风险预警引擎具有进行风险识别、处理等功能，由过去的被动、滞后预警实现主动系统化的预警，更好地进行风险动态监测和量化。风险预警指标是具体的风险因素，比如客户及时回款次数，客户本身市场公开信息的负面记录，包括公开司法信息、被执行金额信息、业务持续性信息、失信被执行人信息等各项记录。

其次，发货与收款层面的规则设计引擎。该引擎由一个或多个指标组合而成，将预警对象和风险规则按内控的风控级别进行系统设计，并安排处置流程等，针对客户设计一揽子综合预警指标，将形成的客户预警信息形成分值，针对客户等级确定赊销额度和发货时间等。

每个层次变化都可以配置化，便于后续跟进预警。风险决策引擎是可视化的，通过风控平台对风险信息予以全面采集、加工应用，提高企业赊销发货和收款预警等效率，确保企业收款的及时性。

最后，发货与收款层面的风控决策引擎。通过批量筛选客户，达到自动、半自动审核企业的发货与回款匹配度，针对差异额度落实进度。在针对客户的资信额度变化环节，为全流程风险决策管理提供信息支持，基于企业客户的业务过程与合同进度安排的匹配程度，引入分析系统，实现针对客户的风险管理前移，严把客户发货和回款。

通过针对客户的全画像模式、对智能匹配客户的历史过往信息和现有风险的锁定，在企业发货到回款的整个产品销售或服务提供的全周期中，风控平台的授信智能化模式可提前将风险排除、量化评价和项目画像嵌入审批流程中，实现客户管理的智能准入和智能审批。避免超出企业规定授信额度的发货，避免未及时回款的二次发货等政策违规事件的发生。智能审批通过风险评估模型和项目画像来实现精准决策。

5. 数据统计分析

G企业智能风控体系具有数据查询功能，可以看到数据的使用分析情况，更好地支持账务费用管理。例如，通过数据统计分析将外部数据整合的费用分摊到具体的客户项目和客户相关业务系统中，可对数据成本进行控制，加强数字资源配置，不断优化数据质量和应用效果。

6. 数据系统监测

G企业监控模块主要负责对用户、权限、机构、参数、行业、产品等作业资源进行全方位多维度的监控。例如，在权限管理模块，可以实现对用户的权限设置，机构管理模块可以进行新机构的增加、修改、删除等操作。从宏观上可以观察发展态势，微观上可寻异常原因，做到数据实时可查，异常及时提醒。

借助人工智能和大数据系统，G企业对内外部数据进行加工整合，构建了针对客户关系管理的立体式、多层次、实时化、精准化的防御风控体系。实现了事前完成发货资信额度动态调整、回款系统及时自动匹配、客户运营风险的线上外部灵活接入与自动抓取的平台管控，完成了企业的数字化管理平台建设。同时，企业也完成了基于风控一体化的智慧决策平台、模型平台、知识图谱平台的融合建设。

但是，虽然企业的融合发展较快，但由于企业的客户规模不一、销售频次和年度规模体量不一，对内外部数据的使用标准和安全规范仍需进一步完善，并深化RPA和人工智能的应用，提高企业在客户端的作业效率，充分挖掘更多业务场景下的风控应用，对企业的应收账款管控以及客户关系管理做好深度协同，把握企业发展过程中数字化转型带来的机遇，用数字赋能推动企业建设，在实现企业销售快速增长的同时，融合风控管理的革新和突破。

第五节　风控合规十大工具的逻辑与对策

企业需要从顶层设计出发，构建企业风控体系，结合风控为先的前置设计，筑牢企业稳健的发展根基。基于企业面临的风险，需要系统提升企业资产质量。在科技不断赋能产业实体的形势下，企业需要系统做好科技转型，从根本上强化企业制度建设及改善风控核心。就企业的本质而言，需要回归本源，着力做好企业结构优化工作。

企业为此需要建立健全以风险管理为导向、合规管理监督为重点的内控体系，要将风险管理和合规管理要求嵌入业务流程，实现“强内控、防风险、促合规”的管控目标。基于五大体系的“五位一体”并存，各体系间实现有效融合，通过构建监督评价体系，形成联动闭环机制，实现管控目标。

企业需要针对发展过程中面临的各种风险做好处置化解工作，系统提升企业资产质量，总体思路见图 1-11。

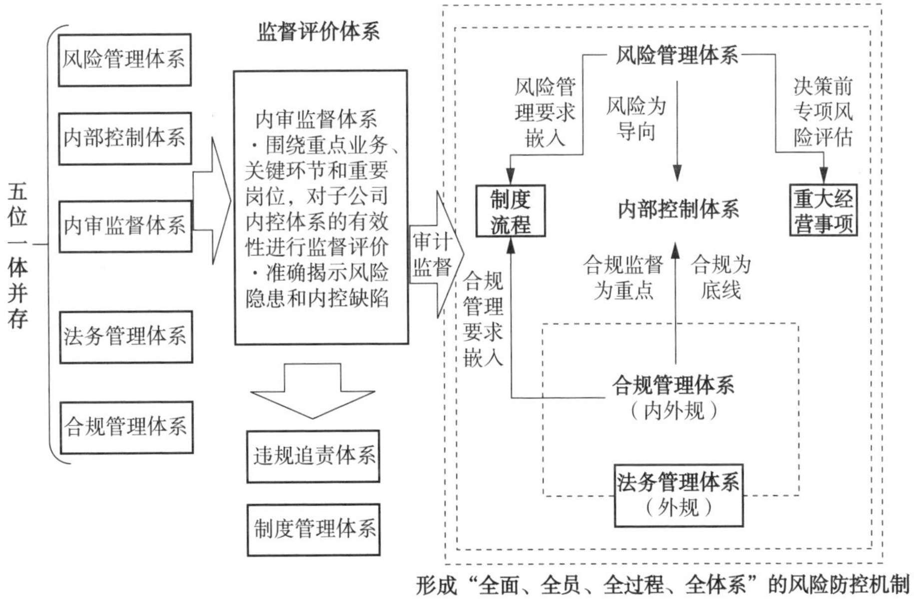

图 1-11　工作体系融合的总体思路

在民营企业的发展过程中，其使用的企业风控合规工具有别于国有企业，重要的模式和逻辑也有很大不同。具体五项职能中的每一项职能的效果，也可能存在很大的不同。从协同角度出发，五大职能的功能体现如图 1-12。

类型	定性性质		核心内容	思维方式	工作抓手	互动机制	工作侧重
法务管理	做人	企业行为约束和规范，法律效力强，违法成本高	如何防范风险，达到保障企业安全运营目的，从根本上预防潜在风险变成现实的灾难，防患于未然；需要建立企业法律风险管理机构，健全法律风险管理体系，处理企业日常法律事务	商业思维	绩效	交易模式	法律运用
合规管理		侧重于行政处罚方面的事项	合规是“打基础”，核心是“确保公司各项生产经营活动遵循内外部的法律、制度、条例、规范、指引等”	底线思维	制度约束	权威模式	底线约束
内部控制	做事	正确地做事	内控是合规的“最高等级”，核心是不但要求合规，还要考察“规”的状态（是否完善、是否有配套指引、执行过程是否完善）	制衡思维	流程控制	控制模式	制度流程人员风险
风险管理		做正确的事	风险管理是风险管控的“最高形式”，核心是必须把风险管理的职能提升到高级管理层，站在管理层的高度来对风险进行检视	权衡思维	授权	信任模式	不确定性
内部审计	做评价		内部审计是通过独立的确认和咨询方式，对企业运营、内部控制、风险管理和公司治理进行评估与评价，以保证完成企业目标	独立思维	评价	客观模式	财务风险

图 1-12　化解企业风险的主要手段

总体而言，民营企业的风控合规十大工具以确保企业做好风控为基础，以实现企业活下来再活得好，最终实现可持续发展为目标。为此，民营企业风控合规十大工具分为两类：一是法务管理、合规管理、风险管理、内部控制、内部审计协同一体的企业管控功能的转型升级；二是在顶层设计之下，企业做好三道防线建设，推动企业流程管控。在平台管控之下，系统提升企业的证据链条，实现企业风控合规十大工具的融合协同，如图 1-13 所示。

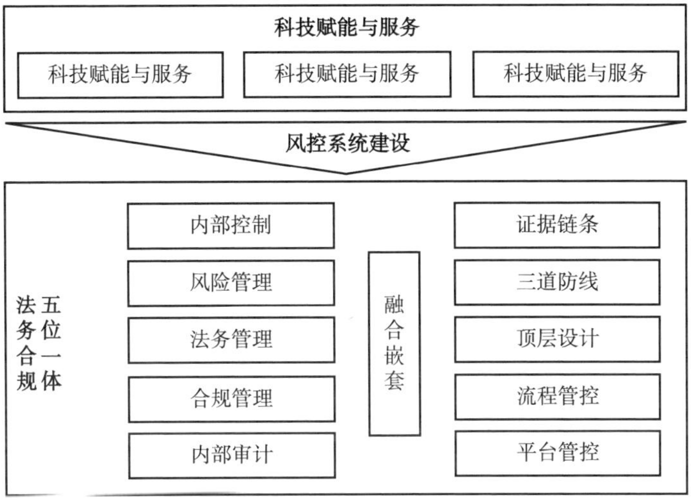

图 1-13　十大风控合规管理工具的逻辑与对策路径

第六节　本章小结

数字化时代，企业通过大数据手段，把海量的业务管理数据、合同信息数据、发票数据、销售和存货数据等，利用大数据进行自动计算、比对、校验，快速发现数据异常情况，再辅以人工审核确认，可以快速诊断出企业内部控制和舞弊风险，实现内部控制的高效率运行。

企业需要结合实际面临的不同类型风险，进行系统风险层面的梳理。面对时代变化和严峻的企业内外部形势，做好闭环逻辑的设计，就企业风控合规妥善构建"五位一体"监督机制，借助十大工具的应用，实施动态分类授权，实现治理管理与流程优化融合，推进合规建设，实现合规和内控融合，加强内部审计监督，加快推进数字化转型，提升信息化管控水平，加强内控体系建设，完善责任体系。

本章参考文献

[1] 姜一涵．财务共享服务中心建立与会计信息透明度提升［J］．经济问题，2022（10）：120-129.

[2] 郭军，麻环宇．高管团队异质性、内部控制与企业技术创新［J］．统计与决策，2022，38（17）：174-178.

［3］钟凤英，冷冰洁．员工持股计划、内部控制与创新绩效［J］．经济问题，2022（8）：120-128.

［4］黄永春，晁一方，彭荣．高管团队薪酬差距、企业战略变革与突破性创新——内部控制的调节作用［J］．科学学与科学技术管理，2022，43（5）：161-177.

［5］张悦，杨乐，韩钰，邱保印．大数据环境下的审计变化、数据风险治理及人才培养［J］．审计研究，2021（6）：26-34+60.

［6］黄立新，程昱，程新生，李娜．互联网企业采购业务内部控制研究［J］．管理评论，2021，33（10）：325-339.

［7］张庆龙，何佳楠，顾青青，徐姗，王希．场景审计：数字化时代商业银行内部审计工作模式［J］．审计研究，2021（4）：119-128.

［8］徐飞，薛金霞．内部控制评价、审计师监督与股价崩盘风险——“治理观”抑或“机会观”［J］．审计与经济研究，2021，36（4）：33-45.

［9］张庆龙，邢春玉，芮柏松，崔楠．新一代内部审计：数字化与智能化［J］．审计研究，2020（5）：113-121.

第二章 十大风控合规工具之顶层设计

企业出现风险问题根源在于企业的管理体制以及机制。企业需要从顶层设计的治理角度出发，建设五项职能协同的风控合规管理体系，需要从企业战略层面的顶层设计角度，对企业业务系统搭建五项职能落地的体系，规避企业从局部出发而导致与企业总体战略规划不一致的两张皮问题。为此，基于企业总体战略设计，需要从上至下进行规划，内部整合管理职能、强化顶层设计、进行全局把控、制定完善的风险管控体系、提升合规经营能力。企业通过制定一体化管理体系工作框架，可以构建企业风控体系，坚持战略价值导向，围绕有效化解存量风险和筑牢风险防范体系两条主线，以构建防火墙、打好组合拳、丰富工具包、培养专业人才四大措施来支撑，构成企业风控工作的“四梁八柱”。

第一节　构建企业风控顶层设计的七个原则与三大方面

我国近几年的数字化发展势头良好，人工智能、数字世界、智联万物、大数据、移动互联网、区块链等技术的出现，推动了企业的数字化转型。国家在2035年的远景规划中，强调了需要加快进行数字化改革发展。数字化进程中的国家与企业在快速发展中，要关注数字化可能带来的信息安全问题，以及对私人信息的安全保护。

企业数字化转型对风控系统建设而言，需要整合管理职能、强化顶层设计、整合风控合规组织，实现企业治理运作的有机协同。

一、顶层设计整合管理职能的七个原则与治理结构

对于企业而言，必须做好合规风险识别、风险评估、风险应对，积极面对企业防控可能存在的安全隐患，从而确保企业在数字化转型过程中能够保持快速高效的发展。

现在企业的风险管控精力大多放在规避风险环节，很少考虑企业未来的发展，但是随着企业的发展，这些做法被证明是不科学且被动的。数字化时代的安全管控不在于发现风险，而在于发现机会和自信地接受不确定性。风险管控就是管控不确定性。未来企业的风控目标应该关注企业规模扩大所带来的风险点以及风控系统的安全系数升级。

企业仅仅关注风险规避，会对企业发展带来限制。在企业风控系统的整体规划中，风险点的管控要从单个节点转向整个企业层面，从企业战略角度管控风险。同时，将安全系数提升穿插于信息流通的全流程中，从整体上讨论风险管控，及时防范和发现企业可能存在的风险。在企业发展中，如果企业风险防控优秀，会给外界带来企业发展势头良好的信号，有利于企业的未来发展。

（一）顶层设计整合管理职能的七个原则

在企业管理中，管理模式的迭代改变与运营效率的提升密不可分。企业

制定的目标以及目标的实施途径，涉及如何实现资源和活动的最佳配置，如何激励员工更好地完成任务，以及如何衡量企业进行模块化以及标准化操作后，实现的效果是否如预想的那样。

1. 全面性原则

内部控制应当贯穿决策、执行和监督全过程，覆盖企业及所属单位的各种业务和事项。

2. 重要性原则

内部控制应当在全面控制的基础上，关注重要业务事项和高风险领域。

3. 制衡性原则

内部控制应当与治理结构、机构设置及权责分配、业务流程等相互制约、相互监督，同时兼顾运营效率。

4. 适应性原则

内部控制应当与企业经营规模、业务范围、竞争状况和风险水平等相适应，并随着情况的变化及时加以调整。

5. 成本效益原则

内部控制应当权衡实施成本与预期效益，以适当的成本实现有效控制。

6. 可操作性原则

要结合管理和业务的实际情况进行内部控制体系的建设，无论是控制点的设置、控制措施的确定还是管理标准体系的建立，都要充分考虑其在实际管理工作中是否可行，要确保所制定的控制措施和标准通过努力能够得到贯彻执行并发挥作用，实现控制目标。

7. 合法性原则

内部控制体系的建设要符合国家有关法律、法规的规定，符合政府监管部门、上级主管部门的要求。

内部审计工作管理体制安排如下：企业股东委派的董事长对内部审计工作全面负责，分管经营管理、投资并购等专项审计工作。企业内部审计机构应接受审计委员会（董事会所属专业委员会）的指导监督，加强与纪检监察、组织人事等部门的协作配合，持续完善相关工作机制，规范履行工作职责，切实加强审计监督，促进企业持续健康高质量发展。

企业统一组织架构见图 2-1。

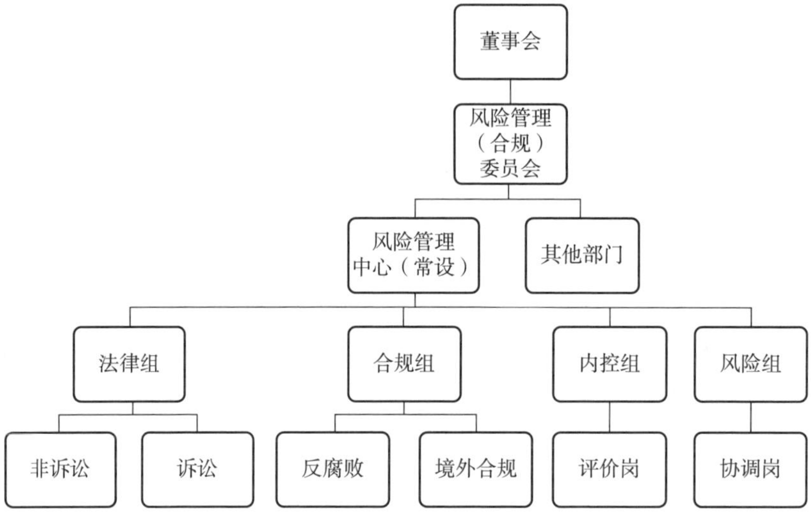

图 2-1　企业统一组织架构

（二）顶层治理结构设计

企业需要建立完善规范的现代企业治理结构，具体包括两种类型，一种是建立健全以“股东会、董事会、管理层”为主体的企业治理组织架构，设立股东会、董事会和高级管理层；一种是简洁明了的“股东会、执行董事、管理层”。董事会下设风险控制委员会、战略委员会、审计委员会等专业委员会。治理主体边界清晰，符合独立运作、有效制衡原则。同时，设置相应部门负责风险控制、资金管理、人力资源、市场开发、业务拓展、市场营销、生产管理、研发管理以及信息化建设等工作。

在内部环境中居于基础地位的是组织架构，包括治理结构、内部机构设置和权责分配。组织架构是指企业按照国家有关法律法规和企业章程，结合本企业实际，明确董事会、监事会、经理层和企业内部各层级机构设置、职责权限、人员编制、工作程序和相关要求。

企业实行现代企业管理标准，必须建立健全治理结构，科学设置内部机构，合理分配职责权限。就顶层治理结构设计而言，重点在以下几个方面。

1. 控制目标层面

企业需要推动两个层面的治理有效性：保证治理结构的设计健全规范；保证治理结构的运行良性有效。

2. 治理结构的设立

如果企业的治理结构不合理，将导致企业组织架构和相关企业治理形同虚设，缺乏科学决策、良性运行机制和执行力，可能使企业经营失败，难以实现战略发展。

3. 控制措施的落地

（1）企业应当根据国家有关法律法规和企业章程的规定，结合企业实际情况，建立规范的企业治理结构和议事规则，明确董事会、监事会和经理层的职责权限、任职条件、议事规则和工作程序，确保决策、执行和监督互相分离，形成制衡。董事会和经理层的产生程序应当合法合规，其人员构成、知识结构、能力素质应当满足履行职责的要求。

①董事会是企业的常设最高决策机构，对股东会负责。享有法律法规和企业章程规定的合法权利，依法行使企业经营方针、筹资、投资、利润分配等重大事项的经营决策权。②经理层负责组织实施董事会决议事项，主持企业的经营管理工作，经理和其他高级管理人员的职责分工应当明确。

（2）企业以企业章程和文件的形式，明确董事会和经理层的职责权限、任职条件、议事规则和工作程序，确保董事会和经理层能够按照法律法规和企业章程的规定行使职权。

（3）企业应定期对治理结构设计与运行的效率和效果进行全面评估，发现治理结构设计与运行中存在缺陷的，应当进行优化调整。企业治理结构调整应当充分听取董事、监事、高级管理人员和其他员工的意见，按照规定的权限和程序进行决策审批。企业对治理结构进行全面评估时，应当重点关注董事、监事、经理及其他高级管理人员的任职资格和履职情况，以及董事会、监事会和经理层的运行效果。

二、强化顶层设计数字化的三个方面与风控有机协同

（一）强化顶层设计数字化的三个方面

顶层设计指要考虑企业环节的各个层次以及要素，追寻各个环节链接的起点和终点，并且要在全局中把握整个企业未来的发展趋势。进行顶层设计时需要站在企业的最高层次去谋划战略，同时要结合企业的愿景、未来的发展规划战略，以确保企业业务的顺利展开。具体来说，可以从三个方面去看企业的顶层设计，如图 2-2 所示。

第一，业务方面。可以理解为对企业商业模式的规划，是建设顶层设计的基础。只有对企业的商业模式有充分了解，有针对性地设计合适的规划，才能符合企业实际，从而保障企业决策是在做正确的事情。

第二，组织架构。例如，企业的股权结构、企业治理的组织架构。通过对企业各个组织的明确划分，才能对每个部门的权责进行合理的分配，避免在执行过程中出现滞后和推诿等现象，将企业赋予部门与个人的权利用在正确的地方。

第三，企业的财务方面。企业财务资源的分配应尽可能兼顾到企业的各个节点，这属于顶层设计中的手段。通过对财务资源的合理分配，保障各个节点的有序管控和运作。

企业顶层设计这三个方面的有效规划和结合，能够促进顶层设计的顺利展开，推动企业快速成长和不断增值。

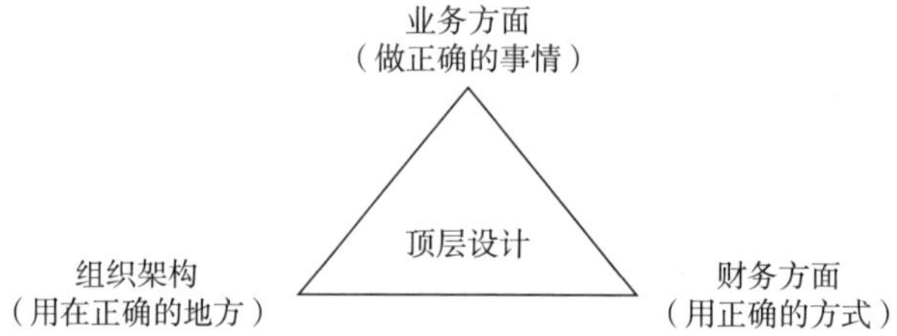

图 2-2 顶层设计三大基础逻辑

企业整体战略顶层设计的逻辑如图 2-3 所示。首先，需要承接企业的战略，通过总体的规划分步解决四个上线，客户、产品、员工以及服务。其次，解决数据中心的建设，包括涉及前中后台一体化的全渠道营销平台，同时搭建好供应链和财务的桥梁，将企业的资金、人力、预算、办公、商务智能有机结合起来。通过科技赋能、云端建设将数据搭建起来，同时强化网络中的数据在交换过程中的安全。通过顶层设计，促进战略财务、业务财务和共享财务的三位一体，以及企业、专家、第三方的三人合一，将企业的研发、实施与运维实现三段迭代。顶层数字化建设有利于企业的良性运转，并且重复机械的工作都有财务机器人进行数据的处理，大大提高了企业的办事效率。

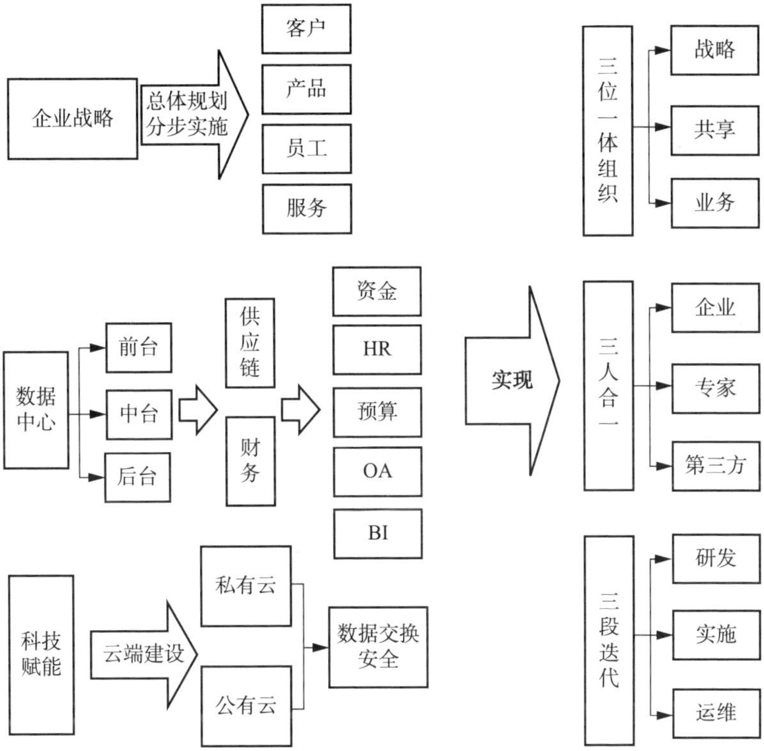

图 2-3　顶层设计逻辑

面对数字化转型，企业要兼顾各要素、各层次以及各个方面，要借助科技赋能对各层次、各要素以及各个方面进行统筹规划，目的是集中有效的优势资源，促进企业的良性循环发展。

（二）顶层设计实现风控管理的有机协同

企业按照平台融合共享的逻辑模式实现风控中心的融合植入，要将风控核心的功能模块植入平台融合的共享模块中，以提高风控合规五项职能的平台效率。

数字化转型下的企业管理，要充分发挥管理融合职能，将企业业务的各个风险防控点进行模块化分拆，企业整体业务流的形成过程要穿插进风险应对策略，深度挖掘不同业务的切实需求。在企业管理融合协同中，针对业务流程节点问题进行优化。将企业的管理、财务业务、风险控制进行有机融合，改善企业内部控制管控效率，提升企业管理过程中的风控协同效果。如图 2-4所示，企业应将风控运营模块彻底融入内部打通和外部协同过程中，系统提升企业顶层规划设计落地的有效性。

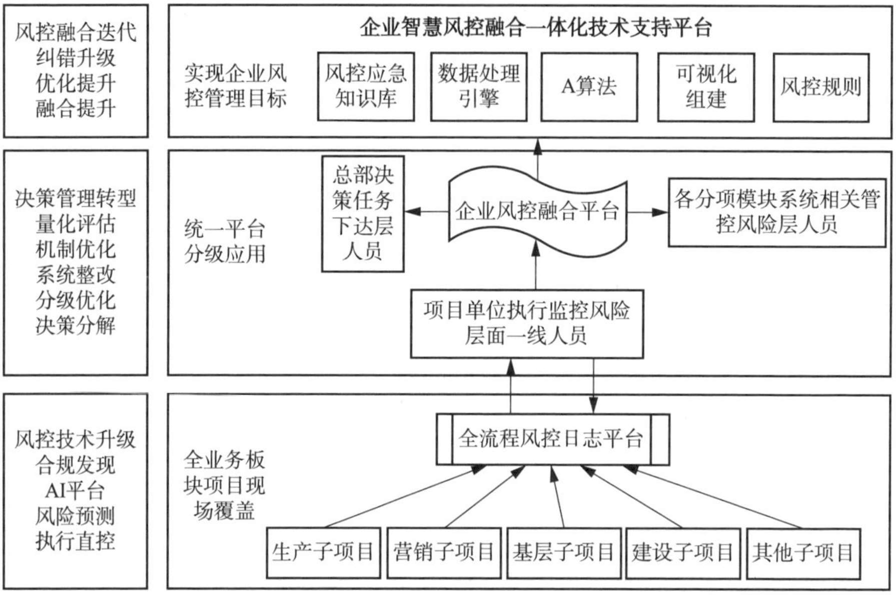

图 2-4　风控一体化平台

第二节　内部风控模式筑牢企业根基

就企业的顶层设计而言，企业风控系统建设主要分为外部与内部两个层面，企业的内部风控模式是企业实现风控系统建设的根本。外因需要通过内因起作用，因此，风控为先的逻辑下，通过内部风控自我管控，有助于企业筑牢适应发展需要的稳健的企业根基。

一、风险管控的闭环实施与稽核路径

在全面风险管控体系基础上，企业需要结合自身实际建立风险管控、内部控制等管理体系，各项业务监管指标要符合企业内部管控的要求，确保企业整体风险状况保持在良好可控水平。

具体来说，企业需要健全业务经营风险预警机制，锁定风险防控底线。

一是建立资产风险分级预警监控，对业务风险、运营风险、财务风险、法律风险、合规风险五大类风险所涉及的各项风险指标，设置两级承受度，并进行定期监测和公示，明确流动性风险级别和应急管理措施。

二是利用信息科技手段创新管理模式，通过信息系统实现对各项风险指标的实时监控、动态预警。

三是强化风险识别与论证，明晰风险处置程序，科学选取分散、对冲、转移、规避、补偿等多种措施，进行及时有效的风险管理与控制。

为此，企业应从审慎管理、风险隔离、风险重点、预警机制、清理整改五个重点风险管控方面，开展逐项对照自查工作。

（一）顶层设计风控规范的五步落地

企业通过顶层设计制度和规范，落实流程规定，可系统强化企业风险管控并融合企业风险管控至生产运营管理之中，具体步骤如下。

第一，制度管控。企业需要系统建立《财务核决权限表》《全面风险管理办法》《内部控制管理办法》《内部审计管理办法》《企业核决权限表》等风险管控制度。逐步按照制度规范，建立全面风险管理、内控管理、合规风险管理等管理体系。

结合制度管控的目标，做好六大管理体系的制度化建设，重点体现在战略发展体系、投资决策体系、资源配置体系、业务协同体系、绩效评价体系、风险控制体系这六大类体系的系统性建设上。

第二，分级管控。企业要按照《企业核决权限表》《财务核决权限表》等相关要求，建立相关的核决权限规范，尽量实施扁平化管控，减少管控层级，提升管控效果。涉及多家子企业的，应尽可能减少主体，常规实施不超过三级的“三级管控”分授权管理模式。

企业的管控目标无论在分级、集权、分类、授权、用权、执行、反馈等层面，都需要做好内控与流程的管理。通过设计，达成企业管理“分级有责、集权有道、分类有序、授权有章、用权有度、执行到位、反馈及时”的管控目标，充分运用制度管控层面的六大管理体系作为核心管控的制度化建设抓手，按不同专业管理条线，明确相应管理职责及主责部门，兼顾风险和效率的平衡。

第三，风险隔离。厘清风险管理界面。企业需要针对分级管控之后的系统业务运行进行监测和风险排查。为防范日常经营及相关业务潜在的风险隐患，企业应对所开展业务实行运行监测，并结合业务管理规定及日常管理的计划要求，进行动态监测管理。对企业商业模式涉及的客户方面和生产运营方面进行动态跟踪，包括业务类型、体量规模、收益水平等方面。凡是触及风险变化情况的，应及时报告问题并提出调整建议。

第四，压力测试。企业按照自身风险管理的要求，结合企业实际情况，对风险事项进行系统的风险水平承受能力测试，并就测试结果进行评价。当评价结果显示可能面临相关运营类风险，尤其是资金可能存在流动性风险、战略执行存在重大偏差风险时，企业应调整战略目标，就企业资产配置制定应急方案与建议，以应对并化解相关风险，尤其是资金的流动性风险。

第五，风控评价。企业按照风控体系建设的要求，在整个系统（见图 2-5）落地层面做好内部审计的管理，将内部审计的确认与咨询功能系统发挥，系统实施对企业的内部审计。

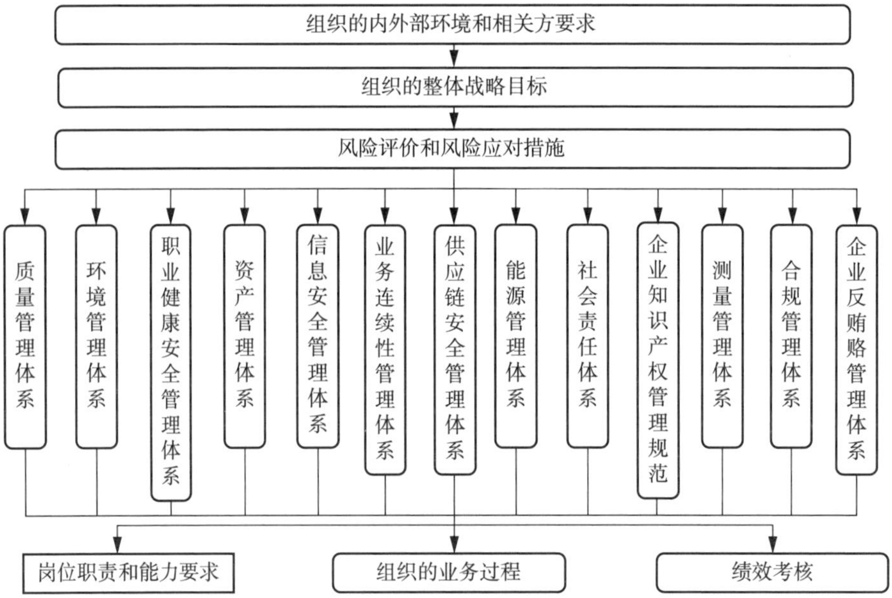

图 2-5 一体化的共同要素：从环境到考核

（二）顶层设计分级分类的五步管控

企业涉及的风险类型较多，应针对重点风险做好系统的管控，并在对相关风险进行管控的基础上，制定重大风险管理办法。

企业可以建立风险管理报告制度。风险管理归口部门负责组织开展年度风险评估及报告编报工作，报告内容主要包括上年度重大风险管理情况、年度风险评估情况、重大风险管理及应对措施等。在风险管理常态化工作以及风险跟踪监控中发现重大风险或风险隐患问题时要进行专项报告，并启动应急预案，按风险归属和层级，及时上报企业股东会、董事会、管理层等相关职责人员。具体涉及以下五个方面。

第一，信用风险管控。从基础层面，一是搭建客户基础材料库，提升信息传递与共享效率；二是实施合规底稿动态调整，确保企业业务管理紧跟法规、监管要求。从加强层面，一是企业制定相关制度，明确在项目开展前期的工作流程和尽职调查工作要求；二是制定包括项目立项、项目尽调与评估、项目流转与审核、项目评审与决策的作业流程；三是根据自身面向的客户群体制定严格的准入机制；四是强化项目逾期风险管理，按照项目客户类别、金额、担保措施强弱等不同特点，制定不同的预警和催收策略；五是细化资产管理部门职责，做专做细资产巡检、租金催收、资产分类等资产管理方面的工作。

第二，市场风险管控。强化投资业务市场的风险管理，加强投资业务系统管理，设定投资额度控制，加强风险审查和合规审查。持续加强对宏观经济以及市场资金成本等相关行情的研判力度，持续跟踪利率市场化等相关政策的出台，定期评估外部因素对自身定价机制和定价水平造成的影响。

第三，流动性风险管控。企业可以按照精益化管控方式推动管理。具体来说，是以“日统计、周计划、月报告、季汇报、年总结”的方式进行流动性风险防控。

一是按日编制资金日报表并及时向企业管理层汇报最新动态情况；二是按周汇总成员单位资金收支计划，加强和相关部门沟通频率，及时掌握企业及成员单位大额收付款计划，合理安排资金头寸；三是按月编制流动性分析报告，向企业管理层定期进行汇报。企业通过定期开展流动性风险评估的方式，对经营过程中面临的流动性风险进行计量和管理。

对于识别出的流动性风险，企业要从风险发生频率、损失程度以及发生的可能性方面开展风险自评，并形成风险评估报告，将相关情况报送总经理办公会进行进一步评估。

第四，合规风险管控。企业要将各项金融监管合规性要求落到实处，优化合规管理标尺，修订《合规风险管理办法》，梳理并建立企业适用的合规库，形成基于企业不同业务形态的业务合规性审查工作底稿，建立相应的合规性审查管理机制。

第五，操作风险管控。企业须搭建操作风险管理体系。一方面，综合过往经验以及经营情况，制定一揽子与操作风险相关的管理制度和办法。另一方面，持续梳理日常经营管理中各环节面临的操作风险，不断排查和梳理部门间以及项目环节之间存在的灰色区域以及重叠部分，厘清并优化职责边界，保持风险管理水平持续提升。

二、提升风控工作的六个举措

清理整改，建立合理退出机制。企业应依托整体模式，发挥“保安全、保战略、保运营、保服务、保增值”的职能，积极落实企业的主业发展，充分释放产融协同效益，助力企业实现高质量发展。

因此，从这个角度出发，企业应做优全面风险管控体系，优化风险管控架构，压实管理责任，筑牢风险三道防线，实现风险管控基础与质量的“六个提升”。

（一）提升风险制度约束刚性，深入推进制度优化工作

一方面，加强风险管理专项制度建设，根据政策形势变化，结合内外部检查发现的问题，全面梳理监管关注重点领域、风险管理薄弱环节制度建设情况，制定专项制度修订计划，健全风险管理制度体系。另一方面，深入推进制度优化完善工作，并做好制度修订“回头看”工作，确保各项制度与监管要求相一致，与业务发展相适应。

（二）提升信息系统风控支撑能力，全面开展数据治理工作

一是持续推进信息系统建设，开发满足监管要求的金融基础数据、利率监测数据、征信数据等金融统计类数据报送系统，开发租赁资产租后大数据风险预警模块。二是继续研究探索数据存储管理模式，持续开发监管数据集市，提高风险数据供给效率。三是进一步加强系统应用管理，持续清理低效“僵尸”表单，优化管理流程，巩固风险控制效果。

（三）提升风险资产质量，强化大额风险管控

一是继续稳健拓展业务，严格执行贷款“三查”制度，加强贷前调查、贷中审查和贷后管理，强化全口径授信业务管理，确保规定动作做到位、做规范，当好风险防控“吹哨人”。二是加强重点客户风险防控，对重点客户前

瞻性摸底排查，不断提升信用风险管理防控能力。三是加大风险化解处置力度，坚持“实现风险化解、回收最大化”的不良处置目标，统筹抓好资产保全和债权主张工作。

（四）提升流动性风险管控水平，守住流动性风险安全线

坚持资金头寸前瞻性管控，确保不发生实质流动性风险。一是长期以实现资产负债均衡发展为目标，量入为出，控制错配；二是短期加强日间头寸管控，确保每日流动性安全；三是强化企业流动性管控统筹，全面提升流动性风险管控精细化水平，确保支付结算安全；四是统筹资产负债期限结构及规模结构，将流动性指标约束嵌入资产负债结构安排，确保流动性监管指标持续达标。

（五）提升操作风险管控力度，加强操作风险应急管理

围绕监管重点和操作风险变化趋势，持续加强操作风险管控。优化风险限额分解落实机制，有效传导操作风险管控偏好，强化大额操作风险事件风险预警与前瞻管控；开展“监管红线”操作风险与控制自评估工作，围绕监管处罚关键风险点，进一步查漏补缺，着力完善风险控制长效机制。

（六）提升合规风险管控建设，创建全员风险管控文化

坚持文化引领严格管理，把“依法合规”植入企业管理，使合规文化成为企业文化建设的重要内容，形成全员合规、全程合规、主动合规、合规创造价值的经营理念。促进合规管理与业务发展同步，与监管政策同向。加强风险管控培训，对风险管控理念、知识、流程进行宣贯和培训，逐步形成规范化、体系化和常态化的培训教育，积极提升合规文化教育的覆盖面和参与度。

三、内部风控的基本常识

（一）内部机构设置和权责分配的基本常识

（1）企业机构设置内部控制目标，需要确保内部机构设置科学、合理，运行良性有效，权责分配清晰、适当。

（2）企业机构设置内部控制面临的风险包括内部机构设计不科学、权责分配不合理等，可能导致机构重叠、职能交叉或缺失、推诿扯皮、运行效率低下。

（3）企业内部机构设置的管控措施主要包括以下六点。

①企业应当按照科学、精简、高效、制衡的原则，综合考虑企业性质、发展战略、文化理念和管理要求等因素，合理设置内部职能机构，明确各机构的职责权限，避免业务重复或职能交叉，形成各司其职、各负其责、相互制约、相互协调的工作机制。

②企业应当对各机构的职能进行科学合理的分解，确定各具体职位的名称、职责、岗位要求和工作内容等，明确各个职位的职责权限和相互关系。企业在确定职权和岗位分工过程中，应当体现不相容职务相互分离的要求。

③企业应当以文件形式明确各机构和岗位的职责、权限，使员工了解和掌握内部机构设置和权责分配情况，促进企业各层级员工明确职责分工、正确行使职权，并加强对权责履行的监督。

④企业管理部是机构设置及职责制定的归口管理部门，人力资源部是岗位设计的归口管理部门，负责根据企业经营和发展的需要以及外部环境的变化，评价现有机构和岗位设置的合理性，提出改进和调整建议，按规定程序审批后实施。

⑤企业应定期对内部机构设置与运行的效率和效果进行全面评估，发现内部机构设置与运行存在缺陷的，应当进行优化调整。企业内部机构设置调整应当充分听取董事、高级管理人员和其他员工的意见，按照规定的权限和程序进行决策审批。企业对内部机构设置进行全面评估时，应当重点关注内部机构设置的合理性和运行的高效性等。内部机构设置和运行中存在职能交叉重叠或运行效率低下的，应当及时解决。

⑥企业应当建立绩效考核管理标准，明确董事、监事和高级管理人员的绩效评价标准与程序，通过目标责任书等形式将业绩指标层层分解到企业内部各机构和各岗位，并严格按规定进行考核。

（4）企业机构设置的控制证据主要包括：企业机构编制的核决权限表等核决类文件、企业机构编制的其他管理文件、部门及岗位职责、目标责任书及考核指标、目标责任书考核结果、定期报告及临时报告。

（二）企业重要事项管控的基本常识

（1）从企业重要决策事项的管控逻辑来说，需要确保企业有效执行核决权限表的相关规定，确保所有事项的签决程序履行既定规定执行到位。

（2）企业在相关重大决策、重要人事任免、重要项目安排和大额度资金使用等问题上，一般应编制《企业核决权限表》《财务核决权限表》《项目核决权限表》等文件进行管控。

（3）企业在重大事项的决策上，应严格按照集体决策审批或者联签机制进行明确。并结合核决权限表的要求，制定相关制度，明确决策机构的决策范围、规范决策程序。

（4）企业重大事项的决策需要履行管理层办公会、董事会、股东会的三会批准程序。按照企业章程以及核决权限表的规定，要明确企业管理层办公会、董事会、股东会的各级责任。

（5）企业相关风控合规以及内审部门，需要履行监督检查和责任追究机制，防止企业管理层的办公会、董事会、股东会各级职责混淆，规避企业实际控制人的个人或少数人专断，确保企业的最终决策经由管理层执行、董事会审议、股东会批准的有效程序做出。按企业实际控制人既定的企业目标，实现企业的科学发展。

（6）企业重大事项核决权限执行面临的风险主要包括：①未建立科学合理的决策机构，没有实现重大事项的集体决策机制，可能导致风险失控，令企业利益受损。②决策范围不明确，对重大事项、重要项目、重要人事以及大额度资金未进行明确的界定，可能导致决策程序过于烦琐或无法对重点风险进行防控，管理混乱。③决策程序不规范，审批层级不清晰，可能导致决策失效，决策结论出现偏差。④未建立监督检查与责任追究机制，无法对实施效果进行评估。⑤未履行应有的审核职责，或审核不到位，或相关事项未让企业实际控制人明确获悉全面的事项内容，可能导致企业管理层决策失误，或导致董事会决策错误，或导致企业实际控制人决策错误，影响企业的正常运行。

（7）企业针对重要事项管控的措施有如下几种。

①建立清晰合理的授权体系，明确审批层级与职责范围，建立重要事项领导班子集体决策机制。②建立和持续优化核决权限表等一揽子权限，制定妥善的制度规范和流程，明确重要事项的决策条件和决策主要范围，提高企业实际控制人代表的管理层、董事会、股东会的决策效率。③建立决策前的调查与论证程序，提供充分必要的决策依据。重大投资和各类资本性支出的

项目，尽量获得专家意见，明确事项风险点。进行重要人事任免时，应当确保获得企业实际控制人的确认。涉及职工切身利益的重大事项，应经过企业内部的人事类机构充分沟通后，获得企业管理层、企业实际控制人的确认意见后实施。④建立上述重要性质事项决策的回避机制。⑤建立对决策的考核评价和后评估机制。⑥建立健全决策失误纠错改正机制和责任追究机制。⑦建立企业各级人员廉洁责任书签署的机制，在个人岗位履职及管理工作中落实廉洁风险防控措施和承诺；履行企业监管的部门需要为此加强廉洁风险教育和长效机制建设。⑧企业要做好重要事项决策的控制，主要证据包括：企业机构编制的核决权限表等核决类文件、会议纪要、论证报告、决策过程记录、调研报告、公示名单、廉洁责任书、管理标准、考核报告、评估报告、检查报告等。

（三）内控制度与手册优化迭代的基本常识

（1）企业需要完善制度流程，修订内部控制矩阵。根据内控评价和制度修编情况，由履行内控职责的相关部门牵头，组织各部门对制度和流程进行全面修订完善。企业需要根据制度，识别业务流程风险点和控制点，调整流程管控设计，修改风险点，设置控制点。根据流程图调整情况，同步对所有的风险控制矩阵内容进行修订，完善风险控制措施。

（2）编制《内控管理手册》，并及时按照企业不同发展阶段的需要，不断优化《内控管理手册》，完善风险清单，补充风险事件库。此外，企业在落实法律合规管理提升要求时，要结合内部环境、风险评估、控制活动、信息与沟通、内部监督五要素，对企业各项业务流程进行集中梳理，形成企业风险事件库、企业层面风险清单，并汇总整合纳入《内控管理手册》。

第三节　顶层设计助力五项职能融合

一、五项职能的协同路径

从总体而言，审计按实施主体划分，可分为内部审计和外部审计。内部审计与内部控制、风险管理之间相互影响，关系如图 2-6 所示。

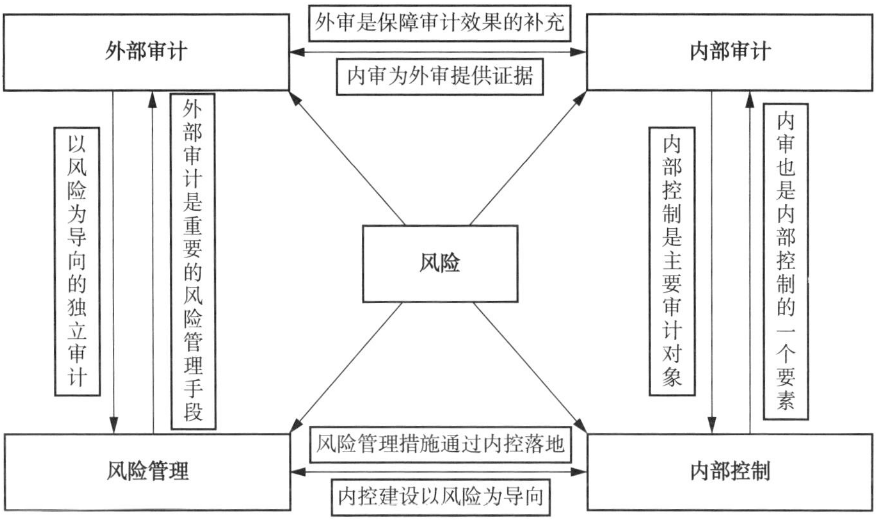

图 2-6　审计、内部控制和风险管理的关系

（一）内部控制的核心理念与内部审计的融合模式

内部审计与内部控制与生俱来，内部审计发展的历史就是内部控制发展的历史。从内部会计质量控制到整体内部控制，再到整合风险管理与企业治理的现代内部控制，内部审计既是内部控制系统的一部分，又是控制的确认者。

内部审计与内部控制的最终目的都是管理风险、提升治理能力、实现组织目标。现代内部审计对控制的确认需要更充分的信息和更多的参与者（控制自我评估、人性与文化）。内部审计的理论构建应以内部控制概念为中心，如图 2-7所示。

内部控制规范体系应符合相应《基本规范》，包括《评价指引》《审计指引》《应用指引》，如图 2-8 所示。在《评价指引》中，企业董事会应当对内部控制评价报告的真实性负责，包含内部控制评价的定义、评价原则和内容、评价的程序和方法、评价报告。按照《审计指引》要求，审计师应当对财务报告内部控制的有效性发表审计意见，并对内部控制审计过程中注意到的非财务报告内部控制的重大缺陷，在内部控制审计报告中增加“非财务报告内部控制重大缺陷描述段”予以披露。在《应用指引》中有 18 项应用指引：组织架构、发展战略、人力资源、社会责任、企业文化、资金活动、采购业务、资产管理、销售业务、研究与开发、工程项目、担保业务、业务外包、财务报告、全面预算、合同管理、内部信息、信息系统。

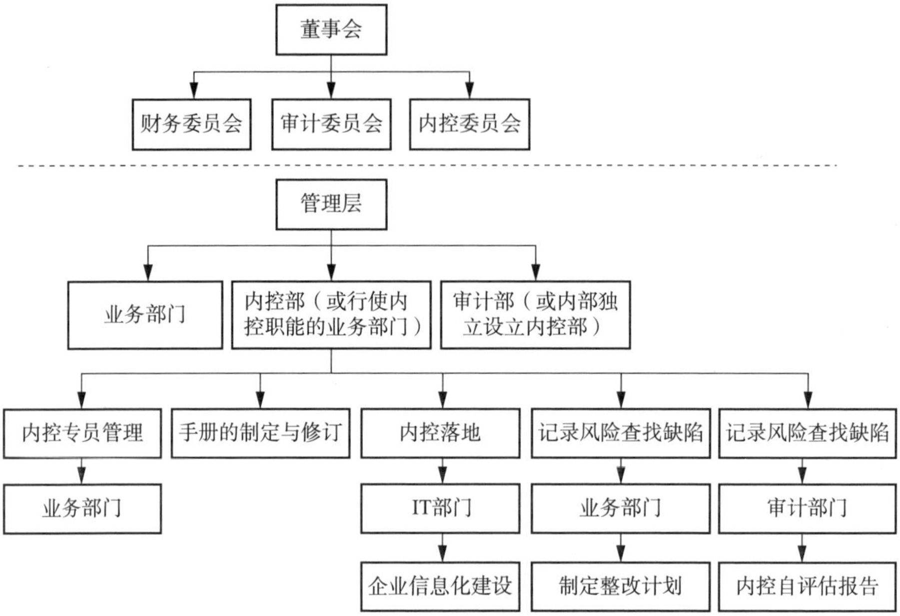

图 2-7　内部审计在内控评估中的作用

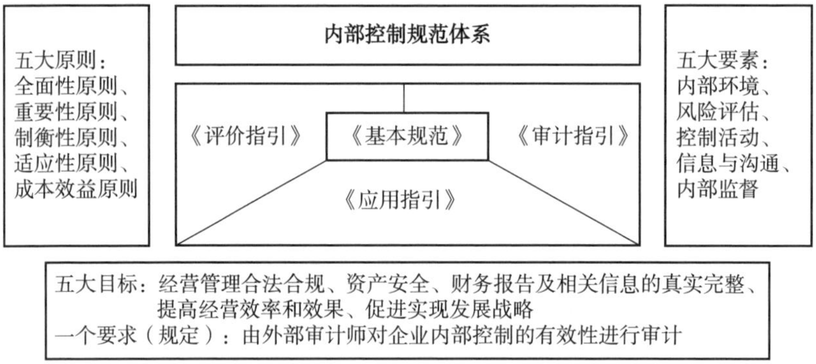

图 2-8　内控自我评估 VS 内控审计

当财务报告内控缺陷导致财务报表的错报时，定量得出潜在错报影响金额，定性反映可能存在的高管舞弊、内审职能失效、财报重大错报，需要及时更正已公布数据。非财务报告内控缺陷导致财务报表的错报时，如果该损失能被直接衡量，可定量得出已经或很有可能造成的直接财产损失，定性反映可能存在的决策程序缺失、偏离企业目标、违反国家行业法规、高管舞弊等现象。如图 2-9 所示。

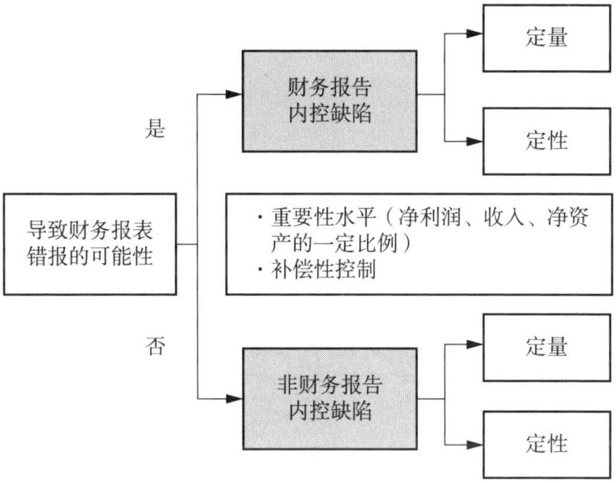

图 2-9　内控审计关注财务报表相关的内控

内部审计和财报审计的区别如表 2-1 所示。

表 2-1　内控审计与财报审计的区别

特点	内部控制审计	财务报表审计
审计目的	对财务报告内部控制发表意见；非财务报告内控重大缺陷披露	对财务报表发表意见
了解/测试目的	直接目的是对内部控制有效性发表意见	了解内部控制是为了评估重大错报风险，发表审计意见
测试范围	对所有的重要账户、交易和列报的相关认定，都要了解和测试内控	只有在两种情况下才强制要求测试内控：①注册会计师拟依赖内控；②仅仅实施实质性程序并不能够提供认定层次充分、适当的审计证据
测试时间	测试足够长时间	若需测试，则测试内部控制在审计期间的运行有效性
测试样本量	对结论要求越高，样本量越大	取决于控制测试的保证程度，样本量相对要少
报告结果	对外披露；正面、积极方式发表审计意见	不对外玻露，除非影响审计意见；管理建议书形式

（二）内部控制授权的原则

内部控制授权的原则包括以下两个。

（1）RCDI 法则：可以协助决策者厘清管理责权边界，如表 2-2 所示。

（2）核决权限表签字流程下的三定原则：除提交人外，所有权限行使环节原则上按照核决权限规定的签批程序执行。常规是按照简洁模式，尽量由执行层申请，决策层分层分级审核确定，超出限额的由董事会、股东会分层确定。

按照核决权限规定的定性、定量、定时间的三定原则，企业内控授权的各环节所用时间均须预先承诺并不得超过合理的时间，甚至有必要时需建立决策授权流程地图，建立重大事项决策标准。

因此，两大原则落地的前提，在于做好企业核决权限的规范，实现股东层、决策层、执行层的分层授权管理。

表 2-2　RCDI 法则

权限属性	行使方式
提交（Responsibility）	提议、提案、推荐、跟进等
审核（Counsult）	审查、核对、审议、会签等
审批（Decision）	决定、批准、裁决、否决等
知情（Informed）	备案、通报、查询、参会等

（三）设计有效的内控测试系统

无论内部审计还是外部审计，测试企业控制设计的有效性是必须的。如果由拥有有效执行控制所需的授权和专业能力的人员按规定执行，能够实现控制目标，从而有效防止或发现可能导致财务报表发生重大错报的错误或舞弊，则表明控制的设计是有效的。在测试控制设计的有效性时，应当综合运用询问适当人员、观察企业经营活动和检查相关文件等程序。执行穿行测试通常足以评价控制设计的有效性。

内控测试—执行有效性测试中运行有效性的含义是：如果控制正在按照设计运行、执行人员拥有有效执行控制所需的授权和专业能力，则表明控制的运行是有效的。如果企业利用第三方的帮助完成一些财务报告工作，审计师在评价负责企业财务报告及相关控制人员的专业能力时，应当一并考虑第三方的专业能力。

二、五项职能的分工模式

内部控制是由企业董事会、管理层和其他有关人员实施，为达到控制目标提供合理保证而设计的程序。风险管理是由企业董事会、管理层及其他人员实施，在战略制定过程中和整个企业中予以采用，它旨在识别可能会对企业产生影响的潜在事件，把风险控制在企业的承受范围之内，并为实现企业目标提供合理保证。

（一）内部控制缺陷的分类与认定原则

对企业缺陷的认定上，需要通过“现象”的归集，挖掘产生“现象”的“问题”，将“问题”确定为“缺陷”，再将缺陷界定为不同等级的缺陷。一般对缺陷的认定可以结合企业实际需求进行分级分等。常规是看问题是否高于或低于重要性水平。因此，企业不能将现象、问题、缺陷进行混淆。内部控制缺陷一般有两类。

内部控制缺陷一般可分为设计缺陷和运行缺陷。**设计缺陷**是指缺少实现控制目标所必需的控制，或现存控制设计不适当，即使正常运行也难以实现控制目标。**运行缺陷**是指现存设计完好的控制没有按设计意图运行，或执行者没有获得必要授权或缺乏胜任能力，难以有效地实施控制。

在上述分类基础上，进一步分解为重大、重要、一般三个层面。**重大缺陷，**是指一个或多个一般缺陷的组合，可能严重影响内部整体控制的有效性，进而导致企业无法及时防范或发现严重偏离整体控制目标的情形。**重要缺陷，**是指一个或多个一般缺陷的组合，其严重程度低于重大缺陷，但导致企业无法及时防范或发现偏离整体控制目标的严重程度依然重大，须引起企业管理层关注。**一般缺陷，**是指除重大缺陷、重要缺陷之外的其他缺陷。

（二）风险评估、风险分析、风险评价的演进过程

现在发生的 N 个事件具有引发风险事件的内在潜能，即出现风险动因。风险事件是没有发生的事件，可能包括多件事，有一种不确定性。通过预测发生的风险事件，风险结果可能有利于风险主体也可能不利于风险主体，如图 2-10 所示。

ISO 31000 关于“风险评估”的定义为“包括风险识别、风险分析、风险评价的全过程”。风险评估要回答的五个基本问题是：可能发生什么？产生的后果是什么？这些后果在未来发生的可能性有多大？是否存在可以减轻风险后果、降低风险可能性的因素？风险等级是否可容忍或可接受，是否需要进一步应对？

因此，在企业风险管理的一体化流程路径上，通过明确各个节点，可以为融合转型打好基础。

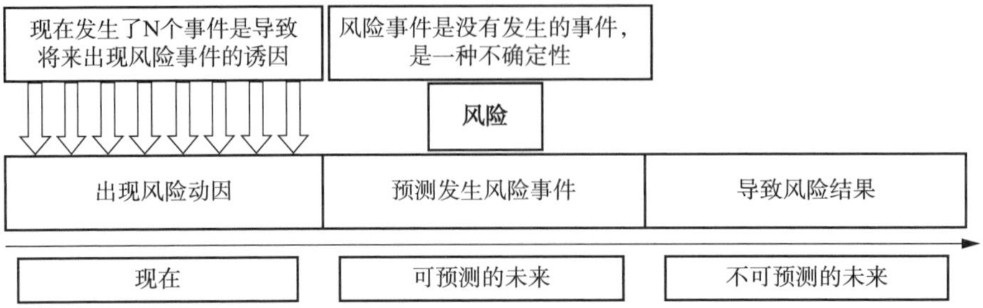

图 2-10　风险动因演进形成风险事件的过程

（三）五项职能一体化、信息化系统建设

常规而言，在五项职能一体化、信息化系统建设上，企业一般都会按照“工作制度化、制度流程化、流程信息化”的要求操作。采用“一级部署、多级应用”的顶层设计模式最为经济和高效。

分期实施，逐步推动，实现企业全级次覆盖，实现以相关风控合规系统为基础，建立**法律、合规、风险、内控、内审**五项职能的一体化管理平台，实现法治建设、内审监督、风险防控、合规协同、内控流程的协同管理，甚至拓展实现智能风控合规和数字风控，更好地发挥风控合规建设战略支撑、规范管理、风险防控、创造价值的作用，从而实现风控合规在横向的信息共享和在纵向的管理贯通。

第四节　企业的五位一体融合及智能化案例

一、D 企业顶层设计的五位一体融合案例

（一）D 企业基本情况介绍

D 企业是 2013 年 10 月成立于 N 省 B 市的民营骨干企业，主业是能源综合服务，业务范围覆盖 5 个地区。现有员工总数 3500 人，拥有 10 家子企业和 5 家分公司。D 企业肩负着为地方能源服务的使命，牵头实施了节能降耗的地方科技专项，是 N 省的地方高科技企业，也是双碳转型类科技型企业。

2020 年以来，D 企业虽然也面临新冠肺炎疫情等各方面的影响，但由于其在能源领域的转型和持续创新，经营未受太大影响。由于人员流动、业务

支持、市场拓展等原因，D企业加强了数字化转型力度，不断采取线上和线下结合的方式，改善了5个地区的服务和市场拓展力度。D企业按照国企的做法进行系统改善优化，参照国务院国资委下发的两个重要文件努力做好企业本身的发展融合。

首先，D企业参照了2015年国务院国资委印发的《关于全面推进法治央企建设的意见》，探索建立符合民营企业的法律、合规、风险、内控、内审（以下称“五项职能”）的融合模式以及智能化模式，在推动企业发展的同时，实现企业五项职能一体化管理平台的建设。

其次，D企业参照了2019年国务院国资委发布的《关于加强中央企业内部控制体系建设与监督工作的实施意见》。按民营企业经营规律，开始建立以风险管理为导向、以符合市场模式的合规管理监督为重点，以规范、全面、有效、协同的内控体系为支撑，以事前、事中、事后协同复核确认的内审体系为监管，实现“建机制、强内控、做内审、防风险、促合规”的管控目标。

最后，D企业居安思危，做好资金储备，坚持企业“活下来、活得好”的基础战略，不断提升企业的可持续发展能力，在降本增效的同时，协同五项职能一体化管理平台建设。同时，D企业结合民营企业和行业业务特点，根据企业业务覆盖区域的管理实际，在五项职能体系各自独立的前提下，将其统一在内审系统建设的框架下。以五项职能打破边界协同运作作为一体化管理平台建设的基础，形成了市场拓展、业务管控、流程嵌套、风控融合、层层负责的五项职能协同运作模式。

（二）D企业顶层设计的五位一体对策

1. 法务管理情况

从企业组织架构及基本职能出发，协同做好法律合规管理相关制度及人员队伍建设。

首先，D企业做好了组织架构安排，如图2-11所示。为确保不相容岗位职责分离之下的降本增效，根据企业治理结构、业务规模、合规风险水平等情况，成立企业风险（合规）领导小组，与法务部门协同工作。把加强合规管理作为企业主要负责人履行推进法治建设第一责任人职责的重要内容，搭建了“一把手”负责的合规组织架构，明确主要负责人是本单位合规管理第一责任人，分管领导、业务管理岗位人员各负其责，共同构筑合规的坚固防线。组织评价企业的合规管理情况，整改落实不合规问题，指导企业合规管理工作，明确合规管理负责人和合规管理牵头部门，并配备专职合规人员。

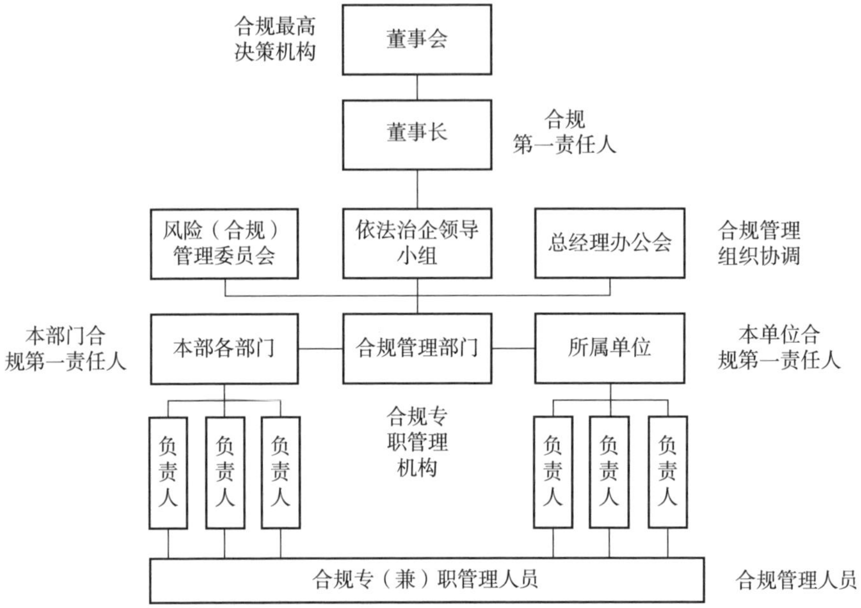

图 2-11　企业合规管理组织体系

其次，做好法律合规管理相关制度及人员队伍建设。D 企业共有法律管理从业人员 5 人，有法律职业资格或企业法律顾问资格人员 2 人，兼职合规管理人员 10 人。D 企业编制的合规主要制度如表 2-3 所示。

表 2-3　合规主要制度

序号	制度
1	企业风控管理框架
2	企业核决权限表
3	总经理负责制下的各级管理层考核评价办法
4	企业法律事务负责人及企业律师管理办法
5	法律与风控中介机构聘用管理办法
6	法律纠纷案件管理办法
7	合同管理办法
8	合规管理规定
9	企业经营合规管理办法
10	内部控制管理规定

续表

序号	制度
11	内部控制评价办法
12	法定代表人及总经理授权委托清单
13	风险管理规定
14	规章制度管理规定
15	流程管理办法

最后，完成风控一体化管控的顶层设计之后，D企业把加强纠纷案件应对化解作为维护企业利益的重要任务，不断强化主体责任，自2013年设立以来，累计涉及案件不到100件，总标的额不超过2亿元，仅占企业十余年来收入额度的不到5%。主要做法有：一是构建完善的案件管理体系。按照“统一管理，分级负责”的原则，实行集中聚焦、统一指导、监督管理的简洁和协同管理模式。二是丰富案件应对处置处理方式，积极推进案件化解。通过自行代理诉讼、协同外部律师的方式，抓好案件的积极应对，使不少诉讼案达成和解。

2. 合规管理情况

D企业作为民营企业，注重加强危机和合规管理。企业从合规管理制度体系构建、合规人员培训和合规信息化建设、合规文化建设等角度出发，系统推动企业的合规管理。

在合规人员培训上，企业内部采取“考培结合”的方式，提升企业兼职合规管理人员业务能力，就企业的业务内容做好法律合规风险培训。结合企业行业特点和企业内部要求，做好合法合规的“四流一致”业务管控，并进行基础类知识的全员合规知识考试，提升全员的业务合规意识。

在合规信息化建设上，D企业加强顶层设计，通过信息化手段融合一体化模式，提升效果和集约性，嵌入合规要求，固化管理流程，实现合规信息的集成和共享，使合规管理更加系统、规范和高效。实现客户管理、合规表单、合同管理、资金管理、内审管理等业务的线上服务与线下融合。在确保工作质量的基础上提高效率，提升合规管理的价值创造能力。

在合规文化建设上，D企业以建设百年企业为出发点，按照“老板带领合规、业务促动合规、合规底线建设”的逻辑，在综合成本管控之下，推进合规文化建设。D企业负责人有清晰清醒的认识和加强顶层设计的思路，老板带头发挥表率作用，带动全员合规，把企业核心价值观和治理的基本原则融入合规管理中，从倡导全员合规到推动全员主动合规，实现系统底线合规的全面性覆盖。将合规管理渗透到经营管理活动的各方面和全过程，帮助企业管控风险，促进合规，提升可持续发展的动力和核心竞争力。

3. 风险管理情况

首先，就风险管理工作来说，突出企业预算导向的业务市场拓展的风险，把重要市场拓展的决策风险和执行风险作为业务导向，狠抓制度建设，不断推动制度建设的标准化、规范化。不断就企业的外部环境变化和内部企业转型做好风险管理方法创新。为此，建立了风险预警指标体系，确保企业不出现大的风险。

其次，D 企业建立的指标体系包括风险监测预警综合指标库。指标库按照国企体系，优化建设符合企业实际情况的两级风险系统。两级风险系统建设包括一级风险系统、二级风险系统以及风险的量化指标系统。量化指标进一步分为 5 类风险指标，包括 3 个战略风险指标、20 个市场风险指标、8 个财务风险指标、5 个法律风险指标、16 个运营风险指标。

4. 内控管理情况

D 企业编制了内部控制手册，将企业的内部控制制度规范化和流程化，按照企业的商业模式和业务条线进行建设，做好不相容岗位的设计和定期稽核。在这个过程中，D 企业坚持做好内控管理考核体系建设，设置了内部控制组织体系全面性、内控制度实用性、内控评价完整性、内控缺陷完善性、内控管理常态化的层层管控模式，并将风险内控合规工作纳入人力资源部门对企业全员的业绩考核中，确保企业不发生业务领域的重大内控缺陷。

5. 内部审计情况

D 企业系统加强了内部审计工作的管控力度。内审相关人员陆续担任企业各级分子企业的监事，系统梳理内审工作并编制内部审计手册。遵循事前、事中、事后的一体化内审协同逻辑，推动企业专项审计、离任审计、绩效审计、年度审计等内审工作的开展。尤其针对人员管理和市场管理，通过内部审计工作，做好基础岗位和市场拓展的流程审计。结合内审工作，开展专项内审评价、内审提示函、内审咨询，并就确认的经营结果，提供企业的综合业绩考核论据。

二、H 企业顶层设计一体化模式的失败案例

（一）H 企业基本情况介绍

H 企业 2018 年成立于 L 市，由三个自然人和两家民营投资公司投资 5000 万元设立。企业主业是提供科技服务和一揽子健康管理产品等。H 企业为应对新冠肺炎疫情影响，将管理、业务和产品线重组和整合，其中包括整合行政和销售办公室，消减不同区域的重复职能，精简管理后勤团队，整合组织人员，形成业务后台与前台的无缝链接。

H 企业整合流程业务部门。在精简费用的目标下，开始系统建设运营和风控一体化系统。整合人力资源、业务审批、财务核算、合同审核、内部审计等不同软件，采取科技融合方式和独特的集成路径与第三方应用程序集成。以整合计划、采购、制造、分销、财务与企业风控系统的方式，实现实时交易信息和风险控制系统的协同。在更好更快地做出决策和提高服务效率的同时，使风险管控系统可以实时获得有效信息，确保企业信息通畅、风险可控、资金管理可控。

（二）H 企业顶层设计业务与风控一体化失败缘由

2020 年，H 企业推出业务和风控一体化融合模式。企业在各个软件系统整合上遇到了相同的问题：企业下属工厂由于统计问题而生产中断，影响了产品制造和发货。产品制造的滞后导致 H 企业需要采取加速运输的方式。由于新冠肺炎疫情，部分道路封锁，一方面货物无法及时运输，另一方面提升了运输的直接和间接费用。H 企业的业务与风控一体化融合的设计实施失败，造成了企业管理的退步。

H 企业的融合一体化管控模式反倒使企业出现“山头主义”。在企业内各自为政的模式下，管控内容在老板眼皮子底下形成管控执行真空地带。此类真空地带随着业务拓展的速度加快，反而放大了内控缺失部分的问题，使得在业务与财务人员同步增长之下，短板不断放大。成本增长的不平衡与业绩匹配的衔接不畅，使得机构精简和人员精减在内耗和“空转”面前毫无应对办法。由此导致报表编制和预算对比、核算管理和支持材料、项目管理、税赋管理等失控，“山头主义”使形式上的业务和风控一体化管控成为个体自由主义的温床，也使决策支持和战略规划等专项工作陷入被动。

部门之间、部门内部的信息数据屏障被固化，导致信息不能全部及时有

效地传达传递，内部流程仅限于部分内容而无法深入剖析问题根源，财务数据与业务管控呈现系统割裂，没有有效协调联动机制和激励方案来支撑企业聚焦并发展主业，盈利空间被市场不断蚕食。内控漏洞使企业的精益化管理成为泡影，导致“跑冒滴漏”问题层出不穷。

企业没有进行有效的持续风险评估来充分识别和评估风险，从而影响了其对财务报告的内部控制。H 企业没有充分控制新软件的开发过程和实施，没有招聘专职的信息化相关人员，导致企业无法设计、实施和始终如一地运行有效的内控和流程管理，以确保正确记录和核算库存、应收账款、净销售额和销售成本。H 企业在整合业务一体化的过程中，没有基于业务需要就市场带动的运营环节进行改进推动，而是仓促上线，导致一体化融合失败，给企业带来了直接的经济损失。

H 企业失败的教训主要有两个方面：第一，必须根据企业的实际情况推动业务和风控一体化模式。H 企业失败主要是推动时没有做好风险评估，充分识别和评估一体化的落地风险，反而采取了激进的方式，导致内部控制失效，风控一体化无法在业务管控有效性上融合，最终使得一体化模式失败。第二，必须重视推动一体化模式前存在的问题。推动一体化平台时需要考虑企业目前运营、流程和组织结构等是否存在问题，需要充分调研，按照整体转型的业务蓝图推进。以市场导向建设运营的核心功能，融合风控系统，循序渐进，定义明确的内控业务流程。

三、X 企业推动顶层设计智能化闭环管控的案例

（一）X 企业基本情况介绍

X 企业成立于 1998 年，是 1 位自然人控股、3 位自然人参股的民营企业。主业为电子产品，从服务业沉淀转型进入服务与制造协同产业。X 企业经历多年发展，从最初的投入本金 500 万元，滚动增资和持续运营，于 2008 年 9 月稀释 20%股权引入战投。截至 2022 年 6 月，X 企业净资产规模达 3. 5 亿元，年营收规模体量最高达 5 亿元，用人规模从最初的 50 人发展至 4000 余人。

由于企业的快速发展，在传统的一人管理、一股独大的模式下，企业存在很多不规范业务，因对企业市场拓展行为的管控缺失，导致大量市场拓展模式简单粗暴，被处罚多次，一度曾因商业贿赂问题一次性被处罚超过 800 万元。多次因客户要求的变通方式，开票未公对公收款，导致企业被税局稽

查，超过1000万元费用无法税前抵扣，连带滞纳金缴纳，使企业遭受超过400万元损失。因对部分员工采取灰色报销方式避税，被员工举报，企业遭受行政惩罚及民事处罚过百万元。

X企业出现这些损失，是因为X企业内控和流程管控出现了问题。具体如下。

第一，X企业缺乏定性分析，信用评级指标体系不适用，年度评级制度时效性差。对客户的回款时间长短没有设置商业折扣与折让，导致客户回款意愿不强；企业财务数据不透明，报表失真现象较为严重；企业评价指标体系不完善，数据真实性不足。

第二，内控合规风险管理组织架构存在缺陷。职能定位不清晰，内部控制和全面风险管理不顺畅。

第三，合规前置下企业内部控制管理体系、评价制度不完善。X企业的内部控制合规管理工作存在片面性，缺乏对内部控制合规管理的整体性、持续性和长远性把握，缺乏对风险的全面管理。在内部控制、合规风险控制方面，没有构建全面合规的风险管理体系，采取的是单一化控制措施，不同的风险点之间缺乏有效的联合措施，无法将风险控制环节嵌入整个业务流程，实现从源头到过程的风险全流程把控。

（二）X企业顶层设计的一体化对策

X企业运作中的内控管理漏洞太多，导致X企业的合规问题非常严重。X企业积极推动内控合规前置的转型，做到事前防止来自内部各类不规范风险行为的累积危害。在企业预防内部的隐患方式上，将前置性的各类违规问题视为整体纳入合规的考虑范畴，通过识别可能发生的各种违规行为来防止内控风险，并加以适当控制。X企业在合规前置下，加强企业内部控制管理。

X企业的合规管理涉及经营决策、业务操作的各个方面，包括政策合规、风险管理计划合规、风险识别和管理流程合规、反贿赂合规等。企业内控合规管理，是指企业全面考量合规风险及其与信用风险、业务风险、运营风险以及内控风险之间的相互关系后，为维护各项风险管理措施与工作流程的统一而开展的重要的风险管理。内控合规风险一般指企业由于各种自身因素主导，或违反规章制度和内部管理规定等所发生的影响财务质量及信誉的风险。

X 企业加强了对数字化转型下线上产品流程化的管控，进行产品业务流程梳理，实施制度建设、客户管理、核决管理、证据链管理、回款管理等一揽子应对方式。

（1）**客户管理**。企业营销和财务均结合客户的经营情况，搜集相关经营材料，包括企业体量规模、经营状况、主营业务、销售收入、资产负债、企业规划等相关信息。在线上收集处理客户发货和授信政策，并对其进行系统分析。

（2）**内部规则审批**。企业通过销售管理制度和财务制度，针对赊销客户落实自动化计算的授信公式，自动计算客户的筛查模式并得出授信额度，对客户的经营情况、资产负债率、工商信息、过往授信、税务违章等进行综合评价并最终得出客户的赊销额度和批次。

（3）**回款管理**。企业通过系统设置好的模式，根据客户发货频次、结算情况、合同执行情况，进行客户等级的动态调整，并就往来信息进行风控集成检测。针对回款期限到达时客户完成回款等情况，进行商业折扣的设计和实施，确保客户将货款转入企业指定账户后，系统将自动结清商业折扣额度，动态得出客户的授信新额度、匹配合同和业务，实现客户款的及时收现。

（三）X 企业顶层设计的智能化转型对策

X 企业因为内部控制合规管理存在风险而惨遭损失的消息层出不穷。与此同时，随着企业业务越来越复杂和趋于多元化，企业将面临更多的机遇和挑战。X 企业对合规前置下内部控制管理面临的问题进行了分析，对内部控制管理进行了综合优化，进一步完善了内部控制合规管理，健全了合规前置下内控管理体系和评价制度，保证企业在合规前置下内部控制管理体系的有效运行。

X 企业传统模式的合规前置下内部控制管理解决了企业大部分的风险及隐患，但随着内部控制合规制度优化迭代、系统数据支持改善，企业内部控制管理和合规管理的效率和效果依然不明显。为此，在企业数字化转型的大环境下，X 企业运用风控集成思维，采取智能化方式，对企业经营状况、经营成果以及经营风险进行及时防控。记录并根据流程管控等工作做好定性分析，为企业制定合理的评价指标，保证最终做出正确的决策。

X 企业促进合规前置之下内控管理工作的智能化，利用智慧合规内控平台（如图 2-12 所示），使企业内控合规管理与智能化协同。

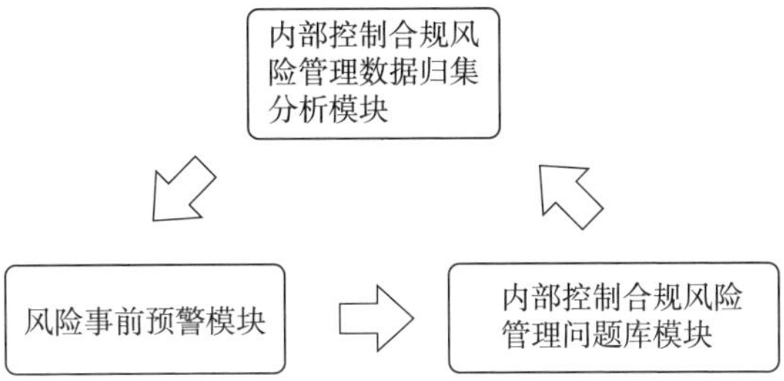

图 2-12 智慧合规内控平台

一是构建内控合规风险管理数据归集和分析模块。这个模块主要应用于检查实施领域，通过使用大数据技术设立指标标准和建立检查模型，对大量业务数据进行处理，进一步深挖和分析大量数据的有效隐含信息，使真实有效的数据信息结果在大数据技术的转化下，成为更有价值的参考信息，为企业内控合规管理工作提供更具时效性和精准性的决策依据。

二是构建风险事前预警模块。结合 X 企业的发货和服务实际情况，做好共享和模块的集成。设立法务和内审部门的预警模型和财务分析模型，由系统自动生成协同管理方式，出具专项分析报告。企业风控员工可以进行数据精准化深度分析，有利于全面内控合规风险管理工作的实施推进。

三是内部控制的四流一致管理和证据链管控。企业通过对现金流、业务流、合同流、发票流的匹配，结合支持的上述单据的匹配管控，实现了完整的管控方式。实现了部门、项目、问题种类、业务等要素的统一和统筹管理，就合同衍生出来的收款、发货等问题进一步分类、分析，还原业务行为，规避违规事件的发生和演变，并进行持续跟踪和分析，将结果与 X 企业相关管理人员和直接业务人员的绩效挂钩，系统解决企业的内控漏洞。

第五节　本章小结

随着外部环境变化和监管愈加严格，科技的不断发展对企业数字化转型和管理转型提出了系统要求。风险的不确定性也使得企业基于风控合规五项职能的一体化融合合规管理体系的构建成为当务之急，落实好风控合规系统的五项职能建设，做好企业风险防范已成为企业稳定发展的核心。

为此，企业在推动系统的五项职能建设上，应从顶层规划设计层面，落实风险管理闭环路径，厘清五项职能的边界和概念界定，落实完善企业法务管理、合规管理、内部控制、风险管理、内部审计的融合体系，从规划设计角度，构建从上至下，再从下至上的信息通路。

企业层面要做好防控风险工作，一方面需要满足企业商业行为形成的生态风控，另一方面也需要满足企业内部管理行为的内部职能实现的风控。无论如何实现协同，企业都需要以可持续发展为目标，解决市场拓展、生产管控的供产销一体化的效率与风控融合的问题。为此，在形成企业内部不同职能充分协同的同时，必须构建资源的最大化复用和利用模式，将可以融合协同形成闭环的职能集合到一起，实现五项职能的充分落地。

这些协同落地的执行效果，取决于企业在股东会、董事会、管理层会议上的设计规划一致，这样有助于执行层面的高效，减少执行层面反复试错的人力、财力、时间成本。因此，有效的顶层设计模式，是企业管理的大势所趋。本章从系统落地的视角，对风控管理、合规管理工具落地进行了深入思考和实践，为企业系统展开风控合规五项职能工作的融合协同夯实基础。

本章参考文献

［1］王苗，张冰超．企业数字化能力对商业模式创新的影响——基于组织韧性和环境动荡性视角［J］．财经问题研究，2022（7）：120-129.

［2］马晓辉，高素英，赵雪．数字化转型企业商业模式创新演化研究——基于海尔的纵向案例研究［J］．兰州学刊，2022（6）：28-41.

［3］梁爽．美、日公司法上的董事合规、内控义务及其对我国的启示［J］．中外法学，2022，34（2）：521-540.

［4］钱雨，孙新波．数字商业模式设计：企业数字化转型与商业模式创新案例研究［J］．管理评论，2021，33（11）：67-83.

［5］胡仁昱，刘勤，邱穆青，花贵如，熊艳．从电算化到智能化的发展跨越——第二十届全国会计信息化学术年会主要观点综述［J］．会计研究，2021（10）：190-192.

［6］张振刚，张君秋，叶宝升，陈一华．企业数字化转型对商业模式创新的影响［J］．科技进步与对策，2022，39（11）：114-123.

［7］乔鹏程，马锦．区块链下的企业财务管理变革研究［J］．西藏民族大学学报（哲学社会科学版），2020，41（5）：109-115+128.

［8］谢志华，杨超，许诺．再论业财融合的本质及其实现形式［J］．会计研究，2020（7）：3-14.

第三章 十大风控合规工具之三道防线

一体化工作体系的总体思路，需要协同企业“三道防线”的组织职能关系，整合企业的组织职能。三道防线的协同作业模式，对于民营企业降本增效、提质增收意义重大。常规而言，就是第一道防线的市场和各职能部门，第二道防线的后勤各职能部门和风险管理、内部控制、合规管理、法务管理相关部门，第三道防线的对内部控制、合规管理起统领作用的审计和监督管理部门的协同立体式落地。

三道防线的协同，需要结合企业管理特征，落地一体化工作体系的总体思路，实现以合规为底线、合规监督为重点的企业可持续经营。就三道防线的整合逻辑而言，即通过规范系统的整合逻辑，建设企业“内部规章和外部规章”的协同屏障，实现合规嵌入制度流程。通过风险管理体系将风险管理要求嵌入制度流程，并着重抓好重大经营风险和重大项目风险评估，将风险管理要求融入内控工作。因此，三道防线的建设，可以构建监督评价体系，形成联动闭环机制，实现企业动态发展和协同风控融合的管控目标，最终形成企业持续发展之下的“全面、全员、全过程、全体系”的风险防控机制。

第一节　风险引发的三道防线和闭环模式建设

企业需要在推动商业模式优化迭代并推动企业运营发展的前提下，化解存量风险、筑牢风险防范体系。在这个逻辑上，需要做好调架构和设计企业风控“护城河”的落地模式工作。

一、企业综合风险的防控措施与流程

总体而言，企业需要系统提高三道防线全体人员工作的胜任能力，拓展风控落地的协同性。对于企业的团队建设，首先要把好入职第一关，严格人员选择标准。为了尽可能地防范企业潜在风险的发生，根据企业业务形态和特点，提出系统的风控融合要求，在日常管控和培训过程中系统提升企业内部管控合规落地，为之后各项风控工作的顺利进行提供保障。

（一）企业综合风险的防控措施

不同的体系有不同的运行机制，但这些运行机制往往是交叉重叠的。企业风险管理主要有五项机制，包括风险研判预警机制、风险决策评估机制、风险防控协同机制、风险考核问责机制、风险信息报告机制；内部审计主要有四项机制，包括内部审计制度、审计作业机制、审计整改督导机制、审计汇报机制；内部控制则包括内控建设机制、内控评价两项机制；违规追责包括追责工作机制和追责实时报告机制。表 3-1 为风险识别与风险防控措施。

表 3-1　风险识别与风险防控措施

工作阶段	责任部门	风险识别	风险防控措施	
			客户端风控节点	企业端风控节点
市场拓展期	市场营销部门	合规风险：针对产品合规、企业合规、人员转分包合规、合作模式进行合规性处置，合作协议、招投标文件、关系对接各项内容不明确	市场拓展过程中严格按照签订的合作协议执行	市场拓展前完成合作协议签订，合作协议条款内容覆盖全面协议内容；由市场拓展相关部门牵头，组织完成产品确认和仓储以及相关服务工作
		合同风险：合同内容不明确造成管理范围和内容等相关要求模糊	协助推进合同签订，针对合同中产品要求进行分解，针对服务是否允许转包和分包提前明确	合同中明确产品数量、规格、服务范围和服务内容，重点关注贴牌 OEM 以及服务转分包条款
	财务管理部门	财务风险：履约保证金缴纳的金额和缴纳方式不明确，造成未及时缴纳履约保证金	按照合作协议要求按时付款，及时验收货物，完成服务评价	按客户需求的合同约定时间完成协议审核，提供授信额度确定服务
		资金风险：财务软件费用未提前约定，造成承担方不明确	在合作协议中明确此类费用承担方	及时支付投标保证金，因资金不足需要银行等机构融资时签订借款协议，按标准支付利息费用，确定分摊标准或收费标准
	各管理部门	合规风险：不符合客户需求产品的质量要求和服务要求，不符合提供服务的所在地规定用工政策，造成违规用工影响	招聘人员符合当地用工政策，按照合同约定及企业用工要求执行	根据项目所在地情况，梳理当地用工政策和用工条件并对项目做出要求
	营销管理部门	运营风险：未做好营销管理的系统支持，导致后期遗留问题、处置问题	按照合同约定协议，规范提供产品，针对承接查验标准服务要求进行承接查验，完成双方签字确认	参与跟踪承接查验开展及问题整改安排
营销服务前期	营销管理部门	运营风险：未按照要求办理员工入、离职手续，造成员工投诉	员工合规性手续办理（劳动合同签订/解除、社保缴纳离职手续办理）	根据企业《员工管理规范》，对营销和服务进行监管
	各管理部门	运营风险：供应商管理能力不足，造成服务不满足要求	调研并对资质及能力审核并签订协议，过程做好监管	对服务和外包涉及的相关职责进行监管，监管产品供应和服务是否按照合同约定执行
	财务管理部门	财务风险：核算范围和流程不清晰	按照确认流程及标准执行	确认财务核算范围及流程

续表

工作阶段	责任部门	风险识别	风险防控措施	
			客户端风控节点	企业端风控节点
营销服务中期	财务管理部门	财务风险：业主方资金未到位造成员工工资未及时发放	与客户保持良好沟通，按合同约定回款	跟进客户回款进度，按时核定业务进度
	各管理部门	运营风险：员工个人原因造成工伤或投诉	1. 定期梳理员工风险点，是否存在员工服务问题，未缴纳五险一金等情况； 2. 关注营销市场和现场服务质量，以及退出后潜在的劳资纠纷	1. 监管是否存在员工风险并督促合作方及时解决； 2. 提前督促项目完成员工内部调查、了解员工思想动态，并出具防范措施
		运营风险：未按照合同约定内容执行，造成客户投诉	按照合同约定内容的节点发出货物，验收货物，接受服务，评价服务效果	按期对产品现场和服务现场进行考核，对合同约定内容执行情况进行监管，定期进行考核
		运营风险：未对项目安全风险进行识别和管控，造成安全问题出现	识别产品质量风险，对于服务涉及的危险源，建立重大风险清单跟踪	按期对产品和服务进行安全检查并确保企业无系统风险
	市场拓展部门	运营风险：危机事件发生后未按照要求处理，造成严重后果	积极协助处理危机预警事件	1. 严格执行《风险预警管理规范》，进行危机预警事件识别并按照规范要求及时提报； 2. 针对提报预计预警事件，做好汇总及后续回访
营销服务后期	各管理部门	合规风险：产品质量问题或企业未做好善后工作，包括合同约定内容完成未确认或未签订终止函，造成合同执行不合规	与客户沟通，协助完成产品后续质量跟踪和服务合同的结束善后工作，系统完成合作	产品提供以及服务合同到期后持续提供产品和服务的项目，要及时续签合同或结束时签订合同终止函，明确服务期限，保证合同执行合规性
	财务管理部门	财务风险：未及时收回保证金，未及时完成产品与服务的结算，未及时完成尾款结算，造成撤场遗留事项垫资风险	清算事项清单解决方案报备，按合同约定进度反馈阶段性进度	1. 在合同到期前介入资金管控，谨慎支付产品销售和服务的代理商以及其他合作商费用；2. 检核清算事项清单，根据清算金额预留资金，直至解决

（二）打造贯通关联的协同流程

工作机制要依靠工作流程来具体实现。企业可以建立风控一体化工作流程。如图 3-1 所示。审计、风险管理、内部控制工作核心都是风险，各自在不同的风险管理阶段发挥作用，一体化工作流程要打通三者接口，实现无缝对接。风控要接入流程，使管理体系落地生根。

企业需要针对流程步骤，进行风控要素识别与对接，并做好各个系统和模块各项流程的风险要素全覆盖。

企业可以通过提前谋划、分步推进、细化督导和程序化管控，实现从系统内部审核到系统间互相稽核，再到风控岗位人员终审的路径设计。

在风控一体化工作流程中，首先要识别风险，如果已经确定产生了不利影响，就要处理问题，后续还要进行追责。如果尚未产生不利影响，也要进行风险评估，检查一下是否产生了重大风险，如果产生了重大错报风险则要进行管理和应对。在进行审计监督时，主要考察风险评估是否准确，风险应对是否有效以及风险报告是否及时等问题。

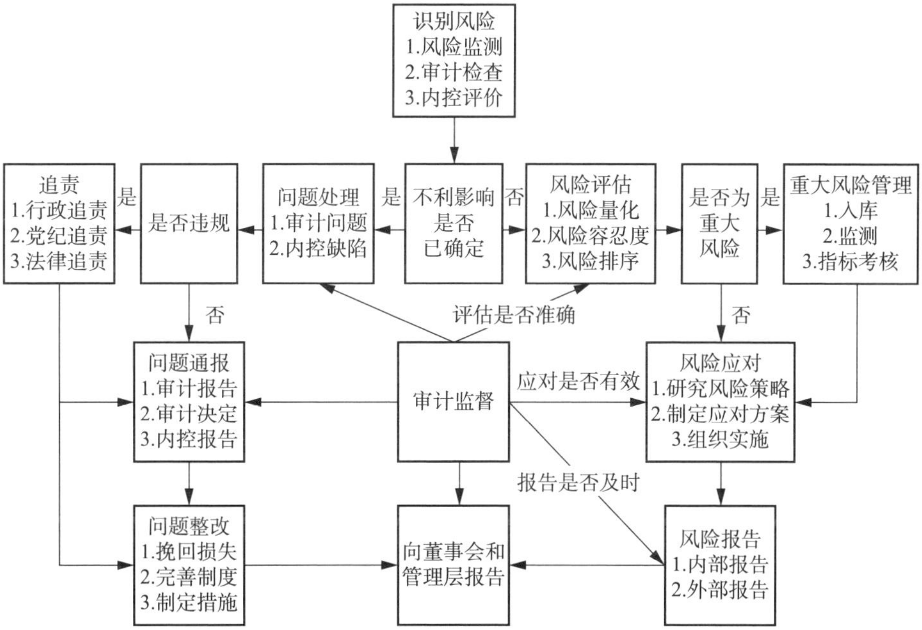

图 3-1　风控一体化工作流程

（三）打造贯通关联的三道防线护城河

在企业三道防线协同的一体化建设上，企业可以建设减轻所承受风险的护城河，也就是俗称的构建风控防控“防火墙”。护城河包括健全体制机制、落实防控重点，具体如下。

第一，强化三道防线作用，不断完善风险防控防火墙。如图 3-2 所示，三道防线失效是导致出现重大风险的主要原因。

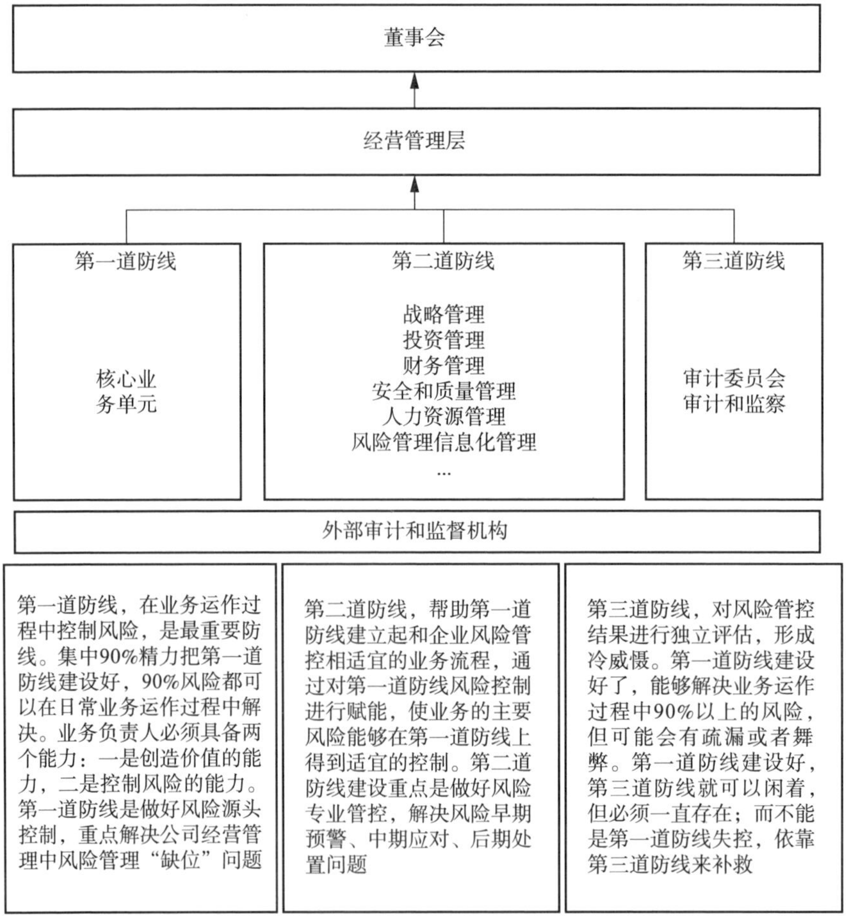

图 3-2 外部审计和监督机构三道防线

第一道防线是核心业务单元。第一道防线在业务运作过程中控制风险，是最重要的防线。集中 90%精力把第一道防线建设好，那么 90%的风险都可以在日常业务运作过程中解决。业务负责人必须具备两个能力：一是创造价值的能力，二是控制风险的能力。第一道防线做好风险源头控制，重点解决企业经营管理中风险管理“缺位”的问题。

第二道防线是战略管理、投资管理和财务管理等。第二道防线帮助第一道防线建立起和企业风险管控相适宜的业务流程，通过对第一道防线风险控制进行赋能，使业务的主要风险在第一道防线上得到适宜的控制。第二道防线的建设重点是做好风险专业管控，解决风险早期预警、中期应对、后期处置问题。

第三道防线是审计委员会审计监督。第三道防线对风险管控结果进行独立评估，形成冷威慑。第一道防线建设能够解决业务运作过程中 90% 以上的风险，但可能会有疏漏或者舞弊。第一道防线建设好，第三道防线的运行机制也需要确保联动且持续存在，确保第一道防线在不失控之下与第三道防线的协同。避免出现第一道防线失控导致的第三道防线补救的局面。

第二，在护城河建设上，需要打通职能分工屏障，打造贯通关联的一体化运行机制。首先是了解一体化运行机制。一体化运行机制要求确立风控要素融合工作对象及方法，通过编制方案、制定模板、组织培训和问题答疑来明确要素匹配的工作原则和标准。其次，了解风控要素识别与对接（见图 3-3）。第一步应进行风控知识培训，之后进行逐步的推进。推进后要通过三道防线的管理机制进行审核和督导。最后，建立程序管控机制。

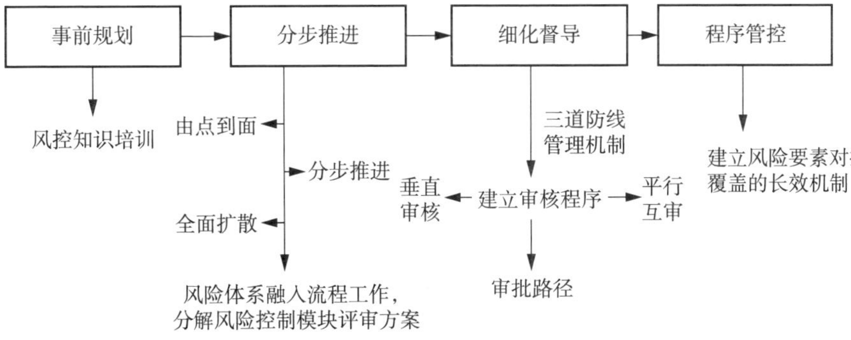

图 3-3 风控要素识别与对接

第三，在企业的护城河建设上，需要同步考虑建立风险应急机制，实施日常风险应急管理。图 3-4 展示的是风险应急机制。风险应急机制构建了风险有底数、责任有归属、预警有方向、应对有机制的全过程、全环节风险预警处置机制；先后起草了风险预警管理办法、重大风险与突发事件应急管理办法、重大风险与突发事件应急实施方案，明确组织结构、运行机制等，保证日常风险能够得到有效的解决。

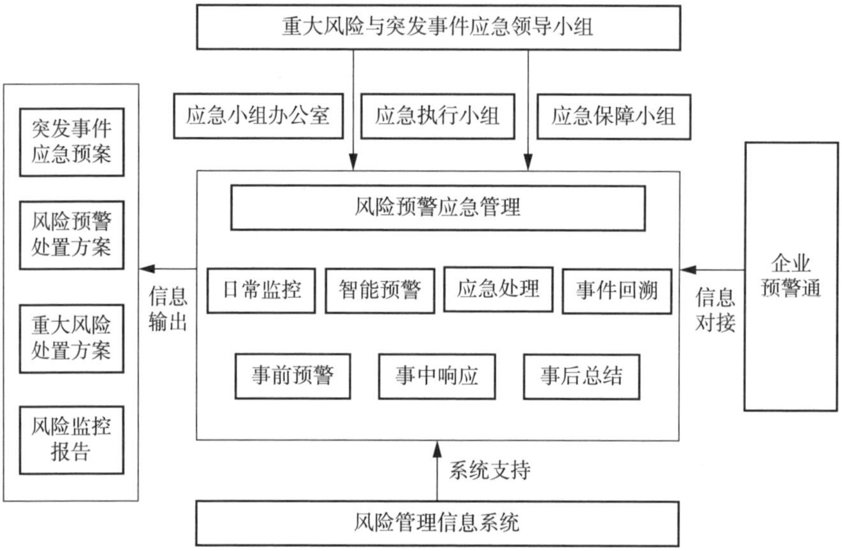

图 3-4　风险应急机制

二、三道防线的模型与三级业务分工

（一）三道防线的模型与分级流程

三道防线是一个全局性的内控体系，是由三类保证人员实施的包括内控体系的设计监督、操作执行和防范评价三类保证活动，是一种为实现信息共享、联动互动、适当交叉，全面覆盖企业经营管理各环节、各条线、各职能、各机构的内控保证活动机制。为夯实内部审计基础，有效防范和化解风险，中国银行审时度势，完善了内部审计三道防线架构，如图 3-5 所示。

三道防线之间的关系与内外部机构对接部门情况如表 3-2 所示。在三道防线模型中，第一道防线是核心业务部门，核心业务部门负责在业务操作过程中合规、有效地执行；第二道防线是支持职能部门，主要负责识别内部审计中的风险并制定相关的内控措施，对核心业务部门起到监督评价的作用；

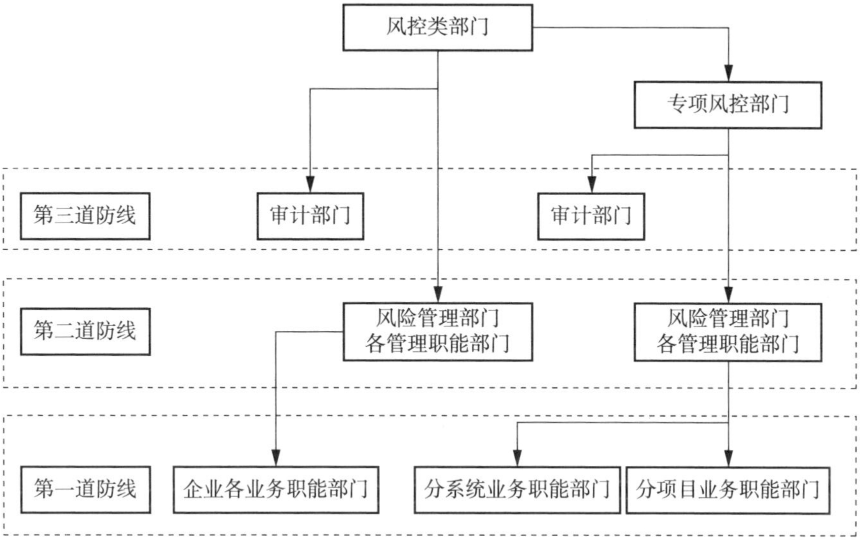

图 3-5　三道防线与风控部门协同逻辑路径

第三道防线是保证职能部门，主要指审计部门。内部审计部门的职责就是通过经营层、董事会、监管部门、外部审计检查审计工作，同样起到监督评价的作用。

表 3-2　三道防线之间的关系与内外部机构对接部门情况

三道防线模型	对接部门			
	经营层	董事会	监管部门	外部审计
第一道防线：核心业务部门	√			
第二道防线：支持职能部门	√		√	√
第三道防线：保证职能部门	√	√	√	√

（二）三道防线的三级业务分工

第一道防线：所有业务及职能部门。

风险管理职能部门及内部审计职能部门是第一道防线的核心。各部门一线员工是企业的窗口，也是最先与风险源接触的群体，在日常业务中负有及时识别、上报与初步管理风险的职责，是事前控制风险的关键。

第二道防线：风险管理委员会及风险管理部门。

这两个机构不直接参与企业任何经营业务，而主要负责企业风险管理工作的统筹组织、协调与规划，并对第一道防线的风险管理工作、内部控制开展情况进行实时监控，同时承担重大风险的核心管理与组织职责，是事中控制风险的关键。

第三道防线：内部审计委员会及内部审计部门。

这两个机构也不直接参与企业任何经营业务，主要负责对第一及第二道防线部门的工作进行事后稽核、审计和监察等，对企业内部控制度进行查漏补缺，对企业主要业务流程的合规性、合理性和风险可控性进行审计，对经营管理者进行经济责任审计，对企业信息系统有效性进行审计，对企业财务报表进行审计等，是事后控制风险的关键，也是最后一道防线。

第一道防线的主要职责：对风险的相关工具进行有效评价并完善本条线业务流程和操作规程的合理性，确保在业务操作和经营管理过程中对风险实施及时控制和监督；实施本条线业务的全辖检查，并落实相关整改工作；对本条线全辖的操作风险负责。根据有关部门规定和要求，报告本条线和部门内部审计存在的问题及缺陷，制定整改计划落实整改。

第二道防线的主要职责：负责指导、检查、监督和评估第一道防线的工作，并统筹开展内部控制制度建设工作。具体负责操作风险管理运行构架的建立和维护，操作风险相关方法、工具、标准的推行，对第一道防线开展操作风险培训和指导工作；牵头案件防控工作，组织开展案件风险排查，进行自我案防评估，参与处理内外部重大案件；负责对各种内外审检查中发现问题的整改落实情况进行督导，评价考核第一道防线整改工作质量；按照有关规定，组织实施离任审计检查和评价工作等。按要求对第一道防线履职情况进行检查，并就检查出的问题监督落实整改，为内部审计奠定一定的基础。

第三道防线的主要职责：运用系统化、规范化的方法，对企业经营活动、风险管理、企业治理和内部审计的适当性和有效性进行检查评价，是内部控制体系的保障手段，从而达到内部控制的最终目标。实现内部控制并全面加强风险管理是内部审计三道防线的重要举措，是对企业内部审计流程的整合，也是牢固树立全员风险意识与合规文化的制度保障。各项内部审计要素要完整健全，三道防线各司其职，以确保内控目标的实现。

从民营企业角度来看，不同的国家监管部门提出的各项界定事项，对企业推动相关工作、实现企业经济效益有很大的参考意义，具体见表3-3。

表 3-3 “三条防线”界定

监管部门	规章名称	发布年份	三条防线界定			侧重点
			第一条防线	第二条防线	第三条防线	
国务院国资委	《中央企业全面风险管理指引》	2006	有关职能部门和业务单位	风险管理职能部门下设的风险管事会下设的风险管理委员会	内部审计部门和董事会下设的审计委员会	侧重全面风险管理下风险识别、监测和管控的内控组织结构设置
财政部等五部委	《企业内部控制基本规范》	2008	董事会负责内部控制的建立健全和有效实施，监事会对董事会建立与实施内部控制进行监督，企业应当成立专门机构，具体负责组织协调内部控制的建立，是市级日常工作，应当结合业务特点和内部控制要求，设置内部机构，明确职责权限，将权利与责任落实到各责任单位			
保监会	《企业全面风险管理指引》	2010	第一道防线由各职能部门和业务部门组成。在业务前端识别、评估、应对、监控与报告风险	第二条防线由风险管理委员会和风险管理部门组成。综合协调制定各类风险制度、标准和限额，提出应对建议	第三条防线由内部审计委员会和内部审计部门组成。针对企业已经建立的风险管理流程活动进行监督	侧重全面风险管理下风险识别、监测和管控的内控组织结构设置

三、企业面临综合风险的三个协同逻辑

（一）运用信息化手段实现风控集成协同

企业在合适时机可以研究并开发审计风控一体化信息系统，包括审计风控工作综合门户、审计项目管理平台、风险管控应用平台、风险信息管理平台、审计风控知识管理平台，实现一体化系统集成、一体化项目管理、智能化数据统计、智能化绩效管理、在线式整改督导、企业全面覆盖、全景观智能风控。

企业可以系统构建风险预警信息化平台，实现风险管理的量化、可视化和日常化。通过对已识别风险关键影响因素的量化，确定预警指标，制定预警标准（风险承受度），动态监测经营管理过程，重点关注黄色（关注）、红

色（预警）指标变动趋势，督促相关单位制定、落实应对措施，管控经营风险，并通过实施季度工作通报机制，实现风险的动态化、信息化管控。

（二）建立风险应急机制的协同

企业为构建风险有底数、责任有归属、预警有方向、应对有机制的全过程、全环节风险预警处置机制，先后起草了风险预警管理办法、重大风险与突发事件应急管理办法、重大风险与突发事件应急实施方案，明确组织结构、运行机制等。企业可以建立重大风险与突发事件应急领导小组，下设应急办公室、执行小组和保障小组。通过事前预警、事中响应和事后总结流程，对风险预警应急事件实施日常管理。应急过程与企业预警通、Wind 等外部信息平台对接，并运用企业内部信息系统对各种风险数据进行分析评估，制定输出突发事件应急预案、风险预警处置预案、重大风险处置方案、风险监控报告等相关报告，落实好各项重点风险的防控。

（三）创新风险管理工具应用的协同

建立企业风险事件库。风险事件库是企业结合需要，将发生的重要事件进行归纳整理，就问题明确责任，落实在企业相关部门，并及时供决策者内部参考。风险事件库有助于企业了解风险动态，综合反映风险总体情况。

企业可以在原风险事件和处理的应对方式上，对企业的风险管控要求和相关金额进行梳理。结合企业经营管理情况和风险管控要求进行调整，并建立定期监测预警机制，真正发挥预警评价作用。

企业风险事件库可以构建包括关键风险预警指标在内的预警体系、指标加权汇总专题报告的展示体系、企业财务风险综合指数体系等。

在企业财务风险综合指数体系层面，尤其要结合企业的经营特点，从盈利、债务、现金流等多个维度，对企业的财务风险进行综合判断。

第二节　三道防线的整合逻辑与落实落地

企业可以在认真分析客观情况的基础上，做好组织职能、运行机制、管理制度、工作报告等“四个整合”。以全面风险管理为导向，落实重点风险的防控要求；以内部控制为手段，支撑流程控制的有效运行；以合规管理为底线，保障经营行为依法合规；以权利义务为基础，维护企业利益。

根据全面风险管理、内部控制、合规管理、法务管理的主要目标及风险差异，可将四个体系分别定位，并以全面风险管理为导向，实现四个体系一体化融合、协同运行。

一、三道防线的整合逻辑

（一）一体化整合的实现路径

企业做好整体设计后，应系统研究构建风控合规一体化的整合方式，可采取“四个整合”路径，**一是组织职能整合，**整合风险管理、内部控制、合规管理职能，实现工作协同；**二是运行机制整合，**整合年度有关风险评估、风险应对、日常监督、内控评价等工作；**三是管理制度整合，**整合梳理风险、内控、合规制度要求，协调相关制度规定；**四是工作报告整合，**整合风险、内控、合规相关内容，形成《内控体系工作报告》。这个可以有别于传统的繁文缛节模式，以精简直达目的的逻辑实现管控效果。

1. 组织职能的整合

按照“三道防线”的组织职能关系整合组织职能。其中，各职能部门是第一道防线；各职能部门和风险管理、内部控制、合规管理、法务管理分别是相应的第二道防线，同时，风险管理对内部控制、合规管理起到统领作用；审计和监督管理是第三道防线。由于部门各岗位职能规划，各职能工作存在一定逻辑关联，应有效整合组织职能工作，保障各项工作的独立性和协同性。

2. 运行机制的整合

企业可以在全面开展风险评估和风险应对工作的同时，开展合规风险评估和应对。通过开展全面风险评估工作，更新风险清单，评价重大风险，制定风险解决方案，并同步开展合规风险识别和评估，更新法规监管信息、合规风险清单等，制定合规风险防控措施。

企业要根据内外部环境变化，定期更新内部控制内容，完善内部控制相关职责、流程、制度、关键控制等，更新内控手册。同时，将重大风险防控措施分解落实到相关流程的内部控制中，明确主体责任、流程控制活动等。

在风险监控方面，通过监控风险变化，对重要变化及时预警报告。同时，针对重大风险、重要流程等开展专项检查。在年度内组织开展内部控制评价，并同步开展重大风险管理评价、合规管理评价等。

3. 管理制度的整合

企业需要系统、定期地梳理风险管理、内部控制、合规管理相关制度。作为简洁高效应用的要求，编制统一制度规范，相互引用，并将风险管理、内部控制、合规管理的具体要求落实到各类制度和程序文件中。

企业可以编制相关内控和风险类手册、指引做支撑，明确风控合规整合管理原则和治理层相关职责；针对每个流程，将合规风险管理融入流程风险控制活动中，实现合规管理与内部控制的整合；整合协同风险、内控、合规相关制度规定；根据工作实际，分别制定完善相关支撑类文件。

（二）一体化整合落地的三个重点

企业的风险管理、内部控制、合规管理统一纳入企业的运营体系和监督评价范畴；在投资决策之前，系统就核决权限表内确定的重大经营事项，做好核决权限的签批程序，就重要事项做好专项风险评估，将风险评估报告作为必备支撑材料；企业每年要对内部控制和风险点的设计进行及时优化调整，及时做好由企业风控审计部门协同的监督评价和覆盖；健全重大风险防控机制，提高研判能力，防范化解风险；强化整改落实责任；内控体系监督评价结果与考核晋升挂钩等。抓住风控合规落地工作的三个重点。

一是要培养“大风控”意识。重视二三道防线职能部门之间的配合和协作，而不再是“各负其责”，不再有明显的“条线思维”。从风险出发，统一规划落实每类风险在各个职能的职责权限；对同一种风险源，形成风险管理的一体化协作交流机制。

二是要建立协同机制。风险管理职能是“头”，负责设计和决策阶段的风险；内控、合规、法务是“身”，负责实施和运行阶段的风险；审计监察（纪检）是“尾”，负责监督检查全过程的风险状况。

三是职能整合。有条件的企业，可以尽量整合职能，形成大风控部，或大风控中心。从务实的角度出发，将二三道防线的职能尽量多地集中到一个部门，可大大减少重复工作，增加融合，提升风控合规工作的效率和效果。

（三）一体化整合的六个方面与三个问题

企业在系统推动风险管控的设计上，需要建设风控体系，建设卓越的风控体系一般涉及六个方面。

一是创造价值，通过风险管控，不断减少企业经营管理中的不确定性负面影响，确保企业合规、平稳、有序、高效运转，达成企业持续运营的目标；二是忧患意识，保持忧患意识是确保企业经营稳健的基础；三是底线思维，坚持底线思维、增强忧患意识、防范化解风险，学习系统的思想方法、工作方法、领导方法；四是机制保障，建立健全风险研判预警等风险防控机制、审计作业等审计工作机制，以及内控和追责工作机制，促进各项机制的沟通协调；五是科学控制，要提高风险化解能力，透过复杂现象把握本质，抓住要害，找准原因，果断决策，有效处理；六是责任担当，应对风险，弘扬担当精神。建立严密的三道防线，层层落实风险防范化解责任。

为此，在做好六个方面的细节落地上，尤其是三道防线的实现上，在整合过程中，制度、流程、系统仍然是有力的抓手。企业应全面梳理内控、风险和合规管理相关要求，及时将法律法规等外部监管要求转化为企业内部的规章制度，做到“外规内化”；将违规经营投资责任追究内容，纳入企业内部管理制度中；将权限要求融入制度，在具体业务制度的制定、审核和修订中，嵌入统一的内控体系管控的权限要求；将内控关键控制点嵌入具体业务流程，并推进自动化、智能化实施控制。

在这个过程中，企业要积极围绕制度流程这一核心实施整合，并系统应对推进过程中的三个问题。

一是要系统解决不同部门统筹管理、体系分别运行的瓶颈，通过一体化融合模式，改善企业控制活动的整体效率和效果；

二是在基于企业自身业务活动或管理需求开展各类专项管理活动的过程中，各个管理体系相对独立，甚至每个体系都有各自的部门墙，这就导致体系落地困难，容易造成体系要求与实际经营管理脱节，甚至产生“两张皮”现象；

三是尽管风险、内控、合规管理体系的具体要求和侧重点略有差异，其基础理论却一脉相承，各个体系都包括风险识别与评估、风险应对、自我评价、专项检查、报告编写等类似的工作内容。需要系统协同和提质增效，规避大量重复工作，实现风险评估、专项检查、评价报告等协同效果。

二、三道防线的落实落地

在企业风控系统的落实落地上，需要系统强化三道防线作用。

构建风险防线有两个关键：一是按照风险管理“三道防线”原则，构建覆盖全企业的风险管理职能分工体系；二是按照风险“分层分类集中”的管理原则，对各类风险进行有效管控。三道防线失效是导致重大风险的主要原因。因此，构建可靠有效的防线是落实风险防控责任的关键。

（一）第一道防线核心业务部门的五项原则

坚持“五项原则”主要体现在画红线、明底线的逻辑上。风险管理原则是根据风险管理概念和企业经营管理特征确定的风险管理工作应遵循的基本要求和方法。

企业在风险管理实践中总结出必须坚持的五项基本原则，包括：**风险前置、职责分工、风险底线、分层分类和风险嵌套。**

企业需要坚持风险前置原则，将风险防范重点前移到第一道防线；坚持职责分工原则，业务部门兼职风险管理人员要发挥作用；坚持风险底线原则，确定风险偏好和风险承受度，合理划定风险管控底线；坚持分层分类管理原则，按照集中、分层、分类的原则，加强对重大风险、重点单位、重要业务的管理，把管理资源集中在解决企业主要矛盾、抓好关键环节方面；坚持风险嵌套原则，将风险管理嵌入企业重大决策事项全过程。

同时，企业按照发展要求，促进落实发展战略。基于企业核心价值观，追求企业价值。企业风险管控工作应以“驾驭风险，科学控制，创造价值”为根本目标，以“发现风险隐患、降低风险损失、改善风险环境”为工作使命，达成六项具体目标：风险控制目标、确保信息沟通、确保遵守法律法规、保障经营管理的有效性、建立风险应对策略、促进发展战略。

以此为基础，企业需要结合第一道防线的要求，严控项目风险，尤其是重大项目风险。推动重大项目风险评估前置于决策，将风险防控管控关口前移到业务和项目前期。通过“清单式”挂号管理、“节点式”跟踪管控等措施，推动重大项目风险评估前置于决策，严格落实重大项目风险评审制度要求，确保风险评估与评审工作质量，实现风险管理工作前置。

（二）第二道防线支持职能部门的五项机制

企业系统健全第二道防线的五项机制，可确保企业第二道防线的有效运转。风险管理运行机制是风险管理工作运行的基本方式和主要工作载体。结合监管要求和工作实际情况，企业可以确定五项管理机制。

主要包括：**风险研判预警、决策评估、防控协同、考核问责和信息报告。**企业可以将风险管理、内部控制、内部审计、违规追责等工作机制进行有机结合，形成一体化风险管控机制。

通过上述的梳理，可系统推进工作落实，确保企业风险管控的基础工作达标、风险识别充分、流程梳理全面。

在这个过程中，第二道防线要发挥风险管理作用，提升企业和相关人员的风险管理能力。风险管理能力对第二道防线的落地很关键，具体包括：风险分析预判能力，即对可能发生的风险进行前瞻性推演和压力性测试；风险事件管控能力，即灵活机动并有效及时处理各种风险事件；风险信息管理能力，即继续推进“企业风控一体化信息系统”建设；风险文化融合能力，即将风险意识融入企业各项业务和管理活动。

此外，为确保第二道防线的作用体现，企业可以借助科技新技术强化对第二道防线的监督和检查。

在大数据战略的大背景下，内部审计可以借助线上的云审计模式做融合，系统提高内部审计效率。这样一来，企业需要建立模型支持自定义的非现场审计分析平台，定期收集业务部门提供的各类信息，建立内部审计的专用数据集。为了能够同时保证内部审计工作高效、便捷、低成本而又真实、可靠地顺利开展，企业的内部审计机构应当创新审计方法，合理运用现场审计和非现场审计。两者互相补充，能够提高内部审计工作质量，使审计成果更加真实、有价值。

（三）第三道防线保证职能实现的四个突破

企业第三道防线的重点是系统搭建风险偏好体系。企业的风险偏好是企业愿意承担哪些风险，风险容忍度是企业能够承担风险的限度。

企业制定风险偏好和容忍度是制定风险管理策略和应对风险的基本前提，尽快制定风险偏好和容忍度对企业风险管理工作意义重大。企业需要搭建全企业的风险偏好体系，制定整体风险管理战略，确定企业风险偏好，自上而下指导企业风险经营，制定各业务条线风险指标，自下而上反馈风险偏好执行结果，进行核实调整。同时，从不同层面进行风险管理，达到控制风险总量和各业态风险的目标。

为此，企业在复杂的外部环境、严峻的困难挑战和不确定性、不稳定性面前，第一道防线和第二道防线的有效性很大程度取决于第三道防线的震慑性。协同作业是实现化解重大风险的关键。企业防范化解风险的总目标是

“化存量，防增量”，主要是实现“四个突破”。

风险责任突破，即风险考核及责任落实全程跟进、评价，杜绝短期行为；**风险策略突破，**即加强政策的深度研究，借助外脑和智库力量，最大限度规避政策和环境风险；**风险机制突破，**即建立务实、高效的风险防控机制并使之真正“落地”，实现风险管理“关口前移”；**风险意识突破，**即强化合规管理和“规则”意识，提升全员整体防范风险的能力和水平。

为此，企业需要系统落实防控重点风险。需要重视对风险事件的管理，建立有企业特色的风险事件管理流程。可以制定《企业重大经营风险事件管理办法》，明确风险事件、风险敞口等基本概念的界定方法和计算口径，规范重大经营风险事件管理流程。

企业应结合需要，按照风险敞口大小，进行分层管理，规定对风险敞口大于一定金额的风险事件或被定义为重大风险事件的进行统一管理。

对于风险事件，企业可以建立重大经营风险事件库，规范风险事件的风险敞口计算、入库管理、数据库动态管理、出库管理和档案管理；可以设立内外解决方案，包括立即止损、实施保护、分析责权、协商谈判、申请仲裁、诉讼准备、寻求外援、加强内控、建立组织、舆论监督、财务支持、外部沟通、风险隔离，为规范有效地处置风险事件提供参考。

企业可以建立重大经营风险事件管理流程，规定按季度开展风险评估，填写调查问卷，将重大风险纳入企业风险事件库管理，对风险事件逐一建立风险档案，定期汇报，督导风险事件化解。

在这个过程中，企业第三道防线可以强化内部审计问题整改的建设。企业内部审计和内控合规部门，可以承担内部控制评价、经济责任审计和离任离岗审计等审计任务。在强化“第三道防线”建设过程中，专职的内审机构可以实现对检查发现各类问题的整改跟踪，实现内控合规，完善内控管控机制，达成检验问题的整改效果。内审部门可以依托“违规积分系统”全流程反映违规问题的整改、问责、协同状况，这些都是确保最后一道防线发挥作用的有效措施。

同时，企业内控合规部门在履行审计相关职责时，需要坚持如下三个原则，具体包括：独立性原则，工作结果直接向主要负责人汇报；审慎性原则，客观反映问题，避免主观武断；有效性原则，综合评判审计对象的工作决策是否匹配内部控制要求。

第三节　三道防线建设案例

一、A 企业三道防线的合规、内控、风险一体化案例

（一）A 企业的基本情况与风控建设思路

A 企业是制造业企业，成立于 2015 年，注册资本达 5000 万元，由上级民营投资企业控股 90%、管理团队股权激励 10%设立而成。企业主业是科技制造、技术服务、技术推广、技术实施。企业 2022 年 1 月至 9 月累计营收达 4 亿元，年度营收预计达 6 亿元，净利为 5000 万元。

由于 A 企业的行业特性，企业涉及较多的市场拓展和市场营销推广费用，故企业非常重视风控工作。为此，A 企业建立了 3 人专职、后勤部门 8 人兼职、市场一线 10 人兼职的风控管理团队。

A 企业的主要工作体系包括风险管理体系、内部控制体系、内审监督体系、法务管理体系、合规管理体系、制度管理体系、违规责任追究体系七个方面。A 企业为了实现“强内控、防风险、促合规”的管控目标，计划结合外部条件变化对这七个方面进行有效融合。

（二）A 企业实施一体化工作的三个层面

A 企业的具体措施包括三个层面。

第一，整合风控与合规组织架构。企业确定风控合规部门实行“双向负责制”，企业层面由董事长分管，由一名副总经理协管，风控合规部门向董事会和管理层同时汇报工作，并接受董事会审计委员会的工作指导。企业设审计风险与法务中心，按降本增效原则，累计设专职审计风控及法律人员 3 人，实施审计、内控、风险、法务、合规这五大职能；兼职 18 人，分布在后勤和市场领域。

第二，构筑特色风控制度体系。A 企业遵照有关监管要求，并结合企业管理特点，搭建了具有企业特色的管理制度体系，该体系共分为三个层级：第一层是基本制度，即《企业风险管理工作规定》，是做好风险管控制度体系的顶层设计；第二层是《企业风控管理指引》和《企业风控管理指南》；第三层是《企业风控工作手册》，内容是对基本制度和指引指南的提炼浓缩。

在合规管理方面，A 企业搭建了具有企业特色的合规管理制度，对企业经营业务的重点领域编制了相关制度。基本制度包括《企业合规管理暂行办法》《企业商业准则》；在反商业贿赂方面，制定了《企业佣金管理暂行办法》《企业委托代理工作管理暂行办法》《企业税务指南》《企业知识产权及商业秘密保护指南》等，有效规范了重要领域的合规管理。

第三，构建风控人才培养体系。围绕 A 企业风控人才总体规划，坚持创新协同、跨部门协同、工作效能协同的基本原则，通过制定系统风控的模式和核心策略，实现打造能满足企业战略发展需要、胜任五项风控合规工作的人才队伍的总目标。

为了实现人才队伍建设目标，A 企业还通过实施四项策略，解决人才瓶颈问题。一是夯实基础，通过搭建审计风控人才交流和培育平台，构建完整的培育计划；二是精准培养，对不同层次人员进行需求分析，精准定位，制定个性化培育方案；三是实战训练，将理论和实践结合，并注重通过实战训练提升风控人员解决问题的能力；四是绩效考核，制定不同层级人员的绩效考核指标，定期考核，采用激励手段提升人员能力。

在合规培训方面，注重落实第一责任人；组织全系统分级分类合规培训，实现风控合规的覆盖；注重商业行为准则培训，采取多种方式开展合规知识的传授以及合规观念的普及；为促进企业合规经营，举办合规知识培训，通过多种培训方式，不断提高各级员工的合规意识和合规管理能力。

二、G 企业运营内控失败后成功建设三道防线的案例

（一）G 企业及其业务运营风控失败情况介绍

G 企业为设立于 2014 年的民营连锁服务型企业，注册地在长三角的 Z 省 H 市，主营业务为健康类诊疗服务，在 Z 省的 5 个地市设有直营的分支连锁机构，在 G 省的 N 市设有 8 个连锁加盟机构。G 企业注册资本金为 1000 万元，设立之初实缴 600 万元。截至 2022 年 10 月底，G 企业靠利润分配等方式，完成了全部实缴，净资产达 6000 万元。

由于企业所处的 H 市和 N 市受新冠肺炎疫情影响较小，G 企业 2020 年、2021 年、2022 年 1—10 月，分别实现了营收 4500 万元、6000 万元、4800 万元，净利分别为 1200 万元、-200 万元、-500 万元。

G 企业 2021 年亏损是由于企业在 N 市的运营过程中，未把好服务项目质

量关，导致出现医疗纠纷。2021 年 4 月和 6 月，分别出现多起由于服务质量不达标而导致的健康问题，企业被迫阶段性地对 N 市所有连锁机构停业整顿，仅靠 H 市业务支撑。

之所以出现这个问题，主要是 N 市连锁机构的领导班子突然离任，总部管理人员无法调配合适人员跟踪生产经营，造成加盟机构失控，业务监管失控，企业质量把关不严。G 企业也面临在局部市场环境下增速较快的业务平稳运营与人才梯队不足而产生的风险。

（二）G 企业建设风控三道防线的实施模式

G 企业痛定思痛，在停业整顿的过程中，一方面重新选聘合适的人才到岗，一方面安排合适的运营模式推动。同时，为进一步完善风控合规的三道防线体系建设，在企业资金有限的前提下，G 企业采取了一系列改进措施。

首先，选聘合适的专职的有法律与审计经验的主管 1 人、专职助理 1 人、兼职人员 4 人，设计企业风险稽查点，重点就采购、运营、市场、维护等环节做系统的内控流程建设，由市场人员培训，后勤部门人员衔接协调培训。

其次，对风险损失超过 800 万元的事件，企业进行内部复盘，把事件造成的原因在人员选聘、人员管理、客户管理上做好统计与分析。在这个过程中，企业注重加强客户的后期维护处理，确保企业原客户不流失。

最后，企业设立总经理与管理班子的协同工作会，每月定期召开风险管理与内部控制类相关会议，本着一切就简但功能齐全的原则，推动业务事项的全过程管控。会议除了对当期的风险管理和内部管理问题进行研讨外，还就三道防线的简易体系建设进行不断完善，逐步实现良性循环。

通过上述的业务模式，确保 G 企业各项业务顺利经营，保住了客户，并在 2021 年 11 月底之前，通过高效协同全部规范就位，挽回损失超过 200 万元，并使企业本身没有出现破产清算的局面。

G 企业三道防线的简洁、简易模式，取得了很好的效果，但由于企业依然比较脆弱，市场等落地存在各种不利因素，发生的问题也是企业在业务发展过程中所积累的潜在风险的逐步暴露和升级。G 企业虽加强了后期的补救，但由于连锁加盟的模式设计不合理，也产生了实质性损失。

G 企业为改善风控效果，实行了一系列的配套举措，制定基层连锁门店的自查制度，并及时进行自我评估与检查、自我纠正和培训。基层管理者和员工在自我检查的过程中，对关键环节进行了第一道防线的自我监控。基层管理者和员工在自我检查后实现了关键控制。

G企业根据自身发展的迫切要求，适度花费很小的资金成本，开发了内控以及风险管理融合的线上工具，将风险与控制评估流程、检查工作流程、重大操作风险事件报告流程等一系列管理工具和方法融合在内。

为了对问题整改进行持续跟踪，G企业对业务数据库进行了系统升级，建设了数据库管理系统，强化企业内部问题整改情况的记录、审批、监控和报告。G企业通过三道防线的简易建设模式，匹配了合适的、性价比很高的风险导向审计，可以系统揭示企业重大问题和潜在风险，充分发挥了企业“小风控”系统的价值创造能力。

第四节　本章小结

本章介绍了风控合规五项职能的三道防线建设。解释了三道防线的建设模型和落地模式。针对三道防线的路径和流程模式做了系统的解读。

第一道防线是核心业务单元防线，在业务运作中控制风险能解决绝大部分的运营风险。第二道防线是战略管理、投资管理和财务管理等方面的防线，这道防线是第一道防线的补充，重点解决风险早期预警、中期应对、后期处置问题。第三道防线是风控合规防控，体现五项职能的衔接，以及通过最终的内部审计委员会与企业监察系统的协同，形成对前两道防线的震慑。这道防线的主要作用一是震慑，二是确定各道防线的执行效果，以及可以采取的补救措施。

本章参考文献

[1] 张庆龙，何佳楠，芮柏松．新时期内部审计创新之路：从数据审计到智能审计[J]．财会月刊，2021（22）：78-83.

[2] 张庆龙，邢春玉，芮柏松，崔楠．新一代内部审计：数字化与智能化[J]．审计研究，2020（5）：113-121.

[3] 王凡林．大数据环境下的内部控制体系重构[J]．会计之友，2020（10）：2-7.

[4] 孙红梅，雷喻捷．大数据、人工智能环境下内控风险及防范探索[J]．会计之友，2019（13）：118-122.

第四章
十大风控合规工具之法务管理

法务工作具有防范化解企业发展风险的重要功能。企业活下来、活得好，需要解决好防范化解风险这个难题。防范化解风险是实现企业可持续发展的内在要求。在转方式、调结构、换动力的高质量发展阶段，在周期性问题和结构性问题相互交错，环境变化和体制变革相互影响，内部矛盾和外部冲击相互作用，存量风险和增量风险相互叠加之下，与企业改革发展伴生的各类风险有可能易发高发、集中释放。

企业需要加快风险管理体系和管理能力的现代化建设，有效防范化解各类可能出现的风险，守住不发生系统性风险的底线，为实现质量变革、效率变革、动力变革提供坚强保障。通过法务管理的有效工作和系统转型，系统防范化解企业风险，确保企业的可持续性发展。

第一节 法务管理的边界界定与四层协同

法务管理与企业治理密不可分，是化解企业风险的重要手段。

民营企业推动企业改革，要“将防范化解风险摆在企业管控的重要位置”，“建立健全风险研判机制、决策风险评估机制、风险防控协同机制、风险防控责任机制”；“谋划和推进各项工作，离不开底线思维”，“坚持底线思维，决不能在根本性问题上出现颠覆性错误”。

要不断增强经济竞争力、创新力、控制力、影响力、抗风险能力。深刻认识我国社会主要矛盾变化带来的新特征新要求，深刻认识错综复杂的国际环境带来的新矛盾新挑战，增强机遇意识和风险意识，“把安全发展贯穿发展各领域和全过程，防范和化解影响进程的各种风险，筑牢企业安全屏障”。

一、法务管理的管理内容与科技赋能协同

（一）法务管理的管理内容与两项贯通职能

企业法务管理及其意义体现在，是否能在发展机遇以及经营风险同时存在的经济市场竞争中让企业保持一个健康可持续发展的态势，并且让企业迅速发展壮大，这在很大程度上取决于企业能否适应当前市场的变化以及是否能够有效快速地管理企业法律风险。尤其是在当前市场经济全球化的新发展态势下，市场竞争越来越激烈。

企业之间的竞争不再是市场份额以及企业规模方面的竞争，企业内部核心管理能力的竞争也同样重要。企业法务管理部门作为企业的核心管理部门之一，同样也是企业在竞争中关注的重中之重。企业法务管理包括**业务运作法律支持、合同管理、争议解决管理、律师管理、法治宣传培训五项职能。**法务管理的基本职能、业务事项、关键环节内容详见表 4–1。

表 4-1　法务管理内容

法务管理基本职能	业务事项	关键环节
企业经营法律服务	为企业重大经营管理活动提供法律服务	企业经营管理活动法律服务（企业章程审核、投资和经营决策的法律论证）
	研究法律风险识别与防范措施	法律风险识别与防范措施及审核
合同管理	合同法律审核	合同法律审核
		企业合同备案
		企业合同变更审核
	制定并优化合同范本	制定并优化合同范本
	合同履行监督检查	合同履行监督检查
争议解决	收集信息并编制方案	收集争议信息并编制方案
	参与协商谈判，协调指导参与诉讼仲裁	参与争议协商谈判，参与诉讼仲裁
	分析总结并提出改进建议	争议分析
		争议总结和改进
律师管理	建立外部律师合作库	建立企业律师事务所备选库
		企业外部律师评价
	选聘外部律师和法律顾问	选聘外部律师和常年法律顾问管理
	企业内部律师管理	内部律师注册、备案、考核等管理工作
法治宣传培训	法治宣传	组织法治宣传工作
	法律培训	组织法律培训工作

企业的法务管理是为满足企业管理总体战略服务的。因此，企业法务工作的职能，就是要不断化解企业风险，为企业的利润目标实现提供专业化服务。

为此，法务管理的系统工作内容，包括**编制计划、组织管理、团队管理、沟通管理、绩效管控**五个层面。具体来说：编制计划层面，包括法务预算、法务工作计划、法务工作总结；组织管理层面，包括设计法务部门架构、法务部门在企业中的地位、企业架构中各个部门的协同关系；团队管理层面则包括法务管理系统的编制、职级、分工、岗位职责、业务流程、企业法律顾问协同、外部律师事务所合作等各个层面；沟通管理层面，包括法务诉讼专业沟通、法务日常事务沟通、法务培训管理沟通、法务尽职调查及报告编制沟通；绩效管控层面，包括法务管理的薪酬福利设计、法务管理激励方法、法务绩效考评及晋升路径等。以此为基础，企业应系统推动法务部门作为职能部门履行职责工作，协同创造企业价值。具体见图 4-1。

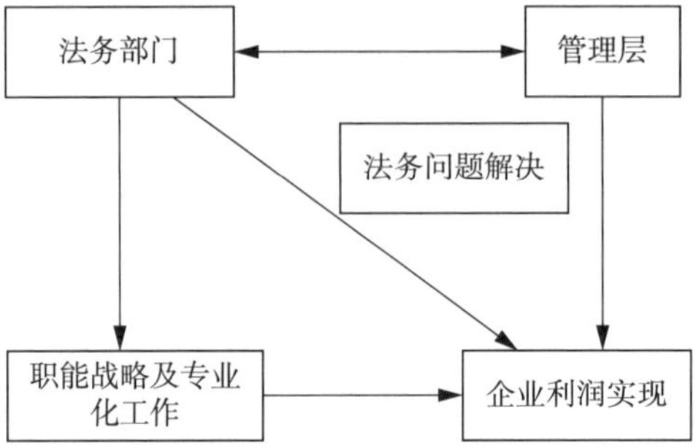

图 4-1　法务的工作场景

法务系统的主要功能包括法治建设、规章制度制定等功能，从而满足相关法律业务的横向信息共享和纵向管理贯通的需要。因此，在法务工作体系的横纵两项管理工作的贯通建设上，在基本职责、基本要求、内控逻辑层面上，要协同推动具体工作方式方法的实施。具体如图 4-2。

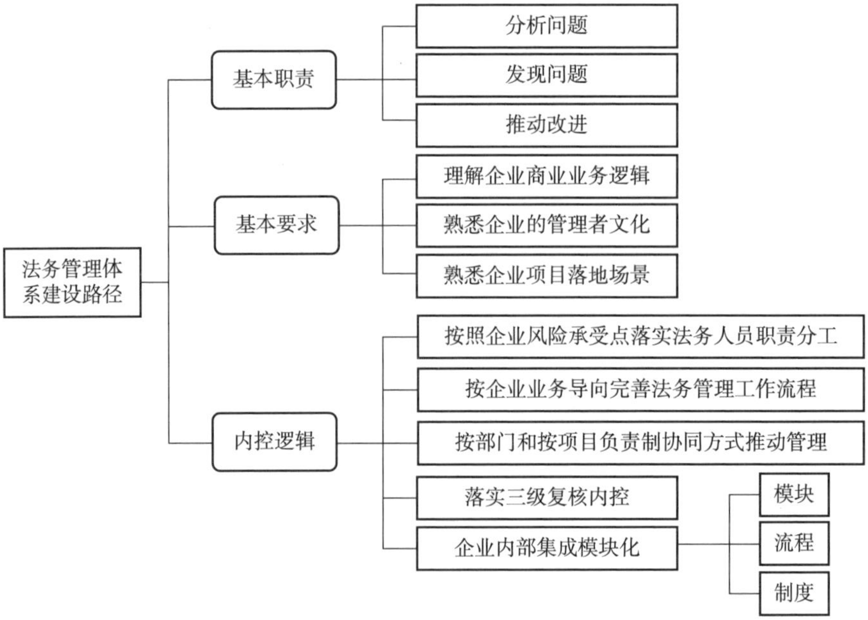

图 4-2　法务体系建设基本模式

鉴于企业法律合规方面的要求，建设的基本模式涉及不少专业知识。因此，企业需要把增强全员法治素养作为提升依法治企水平的基础，并全面加强法治宣传教育工作。在实施层面，企业可以落实企业内部的普法制度。把企业管理层带头学法作为重中之重，组织推进开展法治专题学习。加强企业内部的法治培训。企业可以组织全员进行法治学习，针对基层单位法治基础薄弱问题，组织开展法治培训。企业还可以就推动工作解读《中华人民共和国民法典》，系统开展宣传学习，不断丰富普法方式。不断探索丰富法治宣传教育方式，把各类通信工具和平台变成融合法治宣传的主阵地。

（二）法务管理顶层设计与执行的基本常识

（1）企业可以采用总体部署、多级应用的精简化顶层设计，实现企业法务的全覆盖，实现五项职能的一体化管理平台的融合建设，从而实现法治建设、法律监督、风险防控、合规协同管理。

（2）法务管理的主要职责包括为企业经营管理活动提供法律评审与支持、研究法律风险识别与防范措施两项业务事项。

（3）企业借助法务的智能化、数字化方式，可以系统发挥法务管理在战略支撑、规范管理、风险防控、创造价值方面的作用，可以有效实现企业风控一体化的落地。

（4）企业法务管理是有效集成五项职能的重要落地方式，可以系统通过法务管理五项职能的协同，实现企业风控主要问题的改善。

（5）企业法务管理等五项职能的一体化融合并与其他系统集成的问题，其效果的体现也需要企业改善落地层面内部控制和流程，分专业分模块化推动业务，改善企业业务多样交叉问题。通过对这些管控过于复杂的模式的梳理，解决审批流程问题，有助于实现企业一体化融合效果。

（6）在企业法务管理的争议解决管理上，法务管理重点在于信息收集并审核方案、参与协商谈判、参与诉讼仲裁、分析总结并提出改进建议等业务事项。

（7）企业依据需要，可以建立外聘律师事务所备选库，并做好外聘律师事务所备选库管理和及时更新。

（8）企业可以按照实际需求，选聘外部律师和常年法律顾问。法务管理可以就选聘外部律师和常年法律顾问进行前期论证工作，编制选聘外部律师和常年法律顾问工作方案，履行签批手续。

（9）法务管理的合同法律审核上，常规包括制定并优化合同范本、企业内部合同履行监督检查等。

（10）合同法律审核层面的工作，主要包括合同法律审核、企业合同备案、合同变更法律审核这几个关键环节。

（三）法务管理的三层重要性

企业法务管理核心是用法律方式促进企业的价值增值，推动企业价值的可持续最大化，这个层面的落地体现在：通过有效的法务管理类工作促成企业业务的实现，体现交易促成的润滑剂原则；通过高效的法务管理提升企业交易业务的实现，体现效率优先原则；基于提质的法务管理前置排除业务潜在风险，体现降低风险原则；基于增值的法务管理落地原则实现企业总体价值的增值，体现价值增值原则。为此，企业法务管理具有以下三层重要性。

1. 企业法务管理对于企业权益的重要性

企业法务管理不仅能够确保企业的合法经营权益不受到严重侵害，而且也会提升企业外部的竞争优势。企业法务管理不仅仅涉及一般的传统法律事务，还可以促进一些行业规章建设甚至对立法发展都有一定的作用。但是，如今企业对于这些一般法律事务并不是特别重视，只有当企业出现一些严重的法律纠纷时，才会重视起企业的法务管理。

2. 企业法务管理对于企业价值的重要性

企业所有在市场经济大环境下进行的投资活动，由于市场经济风险等不可抗因素，都可能会产生一些不可避免的法律风险问题，而企业法务管理能够让企业减少或者阻止一部分因法律风险所导致的价值缺失。在企业风险决策之后，恰当且必要的法务管理办法能够更好地使企业对所要面临的一些法律风险进行控制与防范，减少企业因为这类法律风险而产生的价值流失。不仅如此，企业法务管理工作还能给企业在经营业务层面上创造更大的商业价值。

3. 企业法务管理对于企业治理的重要性

企业法务管理能够使企业业务与法务管理更好地结合以及延伸，在企业管理层面帮助企业实现价值最大化。企业的法务管理人员也可以从法律层面，对企业的日常经营决策、评估等提供决策支持。企业内部的法务管理人员不仅可以为企业日常经营所需提供专业的法律服务，并且相较于外部的法律人员，他们还可以结合企业当前实际所需，在考虑企业面临的法律问题时，最大限度上满足企业发展的需求。

二、法务管理的基础业务与流程

（一）制度编制及审查的传统流程

法务管理的一项重要职能，就是按照核决权限表的规定，在制度编制提请企业权力机构审定并下发前，将制度送审稿及说明报归口管理部门和法律部门审定。

法务管理需要结合制度归口管理部门审查制度规定，可以组织专家论证、实地调研并征求意见。

制度送审稿修改完善后，经企业法务管理部门审查，由承办部门形成制度草案和对草案的说明，按核决权限表的规定，执行相关审议程序和审议制度。制度审定过程按照企业章程规定，按不同层级由股东会、董事会、总经理办公会或者专题会审议确定。

（二）企业内部与外部尽职调查的系统流程

针对尽职调查层面，法务管理履行投资并购、内部项目的工作职责分解。企业按照要求，组织制定内部投资、外部投资并购全流程的支持，安排法律尽调，编制法律意见书，设计风险评估报告模板，保证企业针对内部投资项目审查、外部投资并购全流程的质量。

企业法务管理需要针对项目从法律、合规、风险等多个角度，协同财务、内审、内控等其他几个角度，出具审查意见书，尽职调查类管理内容见表4-2。

表4-2　尽职调查类管理内容

要件	组织	调查要素
尽职调查保密协议 投资并购排他协议 尽职调查方案	市场营销组 法律风险组 财务审计组 内控流程组	法律事务　财务管理　税务管理　信息技术 风险管理　营商环境　金融管理　经营管理 市场营销　企业产权　人力资源　知识产权 企业文化　涉外业务　企业信用

由于企业加强治理的严谨性，企业相关决策和项目都要经过法律合规审查，重要事项需要完善法律意见书和风险评估报告，以规避相关风险。

企业法务管理的重要职能是尽职调查，主要目的有三：一是标的估值及交易定价。标的估值在很大程度上取决于企业未来业绩实现，实现业绩的风险通过尽职调查锁定，有助于企业明确并购估值。二是结合企业的并购方式，设计交易结构，落实交易合同，明确资金投向。在法务风控的落地方式上，对于交易结构设计，要协同财务规划形成系统的整合方案。三是设计优化投资前的整合与投后管理的方案。并购全流程见图 4-3。

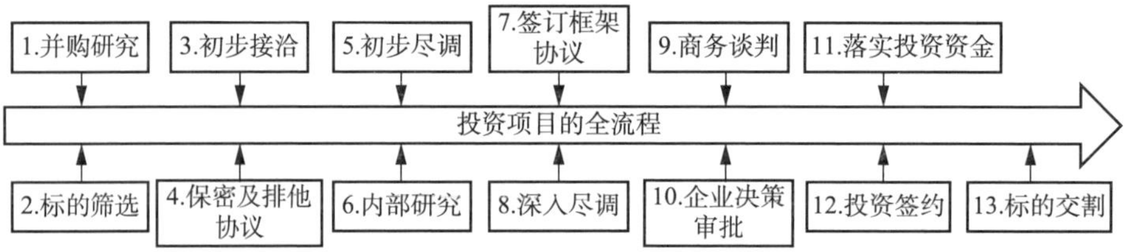

图 4-3　并购的全流程

企业的法务尽职调查领域主要包括：被并标的企业的信用状况、涉诉情况、产业情况、市场环境、前景、技术创新情况、业务运营情况、财务基本情况、法律风险情况、企业监管环境、区域环境情况、营商环境情况等。因此，企业的尽职调查对于企业整合并购标的资源、形成协同效果层面价值巨大，具体见图 4-4。

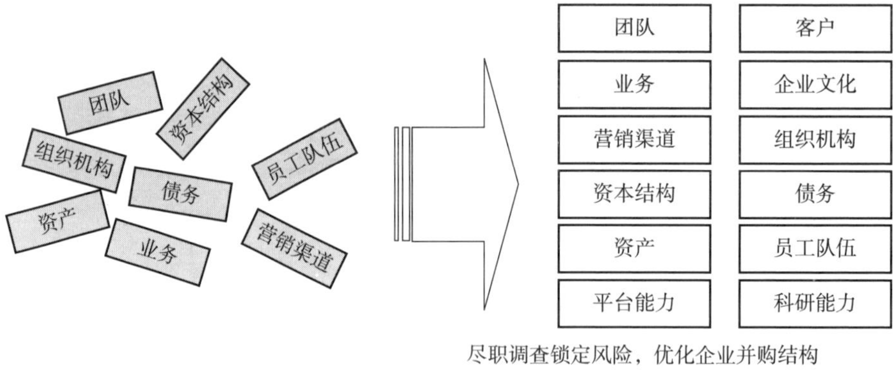

图 4-4　尽职调查的价值创造路径

三、法务管理智能化科技赋能的四层协同与框架

传统法务管理的管控容易出现效率低、成本高、掌控难等问题，人力资源投入较多，管理过程风险大。

企业通过数字化的模块化法务管理线上平台，使传统的法务管理服务更加贴合经营业务需求。以管理制度要求为突破口，结合企业实际管理需求，全面加强业务管理制度和流程，并结合企业当前战略发展实际，加强平台的统一性和拓展性。

企业的法务管理通过不断融合，可以系统借助数字化实现转型。包括法务管理的合同和各项诉讼文本等的录入、文书生成的线上化智能化，包括法务案例知识化、决策管理信息化、诉讼过程标准化、法务管理等五项管理职能的工作全过程一体化。

（一）法务管理智能化科技赋能的四层协同

企业可以将重大决策和项目审查流程嵌入综合办公系统，直接在审查流程里填写审查意见。对于重大决策中的项目事项，单独出具审查意见书。企业可以借助信息化实现智能化改革，促进法务管理数字化、智能化，发展创新更加科学、高效、严谨的现代企业管理方法，这些对企业综合实力的提升以及提高企业在全球市场的竞争力、打造现代化企业具有深远且重要的意义。智能化企业法务管理平台模式如图 4-5。

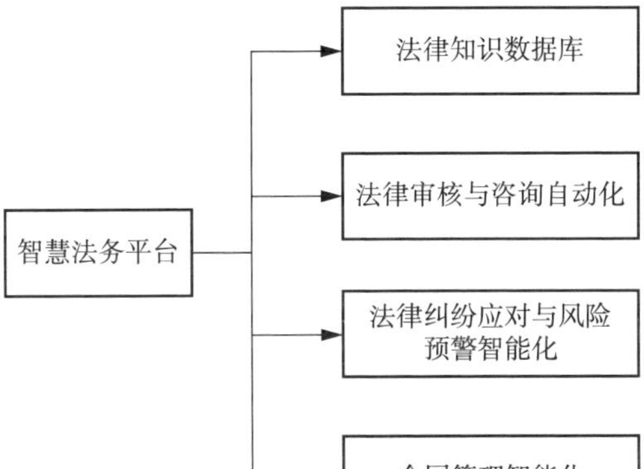

图 4-5　智能化企业法务管理平台模式

（二）法务管理大数据化的框架

法律大数据的设计可以为智慧企业法务管理智能化、自动化提供有效的支持手段。法律大数据挖掘主要体现在三个层面。

一是对法律、法规、企业规章制度、正式发布的企业同类业务的司法解释等进行系统的分类整理，建立适合企业本身标准的逻辑体系。二是建立企业相关业务的知识库。从法律、法规、企业规章制度层面，结合实际法务事项，经过归类整理，建立逻辑关联，形成基于企业内部核心管理的法律事件库。三是借助机器理解法律用语，建立自身的知识系统，为实现法律文件自动生成、文件审阅、案件结果预测等奠定基础。企业法务管理数字化平台架构见图 4-6。

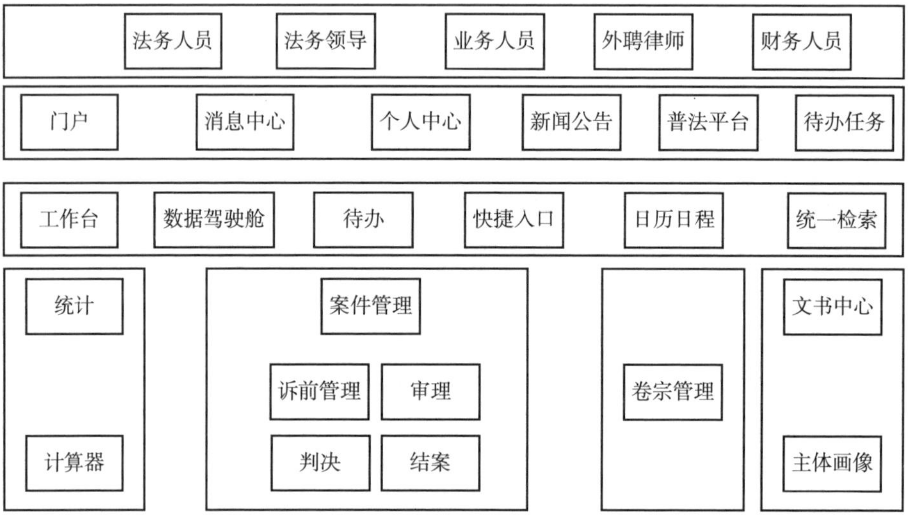

图 4-6　企业法务管理数字化平台架构

如图 4-6，在企业法务管理数字化平台架构上，各个流程都相互依赖，内外部系统互相补充，构建出一个智能化数字化的法务管理平台。在企业法务管理中，可以依靠大数据进行同案关联、类案推荐，批量生成文书和导入导出材料。在卷宗管理中可以做到自动归目、案件可视化、在线预览/标注、自动生成证据清单。在前期统计以及计算费用时，大数据也能起到很大作用。

企业可以以自身的重点、成熟业务为起点，搭建包含企业法务管理中各个管理模块全覆盖、全场景的数字化法务管理平台。通过结合各个模块，建立一个可视、可控的数字化闭环管理体系，从而加强企业业务闭环，实现全种类、全生命周期覆盖。

加强系统集成，实现跨条线、跨平台业务管控协同。打通法务平台与企业人、财、物、供、产、销各业务系统接口，消除信息孤岛；梳理各业务条线关联管控规则，跨系统联合校验、流程衔接，实现业务管控模式从“线”到“网”的转变。

第二节 企业合同管理的成功标准与落地方案

企业法务管理的另一个重要功能，就是合同管理。企业合同管理成功落地，具有成效的标志体现为：企业的合同管理有效锁定合同交易成本，减少潜在的无形损失，通过提升效率方式促成合同的签署，通过有效的风险转嫁方式，规避企业合同签署的风险承担。在此基础上，推动企业合同的内部管理工作，包括合同调研、合同模板设计和优化工作，合同存档等工作。企业法务管理中，需要着力加强合同的全面覆盖性管理，选择合适时机建立企业法务管理的信息化平台，完善合同模块的数字化管控。

为此，常规状态下，企业需要结合合同管理的全部过程，做好合同全生命周期的管理规范，并结合企业合同管控需要，加大企业内部合同的法律管控力度，推动企业整个系统的合同合规建设。在必要的情况下，将合规审核的日常业务流程进行系统的标准化，具体如下。

一、合同管理闭环与内控解决方案

企业合同管理的合规管理与方案。合同管理在经济社会活动中具有重要作用，合同管理系统按照合同全生命周期进行管理，具有其他管理模式所无法比拟的优点。

企业合同管理的重要基础在于，企业法务管理需要结合企业业务形态和模式，从业务性质出发，对交易合同有深刻的理解。企业签署的每一份合同，都是企业和企业之间的一揽子交易的集成。任何交易都存在不同程度的风险。在企业基于合同全生命周期的管理过程中，法务管理的重要性体现在以合同审查的方式促成业务交易，并协同合同的设计排除业务交易风险。因此，在合同管理中，合同约定的事项性质、标的数量、时间要求是合同的主要条款。标的的复杂程度不同，决定了制定合同、审查合同和管理合同的难易程度。

在合同管理各阶段和总体结构顶层设计的逻辑之下，对企业合同管理的智能化设计以及合同合规管理机制的智能化设计，具有很好的前置优化效果。企业合同管理与智能化科技赋能协同之下，企业法务管理还能通过更精确的算法拓展合同管理的深度，打破传统企业法务管理在合同管理数据支持上的局限性，为企业提供更精确以及更全面的法务服务，具体见图 4-7、图 4-8。

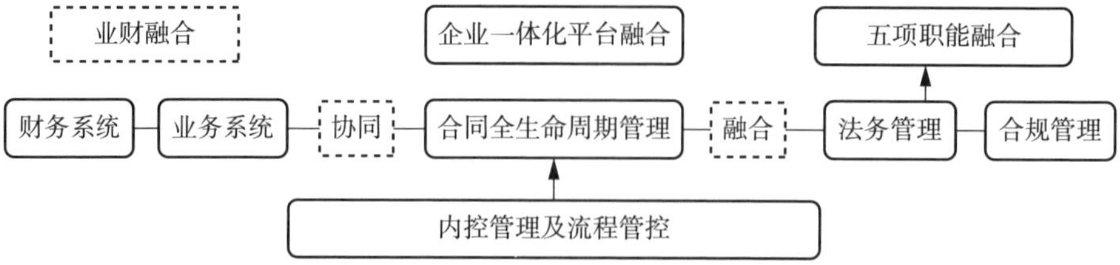

图 4-7　合同全生命周期的流程路径与一体化管理

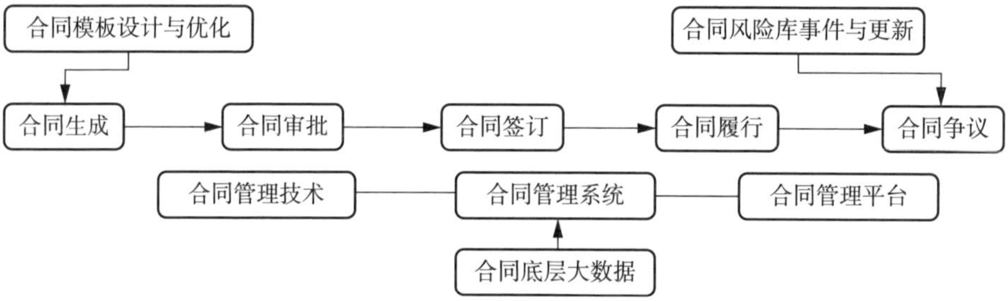

图 4-8　合同全生命周期的流程路径支持系统

（一）合同管理的闭环合规实施方案

企业法务管理的合同管理在经济活动中具有重要作用。合同不仅详细规定了当事人之间设立、变更、终止的民事权利和义务，而且还为项目的顺利进展奠定了基础。

在企业的各项经济业务管理中，合同对于合同方权利和义务的范围、质量以及项目进度等进行了规定，不仅是多方进行经济往来的有效载体，还能够对合同方进行基本的约束管控。合同管理的全过程包括具体项目的论证决策、相关审批文件、立项、选商、签订合同、履行合同。在这一系列进度中，内容和程序的依法合规必须贯穿于合同管理的全阶段和全过程。

因此，从合同管理的合规流程出发，总体合规化逻辑是：首先，业务部门需要通过预算和审查，实现合同从立项到验收全阶段的业务控制；其次，后勤支持的相关部门需要对该业务进行合理审查，在事前、事中、事后都要进行风险控制，以维护企业利益；再次，法律部门需要对合同进行审查，确定合同条款的规定合法、严密、可靠，保证企业的利益，为经济往来的顺利进行奠定基础；最后，企业相关决策部门，按照专业部门提供的专业意见和业务意见，按照核决权限表规定的有权机构或个人，履行合同决策程序。具体的合同审核管理流程见图 4-9。

图 4-9 企业合同审核管理流程

为此，企业法务针对合同管理，需要做好如下方面。

第一，加强合同规范管理。最便捷的方式就是建立完善的合同管理体系。制定合同管理办法，规范合同管理程序，明确合同管理职责。组织制定合同审查指引，落实到全企业的全系统使用，有效提升合同审查水平。为实现合同规范的效果，企业需要区分不同业务类型，规范合同通用条款和专用条款，组织制定各类合同范本。发布通用条款库、专用条款库，推荐使用合同文本，并在合适的时机安排纳入信息系统管理。

第二，加强对企业合同全过程的管理。企业应对合同起草、审查、签署、履行、变更、中止、解除、纠纷处理、立卷归档、监督等全过程进行规范。具体体现在以下几点。

（1）明确合同管理职责，规定合同归口管理部门、合同承办部门以及相关会签部门在合同管理中的具体职责。

（2）明确合同起草所涉事项的具体要求，包括合同相对方应当具备的条件、使用企业示范合同文本和格式条款要求、采购合同预付款比例要求等。

（3）明确合同审查要求，包括发起合同审查流程时应填写的信息及添加的附件、合同审查的内容，以及企业针对合同备案的程序等。

（4）对合同流程目录、合同分类及合同编码等内容，按照企业管控要求进行系统、明确的规定。

第三，企业需要重视重大合同的管理。重视重大合同管理的必要条件是企业明文规定法务管理的参与度。具体有以下几点。

（1）企业法律部门按要求参与重大合同的论证、谈判和起草，发挥审核把关作用。

（2）企业要加强对重要合同的管控，对于企业提供担保的合同、涉及企业重要事项的管控合同、企业性质重要的合同、企业签署的标的额达到企业重要层级管理的合同，企业可以实行备案制，合同签署前履行必要的审查备案程序。

第四，企业需要重视合同管理的创新。企业应推动风险防控与促进合同业务等交易的平衡。确保企业合同管理的创新落地。具体体现在以下几点。

（1）采取多样化方式化解现有风险。企业法务部门要主动化解合同风险。持续开展合规综合评价、合同管理领域专项评价，及时发现和堵塞合同管理缺陷和漏洞，促进合同管理能力提升，降低经营风险。

（2）抓好合同潜在风险防范。对企业面临的外部环境突发事件和内部企业突发事件，开好定期的合同风控会议，就合同管理等提出要求，开展风险排查评估，及早应对，做好化解。

（3）持续完善合同管理工作体系。企业需要针对性地加强合同归口管理部门与业务部门之间的沟通，实现业务管理要求与合同管理要求的一体化融合。尤其针对业务管理在业务节点上的管控要求，与合同管理的后台就业务节点和节点变更做好协同，将合同风险防控工作延伸到业务部门和业务岗位。在合同风险可控的前提下，促进企业开展交易。

（二）合同风险的内控解决方案

1. 启动企业合同调研，加强对合同全生命周期的管控

企业需要围绕合同标的金额、合同类型、合同履行期限、合同引发的法律纠纷等参考指标，对企业各类合同情况进行摸底调查，形成调研提纲；在完成合同摸底调查的基础上，对合同履行情况进行评估，探索建立合同责任管理的相关支持管控规范。

2. 建立企业法律信息化平台，完善合同模块数字化管控

企业需要开展合同管理模块信息化平台建设，强化合同全生命周期管理职责，将合规审核嵌入合同相对方资信调查的信息化审核流程中，加强对企业商业伙伴履约风险及履约能力的事前评估。

3. 加强企业系统合同管理，编制制式合同范本，防范合同法律风险

进一步规范和优化合同全生命周期管理，针对合同执行阶段做好法律管控。兼顾安全和效率，对企业合同进行分类管理，优化合同审核的核决权限和其他流程。完善合同会审制度，重点针对投资并购、资本性支出、创新研发类支出的合规领域内容进行研讨会商。加强系统的合同管理，明确重大合同的标准和范围，有针对性地制定不同类型合同的管理模式。企业还需要结

合管理需要，启动合同范本的编制、优化、修订工作。

4. 推进企业系统合规体系建设，将合规审核纳入合同管理过程

企业需要推动合规管理体系建设，为确保质量可控、运行有效，法务部门可以系统开展对企业合规管理体系成果及运行情况的检查评审，完成合规管理体系成果的备案工作。通过合规管理体系的试运行，总结工作经验，进一步完善合规管理组织架构，推进重点领域专项合规制度的编制，优化各项管理运行机制。法务部门需要加强合同合规审查及风险管控，确保合规管理体现在部门和个人的岗位职责内，并确定在相关企业流程中。在这个过程中，可以充分发挥合规审核在合同管理中的风险防控作用，将合规审核嵌入合同法律审核流程中。

二、合同管理的三类基本常识

（一）签署合同的基本常识

1. 非核心模块

在企业签署的商业合同中，包括重要的核心条款和非核心条款。形式上包括签约主体、标的、价格、保证、救济、效力。

企业合同的首部和尾部属于非核心模块，具体包括以下部分。

第一，首部部分。阐明合同目的，需要约定合同标题、风险提示、签约主体、概念定义、合同目的。

第二，尾部部分。保障合同形式完整且有效，需要明确正文内容页与签约盖章页的提示，明确签约主体、签署日期、相关附件。

第三，合同附加模块。内容包括对承诺保证、反腐合规、知识产权、商业保密、通知送达、隐私保护等做出系统的强制性要求及合规保证。

第四，合同效力模块。内容包括对授权解释、合同效力、生效条件等进行系统的约定，确保合同整体有效和出现部分有效情形之时，对交易双方形成有效的保护。

2. 核心模块

第一，约定标的物或服务内容。就标的服务、服务质量、产品数量、产品规格、产品标准、服务过程、成果标准、计量单位、运输方式、验收方式、交付方式进行明确。

第二，约定价格，明确数量与金额。包括对标准价格、支付金额、支付方式、发票要求、税费承担等做出系统明确。

第三，合同保证约定保障性内容。内容包括对支付定金、抵押质押、保证担保等事项做系统明确，为风控前置做好合同层面的设计，为交易实现增加保障。

第四，合同救济层面的约定。内容包括对不可抗力，中断中止、解除终止，违约事件，补救措施，损失界定、损失计算、纠纷解决方式做系统明确。

（二）合同风险防控的基本常识

企业合同风险主要涉及的流程包括：合同审核与订立、合同履行与监控、子企业重大合同管理、合同标准文本管理。

企业合同风险应对策略包括：**风险规避、风险降低、风险分担和风险承受。**第一，企业需要规范制定并发布《合同管理办法》，指定相关部门做好企业合同的统一管理，合同的审定部门严格限定在承担企业法务职责的部门，并由相应专业法务人员审核。第二，企业需要抓紧实现合同法律审核电子化，建立法务人员的审核和复审的至少两级内控审核体系。企业需要持续优化合同审核流程，按照合同标的额度与合同性质进行分类管理、分级审核。第三，企业需要针对重大合同加强审查与管控力度，尽量建立重大合同会商、备案以及重大合同变更的事前审批制度。第四，企业合同管理需要形成全生命周期管理管控机制，实现对企业的全部合同履行情况进行实时监督管控。第五，企业需要完成合同管理的合规体系搭建工作，将合规审查等陆续纳入合同订立与审核的管理流程。

在企业制定合同风险应对策略的过程中，企业法务管理促成业务交易的逻辑和模式包括如下几个方面：

第一，法务管理需要慎重对待业务的推动，业务上涉及不合规的事项和潜在的风险需要同步提供解决方案，协同协商，从落地角度为企业业务交易做好把关和衔接出口。第二，在法务管理的落地上，无论作为哪一方，都要公平公正，单方利益过重非但不容易做成，还容易带来隐患。第三，对于合同上的条款，除了核心重要利益条款，非原则性条款可以做有原则的让步。第四，合同管理中的细节条款如有无法达成一致但总体双方有意推动业务的，可以签署框架合同和补充合同，或是先签署合同主要条款推进交易，再就其他细节进行沟通，以签署补充协议的方式推动。第五，在合同相关的企业内部交易流程上，应该提前通过企业核决权限表进行约定，便于执行和明确。第六，合同相关内容如果出现重大变化，需要考虑替代方案或变通方案时，也可以签署补充协议另行约定。

（三）合同风险防控的六点注意

（1）合同审查中忽视对商业伙伴的资格审查，特别是合同履行过程中没有持续关注合同相对方的资信变化，导致因合同履行不能或履行不符合约定而引发法律风险。

（2）合同约定内容与国家法律法规，特别是监管单位规定、行业产业政策、企业总体战略目标和企业制度等合规义务发生冲突，存在合法合规问题，导致合同内容和条款不完整、表述不严谨不准确或存在重大疏漏等瑕疵，致使企业合法利益受损。

（3）超越权限签订合同，合同印章管理不当，审核或签署后的合同被篡改、因手续不全导致合同无效；须报经国家或有关主管部门审查或备案的合同文本未履行相应审批或决策程序；未规范履行企业内部决策流程即签订合同。

（4）注意合同履行不当或监管不到位，违反合同条款，未按照合同规定期限、金额或方式履行合同义务的情况；合同变更、解除或发生不可抗力等情况通过协商无法达成一致意见或未按照约定及时通知对方、提供证明资料或履行必要措施引起纠纷、法律诉讼的情况。

（5）合同签署之前，企业可以主动调查合同对方主体情况及履约能力。开展针对合同对方企业的信用资质调查，明确对方企业履约能力，规避合同签署之外的最大风险。针对合同履约能力的关注需要系统。

（6）就合同风控层面的文字修改基本原理而言，总体是在双方对等原则之下，确保双方权利义务一致，针对不确定性的潜在损失类风险，可以采取限定法、封顶法、除外法、兜底法等方式规避。

三、合同管理的四项智能化协同设计

随着大数据、人工智能等新技术的不断发展，合同管理被赋予了新的内涵，大数据不仅具有“海量、多样、快速、价值”等特征，同时，在合理运用大数据分析技术的情况下，还能提前识别和预警合同管理中的风险。大数据分析成为规避合同管理合规风险的有效方式之一。

运用合同管理系统进行合同管理，具有较多传统合同管理无法达到的优点，如表 4-3 所示。在智能化的背景下，合同管理不仅可以在数据上与办公、法务、资产、人力、财务等管理系统接通，还能够实现功能的对接。不同系统之间的打通及数据的相互运用不仅可以提高企业效率，同时还能规避业务舞弊等情况，为企业的健康高效发展提供条件。合同智能化的应用还能直接构建合同库、风险库和知识库等模块，通过接口还能完成各项微处理，助力企业业务发展。同时，还可以利用文本搜索、多源数据比对等技术代替人工阅读，对合同进行自动预审，不仅可以节省人力，还能够大幅提升效率。

表 4-3　传统财务与智能化财务在合同管理中的异同分析

项目	智能化财务	传统财务
规定合同各方权利义务	能够实现	能够实现
规定项目、资金等进度	能够实现	能够实现
与业务、人力、法务、资产等管理系统直接对接	能够实现	不能实现
构建合同库、风险库、知识库	能够实现	不能实现
对各项业务进行微处理	能够实现	不能实现
文本搜索和多源数据比对	能够实现	不能实现

（一）合同模板的标准化及特殊情况的顶层设计逻辑

财务的智能化转型势在必行，而企业在进行财务智能化转型的设计过程中，要将业务流程梳理清晰，在关键节点的设计过程中要将财务和业务进行深度融合，在业务的流程中嵌入智能化财务系统，最终为财务决策和战略决策提供服务。但是，不可否认的是，业务与财务中存在诸多非标准和非统一的内容。因此，业务标准化是财务智能化的基础，需要在业务标准化的基础上嵌套智能化合同管理系统。

合同管理作为业务一体化的重要组成部分，其业务数据的标准化十分重要，不同的交易及业务场景会根据标准流程产生各种数据，因此业务标准化是流程标准化和数据标准化的前提。所以，对于某家企业而言，应当制定模板化的合同，这对于数据的录入、识别等都具有重要作用。对于非标准化合同，业务人员应当根据自己的职业判断，采用标准化合同的数据模式，在智能化转换的基础上进行审核和确认，以使数据业务化和业务数据化，进而提升企业效率。

除此之外，还可以搭建基于合同管理的合规管理运行系统，包括合同评审、合同审批、合同制度管理、合同相关业务授权、合同条款智能检索分析等功能模块，把合规要求融入系统管理中，这样不仅可以保证合同的合规管理，还可以提升企业效率。

（二）合同管理智能化结构搭建的系统框架

针对合同签订前、签订阶段、执行阶段和后续管理等不同阶段，针对企业智能化合同管理的关键风险点，对合同的智能化管理系统提出框架搭建的初步设计，见图 4-10。

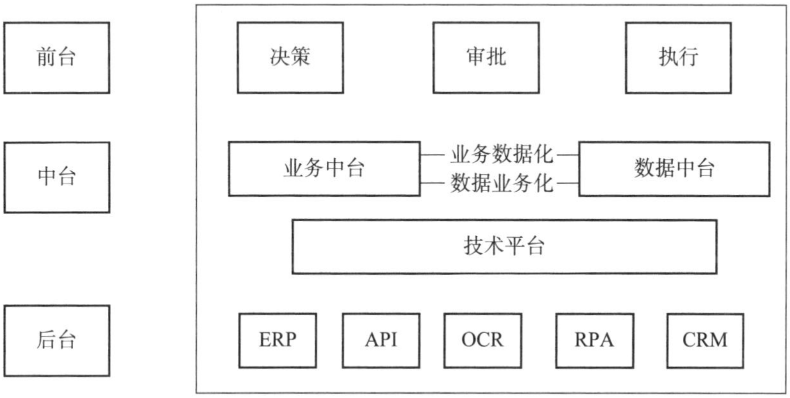

图 4-10　合同智能化管理系统框架

在合同的决策、审批和执行时，应当在业务前台进行相关的约束管控，在业务中台和数据中台的搭建上，实现互联互通，使数据业务化和业务数据化，进而提升业务效率。这些都离不开大数据和人工智能的支持，例如 ERP 系统可以直接接入企业员工数据资源；API 可以连接多个微处理的数据接口；OCR 可以智能识别纸质合同以及进行非模板化合同处理；RPA 可以完成大量工作，降低人工作业量；CRM 可以对客户进行直接管理等。这些技术的应用将大幅提高合同效率。

（三）合同管理的智能化设计流程

图 4-11 展现了合同管理各阶段的智能化设计。在合同管理的合同签订前、签订时、执行以及后续管理阶段，可以适用大数据和智能化系统协同。在合同签订前，可以连接天眼查、企查查、征信平台等互联网平台，对客户

或供应商进行信用查询；在合同签订时可以采用人工智能对语音、图片等文件进行识别，运用 RPA 机器人进行录入和比对，快速生成电子化合同，形成结构化数据。除此之外，可直接构建法规库、合同库、风险库和知识库等模块，实现合同的合规管理。通过标准化接口还能完成各项微处理，例如利用文本搜索、多源数据比对等技术代替人工阅读，对合同进行自动预审等，还可以利用网上电子认证技术，实现网上电子合同的签订和管理。同时，还可以将合同管理系统与其他系统进行互通，以实现合同任务的流程化，运用工作流引擎控制技术将任务分配至具体的责任人，并实现合同关键节点的提醒。

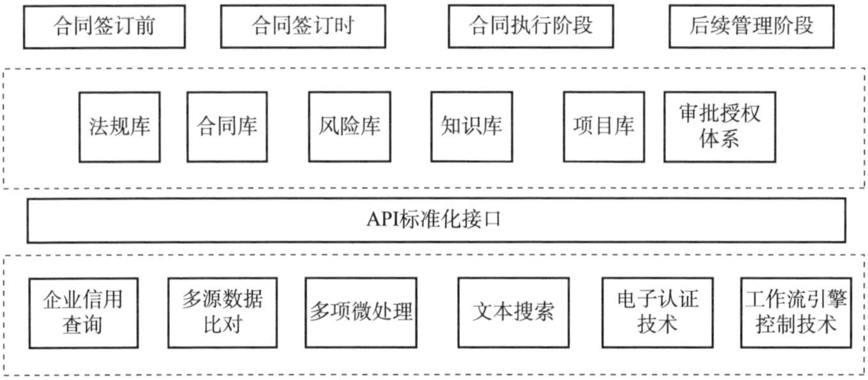

图 4-11　合同管理各阶段的智能化设计

（四）合规管理机制的前中后台智能化设计路径

合同合规管理智能化的基础是相关管理制度的完善，合同合规管理机制的健全是保证合规的前提条件，企业应当根据自身的业务情况编制相应的管理规章，实施合适的管理制度。合同管理的合规机制包括建立与企业相适应的组织架构，发布关于合同运行流程的业务规范，实施正确的合同联签制度，制定合适的绩效考核指标，对合同进行适当的合规监督，制定合理的奖惩机制，对员工进行定期培训，对合同模板进行适时修订，对合同专用章进行管理，定期对合同进行审查等。另外，还应当建立合规风险的预警机制，将其嵌入数据化平台的建设中，运用大数据分析手段对合规风险进行预警和提示。合规工作小组应当定期进行审查，建立合规管理的风险报告机制，以实现合同合规管理的有效性。图 4-12 为合规管理机制的智能化设计。

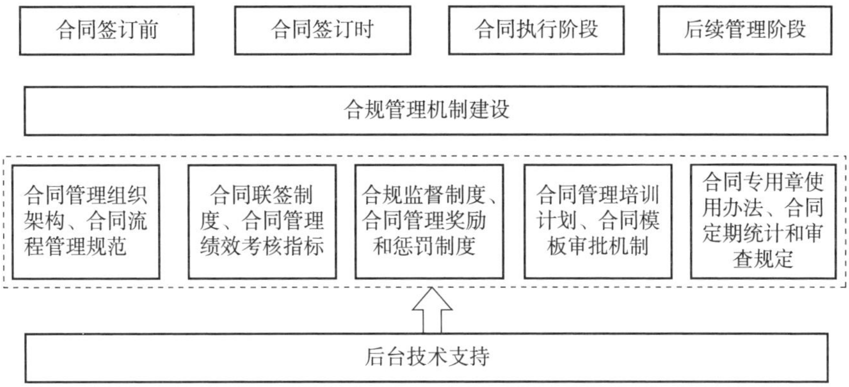

图 4-12　合规管理机制的智能化设计

合同管理智能化不仅可以帮助企业提升合同管理效率，同时还可以规避合规风险，保证企业的正常运行。在大数据和人工智能的加持下，合同管理变得更加科学、高效、精确，其与业务的协同不仅可以提升业务效率，还有助于提高企业的发展能力。

第三节　本章小结

本章介绍了法务管理的相关内容。企业的法务管理作为企业的核心管理能力之一，同样也是企业在竞争中的重中之重。本章内容主要包括法务风险合规内控，企业合同风险防控，企业合同管理的合规管理与方案以及企业法务管理与智能化科技赋能的协同。

法务管理主要体现在合同管理、投资并购、制度审查和决策审核等方面。法务系统主要功能包括法治建设、依法治企考核、规章制度、综合查询和统计分析等，从而可以满足相关法律业务的横向信息共享和纵向管理贯通。

企业合同风险管理的主要流程为：合同审核与订立、合同履行与监控、子企业重大合同管理、合同标准文本管理。合同风险防控重点包括：合同审查中忽视针对商业伙伴的资格审查、合同约定内容与国家法律法规违背、超越权限签订合同、法律诉讼的情况。企业合同风险防控解决方案主要包括：启动全系统重大合同调研工作，着力加强重大合同管控；建立企业法律信息化平台，完善合同模块数字化管控；加强企业系统合同管理，防范合同法律风险；继续推进企业系统合规体系建设，将合规审核纳入合同管理过程中。

本章参考文献

[1] 张一林，郁芸君，陈珠明．人工智能、中小企业融资与银行数字化转型［J］．中国工业经济，2021（12）：69-87.

[2] 赵丹丹．我国商业银行普惠金融数字化转型研究［J］．西南金融，2020（12）：35-43.

[3] 肖馨，马远，陈璐．商业银行智能风控探索［J］．中国金融，2019（11）：44-46.

[4] 陆岷峰，汪祖刚．关于“物联网+银行”发展战略的研究［J］．当代经济管理，2017，39（12）：76-82.

[5] 钱茜，周宗放．供应链上两类不同信用风险的关联及传染效应研究［J］. 运筹与管理，2019，28（3）：78-86

[6] 牟伟明．供应链金融信用风险评价［J］. 财会月刊，2018（5）：163-169

[7] 刘达．基于传统供应链金融的“互联网+”研究［J］. 经济与管理研究，2016，37（11）：22-29

[8] 何娟，沈迎红．基于第三方电子交易平台的供应链金融服务创新——云仓及其运作模式初探［J］. 商业经济与管理，2012（7）：5-13

[9] 郭菊娥，史金召，王智鑫．基于第三方B2B平台的线上供应链金融模式演进与风险管理研究［J］. 商业经济与管理，2014（1）：13-22

第五章 十大风控合规工具之风险管理

风险管理是现代企业管理的重要基石，风险管理也是企业管理的重要工具和提高竞争力的重要手段。 风险管理对于企业的风险识别和规避,降低企业经营风险,有效提高财务管理水平,促进企业经营水平的提升都具有非常重要的现实意义。 通过以企业风险管理的重要性及大数据对其的影响为切入点，全面研究企业风险管理中存在的问题，有针对性地提出相应的传统和智能化风控对策，可系统提高企业风险管理水平，有效规避潜在风险，提升企业核心竞争力。 此外，通过有效的风险管理，还可以促进企业系统规避风险，实现稳定健康的发展。

第一节　全面风险管理的概念界定与闭环流程

一、全面风险管理的概念界定与指标体系

（一）全面风险管理的概念界定与管理过程

风险管理历经了数百年的演进，随着时代的需要而不断发展。所谓企业风险，是指未来的不确定性对企业实现其经营目标的影响。

企业风险按承受主体的不同，分为企业层面风险和业务层面风险。企业层面风险属于企业整体关注的，影响企业全局和整体目标的实现；业务层面风险产生于各个具体业务活动，影响具体业务活动目标的实现。

企业风险按引发风险的来源不同，分为内部风险与外部风险。外部风险包括政治风险、合规风险、法律风险、社会文化风险、技术风险、市场风险等；内部风险包括战略风险、运营风险、财务风险等。

企业为规避风险，需要进行全面的风险管理。全面风险管理的概念，在2006年国务院国资委颁发的《中央企业全面风险管理指引》中首次正式、完整地由官方提出。全面风险管理是为使企业实现战略目标，在运营的过程中，将各种不确定性和变化所产生的影响控制在可接受范围内的一系列系统应对方法。全面风险管理为了合理保证企业战略目标的实现，将企业整体风险控制在可接受范围之内。

企业为做好系统的全面风险管理，需要对风险按企业涉及的不同领域进行细化分类。按风险涉及的领域可以分解为五个维度，主要包括：**战略风险、财务风险、运营风险、市场风险、法律风险。**

1. 战略风险

战略风险是指企业在战略管理过程中，由于内外部环境的复杂性和变动性以及主体对环境的认知能力和适应能力的有限性，而导致企业整体性损失和战略目标无法实现的可能性。主要体现为政治风险、政策法规风险、宏观

经济风险、行业前景风险、竞争对手风险等。

战略风险的诱因体现在战略制定不明确、超出实际能力、偏离主业、因主观原因频繁调整；战略风险在实施方面体现在执行不到位等。

在战略风险方面，企业为降低战略风险，可以收集国内外企业因战略风险失控导致企业蒙受损失的案例，并至少收集与企业相关的重要信息，包括国内外宏观经济政策以及经济运行情况、行业状况、国家产业政策；技术创新有关内容；市场对企业产品或服务的需求；企业战略合作伙伴的关系；企业主要客户、供应商及竞争对手的有关情况；与主要竞争对手对标相比优劣；企业发展战略和规划、投融资计划、年度经营目标、经营战略，以及编制这些战略、规划、计划、目标的有关依据；企业对外投融资流程中曾发生或易发生错误的业务流程或环节。

2. 财务风险

财务风险是指企业在生产运营过程中，由于内外部环境的各种难以预料或无法控制的不确定性因素的作用，在一定时期内所获取的财务收益与预期收益发生偏差的可能性。主要体现为计划预算风险、财务核算风险、资金管理风险、现金流风险、应收账款风险等；诱因主要是全面预算管理、资金活动管理、财务报告管理这三个层面的不当带来的系统风险。具体体现在以下环节。

在全面预算环节，企业不编制预算或编制不健全，预算目标不合理、编制不科学，预算缺乏刚性、执行不力、考核不严。在资金活动环节，企业资金活动筹资决策不当，投资决策失误，资金调度不合理、营运不畅，资金活动管控不严。在财务报告环节，企业财务报告违反会计法律法规，提供虚假财务报告，不能有效利用财务报告等。

在财务风险方面，企业应重视同类企业财务风险失控导致危机的案例，并重视相关指标的变化，具体有：企业的负债、或有负债、负债率、偿债能力等资产质量指标，现金流、应收账款及其占销售收入的比重、资金周转率等资金指标，制造成本和管理费用、财务费用、营业费用等费用管控指标，企业盈利能力、成本核算、资金结算和现金管理业务中曾发生或易发生错误的业务流程或环节等相关盈利能力指标，企业会计政策、会计估算类会计制度等。

3. 运营风险

运营风险是指企业在运营过程中，由于内外部环境的复杂性和变动性以及主体对环境的认知能力和适应能力的有限性，而导致的运营失败或使运营活动达不到预期目标的可能性及损失。主要体现为研发管理风险、技术应用风险、人力资源风险、产品设计风险等。

运营风险的诱因体现在以下环节。

治理环节，企业组织效能、管理现状、企业文化，高中层管理人员和重要业务流程中专业人员的知识结构、专业经验等。内控环节，期货等衍生产品曾发生或易发生失误的流程和环节；质量、安全、环保、信息安全等管理中曾发生或易发生失误的业务流程或环节。

文化环节，因企业内、外部人员的道德风险致使企业遭受损失。

业务环节，企业产品结构、新产品研发出现问题导致损失。

技术环节，因企业技术设计风险、技术研发风险、技术应用风险导致损失。在企业科技项目创新风控层面，未严格执行创新研发办法等相关要求，未做好项目立项申报工作，未按照核决权限表的相关规定履行逐级审批；未做好企业级项目立项的备案管理；未能按照创新研发相关规范的要求，加强创新研发投入项目的可行性论证，未做好科技立项评审的规范。

风控环节，企业风险管理的现状和能力弱化等。

监管环节，对现有业务流程和信息系统操作运行情况的监管、运行评价及持续改进能力不足等。

在运营风险方面，企业需要收集整理企业组织效能、管理现状、企业文化，高中层管理人员和重要业务流程中专业人员的知识结构、专业经验等信息；质量、安全、环保、信息安全等管理中曾发生或易发生失误的业务流程或环节；因企业内、外部人员的道德风险致使企业遭受损失或业务控制系统失灵；对现有业务流程和信息系统操作运行情况的监管、运行评价及持续改进能力；企业风险管理的现状和能力。

4. 市场风险

市场风险是指企业所面对的外部市场的复杂性和变动性所带来的与经营相关的风险。主要体现为利率风险、汇率风险、证券市场风险、产品价格风险等。市场风险的诱因主要体现在以下方面。

产品或服务价格及供需变化，能源、原材料、配件等物资供应的充足性、稳定性和价格变化，主要客户、主要供应商的信用情况变化，税收政策和利率、汇率等变化，企业潜在竞争者、竞争者及其主要产品、替代品情况的冲击等。

在市场风险方面，企业针对可能忽视的市场风险、可能缺乏的应对措施导致企业蒙受损失的案例，收集企业采购原料和相关原料的供需变化，原材料、配件等物资供应的充足性、稳定性和价格变化等情况；主要供应商的信用情况；税收政策和利率、汇率的变化；潜在竞争者、竞争者情况等。

5. 法律风险

法律风险是指企业在经营过程中因自身经营行为的不规范或者外部法律环境发生重大变化而造成不利法律后果的可能性。主要体现为法律纠纷风险、法律合规风险、报告合规风险、知识产权风险、环境保护风险等。就法律风险层面而言，对比合规风险，主要侧重于民事责任的承担。法律风险的诱因体现在：法律环境因素，企业自身法律意识淡薄问题，交易对手失信、违约、欺诈等问题。

在法律风险方面，企业需要综合整理涉及相关企业蒙受损失的案例，并收集国内外与企业相关的政治、法律环境材料，影响企业的新法律法规和政策；员工道德操守的遵从性；签订的重大协议和有关贸易合同；发生的重大法律纠纷案件的情况。

具体分类见图 5-1。

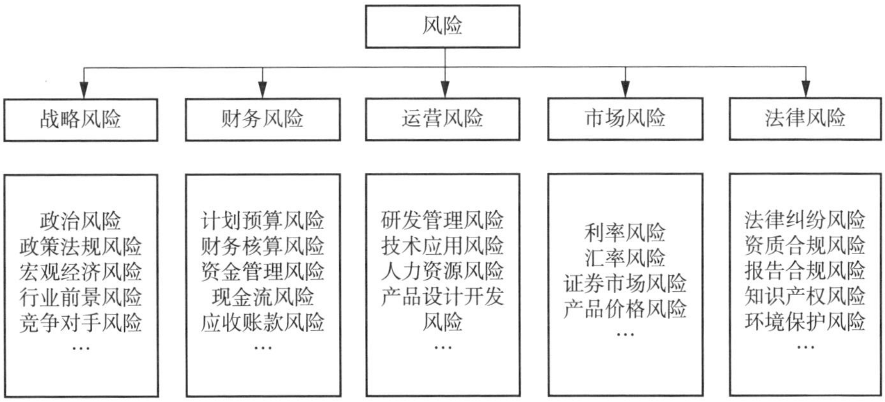

图 5-1 风险的分类框架

（二）全面风险管理的操作框架与应对策略

企业在风险管理的具体操作上，主要通过管理的各个环节执行风险管理的基本流程，培育良好的风险管理文化，建立健全全面风险管理体系，包括风险管理策略、风险管理措施、风险管理的组织职能体系、风险管理信息系统和内部控制系统。以对重大风险的管理和重要流程的内部控制为重点，采用与风险管理策略相适应的组合技术或工具进行准备、实施、报告、监督和改进，从而为实现风险管理的总体目标提供合理保证。

因此，全面风险管理是一个管理过程，需要围绕企业目标，运用科学的方法和流程，对风险进行有效合理的管控，如图 5-2 所示。

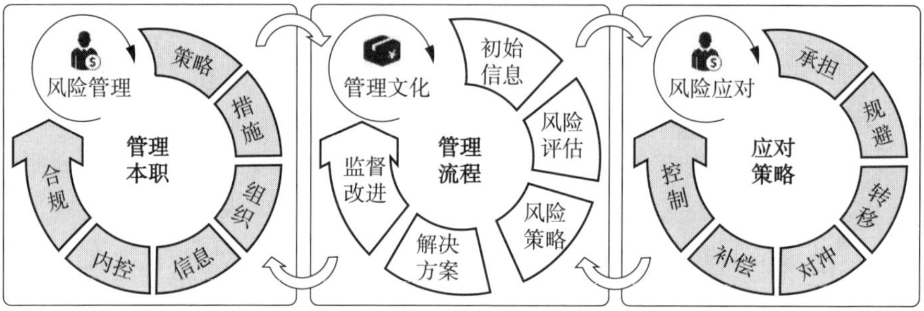

图 5-2 全面风险管理过程

基于企业全面风险管理的集中特征，并在采取分类和分层管理的基础上，结合企业市场拓展和内部管理运营需要，结合企业自上而下的顶层设计，对风险管理从战略到执行层面进行系统设计和规划。协同五项职能的融合应贯穿在企业全面风险管理的过程中。

第一，履行企业的内部环境评估，对企业所处环境做分析，建立企业全面风险管理机构、职责，建立健全风险管理制度体系，确定风险偏好和容忍度。

第二，制定企业的风险管理目标，确定企业战略、规划、预算目标，开展全企业风险辨识，进行日常和专项风险评估，制定风险应对策略并组织应对。

第三，针对控制活动建立健全内部控制系统。建立完善风险管理和内控制度，包括制度、手册、风险和内控指引、风险控制矩阵等。开展日常和专项内控评估。对重点项目进行专题风险管理，如境外并购、总包项目、重大投资、重大采购项目等。

第四，建立信息沟通系统。建立信息化管理系统，如 ERP、经营管理信息系统、管理驾驶舱等。设置 KRI 指标，建立风险预警机制，定期召开会议和日常沟通。

第五，构建监督管理机制。业务部门、内控和风险管理部门、内部审计“三道防线”。董事会、监事会、管理层企业治理监督。审计、财务、业务监督联动。

通过全面风险管理，将企业在实现其未来战略目标过程中的各种不确定性和变化所产生的影响控制在可接受范围内。为此，对工作范围和管理层级可以系统地设计路径，并按此系统运营，规避企业风险，具体如图 5-3 所示。

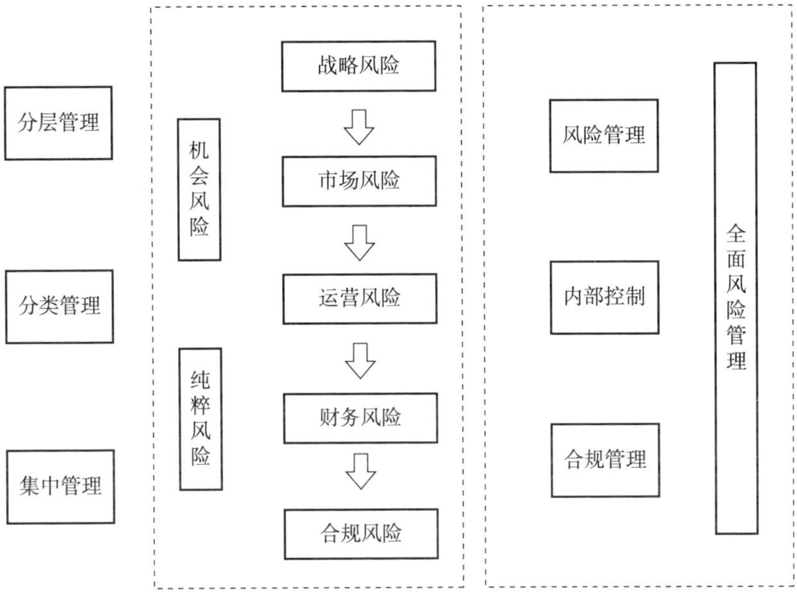

图 5-3　风险管理的工作范围与管理层级

在全面风险管理框架设计基础上，企业做好全面风险管理的逻辑起点，就是设定企业风险偏好体系，明确企业风险承受度，并就企业的管理和行为做好行为边界设定，采取合适行动落实预警指标，以获取特定风险水平下的最大化收益。

风险管理策略是指企业根据自身条件和外部环境，围绕企业发展战略，确定风险偏好、风险承受度、风险管理有效性标准，选择风险承担、风险规避、风险转移、风险转换、风险对冲、风险补偿、风险控制等适合的风险管理工具的总体策略，并确定风险管理所需人力和财力资源。企业需要按照成因控制理论，根据发生的风险概率高低、影响程度大小等关键要素，系统制定风险对策，提出系统的控制措施，从而有效实现企业目标。风险应对策略应该从收益与成本最优化的角度来制定。

从民营企业的简洁风险管理策略来说，应对的主要方法包括风险规避、风险控制、风险承担、风险分散。如图 5-4 所示。

第一，**风险规避，**是指企业回避、停止或退出蕴含某一风险的商业活动或商业环境，避免成为风险的接受者。风险规避是企业对超出风险承受度的风险，通过放弃或者停止与该风险相关的业务活动以避免损失的策略。

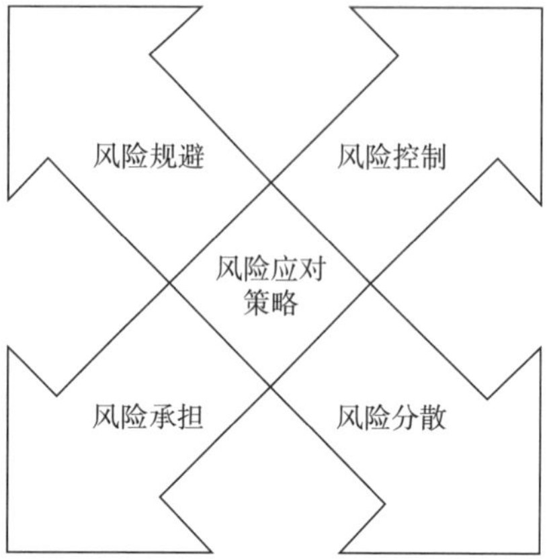

图 5-4 风险应对策略

第二，**风险控制，**是指通过控制风险事件发生的动因、环境、条件等，来达到减轻风险事件发生时的损失或降低风险事件发生的概率的目的。风险控制实质降低了企业承受的风险，这些控制风险的措施，降低了风险事件的影响程度或发生频率，将风险控制在企业可以接受的范围内。

第三，**风险承担，**是指企业对所面临的风险采取接受的态度，从而承担风险带来的后果。风险接受是不对风险采取任何措施，企业接受该风险。风险承担是指在风险承受度之内的风险，企业在权衡成本效益之后，不准备采取控制措施降低风险或者减轻损失的策略。

第四，**风险分散，**是指增加承受风险的单位以减轻总体风险由单一企业全额承担的压力，从而使单一项目管理者减少风险损失。风险分散是将风险进行系统转移，利用工具将风险部分或全部转移给第三方，防止单一单位遭受灾难性损失的策略。

除上述方式之外，企业还可以采取妥善的包括**风险降低、风险分担**方式应对。风险降低，是企业在权衡成本效益之后，准备采取适当的控制措施降低风险发生的可能性或者减轻损失，将风险控制在风险承受度之内的策略。风险分担，是企业准备借助他人力量，采取业务分包、购买保险等方式和适当的控制措施，将风险控制在风险承受度之内的策略。

二、企业全生命周期的闭环流程与运作方式

企业运用系统全面风险管理的框架逻辑和四层应对策略，有助于企业系

统解决风险事项，拟定有效的风险对策。因此，企业需要结合全生命周期的管理过程，系统制定风险应对策略。

客观上说，企业需要结合资源禀赋、体量规模、发展阶段，进行系统的设计与规划。企业全生命周期发展的各个阶段的风险，包括小型企业的初级风险管理阶段、中小型企业的中级风险积淀阶段、中小型企业向大中型企业过渡的中级风险释放阶段和高级风险的叠加阶段，再到大中型企业以及大型企业的高级风险爆发阶段。各个阶段的风险管理不尽相同。在与企业发展历程匹配的五项职能的风险管理上，体现了企业从持续发展阶段到持续衰退阶段各个职能的实现和不同阶段的协同。具体见图 5-5。

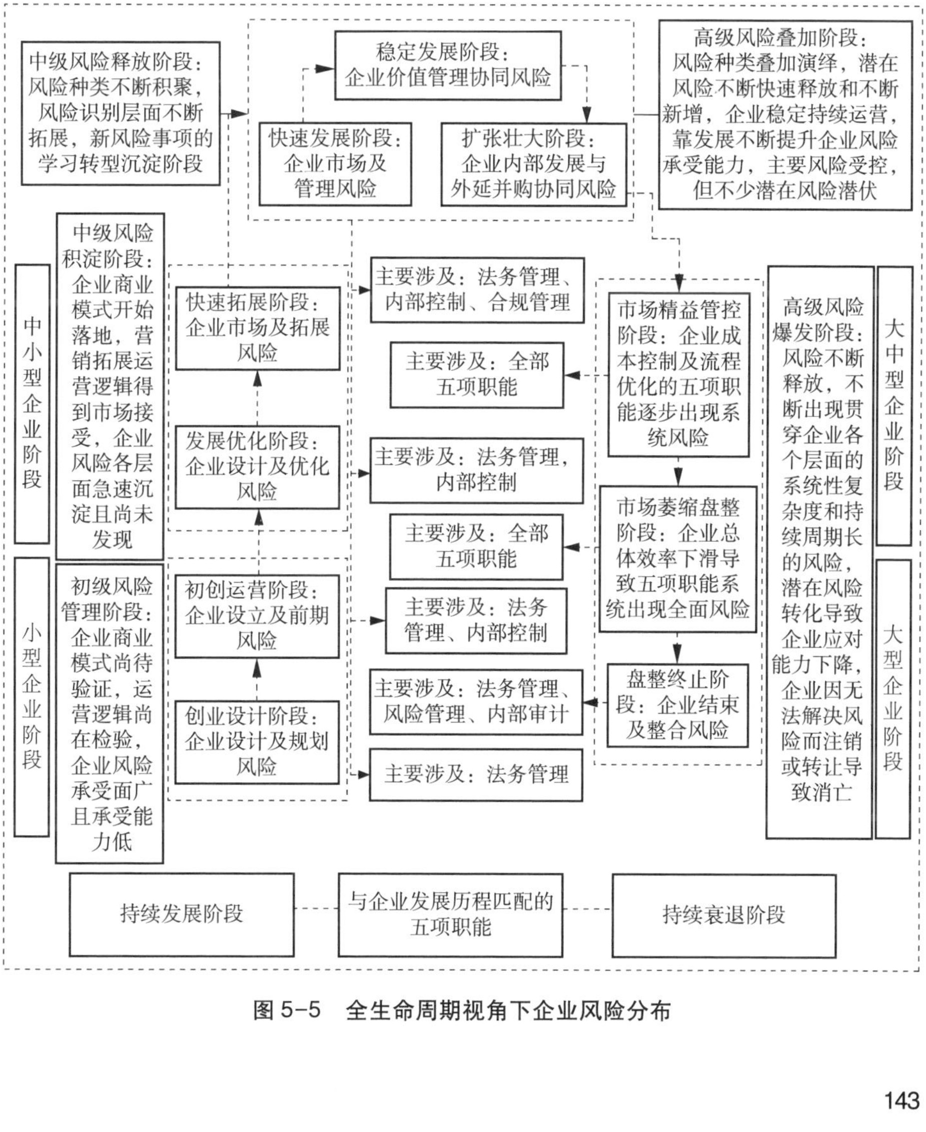

图 5-5　全生命周期视角下企业风险分布

在企业管理过程中，涉及如下企业风险管理的运作方式。

（一）风险识别清单与方法工具

1. 需要做好风险识别工作

风险识别是指查找企业各业务单元、各项重要经营活动及其重要业务流程中有无风险，有哪些风险。企业识别风险环节，一般可以组织职能部门和业务单位根据风险评估方案，重点识别企业的各业务单元重要经营活动及其业务流程中是否涉及风险。

企业可以针对收集的风险管理初始信息，结合企业各项业务管理及其重要业务流程，进行系统的风险识别。针对识别出的企业层面风险，形成企业层面风险清单；针对识别出的业务层面风险，则形成业务层面风险事件库。

在这个过程中，企业需要结合企业层面风险清单、业务层面风险事件库做系统推动。在系统推动方式上，对风险管理信息企业要及时优化迭代，确保达成风险的动态管理。根据内部资源能力和外部环境条件的变化，企业还需要及时对企业层面风险清单和业务层面风险事件库做好修订和完善工作。

风险识别体现在企业系统查找组织架构中涉及的各个部门和相关项目单元，就企业涉及的所有经营场景进行全覆盖，就各项经营活动和业务流程中是否存在风险，及风险层面的工作成果做好落实工作。具体应针对性落实企业全面风险管理清单。落实风险管理，包括风险事项描述、风险类别、风险成因以及五项职责中的对应匹配关系。通过在不同阶段建立企业风险清单，可以对企业风险进行系统锁定，有助于动态化识别企业风险。具体见表5-1。

表5-1 风险清单

序号	风险描述	风险类别	风险成因	五项职责
1	对新市场认知不足，导致失去潜在市场拓展机会	战略	市场发展策略缺失	法务、内控
2	企业资金管控存在风险，企业在流动资产配置上失策带来流动资金风险，其他各项长期资产无法变现，导致企业资金出现风险	财务	企业现金流测算缺失	内控、流程、内审
3	企业市场端销售与服务价格下降风险与企业供应端原料价格上涨风险	市场	市场变化应对不足	法务、风险

续表

序号	风险描述	风险类别	风险成因	五项职责
4	企业内部信息化设备配置与内部管控的信息未经授权泄露风险	运营	企业安全防范意识缺失	内控、合规、内审
5	企业推出新产品或传统产品进入新市场，引发潜在的法律风险	法律	新市场或新产品风险	法务、内控、合规

2. 风险识别的六个方法

风险识别的方法和工具主要包括问卷调查法、研讨会法、流程图法、情景分析法、风险结构分解法、PEST 分析法等。

问卷调查法，是用来记录和整理数据的常用工具，一般将项目可能发生的许多潜在风险列于一个表上进行检查核对，以判别是否存在表中所列或类似的风险。

研讨会法，是常见的有效工具之一。会议可以把不同部门或不同级别的管理人员召集到一起，就风险管理包括风险事件识别、风险应对、风险处理等环节进行讨论。

流程图法，帮助相关人员识别风险所处的具体环节、各个环节之间存在的风险以及风险的起因和影响。发现和识别风险可能发生的某个具体环节，以及流程中相关环节对风险的影响。

情景分析法，是指通过有关数字、图表和曲线等，对未来的某个状态或某种情况进行详细的描绘和分析，从而识别引起风险的关键因素和影响程度。这是什么样的风险产生什么样的后果等一揽子结合的模式。

风险结构分解法（RBS），是指把风险按照其内在结构进行逐层分解而形成的结构示意图，即将风险分解到相对独立的、内容单一的，并能把各级风险的地位与构成直观地表示出来易于检查的示意图。

PEST **分析法，**是分析外部宏观环境的一种方法。针对政治（Political）、经济（Economic）、社会（Social）和技术（Technological）这四大类影响企业的外部环境因素进行分析。

（二）风险分析方法的演进与级别

企业完成风险识别的第一步之后，就需要针对性地进行全面的风险分析。

风险分析是指在风险识别的基础上，采用定性与定量相结合的方法，对识别出的风险及其特征进行明确的定义描述，分析和描述风险发生可能性的高低、风险发生的条件，并评估风险对实现目标的影响程度、风险的价值等。目的是保证风险分析准确适当和风险评价结果准确适当。如果风险分析不准确，可能导致风险难以应对和解决，而如果风险评价结果不准确，可能导致重要风险被忽略。因此，企业法务人员需要对识别出的风险进行准确分析。

1. 企业进行风险分析，应采用定性与定量相结合的方法

对辨识出的企业相关风险及其特征，可以先进行分类、归集，并拓展定性与定量结合方法，就"三定"原则进行系统的锁定，具体拓展至定量、定性、定时间的三维层面，并在上述三个层面做好确定。按照风险发生的可能性及其影响程度等，对识别的风险进行分析和排序，确定关注重点和优先控制的风险。这个阶段，针对风险发生的条件，应确定所有辨识出的风险发生的可能性，实现风险识别后确定风险的全覆盖。

（1）定性分析是对风险事件的各项定性描述的属性信息进行整理和分析，主要包括动因分析、责任岗位分析、管理上可参照的文件标准分析。通过这些方面的定性分析，可以明晰风险事件之间的相关性，确定风险的属性特征，为将来提高对这些风险的管理和控制水平提供参考依据。

动因分析可以了解风险发生的深层次动因，可以确定关键性驱动因素，对风险产生的关键点进行重点管理，从根源上控制风险，提高风险管理效率和水平。

责任岗位分析可以明确风险控制和监督等的责任归属，提高风险管理的整体效率，为完善岗位考核体系提供信息依据。

管理上可参照的文件标准分析可以认清现有风险的管理文件建设水平，为进一步优化管理体系、完善标准建设提供信息依据。

（2）定量分析是对风险的各项定量描述的属性信息进行整理和分析，包括风险影响程度分析、发生可能性分析、风险水平分析等。通过这些分析，可以明确各个风险的重要性特征，为整体层面的风险比较提供依据。

风险的影响程度是指如果风险发生，对企业战略或运营目标所产生影响的大小。根据实际情况，可能涉及税前利润损失、声誉、运营、安全、环境等几个方面的影响。对风险影响程度的分析，可以将影响程度分为极轻微、轻微、中等、严重、极严重五个等级，分别赋予 1 分至 5 分，表示影响程度依次加强，得分越高意味着影响程度越大。

风险发生的可能性是指在目前的管理水平下，风险事件发生概率的大小或者发生的频繁程度。风险发生的可能性主要基于历史数据分析、风险因素分析和专业性经验判断等方式进行评估。风险事件发生的可能性分为极低、低、中、高、极高5个等级，分别赋予1分至5分，表示发生的可能性依次增大，得分越高意味风险发生的可能性越大。

风险水平是指风险事件的影响程度与发生可能性的乘积，通过风险水平的大小可以对所有风险进行总体分析，判断各个风险的重要性特征。

（3）在时间分析的融合上，应确保在风险定量评估时，统一制定各风险的度量单位和风险度量模型的时间节点，并通过测试等方法，确保评估系统的假设前提、参数、数据来源和定量评估程序的合理性和准确性。企业要根据环境的变化，定期对假设前提和参数进行复核和修改，并将定量评估系统的估算结果与实际效果对比，据此对有关参数进行调整和改进。

因此，企业采用定性、定量、定时间的三定相结合的方法，按照风险发生的可能性及其影响程度等，对识别的风险进行分析和排序，可确定关注重点和优先控制的风险。

2. 依据风险的重要性特征，判断风险的重要性级别

企业可将风险分为三个级别。

（1）重大风险（或叫高级风险）。管理资源分配优先级为高的风险，即当前情况下需要重点关注、优先分配管理资源、积极提高风险管理水平、改善风险管理效果的风险。

（2）中等风险（或叫中级风险）。管理资源分配优先级为中的风险，即需根据风险变化趋势持续关注，并相应调整管理资源、保证风险管理效果的风险。

（3）一般风险（或叫初级风险）。管理资源分配优先级为低的风险，即维持现有管理水平即可，并可适当调整其风险管理资源至其他风险管理上的风险。

3. 企业层面风险分析

企业层面风险分析主要包括风险成因分析、风险发生后影响程度分析两项内容。

（1）风险成因是指诱发风险的因素，一般可分为环境、设备、人员、管理等四方面因素。环境因素可分为自然环境因素和社会环境因素两类，自然

环境因素包括气候、地理、生态环境等，社会环境因素包括政策、法律、市场、市政建设等；设备因素包括设备的数量、技术水平、维护状况等几个方面；人员因素包括人员的数量、胜任能力、工作态度等几个方面；管理因素包括标准设计的健全性、标准执行的有效性等。

（2）企业法务部门应定期对识别出的企业层面风险进行评价。风险评价从风险发生后影响程度和风险发生可能性两个方面进行。企业法务部门负责编制、发放和统计《风险评估调查表》。根据企业实际情况，设定企业层面风险发生后影响程度判断标准、风险发生可能性判定标准，确定风险参评人员范围、相应权重设置标准以及风险分级判定标准的具体界定。

（3）企业在进行风险分析时，应根据对风险发生可能性的高低和对目标影响程度的评估绘制风险坐标图，对各项风险进行比较，初步确定对各项风险的管理优先顺序和策略。

4. 企业应对风险管理信息实行动态管理

根据企业内部资源能力和外部环境条件的变化，定期或不定期地实施风险分析，以便对新的风险和原有风险的变化重新分析。在控制证据层面，企业可以形成风险清单、风险成因分析表、风险评估调查表、风险坐标图四个层面的支持控制证据。除上述材料，在针对性风险分析的复盘过程中，还可以编制并建设企业风险清单事件与清单资料库，并就风险事件发生的概率在企业分析风险的过程中，做好企业层面的可能性设计、量化匹配企业风险的概率，做好“三定”原则实施后的二次复检，以此对企业风险进行系统锁定。具体见表 5-2。

表 5-2（1）　风险发生可能性分布三定法

风险评估	低		中	高	
可能性评分	1	2	3	4	5
	20%	40%	60%	80%	100%
定量	10%以下	10%~30%	30%~60%	60%~90%	90%以上
定性	极低	低	中等	高	极高
	一般不会发生	极少会发生	特定情况发生	很可能发生	常发生
定时间	10 年内	5 至 10 年	2 至 5 年	1 年内	1 年内
	可能少于 1 次	可能发生 1 次	可能发生 1 次	可能发生 1 次	至少发生 1 次

表 5-2（2） 风险发生可能性分布两定法

分数		1	2	3	4	5
评估方法	评估标准	风险发生的可能性极低	风险发生的可能性很小	风险有可能发生	风险很有可能发生	风险极有可能发生
定性方法	针对日常运营中可能发生的潜在风险	一般情况下不会发生	极少情况下发生	某些情况下发生	较多情况下发生	经常会发生
	适用于大型灾难、自然灾害或重大事故	今后 3 年内发生的可能少于 1 次	每年至少发生 1 次	每半年至少发生 1 次	每季度至少发生 1 次	每个月至少发生 1 次
	针对外部风险，如战略风险、市场风险等	远期不可预知变化趋势	近期不可预知变化趋势	近期可预知变化趋势，但在内部没有达成共识	近期可预知变化趋势，但缺乏有力的理论支持	近期可预知变化趋势，并且有数据支持
定量方法	适用于可以通过历史数据统计出一定时期内风险发生概率的风险	X<10%	10%≤X<20%	20%≤X<40%	40%≤X<70%	X≥70%

（三）风险评价的方式方法

企业对风险分别从发生可能性和影响程度两个维度进行分析，并结合时间发生频率的第三个维度进行系统分析后，需要针对风险进行总体评价。

风险评价是指对企业或某一项目的风险全貌进行总体评价并判断当前的重大风险和管理上需要重点改进的风险。风险评价主要是通过系统的评估，明确风险对企业实现经营目标的影响程度、性质重要性、影响持续时间、企业声誉影响度等。

企业在风险分析的基础上，根据各项风险的影响程度、发生可能性、管理水平等属性特征值，采取绘制风险图谱等手段进行风险评价，并对各项风险进行比较，以确定各项风险的重要性特征和管理优先顺序。风险图谱是反映风险评价结果和风险分布状况的空间分布图谱。风险图谱把风险发生可能性的高低、风险发生后对目标的影响程度作为两个维度绘制在同一个平面上（即绘制成直角坐标系），能够直观地展示不同风险之间根据特征属性变量所确定的序列关系，从而判断各个风险的重要性级别以及改进管理水平的急迫性等。

为此，企业风控部门可以就风险图谱的绘制采取妥善的风险管理方式。

风险图谱绘制的路径模式是：①将影响程度和发生可能性的分值分为三个等级：高、中、低；②各等级对应的分值可结合企业的风险偏好调整；③按照高、中、低两两组合的原理，形成风险等级矩阵，将相应的坐标空间划分为高、中、低三个等级，分别用三种颜色加以标注，如图5-6所示。

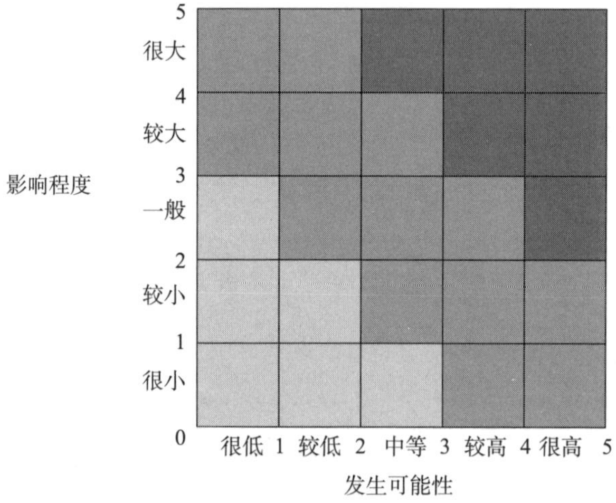

图5-6 风险图谱

为做好风险评价的安排，企业需要结合实际情况，就风险发生后企业受影响程度的"三定"原则进行细化量化，设计3个高中低级别或5个级别维度，就风险的影响程度进行评价。见表5-3，其中，涉及的定量层面的影响或百分比数据，可以结合企业实际情况进行设定，表内数据仅作参考。

表5-3（1） 风险影响程度三定法

风险评估		低		中	高	
影响度评分	数字维度	1	2	3	4	5
	百分比维度	20%	40%	60%	80%	100%
定量	财务损失	较低	轻微	中等	重大	极大
	利润影响	1%以内	1%~5%	5%~10%	10%~20%	20%以上
	数量频次	可能少于1次	可能发生1次	可能发生1次	可能发生1次	至少发生1次
定性	风险性质	极轻微的	轻微的	中等的	重大的	灾难性的
	直接损失	极低	低	中等	高	极高

续表

风险评估		低		中	高	
定性	企业运营	不影响	轻微影响	中度影响	中重度影响，失去部分市场或丧失部分产能，企业管理失控	重大影响，企业决策严重失误，企业运营停滞
	企业声誉	未受损	轻微受损	中等损害	重大损害	公众关注的严重的无法弥补的损害
定时间	传播频次	未传播	月内传播	季度传播	半年以上传播	超出一年传播

在风险可能发生的评估标准上，重点落实剩余风险可能发生的概率大小，或频繁程度。分析方式可以基于历史数据、风险因素、专业性因素、企业本身内部因素、地方环境因素等系统评估。

表 5-3（2） 风险影响程度两定法

分数		1	2	3	4	5
评估方法	评估标准	轻微的影响	较小的影响	中等的影响	较大的影响	重大的影响
定性方法	人员安全与健康	造成个别人员轻微损伤	对人员健康造成损害，但没有构成伤残	造成人员伤残或导致职业病	造成 1 人以上人员死亡，或导致严重职业病	一次死亡 3 人以上（含）的重大事故
	环境保护	对环境或社会造成短暂的影响，但暂时可不采取行动	对环境或社会造成一定影响，应通知有关政府部门	对环境或社会造成中等影响，需要一定时间才能恢复，出现个别投诉事件；应执行一定程度的补救措施	对环境或社会造成很大损害，需要相当的时间才能恢复，出现大规模的公众投诉；应执行重大的补救措施	无法弥补的灾难性环境损害，激起公众愤怒；潜在的大规模公众法律投诉
	管理难度	此风险可在事前进行防范，处于可控状态	此风险可在事前进行防范，但事前防范有一定难度	此风险可在事前进行防范，但需要完善现有应对方案	此风险现阶段不能在事前进行防范，需要进行应对方案的改进	此风险不能在事前进行防范，没有可行的应对方案
	经营目标	影响某个一般管理类目标的实现	影响某几个一般管理类目标的实现	影响某个重要管理类目标的实现	影响某几个重要管理类目标的实现	影响部分重要管理类目标的实现

续表

分数		1	2	3	4	5
定性方法	企业声誉	负面消息在企业内部流传；企业声誉没有受损；基本不会引起合作伙伴和公众的关注	负面消息在当地局部流传；对企业声誉造成轻微损害；引起监管机构、少数合作伙伴和少数公众关注负面消息	负面消息在某区域流传；对企业声誉造成中等损害；部分合作伙伴收紧同企业合作条件或暂停合作；员工工作效率降低	负面消息在全国各地流传，对企业声誉造成重大损害；被监管机构通报或公开谴责；主要合作伙伴关注企业负面消息，暂停或停止同企业合作；公众抵制企业产品/服务	负面消息在海内外流传，对企业声誉造成无法弥补的损害；被监管机构勒令停业整顿；大部分合作伙伴暂停或停止同企业合作；引发群体性事件
定量方法	税前利润损失	X<1%	1%≤X<5%	5%≤X<10%	10%≤X<20%	X≥20%
	日常运营	成本超出预算<1%，对运营影响微弱	成本超出预算1%~5%，对运营影响轻微	成本超出预算5%~10%，减慢营业运作	成本超出预算10%~20%，无法达到部分业绩指标	成本超出预算20%以上，无法达到大部分运营及关键业绩指标

（四）风险应对的目标与四步落地对策

企业完成风险评价之后，需要完成风险应对工作。风险应对主要是指风险应对策略的选择。目的是保证风险应对策略合理适当，保证风险解决措施充分有效。在风险管理的风险应对层面，做好应对的目标性工作。企业建设一个准确的、可靠的和及时的财务系统很重要。

风险应对策略未合理制定，可能导致风险解决措施出现偏差。风险解决措施缺乏针对性，可能导致风险未得到有效控制。具体而言，企业需要做好风险偏好分析表、风险预警指标及风险承受度分析表、重大风险解决方案、业务流程目录、业务流程图、控制矩阵等。

在风险应对层面，当企业涉及多项风险时，基于对风险发生的可能性和对目标的影响程度的评估，可以系统性绘制风险坐标图，对各项风险进行比较，初步确定各项风险的管理优先顺序和策略。企业固有风险坐标图见图5-7。

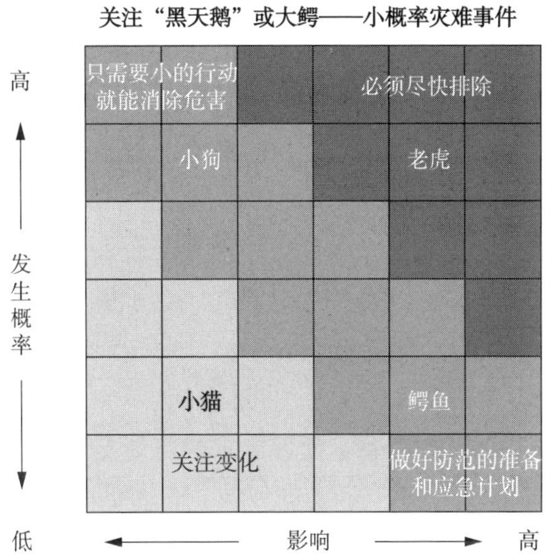

图 5-7　企业固有风险坐标图

如上图所示，对小猫区域中的各项风险不再增加控制措施。严格控制小狗和鳄鱼区域中的各项风险且专门补充制定各项控制措施。确保规避和转移老虎区域中的各项风险且优先安排实施各项防范措施。

企业风险管理的问题体现在：①由于不准确、不可靠、不及时的财务会计报告和管理报告而造成错误的管理决策，导致年底呈现无法更改的远低于预期的经营结果。②由于财务经理和财务人员能力不足，导致企业财务系统出现问题，财务系统不完整、不相容，大量财务核算和资金交易出现处理困境。上述因素导致企业财务系统的资源协调度不足，使企业财务资源的超负荷使用状况无法改善。

因此，企业财务部门应与业务部门协同，提升财务部门领导能力，选聘适当的人员，及时做好管理预警，在风险应对层面做好财务衔接各个业务部门的控制活动。做好企业管理过程中核实查证、授权、审批、对账（银行和供应商）的责任分离，并就具有风险堆积可能性的固定资产管理、库存管理、现金管理、关联企业往来管理、内部账务管理、税收管理、法律事务管理、内部审计职能管理等进行系统的管理。

企业风险应对的控制措施具体体现在以下四步对策方法。

1. 确定重大风险的风险偏好和风险承受度

企业法务部门应根据风险分析结果以及自身条件和外部环境，围绕企业发展战略，确定风险偏好和风险承受度。明确企业愿意承担哪些风险、风险的最低限度和最高限度，并据此确定风险的预警线及相应采取的对策。确定风险偏好和风险承受度，要正确认识和把握风险与收益的平衡，防止片面追求收益而不讲条件、范围，纠正认为风险越大、收益越高的观念和做法；也要防止单纯为规避风险而放弃发展机遇。

企业对某一具体重大风险的承受度，是基于企业的风险偏好，根据企业目标与风险之间的定量或定性关系而确定的。对于能够和目标建立起直接量化关系的风险，可将风险变化导致企业利润、现金流状况等触及风险度量指标的临界值，作为各类重大风险的承受度。对于不能和目标建立直接量化关系的风险，可按照企业管理经验、管理要求或行业标杆的做法，设定风险承受度。

企业对重大风险可设置两级承受度，作为风险管理的具体目标和日常风险预警的依据。

一级承受度：表示实现企业战略目标和正常经营所能承受的风险水平。如风险达到或超出这一水平，将会影响企业战略目标的实现和经营业务的正常开展。

二级承受度：表示满足企业基本经营需求和继续生存所能承受的风险水平。如风险达到或超出这一水平，将会对企业产生重大影响，甚至导致企业经营活动中断。

2. 企业推动落实的系统风险解决方案

企业应根据风险管理策略，针对各类风险或每项重大风险制定风险管理解决方案。方案一般应包括风险解决的具体目标，所需的组织领导，所涉及的管理及业务流程，所需的条件、手段等资源，风险事件发生前、中、后所采取的具体应对措施以及风险管理工具。

企业制定的重大风险解决方案，应满足合规的要求，坚持经营战略与风险策略一致、风险控制与运营效率效果相平衡的原则，针对重大风险所涉及的各管理及业务流程，制定涵盖各个环节的全流程控制措施；对其他风险所涉及的业务流程，要把关键环节作为控制点，采取相应的控制措施。

3. 企业采取的系统风险预警方案

企业应建立风险预警机制。对风险进行持续不断的监测，及时发布预警信息，制定应急预案，并根据情况变化调整控制措施。

企业对各级风险设置的两级承受度，可作为企业风险管理的具体目标和日常风险预警的依据。企业法务部门牵头组织企业各机构建立风险预警指标体系，确定风险指标报警的方式、渠道、时间和管理责任等。风险预警内容主要包括：风险指标的现状、风险指标的变化趋势及对企业的影响、风险管理的效率效果等。

4. 企业业务层面风险的应对方式设定

企业应结合不同发展阶段和业务拓展情况，持续收集与风险变化相关的信息，进行风险识别和风险分析，及时调整风险应对策略。

对于业务层面风险的应对，可将控制措施的设计描述与风险评估相结合，即根据风险评估过程确定重要的业务流程，编制业务流程目录，结合控制现状，开展风险控制分析，编制风险控制分析表，对现有控制措施进行整理。根据确定的关键控制点，按照控制设计原则，开展风险控制差异分析，查找控制缺陷，提出控制设计改进意见，以便进一步改进、完善控制设计，修改相关管理办法。

三、全面风险管理的预警指标体系与组织分工

（一）企业系统风险管理体系建设的框架

在企业整体风险评级模型成果基础上，建设重大风险和重大业务风险监测预警指标体系，一般需要结合风险监测预警设立综合指标库。综合指标库涉及一级风险、二级风险、风险因素、量化指标四个层面。

量化指标进一步分为战略风险指标、市场风险指标、财务风险指标、法律风险指标、运营风险指标。在风险管理信息系统的设计过程中，可以在局部或下属子企业先行先试，取得阶段性成效后持续推动，如表 5-4 所示。

表 5-4　风险管理体系建设及管理

职能	业务事项	关键环节
风险管理体系建设及管理	风控体系管理	风险控制体系建设与实施
		风险控制手册优化
		风险控制体系评价
		企业风险控制体系管理
	风控管理年度工作计划及年度报告的编制与审批	风控管理年度工作计划及报告的编制与审批
		企业风控管理年度工作计划和年度报告编制

续表

职能	业务事项	关键环节
风险评估及应对	风险认定	风险认定
	决策事项风险评估	决策风险评估
	风险应对方案的制定与审批	风险应对方案的制定与审批
	风险事件整改情况监督	风险事件整改情况监督

（二）企业系统风险管理体系建设的组织体系与职责分工

企业为做好风险规避、风险降低、风险分担和风险承受的四个应对策略，需注意以下两点。

第一，企业可以建立董事会、董事会专业委员会、总经理办公会等集体决策机制，参照国有企业的“三重一大”管理事项，制定《董事会议事规则》及各《专业委员会工作细则》等决策方式，明确各投资决策机构的投资决策权限以及投资决策规则。

第二，企业可以制定企业核决权限表、财务核决权限表及执行细则，明确相关投资管理的管控界面、授权范围、职责分工等要点。

风险管理可为企业实现其经营目标提供合理保证，风险管理的组织体系如表 5-5 所示。

表 5-5　风险管理的组织体系

内容	董事会	风险管理委员会	总经理	风险管理专职部门	其他职能部门	监督部门
工作报告	审议工作报告	在董事会领导下，审议并提交风险管理各项方案、报告	主持全面风险管理日常工作	提出风险管理工作报告	执行风险管理基本流程和制度规范。负责本部门工作	开展监督评价，出具评价报告
风险策略	确定风险管理总体目标和策略			提出风险管理策略		
风险评估	批准重大风险评估报告			研究提出跨部门重大风险评估报告		
控制决策	重大风险控制决策			研究提出跨部门重大风险管理方案		

续表

<table>
<tr><th>内容</th><th>董事会</th><th>风险管理委员会</th><th>总经理</th><th>风险管理专职部门</th><th>其他职能部门</th><th>监督部门</th></tr>
<tr><td>监督评价</td><td>批准监督评价报告</td><td rowspan="2">在董事会领导下，审议并提交风险管理各项方案、报告</td><td rowspan="2">主持全面风险管理日常工作</td><td>负责有效性评估，提出改进方案</td><td rowspan="2">执行风险管理基本流程和制度规范。负责本部门工作</td><td rowspan="2">开展监督评价，出具评价报告</td></tr>
<tr><td>组织机构</td><td>批准</td><td>组织协调日常工作</td></tr>
</table>

在风险评估及应对层面，企业相关职责部门需做好风险认定、决策事项风险评估、风险应对方案的制定与审批、风险事件整改情况监督业务事项。

第一，在风险认定层面，做好风险认定、决策风险评估工作。包括组织风险论证，汇总风险事项并组织审核，履行签批程序，企业相关部门负责执行。需要备案的，企业相关部门需履行备案程序。

第二，在决策事项风险评估层面，企业需做好决策风险评估工作。企业相关部门参与风险认定，系统组织审核，履行签批程序。

第三，在风险应对方案的制定与审批层面，企业需做好风险应对方案的制定与审批。企业相关部门参与方案制定，由牵头部门汇总并组织审核，履行签批程序，企业所有部门负责执行。

第四，在风险事件整改情况监督层面，企业需做好风险事件整改情况监督。企业主责部门组织风险事件整改情况监督工作，相关部门参与方案制定，牵头部门组织审核、履行签批程序。

四、企业风险管理智能化的优势与闭环对策

企业风险管理与智能化科技赋能协同，是智能数字化背景下企业发展的新形势。为此，企业面临着风险管理的两项任务：创新和改造企业的商业模式和业务模式，优化业务流程，提升企业市场竞争能力。

创新代表着企业商品或服务的演变，企业转型代表着企业经营模式的转变。企业通过系统的管理模式创新，使产品和服务符合客户的要求，提升市场竞争力。具体方式如下。

企业在转型、升级、发展时，为加强经营规模和实力，增强在复杂市场中的抗风险能力，建立全面的控制体系显得十分重要。表 5-6 是传统模式和智能数字化模式下的企业风险控制管理的对比。

表 5-6 传统模式和智能数字化模式下的企业风险控制管理

	传统风控	智能风控
风控模型	以人工审校为主，依靠专家经验	以模型、策略体系自动分析决策为主
数据来源	企业内部资料、央行征信资料、客户提交资料	除传统风控数据来源外的第三方数据，线上线下多维度数据
数据维度	数据特征规模小，以基本信息为主	数据特征规模大于 1000，以基本信息的行为特征信息为主的弱交易量信息
数据关联性	数据关联度低	数据关联度高，可交叉验证
模型设定	以线性模型为主，因果关系强	以深度学习、集成学习模型为主，可应用相关关系
技术应用	IT 系统相对简单	IT 系统完善，AI 技术充分应用

如图 5-8 所示，企业从风险管理的综合实施和落地角度出发，可以系统做好智能化平台的建设，形成前台高效支持与服务、中台标准化设计、基础后台转型输出的模式，以预警、处置、服务的模式，实现建设五项职能落地的一体化综合管理平台。

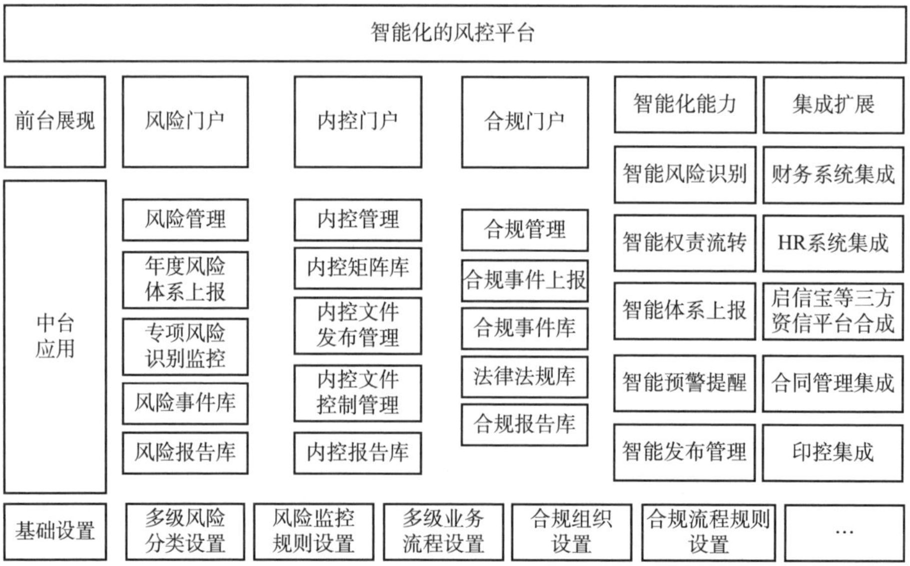

图 5-8 智能风险控制的优势

企业通过科技，将综合风险管理、合规和内部控制系统引入智能管理系统，使风险预警能够根据任务自动转移风险事件。通过建立智能风险管理系统，在尽可能智能化的模式下，提升企业总体的管理经验。

企业借助智能化可以克服传统风险管理的局限性和空白。因此，智能风险管理可以实现整体链条的自动化，提高管理和信用活动的效率。

为了提高业务效率和安全性，扩大业务范围和改进业务流程，企业还可以通过有效降低风险和损失的方式，系统降低自身的风险管理成本。

第二节　企业日常运营风险管理的基本常识

按照企业全面风险管理的系统落地要求，针对企业投资风险管理、安全生产管理两个日常运营类风险管理的要求，梳理并明确相关风险管理的基本常识如下。

一、企业投资管理的风险管控基本常识

（一）投资并购总体设计的基本常识

（1）在企业投资管理层面，应做好投资计划制定、调整的程序，完善固定资产投资、并购项目投资、项目整合类投资、其他长期投资的相关决策，做好投资项目预算、概算、决算的管理。

（2）在企业投资管理层面，应做好企业股东会、董事会、监事会管理，投资项目后评价，投资项目决策、项目实施、项目投资后管理工作的闭环。

（3）在企业投资的风险应对策略上，可以制定《投资项目管理办法》等管理制度，明确投资项目的核决权限、管理内容、程序要求、管理要求。

（4）在企业投资风险管理过程中，需要完善投资管理制度，明确投资管理流程，按规定的流程进行投资决策管理。

（5）在企业投资风险管理过程中，需要对投资项目、投资方向和投资方式等情况进行详细深入的可行性研究分析，分析项目收益率，对风险的不确定性进行研讨，判断项目的风险承受能力，以及可能出现的最坏结果。

（6）企业需要针对投资环节，及时关注、掌握国家及行业相关政策，对国家产业政策、项目前景、经济发展远景等进行预测、分析和评价，研究政策变化应对措施。

（7）企业需要密切关注项目合规性问题，专业的事项需要聘请会计师、

律师、税务师、评估师等中介机构开展深入充分的尽调工作。

（8）企业需要按照内部规章制度要求，按照企业本身的战略规划，做好投资的规划设计。

（9）企业在投资层面应做好全面风险管控，需要科学、合理地借助财务杠杆，通过借助现代金融工具，规避金融风险，减少政策、环境变化造成的损失。

（10）在企业投资层面，应按照产业投资逻辑，以协同相关产业合作伙伴的方式，寻求投资所在区域的资源型相关合作伙伴，协同本地化战略推动业务。

（11）企业需要针对投资人才风险管理，做好培养专业化并购人才队伍工作，并做好完善投资项目后评价制度建设。

（二）投资风控前置风险管理的基本常识

（1）企业在投资风险管理层面的项目决策中，需要注意信息不对称带来的决策误判，包括被并标的企业的转让方存在故意隐瞒重要信息、中介机构专业面受限存在尽调不充分的可能性等影响主并企业的内部决策判断，可能导致后续经营未能达到预期目标，甚至引发相关法律诉讼风险。

（2）企业投资的合规性手续不完备，如新建或收购项目存在项目合规文件手续不齐全，土地征地手续尚未完全办理完毕。因被并标的企业经营管理权、股权、担保物权等权益尚未解除等原因，存在并购交易形成的协议合同主体变更困难等风险。

（3）企业对外地资源较少的领域进行投资时，由于投资环境复杂性、多样性和特殊性，牵涉被并标的企业潜在的税务、法律、合规等风险，同时由于被并标的企业的外部和内部环境发生变化，也存在并购后企业的系统经营性风险。

（4）企业为提升创新能力，在科技创新投资过程中，存在科技创新项目立项未充分验证、可行性研究论证不科学、创新能力编制依据不充分、立项申请不合理等各种风险。也可能存在在创新研发过程中，由于研发过程失控导致的创新失败风险。

（5）企业在投资后评价上，由于尚未建立系统、科学、量化的评价体系，评价人员对评价指标或要素没有系统的规范参照，导致出现主观判断科学性不足等问题，使投资后评价可信度较低，以及企业系统复盘的一揽子综合问题。

（三）投资风险过程管理的基本常识

（1）企业结合制定的核决权限规范要求，完善投资管理制度，明确投资管理流程，按规定的流程进行投资决策管理。

（2）企业如果从风控角度的安全性出发，可以实行分阶段决策、分阶段投入、分阶段控制风险、分层级管理的策略。

（3）企业在投资层面的科学论证项目上，应对技术方案、经济方案做好系统的提前规划和设计，实现风险控制工作前移，可以使投资相关的项目前期及建设工作具有成效。

（4）企业需要按照投资决策流程，对投资项目、投资方向、投资方式、资金来源等情况进行系统的可行性研究分析。

（5）在企业投资的风险管理上，财务数据的分析是量化分析的关键，通过对项目收益率、净资产收益率等各项指标进行系统的分析，建设综合性分析和系统的风险分析方式，从而系统判断投资项目本身的风险承受能力。

（6）企业可以在系统做好投资项目内外部调研的基础上，聘请有资质的相关咨询单位开展项目可行性研究，针对项目市场情况做好盈利能力的测算，系统降低投资并购类项目的市场风险以及经营风险。

（7）企业需要对国家及行业相关政策、国家产业政策、项目前景、经济发展远景等进行预测、分析和评价，研究政策变化应对措施，紧跟国家产业政策和区域发展规划。

（8）企业投资的项目需要综合考虑相关性，与企业主业匹配或形成互补，对涉及新领域的投资需要做好系统性的资源储备。

（9）企业投资的项目在宏观经济与产业投资政策发生实质性的重大改变时，需要系统调整项目的建设方案，降低投资风险。在企业风险不确定性达到一定程度时，还需要做好投资项目的退出，避免损失扩大。

（10）企业对缺失的合规性文件要按照重要程度进行分类，通常将备案审批、准入许可、环评意见、前置审批等核心支撑性文件作为并购决策的前置条件。

（11）企业将尚未办理完成的手续作为股转协议签署和交割过户等前置条件的情况下，可以分阶段投资和分阶段支付进度款，以系统控制相关风险，分阶段决策推动项目并购工作，通过协议约定解决措施或兜底保障方案，确保收购权益不受损失。

（12）企业在合适的情况下，可以聘请中介机构开展深入充分的尽调工作，对被并标的企业背景征信业绩情况、企业财务及经营情况、所处行业及细分市场竞争态势等进行深入了解，协同相关部门和机构对收购方案进行充分论证。

（13）企业应做好投资模型的制定，就经济性预测的边界条件进行充分讨论，结合收购过程中的变化情况及时调整收购的投资模型。

（14）对风险较高的决策事项，企业在项目前景较好、同期风险较大的情况下，可以聘请外部专家参与决策事项的论证，以便把决策风险控制在最低范围内。

（15）企业的发展离不开外延式并购和内生式增长的双轮驱动。因此，企业有必要持续做好专业化并购人才队伍的培养，并综合考虑投资并购业务的复杂性和艰巨性。并购完成仅仅是第一步，风险往往在投后管理中持续爆发，被并标的企业本身规则较多、持续时间长，还需要做好并购整合。因此，企业需要不断加强专业人才的能力建设，做好项目的复盘，总结系统经验。

（16）作为民营类企业，要尽量做好投资项目后评价方式和总体复盘方案。在投后管理的过程中，系统提高整体运营、评价等质量，以发现投资项目运作、决策过程中存在的问题，总结经验，为将来提高决策水平打好基础。

二、企业安全生产风险防控的基本常识

（一）安全生产风险管理流程的基本常识

企业生产过程风险主要涉及：计划管理、事故隐患排查管理、事故调查管理、安全检查管理、安全费用管理、安全生产应急管理、应急预案管理、应急预案演练管理、安全考核与奖惩管理、安全信息报告管理等相关管理内容。

企业安全生产的风险应对策略包括：风险规避、风险控制、风险承担、风险分散，具体落实在以下几个方面。

（1）企业需要按照实际情况编制安全生产类法规，并按照企业实际经营需要做好贯彻执行工作。企业需持续完善全员安全生产责任制，组织开展企业主要负责人、分管安全负责人和安全总监的系统培训工作。

（2）企业需要按照统一制度管理规范的要求，及时修订各个部门所有岗

位的安全生产责任制。这个常规而言必须做到全覆盖。企业需要健全和完善全员安全生产责任制、安全风险预防控制和隐患排查治理等体系，明确企业安全生产工作的层层负责制，坚持以人为本的安全发展理念。

（3）企业需做好安全生产管理的奖惩方案和采取合理的综合奖惩手段，重点落实涉及工作任务以及日常安全管理的缺失问题。建设推动企业一揽子综合制度和规范。

（4）企业在条件允许的前提下，可以就同类和优秀企业的安全生产管理模式进行学习，认真落实各项安全生产工作，及时反馈工作落实情况。落实层层负责制模式，实施“主要负责人安全工程”工作机制，发挥主要负责人在安全管理领域的推动作用，解决企业安全生产工作存在的重点、难点问题。

（5）企业需要结合实际短板做好安全预案，定期开展安全巡视检查工作，及时就整改做好相关方案。

（6）企业需要定期分析研判安全形势，强化重点时期的安全风险管控。定期召开安全办公会和专项安全工作会议，分析安全生产形势，查找管理漏洞和盲区，部署重点工作。制定安全保障工作方案，开展安全保障工作大检查。

（7）在企业安全生产过程中，还需要健全完善安全隐患排查治理机制，持续加强安全隐患排查，严格落实安全隐患治理措施。

（8）在企业安全生产过程中，需要结合实际，建立包括企业主要负责人和各岗位员工在内的安全承诺制度；强化各级检查体系，做好安全生产问责奖惩规范。

（9）企业需结合实际情况，系统构建安全文化核心理念，提高全员安全生产意识，营造安全文化氛围，系统提升企业的安全生产成效。

（二）安全生产风险管理制度的基本常识

（1）企业应建立健全并落实企业全员安全生产责任制，常规需要全覆盖。

（2）企业可以系统建立全套的安全生产规章制度和操作规程，并就内部培训系统做好安全生产规章制度和操作规程的持续培训，以规避相关落地执行不到位的风险。

（3）企业可以就安全风险分级做好设计并落实管控责任，就隐患排查做好设计与治理的双重预防机制。

（4）企业全面风险管理中涉及生产层面的，可以全面落实安全生产责任体系，建立健全全员安全生产责任制，落实主体责任。

（5）企业有必要系统建立健全并落实安全生产管理制度和操作规程，依法设置安全生产管理机构。

（6）企业在安全生产的投入上，需要严格落实安全生产所必需的资金投入，严格执行安全教育培训制度，加强对主要负责人、安全管理人员和特种作业人员的安全教育培训。

（7）企业在安全生产层面需要做好建章立制工作，系统并积极开展安全生产标准化建设工作，持续提升企业生产与服务的安全能力水平，尤其是建设安全风险辨识评估类相关制度。

（三）安全生产风险管理过程的基本常识

为进一步加强安全生产工作，严格落实各级安全生产责任，防控安全生产面临的主要风险，抓实抓细各项安全防范措施的落实，有效防范和坚决遏制事故，制定如下解决方案。

（1）企业需要全面落实安全生产责任体系，包括建立健全全员安全生产责任制。持续完善从主要负责人到一线岗位员工、覆盖所有管理和操作岗位的安全生产责任制，进一步明晰各岗位安全生产责任。

（2）企业需要持续强化安全生产法治教育，提高全员守法自觉性，持续改进企业内部安全生产监督考核机制，促进安全生产责任落实到位。

（3）企业需要健全并落实安全生产管理制度和操作规程，贯彻落实安全生产法律法规、标准规范和规章制度，结合企业实际依法依规建立并落实安全生产管理制度，制定并落实操作规程，强化对安全生产人员的制度培训，加强对操作规程执行的监督检查。企业需要依法设置安全生产管理机构，配备合适的安全生产管理人员，持续提升安全管理人员能力。

（4）企业需要持续保证安全有效投入，确保安全生产所必需的资金投入。

（5）企业需要加强安全生产标准化建设，按照行业和企业两个层面的专业标准化要求，积极开展安全生产标准化建设工作，持续提升安全能力水平。

（6）企业需要按照安全生产层面的要求，健全完善安全风险防控机制。持续完善安全风险辨识评估制度。结合实际，持续完善安全风险辨识程序和评估办法，科学划分安全风险防控等级，持续健全企业安全风险管控清单，持续完善安全风险管控制度。根据企业安全风险管控清单和防控等级划分，严格落实相应负责人的安全风险管控责任，严格执行安全风险告知和备案制度。

（7）企业需要健全完善安全隐患排查治理机制。针对安全生产，做好成本效益原则的落地，针对安全隐患，做好系统排查，确保成本可控。

（8）企业需要严格落实安全隐患治理措施，治理安全隐患需要系统实现整个闭环的管理。

（9）企业需要按照有关行业重大事故隐患判定标准，对排查出的重大事故隐患及时处理，持续健全完善安全承诺制度，建立至少三级检查复核体系，严肃安全生产问责考核。

（10）企业需要按照核决权限的管理要求，落实安全生产主体责任，按制度要求对企业内部进行无遗漏、无死角的安全生产检查，对重点问题和薄弱环节进行重点检查，对检查未发现或未按期整改的问题进行问责考核。

第三节　本章小结

在风险管理方面，企业需要高效精准地识别风险因素，降低信息不对称的负面作用，完善数据治理体系，全面提高企业风险管理的及时性、准确性、敏感性。这些对企业实现可持续发展、强化风险管控有着重大的意义。

全面风险管理是指企业围绕总体经营目标，通过在企业经营管理的各个环节执行风险管理的基本流程，培育良好的风险管理文化，建立健全全面风险管理体系，从而为实现风险管理的总体目标提供合理保证的过程和方法。全面风险管理具有五个特征，具体包括：①战略性：站在战略层面整合企业风险，是全面风险管理的价值所在；②全员化：企业全员参与；③专业化：对风险管理专业人才实施专业化管理；④系统性：包括风险管理策略、风险管理措施、组织职能体系、信息系统、内部控制系统；⑤二重性：收益与损失并存。

针对全面风险管理，企业对面临的各种风险进行了分类，对各种风险发生的可能性、产生原因以及影响程度进行了分析，给出了相应的风险应对方案。通过设计一个风险管理体系，根据主责部门分配不同的关键环节管控措施，设定相应的风险评估和应对策略。

本章参考文献

［1］陈晓红，唐立新，余玉刚，耿涌，朱桂龙，李纲，吴德胜，刘伟华，汪阳洁．全球变局下的风险管理研究［J］．管理科学学报，2021，24（8）：115-124.

［2］黄小恩．企业法务管理重要性及面临的弊端［J］．现代企业，2021（7）：124-125.

［3］何帆，刘红霞．数字经济视角下实体企业数字化变革的业绩提升效应评估［J］．改革，2019（4）：137-148.

［4］张乐，童星．安全生产风险治理领域的突出矛盾及化解思路——基于29起重特大危化品事故的分析［J］．广州大学学报（社会科学版），2021，20（6）：54-62.

［5］吕铁．传统产业数字化转型的趋向与路径［J］．人民论坛学术前沿，2019（18）：13-19.

［6］胡青．企业数字化转型的机制与绩效［J］．浙江学刊，2020（2）：146-154.

［7］林琳，吕文栋．数字化转型对制造业企业管理变革的影响——基于酷特智能与海尔的案例研究［J］．科学决策，2019（1）：85-98.

［8］何春昔．金融科技驱动下证券公司智能化服务与风险管理——评《金融科技：人工智能与机器学习卷》［J］．科技进步与对策，2020，37（21）：162.

第六章
十大风控合规工具之合规管理

合规管理体现了企业的底线思维。合规管理也是企业在行政监管部门的指导和监督下,以预防相关合规风险为主要出发点,建立常态化合规管理体系的过程。因此,在合规识别层面,合规涉及的领域主要体现在企业员工合规风险、企业信息安全合规风险、企业与零工平台和工会合作升级风险、企业合规文化和合规意识培育风险、企业法律风险的管控风险、企业境外业务的合规管理与方案风险。这些合规风险涉及企业的合规管理系列机制设计、企业的管理流程合规方案、企业的业务合规行为准则发布、企业的财务合规系列指引制作、企业的合规管理手册编辑、企业的合规培训内容计划等各个方面。对于企业的生存和发展而言,建立合规体系有助于减少损失,实现可持续发展。企业合规可以克服行政监管外部监管的局限性,通过引入协商、对话、妥协和契约的理念,激活企业自我监管的能力,提高外部监管的有效性,为企业防范违法犯罪活动开辟一条新路。

第一节　以底线思维体现制度权威的合规管理

一、企业合规管理的内涵与底线思维

（一）合规管理的内涵

合规管理是指企业在生产经营管理过程中，保证自己的经营管理行为合乎规范。企业应根据自身的经营发展实际需求，建立合规管理制度、培养合规文化、设定业务标准流程等，形成合规体系来规避不必要的合规风险。合规管理的目的是确保企业合规经营，建立一套合规管理体系，对经营管理过程中所有的人、机、料、法、环进行规范管理。

合规管理是指企业通过制定合规政策，按照外部法规的要求统一制定并持续修改内部规范，监督内部规范的执行，以实现增强内部控制，对违规行为进行持续监测、识别、预警、防范、控制，化解合规风险的一整套管理活动和机制，强调遵守和执行规范，满足监管要求。合规可以起到最基本的抑制操作风险的作用，保证企业日常生产经营不会因触碰法律法规红线而受到相关处罚，从而影响企业经营，甚至导致企业倒闭。

国际标准化组织（ISO）在 2014 年 12 月 15 日发布了国际标准 ISO 19600《合规管理体系—指南》，将“合规”定义为：组织宜以适合其规模、复杂性、结构和运营的方式制定“合规义务”文件。合规义务信息应包括合规要求，可包括合规承诺。前者包括监管机构制定发布的具有强制性的法律法规、监管条例规定等；后者包括组织与社区、公共权力机构、客户签订的协议，组织要求、政策、程序、规程、环境的承诺等。

企业的合规义务体现在两个方面。合规义务是外部的合规要求和企业内部的合规承诺协同。首先，企业合规的强制性规定包括法律法规层面、行业监管层面、国际规则规范层面这三个层面的规定；其次，企业合规的自愿性规定包括企业制度规则规定、企业道德规范约定、企业自愿承诺三个层面的规定。具体见图 6-1、图 6-2。

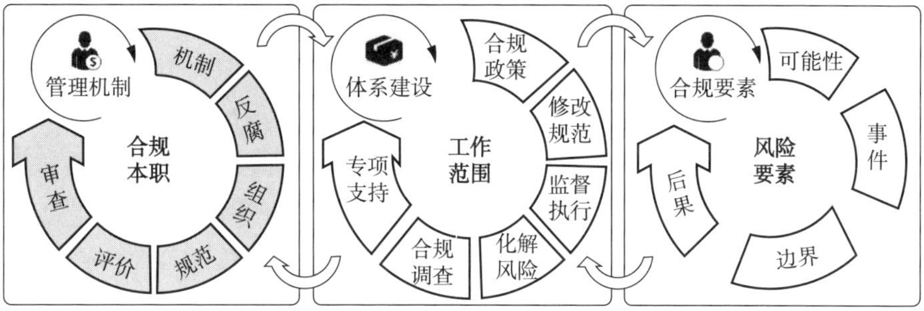

图 6-1　合规管理

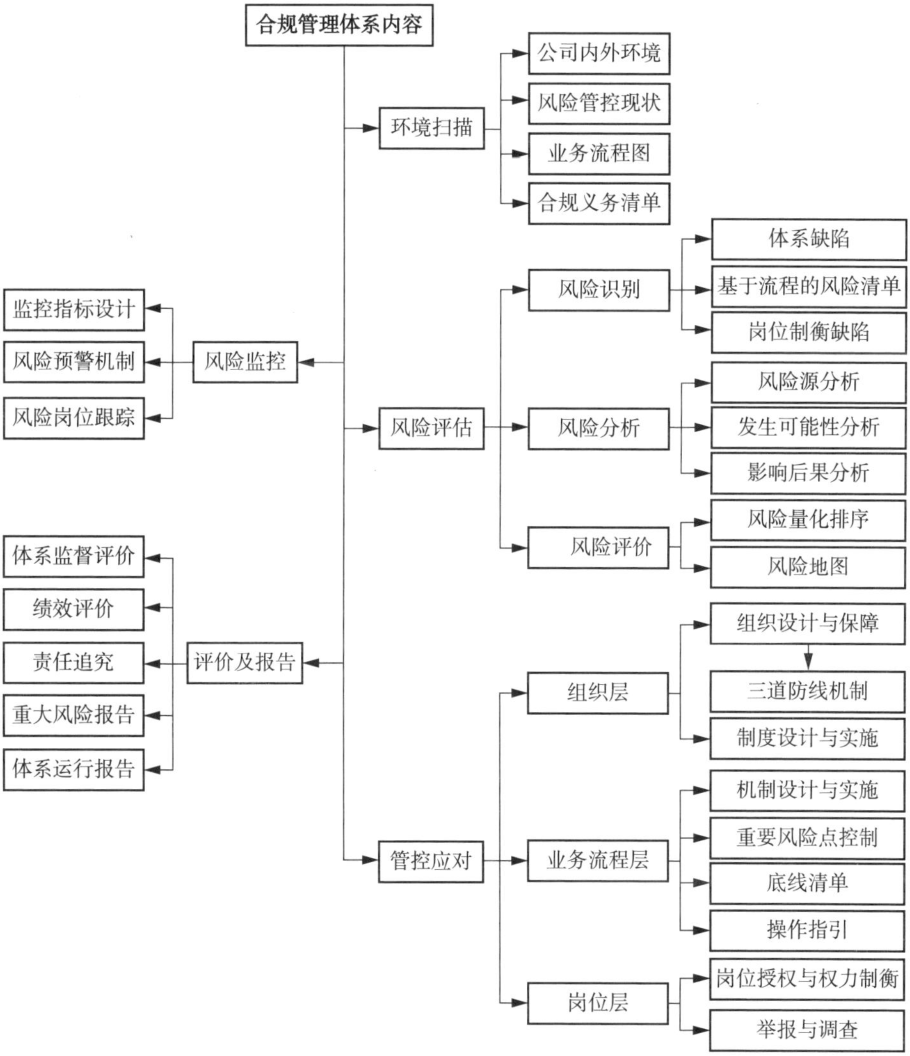

图 6-2　合规管理体系内容

在实践中，大部分企业为业务导向，只关注经营风险和业绩成长，并不重视合规管理，有的甚至认为合规管理是自缚手脚，不但要增加成本，而且还会减少业绩并降低效率，所以进行主动合规的动力不足，只有在涉嫌犯罪或者受到行政调查等危机出现时，为了获得从轻处罚才被动开始进行合规。

被动合规所付出的代价是巨大的，不但要在限定的时间里消耗巨大的人力物力财力构建合规体系，而且即使最终取得了合规不起诉或者较轻处罚的结果，但在声誉减损、人才流失以及商机丧失等方面的损失都是不可估量的。

企业应当在尚未出现危机时主动进行合规，要加强自我监督、控制和管理，主动防止违规违法犯罪行为，使企业能够健康持续发展。

（二）合规管理的底线思维

合规管理的底线思维：规范企业合规管理的内容和要求，完善合规管理流程，建立合规管理运行机制，提升企业合规经营管理水平，增强企业防范风险的能力。为实现健康发展，企业需要制定《合规行为准则》和《合规管理办法》等，明确企业战略中需要落实的底线。通过履行企业核决权限表，落实企业管理的底线逻辑，确保企业运营在可控的风险范围内。合规风险与合规义务见图6-3。

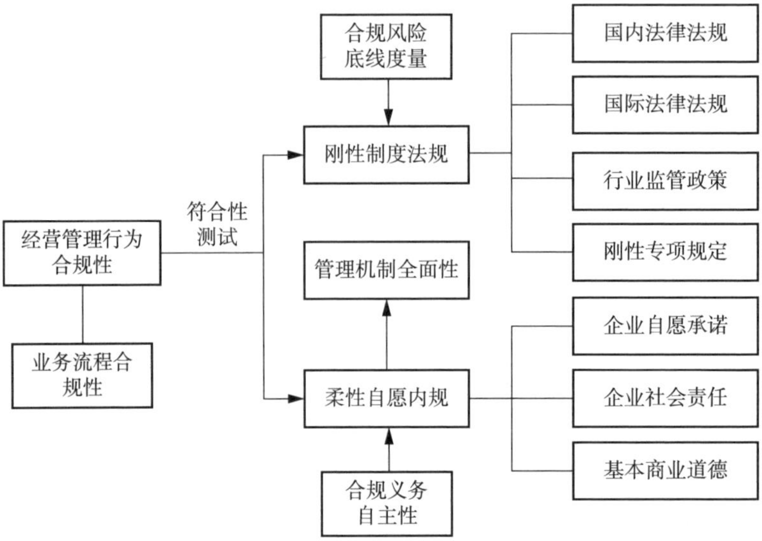

图6-3　合规风险与合规义务

企业的合规管理要点体现在：规制、规章、规范、规则的协同。

合规风险四要素：可能性、事件、边界、后果。

合规管理涉及的范围包括：企业反腐败合规体系、出口管制与经济制裁合规体系、网络安全与数据合规体系、企业刑事合规体系、劳动用工合规管理、环境保护合规管理、企业反垄断合规管理。

合规管理的底线思维具体体现在：减轻行政与司法处罚；避免经营资格剥夺、声誉受损；符合监管要求；区分企业行为与员工个人行为。在国际贸易中，跨国业务合规引发的爆雷问题应得到系统控制。

大合规体系：五大类十五个领域。具体体现在：第一类，反商业贿赂、反腐败、反舞弊、反欺诈；第二类，反垄断、反不正当竞争、反洗钱；第三类，环境保护、知识产权保护、数据与隐私保护；第四类，资格资质、财务税收、劳动用工、安全生产、产品质量；第五类，出口管制、经济制裁。

合规管理涉及的十六类合规风险体现在：反贿赂反腐败、反舞弊、反欺诈、反垄断、反不正当竞争、反洗钱、资格资质、财务税收、劳动用工、安全生产、产品质量、环境保护、知识产权保护、数据与隐私保护、出口管制、经济制裁。合规风险评估见图 6-4。

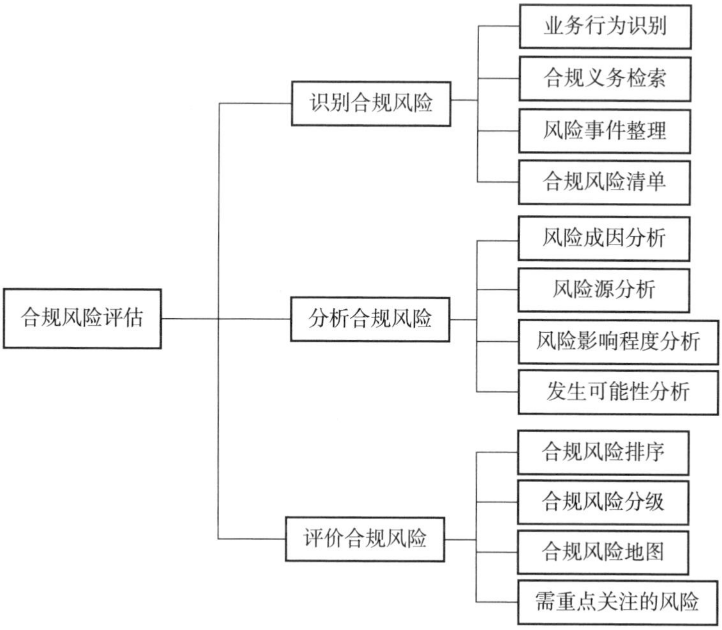

图 6-4 合规风险评估

合规管理是指企业通过制定合规政策，按照外部法规的要求统一制定并持续修改内部规范，监督内部规范的执行，以实现增强内部控制，对违规行为进行持续监测、识别、预警、防范、控制、化解合规风险的一整套管理活动和机制。

企业合规管理的主要内容包括**制度制定、风险识别、合规审查、风险应对、责任追究、考核评价、合规培训**七个方面。

因此，合规管理强调遵守和执行规范，满足监管要求。合规可以起到最基本的抑制操作风险的作用，保证企业日常生产经营不会因触碰法律法规红线而受到相关处罚。

风险管理与合规管理密切衔接融合。对于 COSO 内部控制和风险管理体系而言，“合规性”一直都是工作目标之一。内部控制、风险管理都是实现合规目标的手段和工具。COSO 在 1992 年和 2004 年分别发布的内控和风险管理框架都强调了合规目标。合规管理从目标到结果的管控过程见图 6–5。

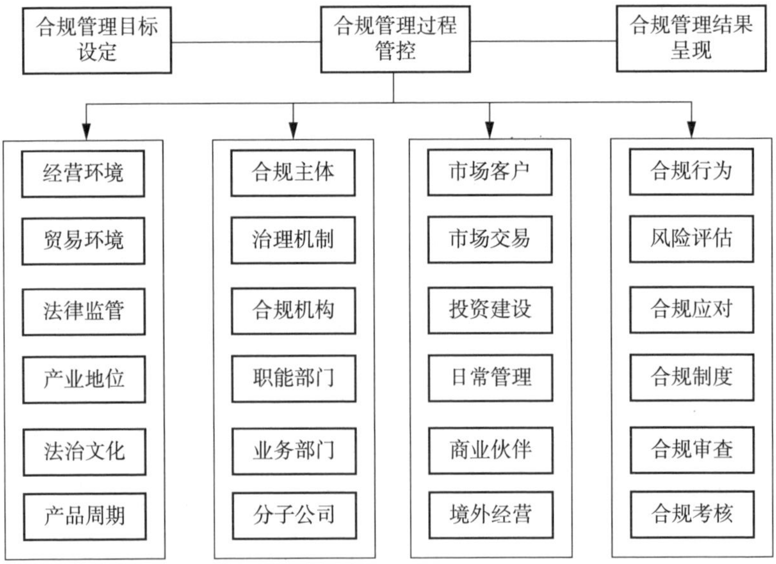

图 6–5　合规管理从目标到结果的管控过程

（三）合规管理的建设流程与合规风险识别方法

在合规管理底线思维的数字化赋能逻辑上，合规管理需要明确整体流程。涉及目标、主体、活动、客体、环境层面的流程和系统协同。应以形成系统的协同模式为前提，推动企业的数字化转型。合规管理体系建设流程见图 6–6。

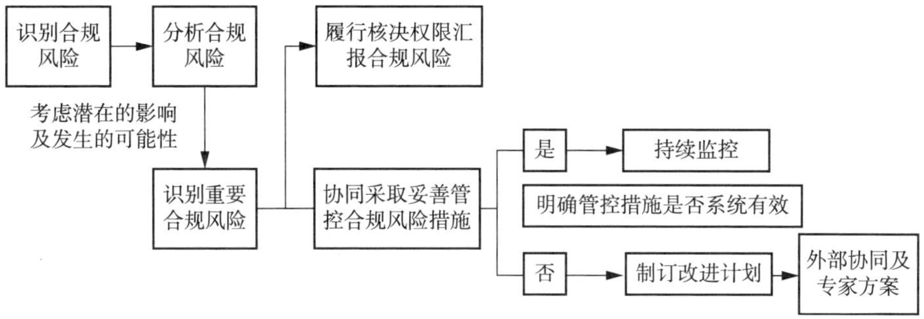

图 6-6　合规管理体系建设流程

合规管理的主体体现在企业设立具有相关职责的合规委员会、合规部、合规岗等相关职责部门，主要针对企业的反商业贿赂、反腐败、合规数据、环保安排、出口管制等推动合规工作。合规管理的目标主要体现在企业的合规风险控制、满足监管要求、合规激励落地等层面。企业合规管理的活动包括合规风险评估、合规风险应对措施以及合规评价。企业合规管理的内部环境包括企业的法人治理结构、企业设计的合规文化、企业推动的合规准则等。从企业合规的风险评估到合规的风险管控，企业构建合规管理体系的工具见图 6-7。

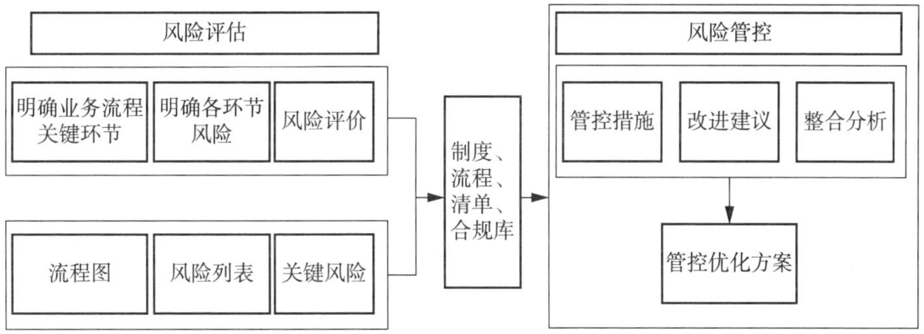

图 6-7　构建合规管理体系的工具

在合规管理体系的执行步骤上，企业可以按照网状融合建设的六步法执行。综合将合规管理过程方法的策划（P）、实施（D）、处置（A）、检查（C）四个环节融合。

第一，合规策划（P）环节。企业在合规推动之前，应确定范围、确定相关方要求、确定合规方针、制定合规实施方案。参考六步法的 1~3 环节。

第二，合规实施（D）环节。企业实施的合规风险评估包括合规审查、合规运行机制的充分选择。参考六步法的4环节。

第三，合规处置（A）环节。企业针对违反合规的事项进行调查，落实合规奖惩措施，明确合规改进方案。参考六步法的5环节。

第四，合规检查（C）环节。企业针对合规匹配度系统进行检查，做好合规评价与合规审计，编制相关的合规报告。参考六步法的6环节。具体见图6-8。

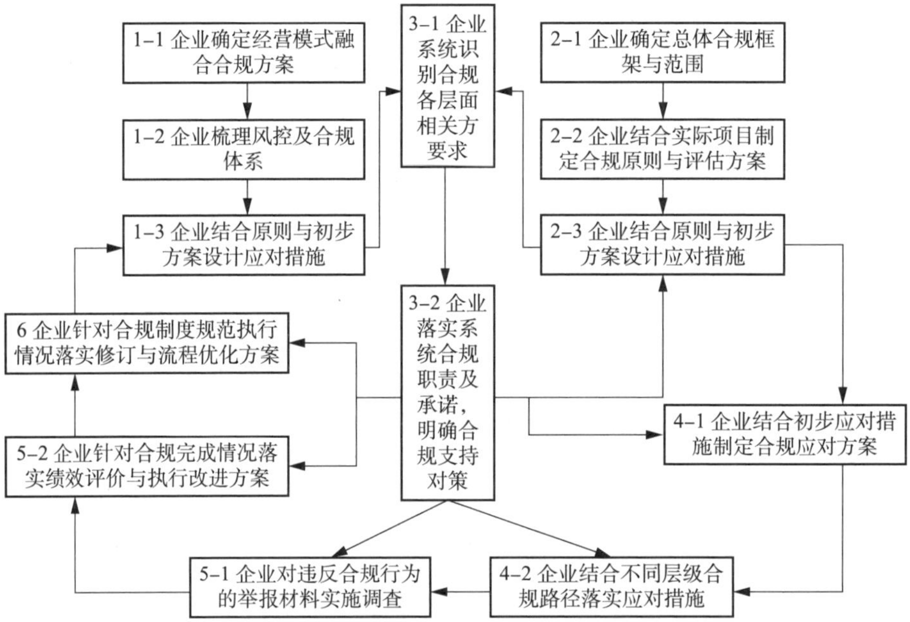

图6-8　合规管理体系的网状融合建设六步法执行步骤

为保证上述六步法的执行，企业需要就合规风险识别梳理有效的方式方法，主要方法包括以下几个。

流程法。基于企业的业务流程，通过对企业主要的业务流程（销售、采购、投资、人力资源、财务等）进行梳理，结合专家经验发现风险，重点在企业所有的合规领域，特别是重点业务合规领域。

案例法。基于历史或同行发生过的风险事件，收集和整理同类企业发生过的典型合规风险案例。重点在于重大的、社会或监管部门所重点关注的合规领域。

岗位法。基于岗位职权分析，对岗位职责与权力的匹配性、平衡性进行梳理。重点在于企业反腐败、反商业贿赂合规领域。

（四）合规管理的传统应对对策与数字化转型对策

首先，在合规管理的合规识别中，企业应针对数字风险上的数据集成和数据分析能力确定合规的形式和内容，制定出针对性的策略。未来财务的发展如图 6-9所示，合规实施应对措施见表 6-1。

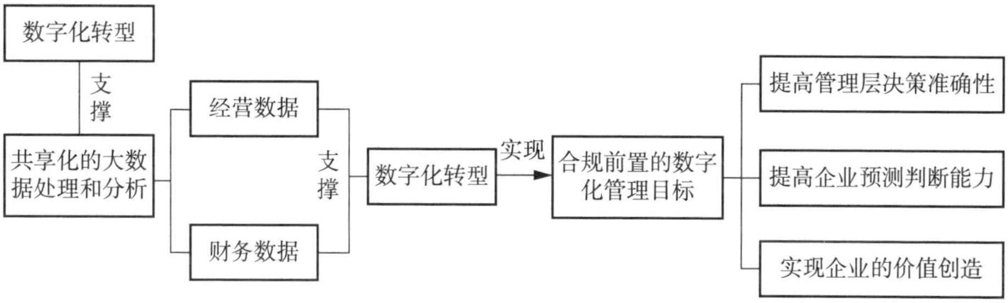

图 6-9　未来财务的发展

表 6-1　合规实施应对措施

序号	类型	内容
1	资源配置类	对于合规风险是由资源配置不足引起的，应当设立和调整与合规风险应对相关的机构、人员或补充经费等
2	制度流程类	对于合规风险是由制度、流程不完善引起的，应当补充制定或完善相关制度、流程的控制措施或其他方面。一般情况下，制度、流程完善的控制措施有不相容职务分离控制、授权审批控制、信息系统控制、财务保护控制、预算控制、运营分析控制和绩效考评控制等
3	标准、规范、指引类	对于特定领域合规风险是由缺乏相关标准、规范、指引引起的，应制定相关标准、规范、指引（如制度审核指引、合同审核指引、证据保存指引、项目工程管理合规指引）
4	技术手段类	利用技术手段规避、转移、降低合规风险（如合规信息化系统）
5	信息类	针对重大合规风险事件，相关部门应发布预警信息
6	活动类	开展专项活动，规避、降低或转移相关合规风险（如紧急应对措施）
7	培训类	对于合规风险是由相关人员合规意识与合规风险管理技能不足引起的，应加大合规风险培训与宣传活动，将培训以及培训成效作为该等人员的考核因素

其次，在企业数字化转型的合规评估中，需制定数字化的标准体系，从建立合规标准体系出发，针对合规知识管理、合规管理人才、合规技术和合规服务层面，打造智能化的底线合规管控模式。具体涉及以下方面。

（1）编制合规知识图谱，运用智能化机器人支持检索及应用图谱信息，及时提供企业各级管理层和运营者合规的底线逻辑，明确底线合规风险，予以各级人员准确的度量数据。

(2) 建立合规管控系统，以增强企业合规底线的应急机制。形成快速响应及责任管控，利用对合规管控要求的智能化统计，把各项涉及合规层面的信号划分类别，提高企业对于各类合规要求的响应速度。如图 6-10 所示。

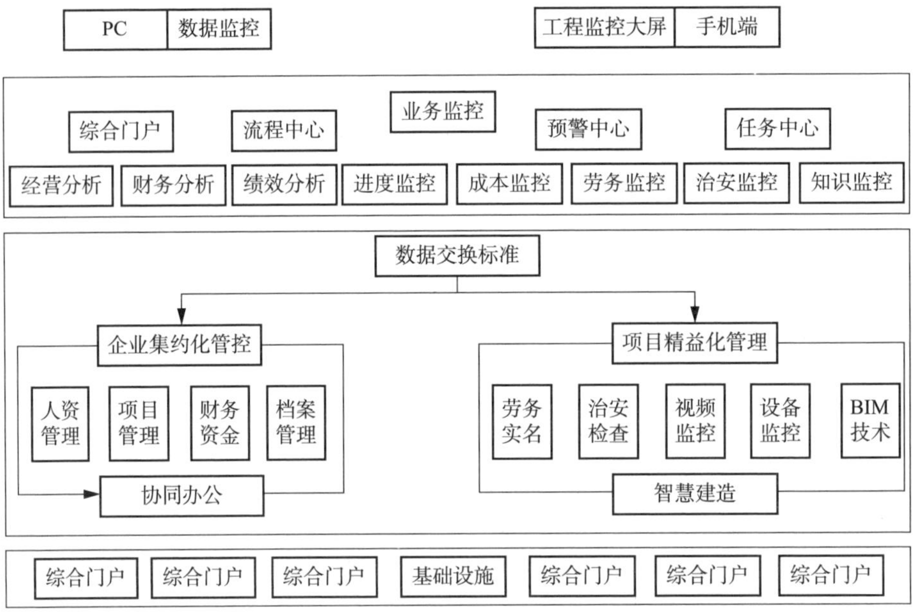

图 6-10 企业基于底线思维的数字化合规融合体系

二、企业合规管理的可行性路径与数字化赋能对策

合规管理涉及企业外部需求和内部需求两个层面。具体而言，企业外部需求体现在：法律法规等的变化导致企业行为不合规，造成企业可能存在合规风险，竞争者、客户、供应商的行为给企业带来（合规）风险，监管部门、执法部门要求企业建立和执行合规管理体系，合规成为一种市场准入门槛。企业内部需求体现在：企业中员工的自利行为，企业中员工的有限理性，代理人的放任、粗心、作假等，使得合规风险发生，物的因素导致风险增加。这些因素使得企业的合规诉求融合在企业的发展过程中。因此，企业合规管理具有其独特价值。

（一）企业面临的六类合规风险及可行性路径

1. 企业数据信息的合规风险

企业数据安全法律法规不健全，员工数据安全意识淡薄，对于数据安全的法律意识还未达到相应的高度，不了解企业在提供数据产品和服务时应承担的数据安全义务，而且不少企业内部缺乏数据安全管控方面的专业型人才。

2. 数据全生命周期的合规风险

企业利用数据创造生产力的过程必然会有数据的收集、传输、储存、处理、交换和最终销毁等具体操作程序，因数据具有不同于传统生产资料的特殊属性，如可复制性、强流动性等，导致整个数据全生命周期均存在一定的数据安全风险。数据在传输过程中会面临泄露、被窃取等风险，特别是医疗及生物识别信息等高价值性敏感数据，更是成为数据泄露的重灾区。在数据最终销毁阶段，因数据具有可复制性的典型特征，很容易面临数据销毁不彻底的风险。

3. 数据安全的合规风险

数据安全的法律制度不够健全，国家网信办等监管部门对围绕数据处理活动开展业务的相关企业无法有效监管。但由于缺乏数据安全管理的专业人才，很多利用数据提供相应产品和服务的企业一方面无法律制度可依，另一方面无典型案例可供参考，同时缺乏专业性人才的技术指导，导致企业数据安全的合规治理仍停留在形式层面，缺乏科学性和体系性，抗风险能力有待提高。

4. 企业公共关系的合规风险

企业公共关系中的合规风险主要源于企业数字化转型中不合规的经营、管理等行为或外部事件致使其受到处罚或负面评价，并随着互联网进行广泛的传播而导致利益相关者的信任危机。然而，由于企业在数字化转型过程中的数据治理体系还不完善，存在较大的数据和隐私泄露的违规风险，若不能恰当处理这些风险因素，就可能引起外界的不利评价并通过网络迅速传播，进而会使企业面临巨大的信用风险。

5. 员工职业道德的合规风险

在数字化转型过程中，员工数量有所精简，员工的权力范围有所增加，企业对员工的数据保护法规培训较少，部分员工会为了自己的职业发展和工资薪酬违背自己的职业道德，删除企业核心数据、贩卖企业商业机密、违反竞业条例、过度收集数据、恶意控制企业信息系统、对内部核心敏感数据进行未授权访问和拷贝。面临后疫情时代的商业道德挑战，企业需要加强自身的合规管理，包括加强员工诚信意识，以避免不道德行为对企业产生的不利影响。尤其是在信息高速发展的时代，数据、知识产权等已成为企业需要保护的重要资产之一。

6. 企业采购端、生产端、服务端面临的合规风险

企业在数字化转型的过程中，对于采购端、生产端和服务端的控制仍存在着一定的合规风险。在产品和商品的服务过程中，企业面临着关键信息基础设施被非法控制、遭受干扰或破坏的风险。

在供应端，由于产品和服务的安全性、开放性、透明性和来源性的多样，以及政治、外交和贸易等因素导致的供应中断风险，会对企业的生产经营带来次生危害；同时，企业的大供应商，如不遵守当地的法律法规和商业道德，企业同样会面临巨大的合规风险。因此，克服企业采购端、生产端、服务端面临的合规风险，需要相关制度的完善以及企业自身的不懈努力。企业供产销合规风险如表6-2所示。

表6-2　企业供产销合规风险表

产品使用和服务过程中的风险	关键信息基础设施被非法控制、遭受干扰或破坏的风险
	重要数据被窃取、泄露、损坏的风险
断供风险	产品和服务供应中断对关键信息基础设施业务连续性的危害
	产品和服务的安全性、开放性、透明性、来源的多样性
	政治、外交、贸易等因素导致供应中断的风险
供应商合规风险	产品和服务提供者遵守中国法律、行政法规、部门规章情况
其他风险	其他可能危害关键信息基础设施安全和国家安全的因素

（二）企业的数字化合规转型路径

1. 强化数据安全合规管理制度建设

大数据中心应对企业在生产过程中可能涉及的不同数据提前进行分类分级，并针对不同类型、不同重要级别的数据分别制定相对应的数据使用审批流程，对于容易泄露的敏感数据和涉及企业核心技术的重要数据应采取更严

格的合规管理措施，如限制接触人员范围，强化接触人员安全管理，防范由于内部人员管理不到位引发数据安全风险。明确职责和安全要求，滚动修订安全责任清单，严格贯彻“谁接触，谁负责”，以确保数据安全。企业合规管理平台建设全景如图 6-11 所示。

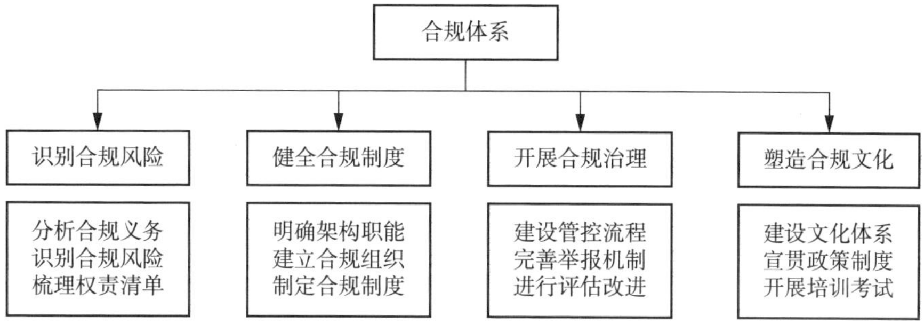

图 6-11　企业合规管理平台建设全景

2. 技术赋能

区块链为数据合规提供了新的发展思路，可以提升其效率、透明度以及可审计性。利用区块链技术制定统一的数据类型和标准规则，可以实现数据存储和同步到区块链的各个节点，在分布式的结构中，加大了篡改、删除数据或者恶意攻击数据库的难度，进而保证了数据的真实性、完整性、隐私性和安全性。

3. 事中管理与事后反馈

管理体系难以发挥效果，问题多是因为缺少过程中的监督。前期的筹备可能因为执行中的懈怠而毁于一旦，所以需要建立机制，保证事中持续的跟进与督促。首先，要由合规部门牵头进行合规检查；其次，要进行合规尽职调查；最后，形成相应的事中合规报告，即可以发挥监督和总结作用的定期合规报告。合规体系要发挥实质性的作用，则需对企业高管或者员工出现的违法、违规、违纪等不合规的问题，进行相应的合规问责，并形成合规问责决议，否则会对合规体系本身造成损害。例如涉及刑事违法的情形，应当按照规定交由司法部门进行处理。

4. 做好数据安全宣传教育，提高人员数据安全意识

处在数字化转型过程中的企业除完善日常学习法律机制外，更应积极利用互联网信息化手段对高管、员工等开展数据安全专题培训，让每一位员工

都能了解数据安全在企业数字化转型过程中的重要性，提高企业工作人员的数据安全法律意识。通过强化数据安全宣传教育，打造企业内部的数据安全管理文化，形成重视数据安全的企业文化氛围，增强企业每一位员工在提供数据产品和服务时的行为规范意识，真正确保数据安全制度、规范的落实和贯彻实施。

（三）企业合规管理的不足与优化

1. 企业合规管理的不足

企业合规管理存在许多问题，难以充分发挥其在市场竞争环境下的监管作用。具体有以下三点。

一是缺乏相关技术，比如行业的迅速发展，使得经济环境发生了巨变。增加了许多不可预见的风险，但是当前我国对风险的评估和解决技术十分滞后，特别是检查手段陈旧、预防措施不科学、风险监测不到位等，这些迫使合规管理技术急待改进。

二是合规管理体系尚未完善，比如权威性和独立性较差、组织结构不明确、制度体系不完善等，直接导致员工的执行力不足，很难将项目落实到位。

三是缺乏专业人才，合规管理从业人员的专业素质不高，企业也没有组织相应的教育培训，导致合规类业务人员无法全面掌握行业规则和规章制度。

2. 企业合规管理的优化

（1）推动企业的数字化进程。

企业数字化转型以业务流程的数据化与自动化为基础，通过大数据、云计算与机器学习等技术，最终实现管理控制的智能化，从而科学优化企业合规风险管理。首先，基于企业内部数据库，通过构建机器学习的模型和算法，实现业务流程智能优化，并在业务环节安装智能化数据采集终端设备，自动筛选和采集所需要的数据并上传到云端，通过大数据分析，维护自动化业务流程的安全运行，合理配置企业资源和人员。其次，推动企业资金管控、业务流程、市场拓展等层面的智能化升级，通过信息采集与大数据分析自动识别客户的个性化和多样化需求，并通过数字赋能迭代优化业务模式和产品服务，精确各部门和人员的责任与职责，提升合规管理效率。最后，基于人工智能技术对企业数字化业务流程系统的不断优化，使各个信息孤岛互联互通，通过数字化精细操作规避流程风险和业务弹性风险，实现企业数据赋能的风险评估、风险预警与风险应对，减少合规风险产生的不利影响。

（2）培育企业的合规文化和合规意识。

企业在数字化转型过程中，要进一步加强合规风险控制意识，建立全员合规行为规范和文化理念，根据相关法律法规动态调整内部规章制度，避免违规事件的发生。首先，建设企业合规文化并制定全员合规行为规范，建立合规行为与信息安全工作奖励机制，加强数字化转型业务流程重点环节的合规教育，对积极参与、认真执行合规行为规范的员工进行奖励，并健全合规审查机制，对项目运营管理、投融资决策制定、规则制度制定等重要事项进行严格的合规审查和监督。其次，落实合规管理制度的实施与合规文化建设，设立企业专门的合规管理和审查部门，确保各项业务的数字化流程得到有效监督，定期培养工作人员的合规意识，并在各重点业务流程窗口进行合规风险提示，通过合规尽职调查和合规报告定期汇总企业合规状况并上传到企业内部数据库。

（3）构建企业信息管理云平台的安全防护。

企业数字化转型过程中需要通过构建云平台保障信息安全，并基于网络环境构建安全的自动化业务流程与弹性业务机制，从技术层面降低企业的合规风险。首先，利用区块链技术保障数据安全，完成数字化转型业务各环节的数据采集、储存和同步，避免企业内部数据及客户个人数据被篡改、删除或窃取，保障数据的完整性、真实性和安全性，提升企业内部数据共享效率、智能化水平和可审计性。其次，建立企业内部信息云平台的安全管理体系，加强工作人员身份认证、应用场景、业务范围等程序，通过“防火墙”降低外网病毒和“黑客”入侵的风险，保障企业内部数据传递和共享的安全性和私密性。最后，完善企业合规风险评估标准，对外部市场和内部环境的合规风险进行评估，通过现实违规案例完善风险评估体系，及时调整云平台安全管理规范，使得企业能够对潜在合规风险问题进行判断和预警，进而采取科学合理的规避措施。

3. 企业智能化赋能合规化运营

推动合规管理，是促进企业治理智能化的措施。智能化管理是指在通信、数据传输、存储计算、物联网和人工智能技术的基础上，以信息化方式实现分析、判断、决策及有效执行的一系列综合管理过程。这个阶段的特点主要体现在以下两个层面。

数字化，企业需要通过各种用户平台和场景及时收集用户需求的相关数据，再由系统构建模型进行数据分析和计算，最后指导企业作出科学决策。数字化管理平台的建设，为企业获取行业和用户数据降低了成本和时间。

一体化，数据平台的建设和智能化管理软件的应用，可以实现企业人事、营销、财务、生产等管理业务的协同，实现企业数据的线上共享和交流，打破了传统系统化管理模式中的业务流程边界。

具体模式变化见表6-3。

表6-3 传统治理模式与智能化治理模式的区别

区别	数据共享	人才类型	办公效率
传统模式	存在数据共享屏障	传统管理型人才	效率较低，操作慢
智能化模式	数据实时共享	智能化高端人才	效率极高，动态预警

（四）企业合规评价的方法

在企业合规评价问题上，需要完成合规相关流程的确认，包括企业需要针对细分流程发现合规的具体风险点。在这个阶段过程中，企业可以就岗位做好合规责任的分解。针对任何一个岗位，都系统分解相关的岗位职责，将合规的管控职责从总到分，解决企业核决权限中涉及合规层面的提、审、决三级决策问题。

这个过程中，企业应将生产、销售、研发、人事、采购、财务、资产、信息等不同的职责，系统地做好覆盖，将企业合规风险点的发现放在责权利匹配的权利落地上，解决因企业职责权利的不当使用导致合规风险的隐患。通过对应职责权限，梳理对应合规风险点，确保企业在合规层面风险可控。

为此，企业在评价过程中，需要针对合规风险发生来源进行系统的分析。针对企业合规结果做好影响程度的分类分析，并就风险爆发的可能性进行分析。为此，就合规风险的层级应做好几方面的量化：合规风险评价、合规风险排序、合规风险分级，并以此确定企业重点关注的合规风险点。具体见表6-4、表6-5。

表 6-4 评估合规风险的层次渐进表

影响程度					
比率	20%	40%	60%	90%	100%
分值	1	2	3	4	5
法律责任	未有法律责任规定	1. 停业 10 天内 2. 业务资质许可暂停 10 天内 3. 被警告及责令整改	1. 停业三个月内 2. 业务资质许可暂停三个月内 3. 人员行政拘留	1. 责令停业三个月至一年 2. 业务资质许可暂停三个月至一年 3. 被列为失信执行人	1. 责令停业一年以上 2. 业务资质许可被暂停一年以上 3. 吊销营业执照 4. 责令关闭 5. 刑事责任
财务损失	基本无损失	轻微损失	中度损失	重大损失	极大损失
企业计划	不受影响	轻度影响	中度影响	严重影响	重大影响
企业声誉	企业声誉没有受损	企业声誉轻微损失	区域层面企业声誉中等损害	全国层面企业声誉重大损害	全球层面企业声誉无法挽回的损害
人身安全	短暂影响	严重影响	严重影响	导致个别死亡	导致多人死亡

表 6-5 合规风险矩阵

可能性	5	极有可能发生					
	4	很有可能发生				重大合规风险	
	3	有可能发生			重要合规风险		
	2	发生的可能性很小		一般合规风险			
	1	发生的可能性非常小					

从企业系统推动合规风险评估角度，企业还可以编制系统的合规风险清单，做好企业合规风险库，及时优化更新，系统制定合规应对方案。

第二节 企业合规管理的系列常识

在企业合规管理层面，应做好顶层规划的机制建设。机制建设体系包括合规联席会议、合规强制咨询、合规培训、风险报告、责任追究、合规审查、风险触发、风险预警、隐患跟踪、岗位履职监控、尽职调查机制等内容。通过合规层面的合规制度规范以及合规管理工作的落实，实现企业合规的有效管理。

一、合规管理的十一类基本常识

企业在建立合规管理组织架构的基础上，应建立合规管理运行机制，完善合规管理工作内容和流程，并按照具体执行框架实施。如图 6-12 所示。

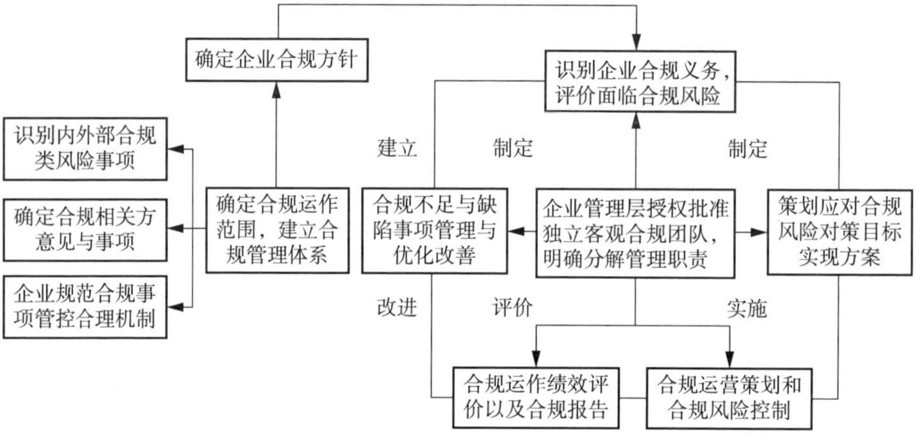

图 6-12 合规体系权威框架（国家标准 GB 35770—2017）

（一）合规管理会议机制的三类基本常识

1. 合规会议由审计、合规、法务等部门组成

合规会议由专职或兼职的合规官召集并主持，会议日常工作可以由上述部门明确其中一个部门履行。会议层面涉及以下方面。

第一，合规会议涉及的重大合规事项，按照企业核决权限表规定，需要报告企业董事会。第二，合规会议职责需要明确，包括指导和协调合规管理工作，研究提出合规管理重要政策，解决合规管理重大问题，审核企业合规管理工作方案，协调重大违规调查，提议重大合规管理奖惩事项，以及其他合规管理相关事项。

2. 合规风险识别和评估机制

这方面需要法务管理的相关部门与企业各个部门做好配合，具体体现在以下几个方面。

第一，企业合规风险识别重点在于整合内部控制体系、风险识别评估机制，定期梳理企业的合规义务和风险清单。第二，在企业合规评估机制设计上，需要明确合规管理重点领域，制定有针对性的防控措施，对于典型性、普遍性和后果较严重的合规风险及时发布预警。第三，企业各个部门就合规管理做好所涉业务监管，针对外部监管要求以及业务变化，动态做好合规风险评估。第四，企业需要定期，至少每年开展一次与内控风险评估相关的系统性合规风险评估工作。第五，企业法务部门可以启动合规风险识别和评估程序。

3. 企业需要做好合规审查和咨询机制的协同

第一，企业合规审查常规是企业做好重大业务、重点领域和重点环节等重要经营管理活动的前置工作。第二，企业合规审查体现在规章制度制定、重大事项决策、重要合同签订、重大项目运营、重大采购和重大资金管理等领域。第三，企业相关的重点管理领域的经营管理活动主要包括利益冲突、反舞弊、产品质量、服务质量、资产保护、环境保护、员工安全、反洗钱、记录与报告等。第四，企业在合规审查的日常管控中，需要确保遵循外部法律法规及企业的合规管理制度。第五，企业在合规审查的日常工作过程中，对重大合规风险的业务最好落实外部咨询机构的合规咨询，常规是事前咨询，企业可以就此召开论证会，再形成审查意见。

（二）合规管理反馈机制的三类基本常识

1. 在合规反馈的机制设计上，业务部门需要对日常业务中潜在的合规风险进行定期自查

第一，相关业务部门需要及时跟踪政策法规、商业环境变化，分析新的业务、商业模式及可能存在的合规风险。第二，企业需要就合规义务和风险清单做好定期更新，企业需要就日常合规风险向合规管理部门备案，同时需要就重大合规事项向法务部门汇报，必要时需要与法务部门协同做好合规风险评估。第三，企业需要结合法务、内控、风险、内审四项职责的相关工作，协同落实合规风险反馈工作。企业合规反馈需要就合规性目标是否管控到位做好业务实质性风险保障。

2. 就合规风险嵌入涉及的相关机制来说，企业需要就嵌入的方案做好融合工作，保证合规管理的动态运行和持续改进

第一，从企业合规风险嵌入融合角度来说，企业通过合规风险识别、评

估、审查、反馈等活动，如果发现重大合规风险，应就相关合规融合的嵌入模式做好管控措施，并将其嵌入合规管理制度和流程中。第二，在企业合规风险融合层面，可以针对重点风险领域，完善专项管理制度、流程，并明确岗位职责。第三，在企业合规风险转换层面，可以结合企业实际情况，将合规风险转换为合规的具体要求和具体的防控措施，并持续嵌入企业相关制度和流程，提升融合的效果。

3. 在合规管理的底线思维模式上，包括合规举报和调查机制两个层面

第一，针对合规案件，企业需要确立合规调查的基本方式，完善情况落实、责任认定和督促落实整改的要求。第二，合规举报需要结合企业实际情况，做好案件移交制度流程的程序性工作，实现受理通道、立项标准、工作开展、分工协作的协同。第三，在合规调查层面，企业需要制定和落实整改措施，优化业务流程，加强合规管理。企业还需针对所有的调查记录和文件，做好证据链支持材料的归档工作。

（三）合规管理日常业务的五类基本常识

1. 在合规管理的报告层面，应视企业是否发生重大合规事项确定

常规企业合规处理的相关部门就情况与处置方案及时和企业法务部门汇报。具体分为如下方面。

第一，企业需要按核决权限表的规定，由相关部门对总经理、合规管理委员会等类似组织及时汇报处理进展。第二，企业需要建立合规风险应对机制，当发生合规风险事项时，可以由企业合规管理的相关负责人牵头，相关部门协同配合，及时采取应对措施，最大程度降低风险和损失。

2. 在合规管理年度合规报告层面，常规上由法务部门做好企业合规风险和合规管理工作的汇总，形成合规管理年度报告，按核决权限规定，需报企业董事会审议通过

第一，企业合规管理年度报告或定期、专项报告，需要包括合规管理组织机构、合规职责的完成情况。第二，合规管理报告涉及合规管理建章立制类内容。具体包括合规管理的制度制定、评估、修订。第三，合规管理报告涉及的日常情况包括重要业务活动的合规情况、合规风险事项处理情况、合规培训考核与评价情况、合规管理存在的问题分析和改进措施等。

3. 企业可以分阶段建立合规考核评价工作，强化风险防控责任落实，

通过完善激励约束机制推动各项合规管理措施的实行

4. 企业需要做好合规宣传培训工作，包括建立制度化、常态化的合规培训宣传规定和培训计划

第一，企业需要就合规管理做好全面覆盖，加强全员合规知识和能力教育培训，做好合规管理重点人员培训，提升员工合规意识。第二，企业需要就合规管理的合规培训做好延伸工作，针对供应商等商业伙伴的合规问题进行系统的宣贯，形成企业的合规标准和合规价值观生态建设。

5. 企业应推动合规管理信息化建设，持续推动合规优化迭代转型

第一，企业可以建立风控合规信息管理系统，开发符合具体业务特点的合规管理信息化功能模块，将合规管理要求、重点业务和关键环节的审批纳入该系统。第二，企业通过信息化手段优化合规管理流程，记录和保存相关信息，保证合规管理制度和流程落地。第三，企业通过运用大数据等工具，对经营管理行为的依法合规情况进行实时在线监测和风险分析，完善风险识别处理、数据调查分析等信息化建设。第四，企业的合规信息化建设需要设计闭环模式。包括事前预防、事中管理、事后追责的合规全流程管理，实现企业合规管理的信息集成与共享。

二、合规制度规范的四类基本常识

（一）《合规行为准则》主要内容

关爱员工的基本准则。在以人为本的价值观指导下，企业应保障员工人身安全与保障员工权益两个方面的合规要求。

保护企业原则。每位员工都有保护企业的义务，明确员工保护企业资产、知识产权与商业秘密、信息披露与对外宣传三个领域的合规要求。

守法遵规原则。企业与员工都有义务遵规守法，针对外部的重要法律监管，明确企业在环境保护、安全生产、信息安全与隐私保护、反垄断与公平竞争、反洗钱、会计与财务合规、商业伙伴管理、反腐败与反商业贿赂、利益冲突以及礼品招待等方面的合规要求。

社会责任。明确了企业在社会责任以及慈善赞助方面的合规要求。

境外业务。企业开展境外业务时应该注意的合规义务与合规要求。

合规咨询与举报。企业应畅通合规咨询与举报渠道，所有员工有义务报告违反或可能违背行为准则及道德规范的行为，企业需要做好举报人的保护

工作，避免出现对举报人的打击报复。

（二）《合规管理办法》主要内容

对合规、合规风险、合规管理、高级管理人员、重大合规事项等术语进行定义。

合规管理组织架构。明确企业合规管理工作由股东会领导，董事会决策与监督，合规管理负责人执行。建立合规管理综合部门、专项部门、参与部门“三位一体”的合规管理组织架构。合规管理要发挥“关键少数”作用，企业负责人是业务领域合规管理第一责任人。企业应建立适用的合规管理组织架构。

合规管理运行机制。结合企业合规管理工作内容与流程，建立合规管理运行机制，包括合规联席会机制、合规风险识别和评估机制、合规审查和强制咨询机制、合规风险反馈机制、合规风险嵌入机制、合规举报和调查机制、合规考核评价机制、合规宣传培训机制、合规管理信息化建设机制、合规风险事项报告和应对机制、年度合规报告机制。明确对企业合规档案管理、合规管理工作计划及总结的要求。

（三）合规管理重点

市场交易。完善交易管理制度，严格履行决策批准程序，建立健全自律诚信体系，突出反商业贿赂、反垄断、反不正当竞争，规范资产交易、物资采购、招投标等活动。

安全环保。严格执行安全生产、环境与文物保护法律法规，完善企业生产规范和安全环保制度，加强监督检查，及时发现并整改违规问题。

产品质量。完善质量体系，加强过程控制，严把各环节质量关，提供优质产品和服务。

劳动用工。严格遵守劳动法律法规，健全完善劳动合同管理制度，规范劳动合同签订、履行、变更和解除，切实维护劳动者合法权益。

财务税收。健全完善财务内部控制体系，严格执行财务事项操作和审批流程，严守财经纪律，强化依法纳税意识，严格遵守税收法律政策。

知识产权。及时申请注册知识产权成果，规范实施许可和转让，加强对商业秘密和商标的保护，依法规范使用他人知识产权，防止侵权行为。

工程建设。严格执行工程建设方面的法律法规，加强工程承发包、合同履约、工程质量等方面的合规管理。

重组并购。企业整体资产或企业股权的购买、兼并或无偿划转应符合产业政策、宏观调控政策和企业发展战略，并购投资决策、资产评估、交易执行等操作程序，要严格遵守法律法规和政策。

企业治理。严格按照企业章程等规定，构建企业法人治理体系，履行股东（大）会、董事会、监事会、经理层职责，强化企业治理合规。

投资融资。加强项目投资、股权投资、股权融资等方面的合规管理，强化风险意识，完善投资融资风险防控机制。

对外担保。严格履行对外担保决策程序，做好被担保方尽职调查和担保事项风险分析，有效控制对外担保风险。

商业伙伴。对重要商业伙伴开展合规调查，通过签订合规协议、做出合规承诺等方式，促进商业伙伴行为合规。

（四）合规管理机制

全员合规机制。跟踪研究法律法规变化和监管动态，针对重点领域制定具体合规管理制度，及时将外部合规要求转化为内部规章制度，实行全员合规承诺制。

岗位合规机制。将合规要求嵌入岗位说明书，实现合规管理和业务管理有机融合。

合规审查机制。把合规审查融入业务流程，作为规章制度制定、重大事项决策、重要合同签订、重大项目运营、大额资金使用等改革发展和经营管理活动的必经程序，未经合规审查不得实施。

合规风险管理机制。全面系统梳理各领域、各环节、各岗位潜在合规风险，系统分析合规风险发生的可能性、影响程度、潜在后果，并进行全面评估。制定合规风险预案，加强应对处置，最大限度化解风险、降低损失。

合规评价机制。组织开展年度评价和专项评价，将评价结果纳入依法治企考核和年度综合业绩考核，并作为员工考核、干部任用、评先选优等工作的重要依据。

违规问责机制。完善违规行为处罚机制，明晰违规责任范围，细化惩处标准。畅通举报渠道，针对反映的问题和线索，及时开展调查，严肃追究违规人员责任。

第三节　企业合规管理成功转型的案例

一、W 企业的合规管理数字化转型案例

（一）W 企业基本情况与融合管控介绍

W 企业创建于 1996 年，为 20 位自然人投资设立，经三轮投资，2022 年 10 月底其估值达 25 亿元。企业注册资本金 2 亿元已经全部实缴。

W 企业有 20 余年历史，目前是国家重点支持的制造、研发、销售一体化企业，作为 S 省中型企业集团，在全国五个省拥有动力系统、汽车零配件业务、工程机械、交通装备等子企业，涉及四个领域的子业务板块。当前企业员工有 6500 人。

W 企业在 2005 年实施改革之前，在业务层面和财务层面的工作效率较低，严重制约了企业的管理效率。

自 2005 年起，企业正式开始财务数字化转型，实现了由会计电算化向信息化再向数字化转变的过程。此次转型不仅是数字化改革，更是深度的业务变革。具体阶段如下。

第一阶段，2005 年至 2008 年，企业夯实信息化基础建设，推行一体化全面流程管理体系。在这个阶段，企业以资金池建设、基础核算、基础报表、费用管理为四个细分突破点，优化以 ERP 系统为核心的财务核算功能。

第二阶段，2009 年至 2015 年，企业巩固发展转型设计。从建立制度、流程、数据、系统的四个统一出发，建立企业商业智能（BI）平台、HR 平台系统（HR）、财务共享平台三个管理子平台，并以此为基础，建立企业一体化管理平台。在这个阶段，企业加强制度设计优化，通过统一流程、数据、系统等，做好系统的整体优化与完善。

第三阶段，2016 年至 2019 年，企业推动科技智能融合设计。结合“大智移云物区”进行企业业务共享和财务共享建设，做好业务融合财务支付系统，财务共享支持费用报销和基础核算系统，建立企业数据中台，支持企业业务中台和财务中台的数字化转型工作。将 RPA 融合到企业各个重复性业务和财务工作中，实现企业整体运营状态下的全面预算、采购管理、销售管理的融合打通，并从业务端口开始推动企业财务核算和税务管理类业务。

第四阶段，2020 年至今，企业推动数据中台建设，推动合规相关数据的融合转型工作。合规数据为企业内部系统中存放的数据，其存储和排列较为规律。但由于企业不同系统中存放的数据类型不同，不相互连通造成系统间的壁垒。“数据中台”是一个良好的解决方案。数据中台通过数据技术，将企业中多个部门、多个系统不同类型的数据统一标准和口径，形成标准数据并进行存储。数据中台所创建的这一中间环境，有效地将企业中的多样数据源合并在一起，可实现多系统中多样数据源的汇聚整合，同时为企业合规的数字化转型奠定了基础。

（二）企业合规管理转型的落地对策

在这四阶段过程中，W 企业坚持科技创新应用落地原则，企业中台为业务发展提供各方面的应用支持，尤其为合规部门提供强有力的支撑和保障，数字孪生实现对现实商业世界中的数据进行实时采集、跟踪和计算，形成企业真实产品数据或资产的数字化虚拟副本，如图 6-13 所示。

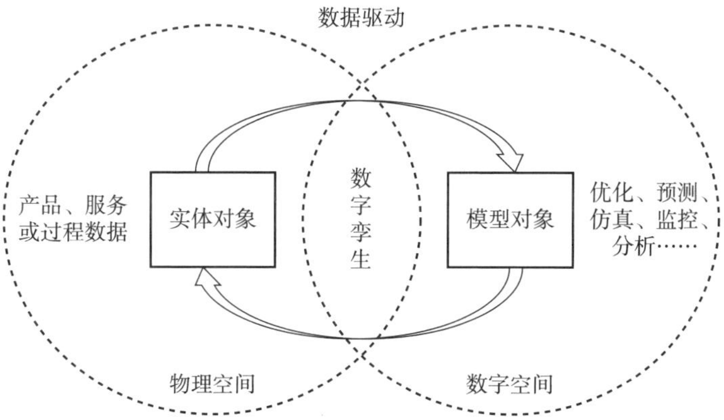

图 6-13　数字化虚拟副本

经数据中台整合处理，W 企业将原始数据进行系统转换，推进企业合规的数据分析与监控。

第一，搭建完整的合规风险分析模型，建立员工合规风险画像。使用描述性分析、有监督和无监督的学习、可视化技术等大数据分析方法，对数据进行评估挖掘，如图 6-14 所示。

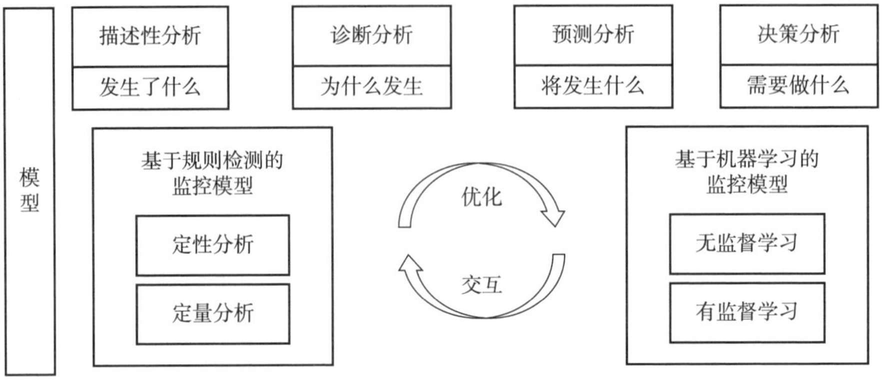

图 6-14　大数据分析法

第二，合规部门将未知风险标签识别为高风险或者低风险。标签的机器学习可以做业务解读的规则，也可以重新应用到传统规则检测模型中，补充完善其中的规则，从而进一步优化模型。

在企业合规工作中，可建立精准的员工行为画像，通过算法实现企业整体合规行为属性的确认，将分析模型嵌入现行措施，同时现行措施的结果又反哺分析模型，不断迭代循环。

因此，在企业合规管理层面，通过合规风险分析模型的建设，将企业合规风险管理嵌入企业现行的合规监控流程，助力企业合规管理的数字化转型。

合规工作中的应用结果被及时反馈收集到数据中台之后，可以进一步优化和改善原有的合规风险分析模型，使其更适用于企业的特定业务场景。通过迭代循环，企业可以更快地以数据为驱动进行合规管理与决策，成为真正的数字驱动型企业。

二、J 企业的企业合规管理智能化案例

（一）J 企业基本情况介绍

J 企业是 T 市民营的五大燃气企业之一，总资产达到了 30 亿元。J 企业直接与上游单位签订购气合同，为 T 市居民和工商用户提供大量的气源，J 企业的业务囊括了气源开发、天然气销售、管网输配等项目。

J 企业按照地方发改委等相关部门要求，大力建设燃气安全监测综合管理平台，并采用智能化、信息化手段进行管控。

（二）企业智能化治理实施的过程

J 企业通过智能化合规系统建设，改善了合规运营模式，确保基础合规转型。

1. 建设综合管廊中燃气管线智能管理系统

J 企业要想长期持续经营发展，就必须采用智能化治理途径与科技赋能协同等，来顺应市场和社会的发展。为此，J 企业建立了综合管廊内燃气管线智能管理系统。该系统能够对管廊的内外部环境实施全方位以及实时监控，同时还能够监控各个管线的参数设施和运行状态是否良好等，在及时、准确传递信息方面，可以通过光纤传感器和无线传感器网络来进行传递，最后相关管理人员对传递的信息进行全面准确的预警分析，如图 6-15 所示。

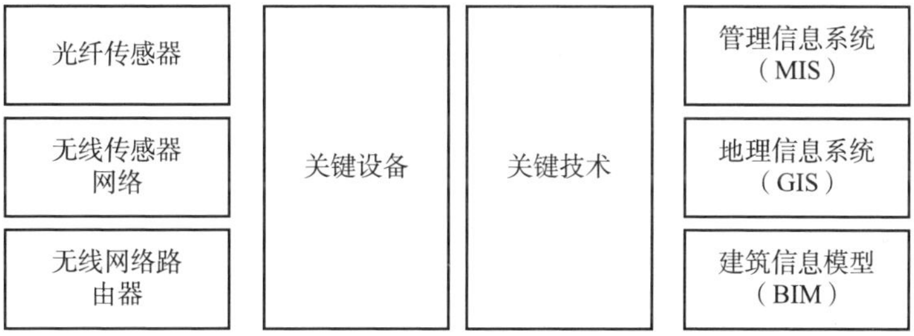

图 6-15　综合管廊中燃气管线智能管理系统

2. 建设燃气安全智慧综合管控平台

J 企业建立了燃气安全智慧综合管控平台，此平台的建立可以实现多种功能，如可以实现内部燃气管线设施、安全信息以及全方位地理信息数据的汇集，通过视频、图像和音频的方式传到相关人员手中，使其及时了解巡检的周围情况，在突发事件发生时能够及时地处理，从而对其安全做一个保障。

J 企业通过 VR 虚拟现实实施一个廊内燃气管线的模拟仿真，从而对事件进行一个史前的预判。J 企业平台具有各项业务信息可视化、虚拟现实（模拟仿真）、远程控制和可视电话会议等功能，如表 6-6 所示。

表 6-6 建设燃气安全智慧综合管控平台

燃气安全智慧综合管控平台			
各项业务可视化	虚拟现实（模拟仿真）	远程控制	可视电话会议
数据、视频、BIM 模拟形式	VR、GIS、BIM	漏气、跑气——通过无线网络路由，手动发出指令关闭电子阀门；漏气、跑气——通过 VR 模拟仿真技术远程关闭电子阀门	电话通信系统、电话会议服务器

3. J 企业智能化治理的实施效果

（1）对综合管廊中燃气管线智能管理系统实施效果的分析。

综合管廊燃气管线智能管理系统设立后与设立之前有了明显的对比，这个系统的设立对周边环境监测的准确率达到了 96%，快速及时率接近 100%，因为把燃气管线的设备都安装到了地下的综合管廊中，减少了日常的损耗，也减少了日常的修理维护费用，同时在旧的线路改造方面也减少了不必要的花费。在改造之后共节约了 3000 万元，其中防腐成本 200 万元、改造费用 1000 万元、线路改造费用 1000 万元、安全事故费用 500 万元，其他费用 300 万元。在一定程度上节约了企业的经营成本，进而增加了企业的利润，使企业的竞争力不断加强。同时，也减少了企业安全事故的发生，对事故发生能够实现很好的预警，进而起到防范风险的作用，在一定程度上也促进了企业的持续积极发展。

（2）对安全智慧综合管控平台实施效果的分析。

J 企业智慧综合管控平台建立后，能够快速准确地捕捉周围的情况以及管线设施的运行状况是否良好及其运行状态等。同时，燃气安全智慧综合管控平台具有大量信息数据可视化、远程实时控制和操作、可视电话会议和气源智能化调度等多个功能。

同时，在 T 市 X 区进行监测的智能管理系统查出了 40 多次安全隐患，其中 10 次跑气漏气的问题是有关工作人员通过这个平台得到提示，然后相关的工作人员通过人工指令或者网络路由等在各个节点上进行操作，通过远程控制的方法来关闭阀门，以此阻止了安全事故的发生。倘若燃气安全事故现场混乱，相关人员不能及时赶到现场，可以通过这个平台的可视电话会议功能来进行远程指导，进而阻止事故的发生。

这样，既提高了工作效率，也节约了人力、物力和财力。同时，这种平台的建立有利于J企业建立一个较为健全的工作机制，并且实现了共享实时服务，从而促进企业更好地向前发展。

第四节　本章小结

合规风险管理是企业全面风险管理的重要组成部分。本章论述了合规管理的主要内容以及合规管理的重点和机制，明确了企业合规管理的重要性。企业面对日益复杂多变的内外部发展环境，做好合规管理，将企业合规风险的识别以及日常预警机制的建立协同落地。

企业同步强化合规管理是其稳健行远的必然要求。企业要适应合规管理的发展趋势，坚持高质量发展理念，打破合规管理资源局限，增强合规组织机构，完善合规管理制度，理顺合规管理流程，营造良好文化氛围，全面强化合规风险防控。为此，需要建立一套设计科学、运行有效、保障充分的合规管理体系，实现合规管理与业务发展紧密结合，落实企业的合规责任，落实企业的岗位职责。同时，实现企业合规管理制度与业务流程的有效衔接，合规体系与现有体系有机融合，提升合规经营理念，为企业的可持续发展提供保障。

在企业建立合规管理的过程中，应从经营范围、组织结构和业务规模等实际出发，做到突出重点，全员合规，兼顾成本与收益，强化合规管理的可操作性，强化责任，业规同管，协同联动，提高合规管理的有效性。

同时，企业应随着内外部环境的变化，持续调整和改进合规管理体系。以此为基础，实现合规管理在企业层面的全面覆盖，讲求实效，持续改进。基于风险管理存在的问题，坚持与智能化科技赋能协同，健全合规机构和合规队伍、建立全面的风险监控系统、建立完备的合规绩效考核、开展合规文化教育等。

本章参考文献

[1] 陈瑞华．企业有效合规整改的基本思路［J］．政法论坛，2022，40（1）：87－103.

[2] 祝宁波，王镭．企业农业海外投资合规风险识别：挑战与解决［J］．华东理工大学学报（社会科学版），2022，37（2）：105－119.

［3］ 韦影，宗小云．企业适应数字化转型研究框架［J］．科技进步与对策，2021，38（11）：152-160.

［4］ 李辉，梁丹丹．企业数字化转型的机制、路径与对策［J］．贵州社会科学，2020（10）：120-125.

［5］ 甄杰，谢宗晓，林润辉．治理机制、制度化与企业信息安全绩效［J］．工业工程与管理，2018，23（3）：171-176.

［6］ 杨斌．新形势下国有企业合规管理体系建设研究［J］．江西师范大学学报（哲学社会科学版），2020，53（4）：96-102.

［7］ 刘明霞，申驰．网络信息传播与电商企业的声誉管理［J］．经济与管理，2015，29（2）：41-46.

［8］ 吕耀怀，Paula Andrea Aravena. 论大数据背景下金融合规管理中的隐私问题及其伦理对策［J］．财经理论与实践，2021，42（1）：2-9.

第七章 十大风控合规工具之内部控制

企业完善基于制衡思维的内部控制，精益化推动企业管理，实现企业可持续性的降本增效，已成为企业在生存和竞争中求发展的重要因素。内部控制一方面能够规范企业的经营管理活动，提高企业的经营效率，另一方面能够改善企业的管理，提高企业集约化管控效果，从而实现企业的可持续经营。因此，企业内部控制规范体系的建设与实施，对深化企业改革、提升企业抗风险能力和可持续发展能力意义重大。通过内部控制理论，结合内控监督评价全覆盖工作方案，将企业内部控制与智能化科技赋能融合，可以实现内部控制的智能化转型。

第一节 以制衡思维建设制度的内控知识

一、内部控制的内涵

内部控制的逻辑就是系统的制衡思维。通过企业的建章立制，在制度引领之下，编制修订企业内控流程，使企业形成不同职责机构和人员互相制约、互相协同、防错纠偏的一体化运营系统。

内部控制的四大核心理念体现在：内部控制是企业经营的“稳定器”；风险管理是内部控制的核心；内控的最高境界是“消灭文本制度”，形成“闭环在线”管理，确保有效执行；内控发挥作用的根本动力是“软控制”。因此，企业通过内部控制系统，可形成一揽子政策制定、流程执行、流程监控、流程审计的协同。

（一）内部控制的三大特征与缺陷分类

就内部控制的基本原理而言，其解决的是股东会、董事会、企业管理层三者之间的关系。首先，企业股东会和董事会之间，履行的是股东会对董事会的受托治理责任。其次，企业董事会和管理层之间，解决的是董事会对企业管理层的授权，行使的是受托管理权力。两层决策的出发点不同，各自责任不同。为解决好企业的内部控制问题，就需要落实好上述三者之间的分授权系统和制衡系统，并借助流程管控方式，确保企业所有权和管理权的有效行使，实现企业的运营正常化。

根据《企业内部控制基本规范》的定义，内部控制是由企业董事会、监事会、经理层和全体员工实施的旨在实现控制目标的过程。因此，内部控制是企业团队作业，是全员的责任，内控体系建设的过程是自上而下，层层推进，再自下而上，优化迭代的过程。在这个过程中，体现了三个层次的协同和制衡。其中，第一层次是股东会对董事会的受托治理、董事会对经理层的受托管理的协同。也就是企业的股东会、董事会、管理层。第二层次是企业的各个业务和后勤类部门，以及风险管理部门。第三层次是审计委员会以及内部审计部门。

内部控制是为了实现企业内控目标而特别设计和执行的管理机制，企业通过内部流程的设计与优化体现企业的制度管理，通过内部流程的约束实现对全体员工的有效管理。内部控制一般具有以下特征。

第一，**全面性**。内部控制的控制范围涉及企业所组织的一切业务活动，除了要对企业财务、采购生产、营运销售和人力资源等制度设置的执行情况进行风险识别和控制，还要通过多维度的分析与研究，发现流程中的问题并提出整改意见和针对性的改善措施。

第二，**持续性**。内部控制的运行实施不是阶段性和临时性的，需要对企业中各种管理职能和业务流程定期或不定期地开展控制和检查。

第三，**关联性**。企业的任何内部控制都是相互关联的和相互影响的，控制行为之间往往会出现此消彼长的现象，目的是加强整体控制的有效性。

按照内部控制的运作要求，企业需要对内控缺陷进行认定。从内控缺陷的分类来说，按缺陷所处的阶段划分，一般可分为设计缺陷和运行缺陷。**设计缺陷**是指缺少为实现控制目标所必需的控制，或现存控制设计不适当，即使正常运行也难以实现控制目标。**运行缺陷**是指现存设计完好的控制没有按设计意图运行，或执行者没有获得必要授权或缺乏胜任能力以有效地实施控制。

内部控制的缺陷按缺陷的性质严重度划分，一般可以分为重大缺陷、重要缺陷、一般缺陷。**重大缺陷**是指一个或多个一般缺陷的组合，可能严重影响内部整体控制的有效性，进而导致企业无法及时防范或发现严重偏离整体控制目标的情形。**重要缺陷**是指一个或多个一般缺陷的组合，其严重程度低于重大缺陷，但导致企业无法及时防范或发现偏离整体控制目标的严重程度依然重大，须引起企业管理层关注。**一般缺陷**是指除重大缺陷、重要缺陷之外的其他缺陷。因此，在企业内部控制执行之前，制度规范需要提前确定重大缺陷、重要缺陷和一般缺陷的具体认定标准。

（二）内部控制目标的五个方面与五大实施原则

企业内部控制的总体目标是按照设定的时间节点，建立符合企业实际的、满足相关法律法规要求的内部控制体系，保证企业经营管理合法合规、资产安全、财务报告及相关信息真实完整，提高经营效率和效果，促进企业实现发展战略。

企业按照既定时间节点，推动内部控制执行达成既定目标，实施内部控制的具体目标涉及五大方面。

第一，保证企业经营管理的合法合规，确保国家法律法规和企业的管理标准得到贯彻执行。

第二，建立健全符合现代企业标准要求的法人治理结构，形成科学合理的决策机制，同时保证企业资产的安全、完整及有效使用，通过制衡方式形成制约，不因个人的过错或个人的舞弊造成资产损失。

第三，合理保证企业财务报告及相关信息的真实性、及时性和完整性，包括编制和提供真实、可靠的财务报告，从而真实反映企业经营和管理状况，保证财务报表真实可信。

第四，明确各部门、各岗位的职责，规范业务流程，提升整体管理水平，提高经营活动的效率和效果，实现发展战略和经营目标。在这个过程中，企业需要通过对业务流程的梳理、优化，合理控制关键点，去掉不必要的冗余控制。

第五，促进企业实施发展战略，将战略实施视为机会与风险并存。确保建立针对各项重大风险的应对预案，预防和控制各种错误和弊端，及时采取有效纠正措施，避免或减少风险事件给企业带来的损失。同时企业应系统加强风险管理工作，逐步建立和完善适合企业特点的风险管控体系，实现企业对重大风险的系统化管理。

此外，企业可以借鉴国内外有关内部控制的先进理念与实践，规划企业内部控制未来的发展方向，为实现企业的可持续发展指明方向。

因此，内部控制的目标是合理保证企业经营管理合法合规、资产安全、财务报告及相关信息真实完整，提高经营效率和效果，促进企业实现发展战略。同时，将管理制度化、制度流程化、流程信息化，确保内控目标实现，使之成为经营管理的重要抓手。如图 7-1 所示。

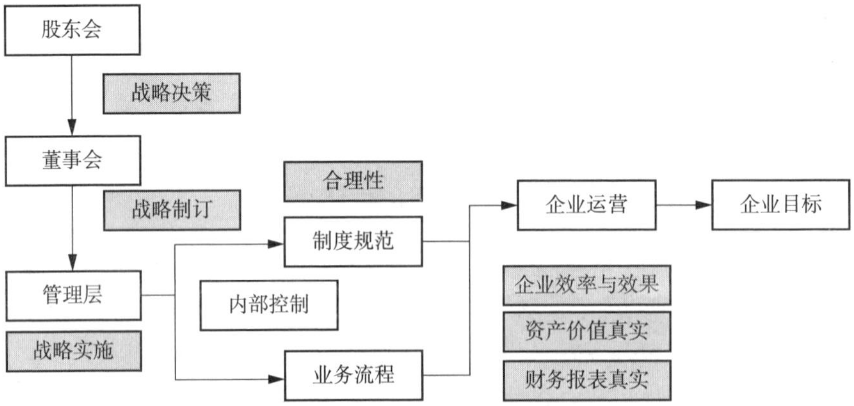

图 7-1　内部控制的实现路径

企业建立和实施内部控制，需要遵循全面性、重要性、制衡性、适应性和成本效益等五个原则，具体内容如下。

一是内部控制的体系应当覆盖企业各项业务活动和职能事项，贯穿于企业决策、执行和反馈过程之中；二是内部控制重点关注重要业务事项和高风险领域；三是在业务流程、组织架构设置和治理结构等方面，既协同配合又相互制衡和制约；四是建立和实施内部控制流程时应与企业所处竞争环境、经营现状、业务范围、风险管控水平等相适应，并根据实际情况予以调整；五是权衡比较实施内部控制成本与所期望获得的效益，最终目的是以适当的成本实现有效控制。

二、内部控制的整体框架与五大要素

（一）内部控制落地的整体框架

企业实施内部控制应做好框架性设计，并就框架进行系统模块化分解。企业的发展涉及两个层面，具体如下。

第一个层面是企业内生式增长的日常经营行为，包括关键业务流程的确认和分解。因此，就涉及的关键业务流程而言，主要包括货币资金管理、销售与收款、采购与付款、固定资产管理、人力与薪酬管理、存货管理等。

第二个层面是企业外延式并购的资本运作和特殊业务行为，包括企业对外的股权投资、兼并重组、重大资本支出、企业股权和管理架构优化、企业数字化引领的信息系统转型等。

为达成上述两个层面的内部控制目标，2008 年 5 月五部委联合发布了《企业内部控制基本规范》。根据《企业内部控制基本规范》及其指引中的内容，内部控制规范体系的整体框架如图 7-2 所示。2010 年 4 月，五部委又联合颁布了《企业内部控制配套指引》，如表 7-1 所示。

按照上述基本规范和指引规定，企业内部控制体系包括基本规范和基本指引两个层次，基本指引又分为应用指引、评价指引和审计指引三个类型。

其中，应用指引是对企业按照内部控制原则和内部控制五要素建立健全内部控制所提供的指引，在配套指引乃至整个内部控制规范体系中占据主体地位，主要分为内控环境、控制活动和控制手段。

企业在推动有效的内部控制落地执行时，需要系统采取妥善的方式，首先洞察企业的整体情况，然后进行梳理优化并确认流程，同时进行风险识别与排序，确认相应的控制措施，最后持续推进监督评价。在这个过程中，要将五部委颁布的有关规范和指引进行系统融合。

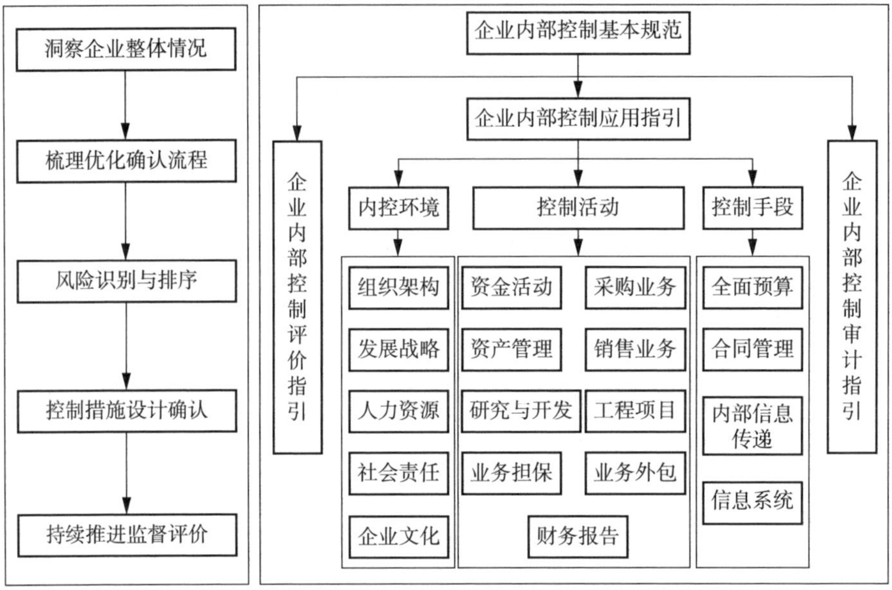

图 7-2　内部控制规范体系的整体架构

表 7-1　企业内部控制配套指引

内容	《企业内部控制配套指引》
颁布时间	2010 年 4 月
颁布程序	财政部、证监会、审计署、银监会、保监会五部委
立法依据	《中华人民共和国企业法》
	《中华人民共和国证券法》
	《中华人民共和国会计法》
适用范围	中国境内设立的大中型企业
内控体系	适合的公认控制标准
管理层责任	内控设计/评价/测试/披露
报告内容	内部控制评价报告——管理层 管理层内部控制审计报告——会计师事务所（CPA/CIA）
缺陷认定	设计缺陷、运行缺陷
监管单位	中国证监会

企业目标是一个相互联系、相互依存的目标体系，从层次上可分为企业层面目标和业务层面目标。企业层面目标可分为社会目标、管理目标、经营

目标、财务目标、遵循目标和其他目标等，是业务层面目标的提炼和汇总。业务层面目标根据具体业务流程确定，是企业层面目标的细化和分解。

（二）内部控制的五大要素

内部控制系统包括控制环境、风险评估、控制活动、信息与沟通、监督五大要素。

1. 控制环境

控制环境是企业实施内部控制的基础，是有效实施内部控制的保障，直接影响着企业内部控制的贯彻执行、经营目标及整体战略目标的实现。控制环境确定了企业的总体态度，是内部控制所有其他组成要素的基础。

在所有内部控制要素中，控制环境是实施内部控制的前置要素，是其他几个要素的构成基础，由企业的使命、组织架构、规章制度、文化、管理层管理风格等因素构成。

2. 风险评估

风险评估是企业及时识别、系统分析经营活动中与实现内部控制目标相关的风险，合理确定风险应对策略。风险评估是企业实施内部控制，特别是建立和执行控制活动的前提。这是由于每个企业都面临着来自内部和外部的不同风险，这些风险的大小和对企业危害程度的高低，都需要加以识别和评估。

3. 控制活动

控制活动是根据风险评估结果，采用相应的控制措施，将风险控制在可承受度之内。控制活动有助于采取必要的措施及行动进行风险管理和保证总体目标的实现，它贯穿于所有职能部门，一般包括批准、授权、查证、报告、核对、审核、内部审计、重大风险预警、企业法律顾问、经营业绩评价、资产保全措施和职责分工等内容。

控制活动是企业对风险识别和评估的结果，即运用一定的控制措施将风险控制在可承受范围之内。控制措施从不同分类角度一般分为人工控制与自动控制、预防性控制与发现性控制等类别。

4. 信息与沟通

信息与沟通是企业及时、准确地收集、传递与内部控制相关的信息，确保信息在企业内部与外部之间进行有效沟通。

畅通的沟通渠道和机制可使管理层和员工及时获得在企业经营管理过程中所需的信息。建立符合发展战略并与经营管理活动一体化的信息系统，可为内部控制提供足够的信息资源和顺畅的沟通渠道。

5. 内部监督

内部监督是企业对内部控制建立与实施情况进行监督检查，评价内部控制的有效性，发现内部控制缺陷应当及时加以改进。

内部监督可以通过持续监督、独立评估或两者并用来实现这个过程。应以重大风险、重大事件和重大决策、重要管理及业务流程为重点，对内部控制体系的有效性实施监督。

COSO 内部控制整体框架如图 7-3 所示。

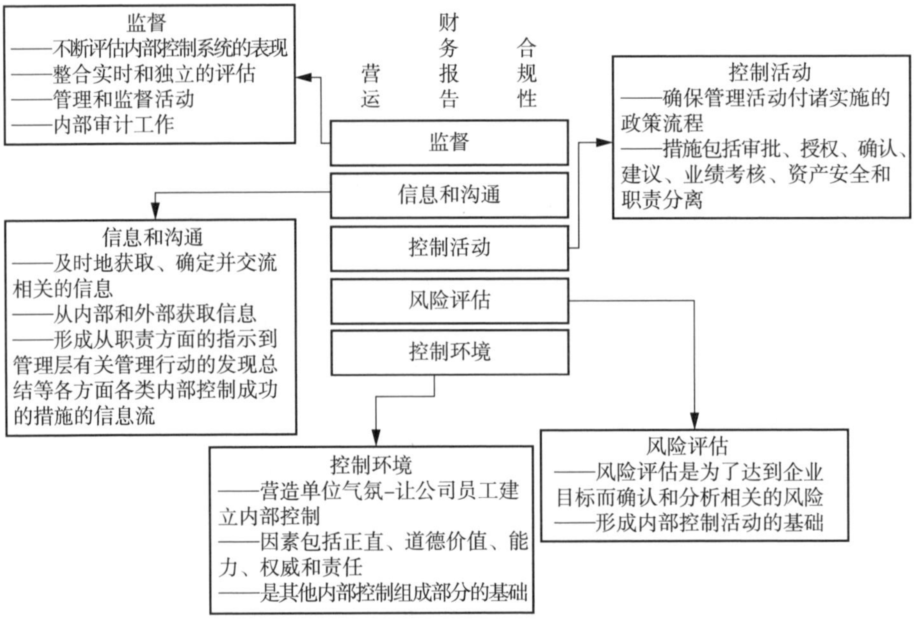

图 7-3　COSO 内部控制整体架构

三、内部控制制衡思维的流程管控

（一）内部控制五大要素的总体运营模式

企业结合对风险的评估，系统设计内部控制的制度和流程，通过制度规范的提前预防，系统做好预防性控制、发现性控制的协同。做好相关控制手段的结合，运用相应的控制措施，推动企业经营行为的常态化运营，并将风险防控融合在常态化运营过程中，形成有机的协同。

为达成有机协同的目标，企业的控制措施一般包括不相容职务分离控制、授权审批控制、会计系统控制、财产保护控制、预算控制、运营分析控制和绩效考评控制等。

企业常规需要结合发展战略，细化分解内部控制子目标，结合风险管理制定的风险应对策略，综合运用内部控制的相关措施。在应用相关内控措施的过程中，需要结合企业经营业务和事项，做好总体和细节的协同控制。

与此同时，为实现总体运营的顶层规划和执行力效果的协同，企业在风险管理的基础上，应做好内控的预警与突发事件应急内控处理的协同、风险管理的要求协同、事前总结经验和事前预判协同，形成风险预警的量化标准与风险管理的事中应对和事后补救的内控系统建设。以此为目标，做好规范处置程序，确保突发事件得到及时妥善处理。

（二）内部控制五大要素的七个控制措施

1. 不相容职务分离控制

不相容职务分离控制要求企业全面系统地分析、梳理业务流程中所涉及的不相容职务，实施相应的分离措施，形成各司其职、各负其责、相互制约的工作机制。

不相容职务分离是内部控制基本的控制手段。一般应当加以分离的不相容职务有授权审批职务与执行业务职务、执行业务职务与监督审核职务、执行业务职务与相应的记录职务、财物保管职务与相应的记录职务、授权批准职务与监督检查职务等。

2. 授权审批控制

授权审批控制要求企业根据常规授权和特别授权的规定，明确各岗位办理业务和事项的权限范围、审批程序和相应责任。

企业常规需要编制授权的权限指引，民营企业一般为核决权限表。核决权限特别需要明确授权的范围、权限、程序和责任，严格控制特别授权。

常规授权是指企业在日常经营管理活动中按照既定的职责和程序进行的授权。企业各级人员应当在授权范围内行使职权和承担责任。对于重大的业务工作，实行集体决策审批或者联签标准，任何个人不得单独进行决策或者擅自改变集体决策。

3. 会计系统控制

会计系统控制要求企业严格执行国家统一的会计准则管理标准，加强会计基础工作，明确会计凭证、会计账簿和财务会计报告的处理程序，保证会计资料真实完整。

企业应当依法设置会计机构，配备会计从业人员。从事会计工作的人员，必须具备从事会计工作所需要的专业能力。会计机构负责人应当具备会计师以上专业技术职务资格。

4. 财产保护控制

企业的财产保护控制要求企业建立财产日常管理标准和定期清查标准，采取财产记录、实物保管、定期盘点、账实核对等措施，确保财产安全。为此，企业应当严格限制未经授权的人员接触和处置财产。

5. 预算控制

预算控制要求企业实施全面预算管理标准，明确各责任单位在预算管理中的职责权限，规范预算的编制、审定、下达和执行程序，强化预算约束。

6. 运营分析控制

运营分析控制要求企业建立运营情况分析标准，管理层应当综合运用生产、购销、投资、筹资、财务等方面的信息，通过因素分析、对比分析、趋势分析等，定期开展运营情况分析，发现存在的问题，及时查明原因并加以改进。

7. 绩效考评控制

绩效考评控制要求企业建立和实施绩效考评标准，科学设置考核指标体系，对企业内部各责任单位和全体员工的业绩进行定期考核和客观评价，将考评结果作为确定员工薪酬以及职务晋升、评优、降级、调岗、辞退等的依据。

第二节　以制衡思维建设流程的制衡模式

一、制度设计制衡的常用控制手段

（一）不相容职务分离岗位设置的原则与要求

从不相容岗位设置的制衡思路而言，企业从根本的规范要求出发，需要结合实际情况进行系统、全面的分析，系统梳理业务流程中各个节点的不相容职务。针对性做好不相容岗位的隔离，可以兼任的岗位提前明确，推动企业经济高效运行，形成企业不同部门和不同岗位各司其职、各负其责、相互制约、有效运行的工作机制。

企业在相关的控制措施上，应按照不相容职务分离的要求，系统推动部门各个岗位的设计。

1. 财务系统内部制衡的原则与要求

（1）财务部门的出纳职务不兼任任何其他直接确认收入、确认支出、确认费用的核算岗位。财务部门的出纳是唯一可以办理货币资金收支业务，包括收付现金和接收、开出银行支票的岗位人员。

（2）财务部门的出纳不兼任涉及债权债务往来的核算岗位；财务部门的货币资金业务岗位的出纳，以登记现金和银行存款日记账为主要职责，但不参与总账和债权债务往来明细账的登记。财务部门的出纳岗位人员不负责汇总记账凭证、对账单。

（3）财务部门的出纳不兼任审核与稽核岗位；出纳与核对职务分离，库存现金由专人进行盘点；银行存款由专人及时对账，而收受银行对账单、编制银行存款余额调节表的工作，由财务部门出纳、现金账、银行存款账之外的岗位人员负责。

（4）财务部门会计档案的保管与审核不由同一岗位人员兼任。

（5）财务部门会计核算与相应的审核检查不由同一岗位人员兼任。

（6）财务部门明细账总账登记与复核职务不由同一岗位人员兼任。

（7）财务部门的财务软件、记账、复核、电算化档案，不由同一岗位人员兼任。

（8）财务部门的付款经办与财务审批不由同一岗位人员兼任。

（9）财务部门签发支票时，需要财务专用章、财务负责人章或企业负责人章同时盖印才能有效。支票印签章不由同一岗位同一人员保管。

2. 业务系统内部制衡的原则与要求

（1）采购类部门针对采购与付款业务的岗位设置。采购的供应商资质确认与询价环节、采购环节的请购与审批环节、询价环节与确定供应商环节、采购合同订立环节与审批环节、采购执行环节和采购货物的验收环节，分别由不同人员负责。

（2）采购类部门针对采购的具体实际执行层面。采购执行环节与采购会计记录环节、付款审批环节与付款执行环节，分别由不同人员负责。

（3）货物管理相关的环节岗位。在存货岗位与仓储业务岗位设置上，存货的保管环节、收发环节与采购环节、销售环节与账务处理环节需要由不同岗位人员分别负责。

（4）货物的申请领用、领用审批、实际发放这些环节与财务记账环节，都需要独立的岗位负责，财产物资的保管岗位与稽查岗位需要由不同岗位人员分别负责。

（5）人力资源的工资薪酬和社保基金类业务。人力资源考勤记录确定、薪酬计算汇总类工作由人力资源部门负责，薪酬确认的人力资源部与薪酬发放和实际记账的财务部门需分别独立执行。

（6）企业投资岗位与筹资岗位的设置。企业筹资层面的计划编制环节与审批环节、经办环节与会计记录环节、会计记录环节与收付款环节、资金理财操作环节与审批环节，均需要由不同岗位的不同人员负责。

（7）企业投资岗位投资预算的编制环节与审批环节、投资项目的分析论证环节与评估环节、投资的决策环节与执行环节、投资处置的审批环节与执行环节、投资业务的执行环节与会计记录环节，需要由不同岗位的不同人员负责。

（8）企业战略目标与年度目标的制定环节与实际执行环节。企业总体战略和各个系统的子战略目标制定，及相关层面的目标执行负责人的确定，由不同岗位的不同人员负责。

（二）授权审批分权核决权限的角度与细节

（1）从内部控制规范的角度，企业需要根据常规的企业和财务两个层面的核决权限，以及特别的项目核决权限授权的规定，明确各岗位办理业务和事项的权限范围、资金支付体量和力度、审批程序，以此来明确相应责任。

第一，企业需要编制并优化核决权限表，规范规定签字标准和流程，就不同职级人员授权的范围、权限、程序和责任等，按照定性与定量原则，分别编制企业核决权限与财务核决权限，协同控制好企业分授权。第二，企业对于各项业务和事项，应按照企业经营类业务做好分授权的决策审批、联签机制，这些签批模式均需要按照核决权限严格实施，提升企业管控效率。

（2）从内部控制的有效控制措施角度，企业需从规范管理角度做好制度规范和流程程序的确定。

第一，企业规范日常的经营管理，健全内部控制和约束机制，积极推进以企业核决权限为代表的授权管理体系的建设，形成系统性、规范性的制度规范、业务流程协同的业务体系。第二，企业授权需要按照管理架构，尤其需要依据各项法律法规和相关的监管规定，结合企业章程、行业主管部门有关要求，做好“企业总体把关与企业架构不同业务板块协同”的管控架构体系，做好管理架构的分类授权。第三，企业编制和修订的核决权限表，须明确日常监管、年度检查以及被授权人定期报告执行授权情况的事项，并做相关制度建设的说明。涉及授权层面的，严禁超越授权权限或未经授权明确事项的行为，被授权人须接受监督与检查。第四，企业内部控制需要确定决策机构的权限职责，对于重大事项根据事项类别由相关决策机构进行集体决策或审批。

二、会计系统及财产保护内部控制的细节

（一）会计系统控制制衡的细节

1. 从内部控制对会计管理规范要求的角度

（1）企业财务系统需要严格执行国家统一的会计准则，加强会计基础工作，明确会计凭证、会计账簿和财务会计报告的处理程序，保证会计资料真实完整。

（2）企业财务系统需要按照规范要求设置会计机构，配备会计从业人员。

2. 从做好内部控制相关控制措施的角度

（1）企业的会计核算内部控制措施，除执行国家统一的会计准则和设置会计机构、配备会计人员之外，财务类工作岗位都需要做到职责清晰、互相牵制、流程规范、符合国家法律法规。

（2）企业的会计核算需要做到定期对账的内部控制，包括定期开展对账工作，对往来账款按对内和对外两种方式进行分步骤、分层次对账，并及时反馈对账结果。对账层面需要做到职责清晰、流程规范、符合国家法律法规。

（3）企业编制的财务报告包括专项财务报告、内部财务报告、年度财务决算报告、统一制式对外财务报告等。

（4）企业的财务报告编制需要有明确的流程，各类财务报告均须由财务相关负责人进行审核。

（二）财产保护控制制衡的细节

企业财产保护是内部控制的重要领域，具体来说，企业需要建立财产日

常管理标准和定期清查机制，采取财产记录、实物保管、定期盘点、账实核对等措施，限制未经授权人员接触和未经授权处置企业财产。

企业财产保护的有效控制措施包括如下几个类型。

（1）企业在货币资金的管理上，需要规范企业对银行账户的管理，强化资金监管，保证企业货币资金安全。

（2）企业需要加强对现金的管理，尤其要规范现金的使用开支范围，保证资金安全；还需要规范企业财务印鉴的刻制、保管及使用等行为，妥善管理使用企业空白支票、收据等重要空白单证，确保企业资金安全。

（3）企业需要结合实际情况，就资金管理做好制度规范，履行有效的管理标准，防范财务风险。

（4）在固定资产管理上，企业需要健全企业固定资产管理办法，严格按照企业制定的固定资产管理标准进行。建立固定资产管理系统，加强对固定资产的盘点与清查工作，实时做到固定资产账物相符。

（5）企业在对固定资产的利用上，需要在提高固定资产的完好性、安全性的同时，提升固定资产的利用效果，挖掘固定资产潜力，不断改进固定资产利用情况，提高固定资金使用的经济效益。

（6）企业需要建立固定资产处置流程，规范固定资产的处置程序，保证物资处置能按计划、按程序有效实施。明确各相关岗位在固定资产管理工作中的职责权限，限制未经授权的人员接触和未经授权处置企业固定资产。

三、过程内部控制的系统闭环手段

（一）预算及分析内部控制过程的细节

（1）企业在全面预算的规范要求上，需要实施全面预算管理标准，明确各责任单位在预算管理中的职责权限，规范预算的编制、审定、下达和执行程序，强化预算约束。

（2）企业在全面预算控制措施的落实上，要实施全面预算管理，由各部门及权属单位根据年度生产经营目标，编制部门、单位费用预算及专项预算，财务管理部按规定汇总预算，经总经理办公会、董事会、股东会逐级审批确定。

（3）企业在全面预算执行上，财务部门作为承办部门，需要定期对预算执行情况进行分析，并告知各部门及权属单位预算执行情况，对各部门预算执行结果进行考核。

（4）企业在对运营进行财务分析和规范时，需要建立运营情况分析机制，运用综合信息和多种合理有效的分析方法，定期开展运营情况分析，发现存在的问题，及时查明原因并加以改进。

（5）企业在运营分析控制预算的比对落实上，财务部门与经营计划类部门协同，按每月、每季、半年、年度等不同区间段，对各部门系统开展经营活动分析工作，报送月度、季度经营分析报告，召开经营计划部月度、季度、半年、年度经营活动分析会，做好分析总结。

（6）企业按照内部考核口径，编制内部统计的考核类报表和管理类报表，各类统计报表可作为基础性资料，用于分析企业的实际运营情况。

（二）企业绩效及应急内部控制过程的细节

（1）就企业的绩效考评规范来说，企业需要建立和实施绩效考评机制，科学设置考核指标体系，对企业内部各责任单位和全体员工的业绩进行定期考核，采取妥善方式做好客观评价，将考评结果作为制定企业员工薪酬以及奖惩方案的实际可以参照的依据。

（2）在重大风险预警和突发事件应急处理层面，企业需要建立重大风险预警机制和突发事件应急处理机制，明确风险预警标准。

（3）企业对可能发生的重大风险或突发事件，应制定应急预案，明确责任人员，规范处置程序，确保突发事件得到及时妥善处理。

（4）企业需要建立完善的突发事件应急处理机制，应急预案范围涵盖生产活动、企业日常运行等各个方面。

第三节　以闭环监督评价推动的内控常识

一、企业完成内部控制评价的法定规范类基本常识

（一）企业综合类内部控制的基本常识

（1）企业内部控制需要履行评价程序，这个程序的推动实施是按照《企业内部控制基本规范》及其配套指引要求执行的。

（2）企业需要履行内部控制评价自评工作，对内部控制建立健全与实施情况进行全面的检查，并就内部控制设计和运行中存在的缺陷进行认定。企

业还需要在此基础上，对内部控制建立的合理性、完整性及实施的有效性进行全面的评价。

（3）企业内部控制评价组织实施的总体计划，一般采取年度方式。年度内控评价统一组织、分级实施，采取企业自评与专项检查相结合的方式，明确评价范围、组织保障、工作要求等。

（4）企业审计委员会及内部审计部门可以在授权之下，对评价过程进行监督指导，对评价报告进行审核，但相关评价报告以及组织落实整改和完善内控体系文件需要编制并备案。

（5）企业内控评价业务范围：主要围绕内部环境、风险评估、控制活动、信息与沟通、内部监督等要素，评价内部控制设计的完整性、合理性以及内部控制执行的有效性。具体体现在以下五个方面。

第一，内部环境评价，主要是对治理结构、机构设置及权责分配、发展战略、人力资源、企业文化、社会责任等方面的评价。第二，风险评估评价，主要是对生产经营管理过程中的风险识别、风险分析、风险应对等方面的评价。第三，控制活动评价，主要是对各项业务流程及相关控制措施方面的评价，控制活动涉及的业务流程主要包括但不限于资金活动、采购业务、资产管理、销售业务、研究与开发、工程项目、担保业务、业务外包、财务报告、全面预算、合同管理、安全管理、法律事务、行政事务等。第四，信息与沟通评价，主要是对信息收集、处理与传递、信息系统控制、反舞弊机制等方面的评价。第五，内部监督评价，主要是对日常监督、内部审计、内部控制建设、缺陷改进等方面的评价。

（6）企业内控评价的程序涉及过程较系统，按时间段可以分为五个阶段。第一，企业相关部门开展风险评估和自我评价，识别和认定内控设计与执行缺陷，编制年度内控自我评价报告。第二，企业审计委员会及内审部门等有权机构组织专项检查，对重要业务流程设计、执行情况以及缺陷整改情况进行现场检查，提出改进意见。第三，企业组织落实内控缺陷整改。相关部门编制内控缺陷整改计划，明确改进措施、整改期限、责任部门及责任人，并对企业《内部控制管理手册》及相关内控及管理制度进行完善。第四，企业组织编写检查总结、分析与报告。针对企业评价发现的内控缺陷，进行汇总、分类，分析共性问题，提出改进方向和措施，形成年度内部控制评价检查报告。第五，企业内控缺陷整改。企业统一组织相关内控缺陷部门落实整改，对内控流程及管理标准进行修编和完善，实现内控体系的持续改进。

（7）企业内控评价可以综合运用访谈法、穿行测试法、实地查验法、抽样法及专题讨论法等，收集有效的评价证据，填写评价工作底稿，记录评价内容以及测试过程，分析内控缺陷，得出评价结论。

（8）企业内部控制缺陷的整改，涉及内控缺陷整改工作的统一组织，董事会及管理层就缺陷整改与反馈系统落实工作安排。具体涉及以下三个方面。

第一，制定缺陷整改计划。根据评价结果拟定切实可行的缺陷整改计划，落实责任部门，明确整改时限。根据缺陷的性质采取不同的改进措施，针对内控设计缺陷，在满足内控及企业管理规范要求的基础上，明晰权责、优化职能、完善制度、改进流程；针对内控执行缺陷，明确责任、增强措施、加强监督、闭环控制。第二，反馈缺陷整改结果。企业内控专业机构跟踪缺陷整改进度，反馈整改完成情况以及后续整改工作计划，企业内审等有权部门按照董事会布置，就缺陷整改结果进行逐项复查。第三，完善内控管理手册等相关内控文件。企业结合缺陷整改情况对内控体系文件进行修订，对新增的业务内容或缺失的制度、流程等进行补充，实现内控体系文件的迭代优化。

（二）企业人力资源类内部控制的基本常识

（1）企业内部控制管理部门的确定。责任部门负责建设企业内控体系、对企业活动进行内控管理、分析与评价企业内控三项业务事项。

第一，企业在建设内控体系过程中，需要做好内控体系建设、内控体系实施两个环节。包括内控体系建设前期调研，构建内控体系以及编制方案，并就业务进行审核且报相关部门备案。第二，在企业活动的内控管理中，主要包括企业活动内控管理环节，并就业务进行审核且报相关部门备案。第三，在企业分析与评价内控时，主要包括内控工作分析与评价两个环节，并就业务进行审核且报相关部门备案。

如表 7-2 所示。

表 7-2　内部控制管理

职能	业务事项	关键环节	责任部门
内控管理	建设企业内控体系	内控体系建设	企业办公室等相关部门
		企业内控体系实施	
	对企业活动进行内控管理	对企业活动进行内控管理	
	分析与评价企业内控	企业内控工作分析与评价	

（2）在企业人力资源类内部控制管理上，要认识到人是企业发展的源泉

和动力，具有双刃剑的作用，既制造风险，又实施内部控制。

（3）人力资源政策是影响企业内部环境的关键因素，良好的人力资源政策是增强企业活力的内在源泉，是提升企业核心竞争力的重要基础，是实现企业发展战略的根本动力。

（4）企业需要制定和实施有利于企业可持续发展的人力资源政策，政策一般需要包括聘用、培训、辞退、辞职的流程，企业员工薪酬、考核、晋升、奖惩的程序。对掌握重要商业秘密的员工离岗需要明确限制性规定，除此之外，企业还需要明确人力资源管理的其他相关政策。

（5）人力资源的控制目标体现在四个方面：保证建立科学、规范、公开、公平、公正的人力资源政策，调动员工的积极性、主动性和创造性；保证选拔和聘用的员工具备专业胜任能力；保证员工的职业道德修养和专业胜任能力不断提高；保证员工责、权、利的有机统一。

（6）人力资源的内部控制措施上，企业可以就人力资源的引进与开发做好人力资源发展战略。制定人力资源总体规划，规范工作流程，按照计划、标准和程序组织人力资源引进工作。

（7）人力资源规范和计划确定之后，企业根据人力资源能力框架要求，明确各岗位的职责权限和工作要求，采取适合企业的方式选聘优秀人才。主要考量个人的价值取向和责任意识。

（8）企业确定选聘人员后，一定做到依法签订用工合同。对于在技术、市场、管理等方面掌握或涉及企业知识产权、商业秘密等的工作岗位，应与该岗位员工签订岗位保密协议，明确其保密义务。

（9）企业建立选聘人员试用期和岗前培训机制，对试用人员进行严格考察，促进选聘员工全面了解岗位职责，掌握岗位基本技能，适应工作要求。试用期满考核合格后，方可正式上岗；试用期满考核不合格者，应当及时解除劳动关系。

（10）在人力资源的使用与退出的内部控制层面，企业应建立和完善人力资源的激励约束机制，设置科学的业绩考核指标体系，对各级管理人员和全体员工进行考核与评价，以此作为确定员工薪酬、晋升、降级、辞退等的重要依据，确保员工队伍处于持续优化状态。

（11）企业可以制定与业绩考核挂钩的薪酬标准，切实做到薪酬安排与员工贡献相协调，体现效率优先，兼顾公平，并形成相关岗位员工的有序持续流动。

（12）企业需要定期对人力资源计划执行情况进行评估，总结人力资源管理经验，分析存在的主要缺陷和不足，完善人力资源政策，增强整体团队的战斗力。

（13）企业需要做好相关支持证据和管控证据的衔接。做好相关支持证据链的管理，规避员工合同等基本材料的遗失等问题。企业要做好相关的人力资源发展规划、年度人力资源计划、员工招聘选拔标准及相关记录、岗位职责、劳动合同、员工培训开发机制及相关记录、员工绩效考核标准及相关记录、员工流动标准及相关记录、人力资源总结、定期报告及临时报告等证据链，有助于规避人力资源管控的风险。

二、企业完成内部控制评价的内部规范类基本常识

（一）企业完成内部控制评价的内部流程类基本常识

（1）企业做好内部控制评价工作，是企业实施内部控制的全流程循环的最后一步，在此基础上，企业推动内部控制体系的持续改进，提升内部控制管理水平。

（2）企业需要围绕发展战略和任务，推进内部控制评价工作的组织建设、队伍建设、制度建设、信息化建设。提升企业内部控制评价工作水平，充分发挥内部控制评价效果，增强企业风险防范能力。

（3）企业在推动监督评价的过程中，一般需要充分考虑评价对内部控制的正向作用，体现在以下三个方面。

第一，内控评价促进企业内控建设，持续提升内控体系有效性。通过内控监督检查评价，可以增强内控体系的科学性、系统性和有效性，实现企业内控体系的上下贯通、相互衔接、全面覆盖，切实提高经营效率和效果，促进企业实现发展战略。第二，内控评价促进企业改进内控，从而强化内控执行刚性约束。通过强化内控发现问题，针对企业内控体系自评价、内控审计发现以及外部审计、监督检查移交的内控缺陷和问题，逐项落实整改，不断优化内控体系，从而加强对薄弱环节的管控措施，促进提升企业内控执行能力，不断强化内控刚性约束。第三，内控评价促进企业治理完善，从而营造良好的内控环境。通过不断强化企业治理，提升企业依法合规经营意识，坚持用法治思维和法治方式深化改革、推动发展，大力倡导和弘扬人人守纪律、重程序、知畏惧、守底线的内控文化，营造尊重内控、支持内控、自觉接受

内控约束的良好内控环境。

(4) 企业董事会及审计与风险管理委员会领导内控监督评价工作。企业审计部负责内控监督评价工作的组织与开展，牵头进行内控监督评价工作。

(5) 企业内控评价业务范围包括内部环境、风险评估、控制活动、信息与沟通、内部监督等，企业应结合内控体系建设实际情况，按照全面性原则，围绕以上要素，对内部控制设计与运行情况进行全面自评价。

(6) 企业的内控监督评价需要围绕被评价企业的重点业务、关键环节、重要岗位，同时结合企业内控体系建设情况、企业风险评估、外部检查发现问题等综合确定评价业务范围。

(7) 在企业内部控制评价的过程中，在企业的管理层面，需要重点关注组织结构、发展战略、投资管理、企业文化、创新研发、担保业务、全面预算、人力资源、内部信息传递、信息系统管理等一揽子流程的编制和执行等；在企业的生产层面，需要重点关注货币资金、采购业务、资产管理、财务报告、合同管理、业务外包、销售业务、工程项目等一揽子流程的编制和执行等。

(8) 在企业现场评价工作的实施上，内部审计部门或相关有权部门，在董事长的授权下，可以召开启动会，对被评价项目和部门落实穿行测试和关键控制测试。程序包括召开启动会、资料收集、现场测试、过往缺陷整改跟踪检查、缺陷整改及方案编制。对检查发现的内控缺陷，如果对企业的目标实现造成影响，企业应按照制度认定的可能存在的缺陷等级，做好现场沟通确认工作。

(9) 在企业内控评价工作形成报告阶段，企业编制相关监督评价报告，并就缺陷发现和整改情况编制内部控制监督评价报告，履行企业核决权限表约定的审批程序后，按要求报送相关部门。

（二）企业完成内部控制评价的内部保障类基本常识

企业为保证内部控制评价工作的顺利进行，需要实施保障措施，包括进一步加强内控评价工作组织领导和队伍建设，持续完善内控评价制度，全面提升评价工作质量，切实加强内控缺陷整改工作力度和积极推进内控信息化建设。

(1) 加强内控评价工作组织领导和队伍建设。企业应持续强化组织领导体系建设，建立健全董事会或类似决策机构全面领导、内控职能部门主责推动、业务职能部门协同配合的内控建设和监督管理体制。进一步提高对内控评价工作重要性的认识，按照专业胜任能力配置内控人员，不断加强对内控评价人员业务能力的培训。

（2）持续完善内控评价制度。持续完善内部评价相关制度，落实企业各个部门的全面自评，提升监督评价覆盖率，完善内部控制缺陷认定标准等工作要求。

（3）全面提升评价工作质量。按照全面性和重要性相结合原则，结合生产经营实际情况，有针对性地设计内控评价指标。加强资源配置，切实提升内控评价人员的专业胜任能力，确保现场检查工作规范有序开展。持续完善内控评价标准，不断规范评价工作程序和方式方法。

（4）切实加强内控缺陷整改工作力度。建立内控缺陷整改台账，逐一部署整改方案，跟踪、验收整改情况，并在评价报告中予以客观、真实、准确反映。对认定为重大、重要缺陷的，应当及时采取应对策略，切实将风险控制在可承受度之内。

（5）同步推进内控信息化建设。探索内控体系与业务信息系统的互联互通和有机融合。优化管理流程，将经营管理业务流程和管控措施固化到信息系统，减少和消除人为因素。利用信息化手段获取业务评价数据，提高内部控制的效率和效果。

三、企业内控的缺陷认定与智能化转型的基本常识

（一）企业内控的缺陷认定的基本常识

（1）企业内部控制缺陷按照影响程度划分，一般分为重大缺陷、重要缺陷和一般缺陷三类。

第一，企业内控的重大缺陷可能导致企业严重偏离控制目标，可以是一个或多个重要缺陷的组合。在重要缺陷多重作用下可能形成一个重大缺陷。第二，企业内控的重要缺陷可能是多个一般缺陷的组合。在控制程序或控制规范上存在瑕疵，多个一般缺陷共同作用有可能形成一个重要缺陷。第三，企业内控的一般缺陷是指一个或多个控制缺陷的组合，其不影响控制目标实现。

（2）内控缺陷认定的“三定”原则包括财务报表的潜在错报涉及金额定量层面，内部控制缺失或不到位的影响程度的定性层面，财务报表缺陷出现

的时间和持续未能纠偏的时间段的定时间层面。

其中，企业财务报表缺陷的定性标准存在几个征兆。第一，企业董事会、管理层出现影响企业实际利润的舞弊，财务报告存在重大错报而企业内部控制系统在运行过程中未能发现，且企业审计委员会或相关内部审计机构监督无效。第二，企业尚未就内控制度建立反舞弊程序和控制措施；未依照公认会计准则选择和应用会计政策；对于特殊交易的账务处理没有建立相应的控制机制，或没有实施且没有相应的补偿性控制；对年度或期末的财务报告过程的控制无法合理保证财务报表真实、完整。第三，企业除上述重大缺陷、重要缺陷之外的其他财务报表错报的控制缺陷，统一归类至一般缺陷内。

企业财务报表缺陷的定时间标准，一般体现在企业出现缺陷事项时，无法及时发现，或内部监管机构无法及时在形成实质性问题之前发现。具体有以下几种情况。第一，出现了企业财务报表的实质性错报并导致了无法挽回的损失，时间超过一个完整年度。第二，出现了企业财务报表的实质性错报，时间超过或未超过一个完整年度。第三，尚未出现实质性错报之前，经过内控稽核程序有效发现问题并及时在错报之前完成整改。

具体评价参照表 7-3。

表 7-3 企业内部控制体系评价参照

缺陷性质	序号	名称	类别	业务领域	情况描述	整改安排
重大缺陷	1	投资管理制度设计重大漏洞	设计缺陷	投资管理	投资退出制度规范不健全、投资项目投后管理规定重大缺失	重要、紧急
重要缺陷	2	采购实施过程管理重要缺失	执行缺陷	采购业务	企业实际执行采购计划、采购方案、采购结果未做询比价工作，审批过程漏洞较大，采购程序不规范、采购计划与实际采购偏差较大，未执行供应商评价	重要、紧急
一般缺陷	3	无形资产管理制度不健全	设计缺陷	资产管理	无形资产管理制度不健全、归口管理部门及管理职责不明确	重要
	4	合同签订不规范	执行缺陷	合同管理	合同签订日期早于审批日期，出现合同实际履行早于合同签订日期，合同登记台账信息不完整缺少合同履行和变更，未对合同履行情况进行评估	紧急
	5	档案管理不规范	执行缺陷	档案管理	档案管理存在借阅、移交、归档、外借等记录不规范等问题	紧急

（二）企业内部控制智能化转型的基本常识

（1）传统内部控制的缺陷体现在，企业传递信息时存在滞后性和单向性，传统内部控制、业务活动和信息技术三者间不融合，不利于信息的交流传递。随着科技技术的发展，传统内控逐步向智能化转型，实现了内部执行动态化、信息传递网络化和内控流程与业务流程集成化的转变。

（2）传统内部控制、业务活动和信息技术三者之间比较孤立，相互融合度低。企业管理者普遍孤立地看待内部控制和信息技术。传统内控的转型调整方向为内控执行过程的滞后性向动态性转变，内控流程与业务流程的割裂化向集成化转变。

（3）在传统内部控制的智能化转型中，内控系统可以实现从设计到执行到反馈再到评价均嵌套在业务活动中，在执行业务流程环节时，各节点设置风险识别与预警机制，且各节点的预警机制可以相互印证与联动，同一风险导致的问题能够更集中地反馈和分析。

传统内控与智能财务内控的对比如表 7-4 所示。

表 7-4　传统内控与智能财务内控对比

项目	传统内控	智能财务内控
内部控制执行过程	滞后性	动态性：保持机动性与灵活性
信息传递方式	线性化	网络化：传递速度、信息可靠性、透明度提高
内控与业务流程的关系	割裂化	集成化：设计、执行、反馈、评价均嵌套于业务流程

（4）在传统内部控制的管理控制上，如果对内控节点管控不足，则业务流程缺乏关键风险控制点的审核，业务流程与内控流程之间缺乏衔接，导致人为可操纵的空间过大。

（5）智能化转型的内部控制可以高效地解决企业传统模式下的漏洞。业务流程数据通过数据中台及共享中心进行存储与审核，票证及税费的管理将外接税务系统，购销环节可借助底层数据的不可篡改性、可追溯性，实现合同及单据的标签化、标准化，从而难以对购销合同及往来款项造假。

（6）企业智能化转型的内部控制系统可以在采购、生产、研发、销售全流程设置关键控制点及关键指标阈值，通过趋势分析、敏感性分析、异常检测、对比分析等多维度监测，实现异常的预警触发机制，全流程通过权限的相互制衡实现透明化操作，让造假无处遁形。智能财务内控系统与业务流程融合架构如图 7-4 所示。

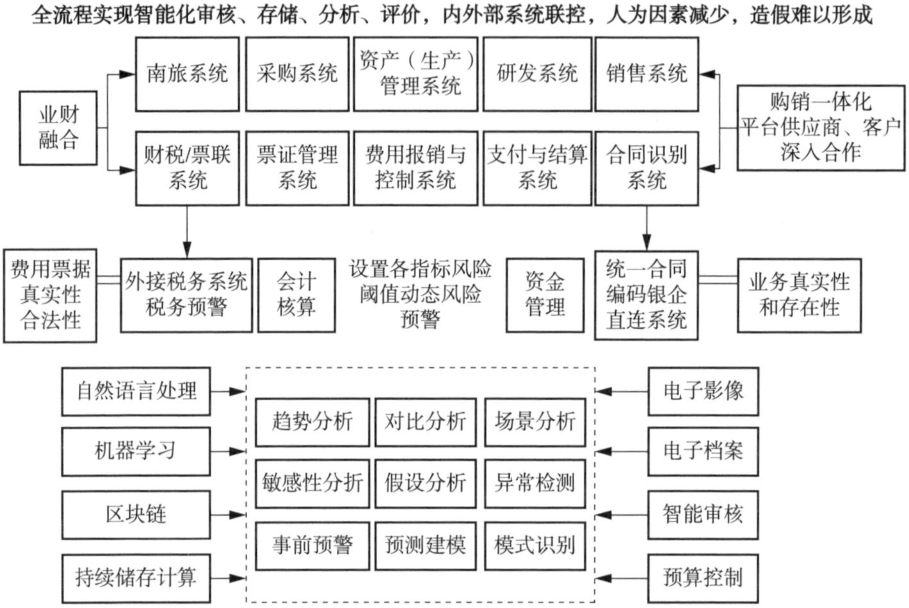

图 7-4　智能财务内控系统与业务流程融合架构

（7）内控系统的智能化转型已经是企业间经营管理竞争的关键和必然趋势，技术和信息赋能企业高质、高效地创造价值，对提升企业运营管理效率、智能化地支持管理决策有着革命性的意义。数字化转型还促进了内部控制系统的升级改造。健全完善卓有成效的内部控制系统，也为企业数字技术的应用落地提供安全、可靠的环境，从而促进数字化转型的推行。

（8）在数字化技术的辅助下，内部控制在时空范围上的限制大幅降低，控制执行的有效性极大提高，智能化模式本身具有的数据留痕、可溯源性、集成化、高精准性等特征，降低了人工操作带来的失误、造假等隐患。

（9）机器人流程自动化（RPA）在企业内部控制领域的应用也大有可为。RPA 可以依据一定的规则，被设计成自动定时从不同的系统、报表和图文中及时搜索获取信息，然后返回信息与企业内部数据交互比较分析，从而发现潜在的风险并实现风险控制。具体见图 7-5。

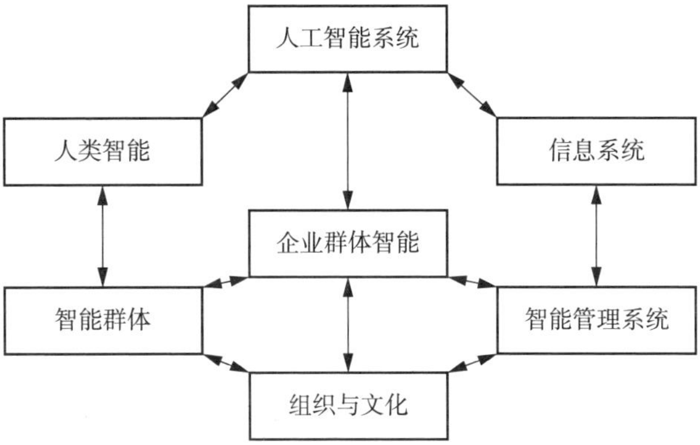

图 7-5　RPA 对企业内部控制管理的融合

第四节　本章小结

内部控制在提高企业的控制管理水平、提高企业经营效率和效果、促进企业发展战略的实现上起到了积极的作用。

内部控制的逻辑就是系统的制衡思维。内部控制系统应该包括控制环境、风险评估、控制活动、信息与沟通、监督五个要素，并遵循全面性、重要性、制衡性、适应性和成本效益等五个原则。企业的控制措施一般包括不相容职务分离控制、授权审批控制、会计系统控制、财产保护控制、预算控制、运营分析控制和绩效考评控制等。

内部控制是企业发展的稳定器，但传统企业内部控制存在内控执行滞后、信息传递单向线性化、与业务活动和信息技术的相互融合度低等弊端，影响了企业的内部管理和战略目标的实现。因此，企业为提高核心竞争力，势必要强化内部控制，以此推动传统内部控制向智能化内部控制转型。

企业通过智能化信息系统实时监控所有的实物资产，提高资产控制的效率和效果，同时降低相关部门获取信息的难度。通过使用共享模式，加快信息的发布和传递，提高信息传递效率，更好地将战略、财务和业务相融合，实现战略目标。通过使用风险、内控、合规一体化管理平台，降低流程执行中带来的风险，提高企业运营管理的效率。

本章参考文献

[1] 丁玮 . C 公司采购业务内部控制研究 [D]. 成都：西南财经大学，2020：12-14.

[2] 张学林 . 基于信息技术的企业内部控制策略研究 [D]. 南京：东南大学，2018：23-26.

[3] 刘祺祺 . K 汽车股份有限公司财务风险控制研究 [D]. 长春：长春工业大学，2021：36-37.

[4] 赵嚣 . 基于第三方合规管理的内控研究 [D]. 上海：上海财经大学，2020. 35-36.

[5] 陈曦 . 智能化时代的市场经济：创新、风险与规制 [J]. 人民论坛 · 学术前沿，2019（21）：6-14.

第八章
十大风控合规工具之内部审计

内部审计是企业治理机制中的最后一道防线。健全的内部审计机制有助于企业治理机制的完善。企业必须顺应市场要求、适应审计环境，开展有效的内部审计，充分了解、掌握市场走势，最大限度降低经营风险。内部审计能够锁定风险，提供确认与咨询服务，实现价值创造，最终提高企业经济效益，提升企业自身的综合竞争力。同时，随着数字技术的不断普及和深化应用，传统内部审计涉及的细节需要不断信息化和智能化，以满足企业战略业务发展与管理提升的要求。

第一节 内部审计的两大功能、三大职能与集成框架

一、内部审计的两大功能与九个分类

按照《中华人民共和国审计法实施条例》对审计的定义，审计是审计机关依法独立检查被审计单位的会计凭证、会计账簿、会计报表以及其他与财政收支、财务收支有关的资料和资产，监督财政收支、财务收支真实、合法和效益的行为。审的功能体现在审查、检查、监督、确认的行为，计的功能体现在记录、计算、记账、计量的结果。

按照审计主体的不同，审计可以分为国家审计、中介审计、内部审计三种。其中，内部审计人员由受聘于组织，为组织内部提供审计服务的人士组成。

内部审计通过系统化和规范化的方法，评价和改进风险管理、控制和治理程序的效果，帮助组织实现其目标。内部审计是对内部控制、风险管理与治理进行评价，确保组织正常运营，合理保证企业运营不偏离企业战略目标。

（一）内部审计的发展趋势与两大功能

按照现代企业的发展需求，企业内部审计呈现新的发展趋势，从合规性转为对企业的全面风险管理，同时也实现了从价值保护到价值创造的转变。

在内部审计的职能方面，重点从关注交易、资产保护，到控制纠正、流程改进、与管理层合作，最终变为实现风险和控制自我评估。

在内部审计的技术方面，其趋势由财务、合规性审计，逐渐变为舞弊防范、流程分析和最佳实务操作、风险咨询，最终为持续的风险管理。同时，相关风险的范围也由有限转为全面。内部审计职能逐渐集中化，技术发展更成熟，有利于企业内部审计系统的完善，促进企业持续发展。

按现代内部审计之父劳伦斯·索耶的意见，内部审计师的作用体现在内部咨询，相当于内部咨询师。他们不是内部其他各部门的冤家对头，是家中

的宾客，不仅要寻找那些或大或小的错误，而且要为改善业务活动提供指南；不是处分众人的事后诸葛，而是鞭策人们励精图治的咨询师。从本质而言，内部审计师与企业本身的利益一致，不仅需要关心事情是否做得恰当，而且还应该关心该做的事是否做了。

为确保内部审计工作的有效性，常规需要对内部审计机构的定位做事前明确。常规内部审计机构涉及几个层面的汇报工作和路径。

在企业董事会层面，针对内部审计工作提出管理要求，同时对企业主要负责人的经济责任审计工作提出指导意见。同时，董事会负责批准内部审计制度、年度审计计划、年度财务决算审计结果的报告等事项。董事会设立的审计与风险管理委员会，或相关职责的委员会，负责指导内部审计工作，并且监督内部审计工作质量。企业管理层办公会，一般负责对企业经营管理活动提出审计工作意见。企业的内部审计机构，则在董事会、总经理等相关负责人领导下开展内部审计工作，负责并报告工作。

因此，内部审计功能体现在两个方面：提供为企业组织增加价值和改善运营的确认服务、咨询服务。确认服务是内部审计的基础，咨询服务是内部审计的补充。

第一，内部审计的确认功能。确认服务是客观检查相关证据以向组织提供有关风险管理、内部控制和治理程序等方面的独立评价。可以认为是确认服务的业务类型包括财务审计、绩效审计、快速反应审计（专题审计）、系统安全审计以及审慎性调查。

第二，内部审计的咨询功能。咨询服务是提供建议及相关的客户服务活动，为组织增加价值并改进组织的治理、风险管理和控制过程，提高组织的运作效率。咨询服务的业务类型包括进行内部控制培训、为管理层提供关于新系统的控制建议、起草相关政策、参与质量管理小组等。

因此，内部审计向董事会、审计委员会及高级管理层提供其所需的信息并做出相应评价，完成“管理层的耳目”的任务。所以，确认是内部审计最根本、最基础的服务。在此基础上，再根据高管和各层次管理层改善自身状况的需求提供专业咨询服务，咨询服务是在确认服务之上的更高层次的内部审计服务需求。

（二）内部审计的目标与两类特性

内部审计是一种独立、客观的保证和咨询活动，目标是为组织增加价值和提高组织的运作效率。

内部审计如何为组织增加价值，取决于内部审计服务对象的需求。企业不同层面对内部审计的诉求体现在如下几个方面。

第一，被审的企业或相关单位，需要借助内部审计结论或改进意见，系统改进企业管理效率和效果。

第二，被审计单位的外部审计类中介审计机构，需要将内部审计的工作结果作为一种特别的内控，以对企业执行的中介审计做好支持服务。

第三，被审计单位的供应商和服务客户，需要针对内部审计的结果，提供企业内部治理可靠性和安全性的支持佐证。

第四，被审计单位管理层等层级人员，需要借助内部审计提出的内控瑕疵、业绩情况，识别改善企业的整体经营。

第五，被审计单位的股东会、董事会层级人员，需要借助内部审计工作成果，除了确认企业报表层面业绩的结论之外，还要确认企业管理层在绩效激励、客观因素等原因外的实际经营业绩，并借此确认数据可靠性、经营合规性、资产安全性、运营持续性。

为此，内部审计必须保持两类特性：独立性和客观性。

第一，**独立性**是指内部审计在执行判断时，应保持主观态度上的超然独立。体现在几个方面：审计机构应隶属于组织董事会或最高管理层，并获其指导监督和支持，审计机构负责人任免应通过董事会或最高管理层确认并对其负责，审计机构章程应由董事会或最高管理层批准，审计机构应向董事会或最高管理层提交审计报告及工作报告、计划，审计机构负责人有权参加董事会或最高管理层与审计工作相关的会议。

第二，**客观性**是指内部审计机构和人员需要保持公正、不偏不倚的精神态度。体现在几个方面：客观性是独立性的目的，独立性是保持客观性的必要条件。除了独立性以外，内审人员的客观性还受到内审人员职业道德、专业能力和利益冲突的影响。

（三）内部审计的业务分类

内部审计按照其业务可分为九个类型，分别为财务审计、经济责任审计、管理审计、效益审计、专项审计、合同审计、工程审计、调研咨询和鉴证服务，如图 8-1 所示。

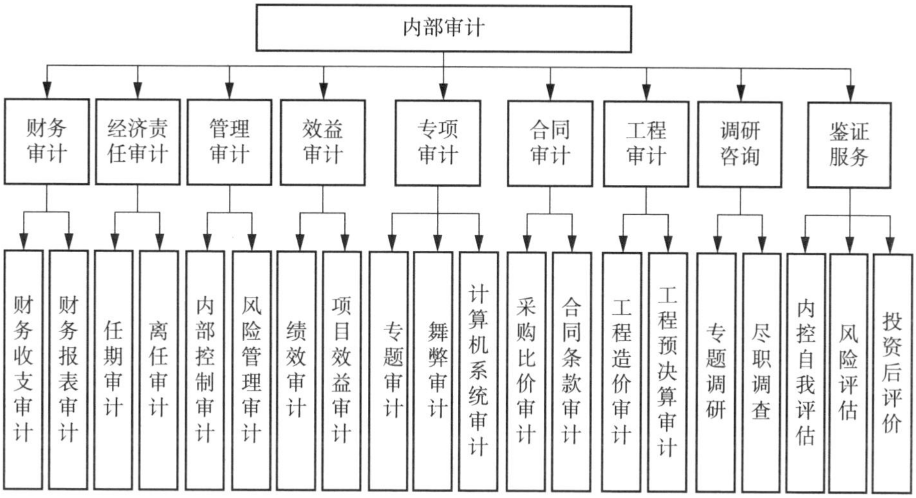

图 8-1　内部审计的业务分类

在此，重点阐述民营企业的经济责任审计。

（1）经济责任是指企业负责人在职期间，对其管辖范围内贯彻执行股东会、董事会确定的方针政策，落实企业管理层各项决策部署，推动企业战略目标和企业各项业务落地的发展需求，管理企业资金、企业资产、企业无形资源，防控企业出现经济类风险等有关经济活动应当履行的基本职责。

（2）按照审计对象来说，企业内部经济责任审计的对象是企业各级负责人，包括按照干部管理制度任命的所属企业的法定代表人，或虽不担任法定代表人但实际行使相应职权的董事长、总经理等负责人。

二、内部审计的三大职能与业务全流程

内部审计是指对企业内部财政财务收支、经济活动、内部控制和风险管理实施独立、客观的监督并做出评价和建议，促进企业完善治理、实现目标的活动。

（一）内部审计的三大职能

审计管理包括监督确认服务、咨询鉴证服务、中介管理服务。各级职能、业务事项、关键环节内容详见表 8-1。

表 8-1 审计管理职能

职能	业务事项	关键环节
监督确认服务	年度审计计划	年度内部审计计划制定
	审计报告	内部审计报告编制
	审计问题整改	审计问题整改
	内部审计工作报告	内部审计工作报告
咨询鉴证服务	企业委托专项社会鉴证业务管理及结果备案	委托专项社会鉴证业务管理及审计结果备案
	所属企业委托专项社会鉴证审计相关工作的检查	委托专项社会鉴证审计相关工作的检查
中介管理服务	建立完善审计中介机构库	建立审计中介机构库
	监督评价审计中介机构	监督评价中介机构

1. 监督确认服务

监督确认服务主要由企业内部审计部门负责，管控企业的全系统，在民营企业还可以包括企业实际控制人控制的所有生态类企业。主要包括年度内部审计计划、审计报告、审计问题整改和内部审计工作报告四项业务事项。

（1）年度内部审计计划。年度内部审计计划的具体工作流程为先提出审计需求，根据工作安排及审计需求制定审计计划并编制议案，按不同类型和权限要求，分别报董事会及管理层决策。然后根据批准的审计计划，由内部审计部门推动具体审计任务。

（2）审计报告。审计报告由内部审计项目组现场及企业两个层面协同实施并编制，企业审计部门内部需要对审计报告审核确认后，按照权责分别报董事会、管理层办公会等批准。经批准的审计报告下发给审计单位。

（3）审计问题整改。审计问题整改需要被审计的企业提交整改报告，履行签批程序。还需要由有权部门指定相关部门负责对问题整改情况进行检查和监督。

（4）内部审计工作报告。内部审计工作报告须通过审计部门组织前期工作并做好提案编制，履行签批程序，再由内部审计部门负责执行。

2. 咨询鉴证服务

咨询鉴证服务包括针对企业内部业务做好相关解决方案的咨询，推动鉴证审计及专业检查服务。具体包括所属企业委托专项社会鉴证业务管理、审计结果备案和所属企业委托专项社会鉴证审计相关工作的检查两项业务事项。

3. 中介管理服务

中介管理服务包括为企业全系统服务，主要包括建立完善审计中介机构库和对中介机构进行管理和调整等事项。

（二）内部审计的业务全流程

按照内部审计的定义，内部审计的审计项目包括三项：业务活动、内部控制和风险管理。按照这些审计项目的内容，内部审计需要完善审计的业务流程，从准备阶段到测试阶段，再到报告阶段，最后是内部审计的整改阶段。这四个内部审计阶段构成了内部审计的全部业务流程。具体见图 8-2。

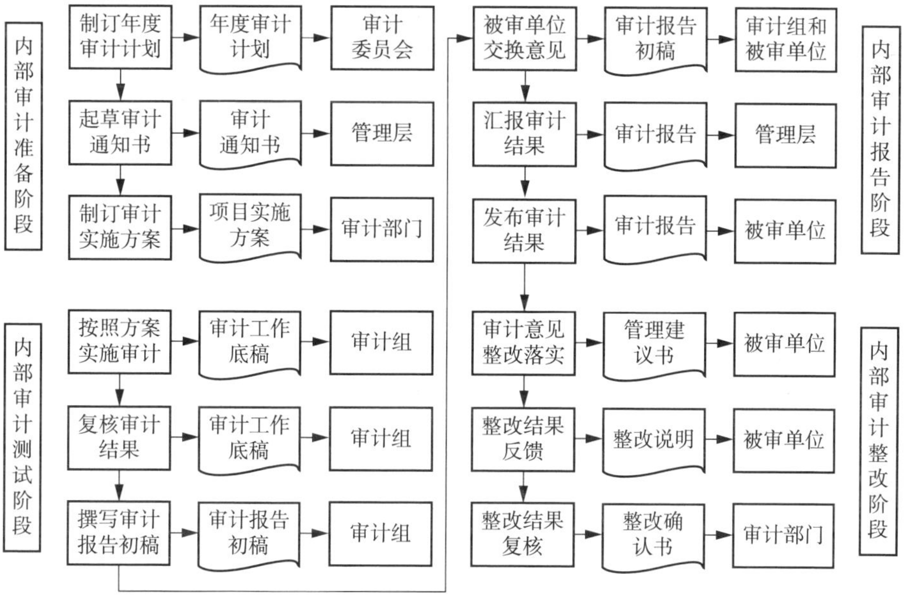

图 8-2　内部审计的基本工作流程

从审计流程而言，企业的内部审计涵盖如下流程。

1. 编制审计计划

审计计划是指审计机构和人员为完成审计业务，达到预期的审计目的，对一段时期的审计工作任务或具体审计项目做出的事先规划。

从风险导向审计计划的编制角度而言，需要内部审计具有四大原则性质：**可审性原则**，要求每一个审计单元都应该具有明确的机构范围和业务范围；**矩阵架构原则**，要求综合考虑企业产品的多样性与经营机构的多层次性这两个维度；**可评估原则**，要求每一个审计单元都要具有能够识别的风险要素；

风险特性原则，要求在矩阵式的审计单元架构下，将各类审计单元按照固有属性或风险特性进行分类或分层。

因此，企业制定审计计划考虑的风险因素包括业务的复杂程度、监管要求、内外部利益相关者满意度、企业运营目标或业务模式、外部合作及外包业务情况、企业的基础架构稳定性以及相关变化频率、历次审计情况、上一次审计距离现在的时间。

比较内部审计与内部控制，两者存在相同点有：二者都是针对企业自身（内部）的管理开展工作，可以理解为同一枚硬币的正反面，二者在企业中常常归属于同一个大部门，二者在工作中的协作也较多。同时，两者也存在一些不同点：内审工作更侧重于财务风险，内控工作更侧重于制度流程及人员的风险。

企业要防范风险达到保障企业安全运营的目的，要从根本上预防潜在的风险变成现实的灾难，就需要建立企业法律风险管理服务机构，健全企业法律风险管理体系，并处理企业的日常法律事务，也就是法务管理。

法务管理与合规管理两者都属于外部强制性规定对于企业行为的约束和规范。法务涉及的事项可能涉及的法律效力性更强，违法成本也更高，而合规一般更侧重于行政处罚方面的事项。

2. 编制审计通知书和审计方案

企业完成审计计划编制之后，需要编发审计通知书和审计方案。在具体的程序中，需要注意通知书要提前发给被审单位、通知书格式应正式、通知书要载明必要内容、编制审计方案前要做好审前调查、方案要清楚列明每一项分工和每一项具体工作的时间、分工要明确具体、审计组内再分成若干小组、制定方案时就要思考审计报告的写法和内容、方案后应附上所需附件。

3. 组织多部门和跨专业的内部审计组，但关键在于主审

现场审计中，主审是企业的决策者、协调者和监督者。主审一般要选择有经验能胜任的人担任，主审要能做到“知人善任，从善如流”。从进度角度而言，企业的主审每天都要回顾进度，避免审计偏差，也不放过一个线索，需要借此营造轻松、和谐、平等、交流、积极的氛围，审计过程以审计结果为导向，以审计报告为导向。一般情况下，在被审计单位的现场完成审计人员的工作底稿、审计报告初稿为佳。最好能建立相应的内部业绩评判和考核机制。

4. 编写审计工作底稿

编写工作底稿时要注意：由于内部审计的特殊性，因此，是一事一议的模式，工作底稿不是一篇报告。底稿可以尽量详细，但要清晰，一定要有结论。每一份底稿都要有一定的价值，或者是备忘，或者是揭露一个问题，或者是一个分析。底稿后可以附加各种附件，如文件、凭证、照片。主审要指导并复核底稿，底稿是形成审计报告的重要材料。

5. 审计报告的编写

审计报告是指审计机构根据审计计划对被审计单位实施必要的审计程序后，就被审计事项做出审计结论，提出审计意见和审计建议的书面文件。因此，怎样写审计报告很重要。审计报告是审计人员的产品。要用销售产品的心态去推销审计报告。

在针对性“包装”审计报告的过程中，要注意以下几点：①醒目。把问题分类，将领导感兴趣的和重要的信息放在最显眼的地方。②清晰。用语简短、精练，不要把一件事说得太复杂，不要写流水账，没有侧重，能用一句话说清楚的不要用第二句。③要有观点。要让阅读者强烈地感受到观点和看法，不是人云亦云。④要清楚哪些上报告，哪些可以不上，不要眉毛胡子一把抓。⑤区分阅读者。同样的内容，对决策者来说需要简洁扼要给结论，被审的组织需要彻底有依据的翔实版本。

6. 审计结果沟通与汇报

沟通是指审计组与被审单位的沟通，沟通分为正式和非正式的沟通，正式沟通应是审计组组长或主审代表与被审单位沟通，非正式沟通不能代表审计组意见，只能代表个人观点。沟通前应做好充分准备，沟通过程始终保持尊重、对等、客观、理解和倾听。汇报是指审计组向管理层的报告，汇报前要做好充分准备，将报告再看一遍，言简意赅，突出重点，不用过多描述过程。

7. 审计意见整改

审计整改是指被审计企业及相关人员按照审计报告提出的问题与建议，限期纠正审计问题的后续工作。包括但不限于经济责任审计、工程审计及其他专项审计的后续工作。

落实审计整改是难题，要从审计报告源头抓起，审计意见要能操作才能整改。审计报告附上整改计划，整改计划要列明责任部门、完成整改时间、问题的重要性、完成整改的要求。专项落实整改后续审计、整改完成情况考核。

整改的决策机构包括股东会、董事会和企业管理层。董事会以上层级负责审批经济责任审计整改工作报告，管理班子负责审批其他审计整改工作报告。内部审计机构负责对审计发现问题的整改情况进行监督检查。相关职能部门应当在各自职责范围内运用审计结果，督促所属企业落实相关审计整改要求。在整改结果检查及评价层面，内部审计机构需要结合报送资料和现场抽查结果，检查审计整改工作落实情况。内部审计部门结合整改情况提出考核意见，报决策机构履行程序后以适当方式、在一定范围内通报。

三、企业内部审计与智能化科技赋能的系统协同框架

（一）传统内部审计向智能化审计演变

内部审计部门参与企业战略与风险管理的职能在不断增强，打造数据互通、全面监控的智能化体系成为内部审计的必要趋势。

与传统内部审计的事后监督与提出疑点路径不同，数字化以及智能化内部审计能够在事前及事中利用系统数据识别风险、规避风险与管控风险，最终目标是服务于企业经营治理，实现整体价值增值。

内部审计数字化是运用大数据、云计算等数据技术实现系统的转变，即实现原始信息向可利用审计数据的转变，并通过已构建的审计数据模型发现线索、实施程序，使审计流程与工作效率得到优化和提高；而内部审计智能化则是在建立数字化审计的数据基础上，通过 RPA 技术的深度学习能力，结合科技算法得到最优的审计行动决策，从而更精准地指引审计工作的实施与管理，具体如表 8-2 所示。

表 8-2 传统内部审计与数智化内部审计

审计方法	审计程序	主要流程	风险类型
传统审计	询问、分析、重新执行、函证等七大基本程序	风险评估、进一步审计程序	业务合规性风险、内控有效性风险、评估的重大错报风险
数智化审计	业务分析、建模、数据的处理分析	业务探究、实时监控、应对风险	战略、经营与财务风险

（二）审计数字化转型发展趋势的集成框架

传统内部审计模式检查组织的重大风险，并向管理层和董事会提供有效管理重大风险的见解和建议，以帮助组织实现其目标。如今内部审计数字化转型模式则是利用内部审计的业务智能门户，使审计全覆盖大数据分析平台，将大数据与审计经验相结合。审计人员通过大数据的全覆盖掌握了更多的信息，将工作重点转移到了最需要关注的模块并深入了解原因。熟练掌握人工智能（AI）和机器人流程自动化（RPA），内部审计人员能够即时编程、建立模型和使用流程智能工具，以便在整个组织内共享。同时，能够对风险管理进行适当的监督。审计全覆盖大数据分析平台架构见图 8-3。

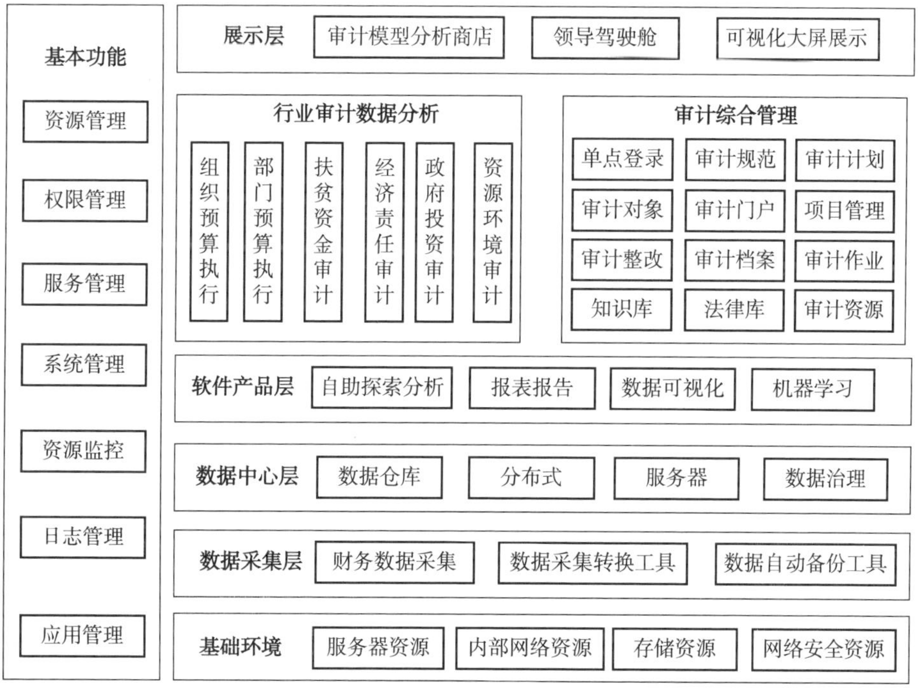

图 8-3　审计全覆盖大数据分析平台架构

第二节　内部审计的基本常识

企业常规应该设立独立的内部审计机构，配备合适的专职审计人员。通过组织架构和核决权限明确内部审计机构的职责，匹配合适的岗位职责，明确审计人员的权限。内部审计机构需要结合企业实际情况，制定并完善内部审计相关管理标准和工作标准。为保证内部审计机构的运营有效性，需具体掌握如下类型的基本常识。

一、内部审计的程序要素与基本常识

内部审计部门通过对企业经营业绩的确认，针对经营目标实现的方式提供系统咨询，加强对内部审计全环节系统的服务，寓监督于服务过程中，是民营企业推动并营造公平正直的企业内部环境的重要方式之一。

（一）内部审计职责程序类的基本常识

（1）内部审计推动工作时，需要优先考虑四件事：内审定位、为谁服务、需要怎样的工作条件和人员品质、工作范围。

（2）就内部审计的具体职责而言，按照企业相关规定及审计管理要求，需制定具体业务的工作标准，实施具体审计业务工作。

第一，及时完成企业负责人任期或定期经济责任审计。第二，对工程项目和投资项目进行专项审计。第三，企业内生式增长的经营业务的专项审计，包括企业债务增长、财务风险增加、经营产生亏损、资产质量下降等财务指标异常情况的专项审计。第四，企业特殊模式的专项审计，包括企业合并分立、股权投资等经济事件的专项审计，企业经营绩效及目标责任完成情况审计，企业高风险业务专项审计，企业合同专项审计、企业人力资源绩效专项审计。第五，企业内部审计监督层面采取内外结合方式的专项跟踪，包括企业内生式增长层面的财务收支、财务预算、财务决算、资产质量、经营绩效的专项服务，包括企业外延式并购层面的投资及资本运作事项的专项服务。第六，企业对内部控制和风险管理情况进行的专项审计，并就推动企业审计问题的整改落实情况进行审计检查。

（3）内审人员的行为误区有以下几点。

第一，不了解、不理解审计报告使用者的要求。第二，闭门造车，自我感觉良好，自认为很尽职。第三，发现“冰山”的一角，却没有看到巨大的冰山。第四，盲人摸象，局部观替代全局观，以为自己发现的就是全部。第五，对问题的揭示趋于表面化，没有揭示深层次的问题。第六，把财务数据和财务处理问题看得过于严重。财务数据失真是问题，但与重大经营风险、重大管理隐患等相比，量化的数据反而没有重大的隐患重要。第七，没有换位思考。在发现问题时只说如何不对，没有想过如果换作自己，能不能做好。应换位思考后再冷静地看自己提出的建议。第八，将精力和时间过多地投入财务审计。财务审计很重要，但对内部审计而言，更重要的是管理审计。内部审计的专长在于内部控制。注册会计师的专长才是财务报表审计。第九，不重视审计方案，或者审计方案没有操作性。第十，审计建议“假、大、空”，没有办法实施。如应加强对存货的控制力度，降低应收账款。如果没有进一步详细的举措，此类审计建议没有任何价值。

（4）内部审计报告有七大禁忌：事实不清，武断下结论；泛泛而谈，重点不突出；浅尝辄止，停留于表面；堆砌数字，缺少深度分析；内容单一，报喜不报忧；缺乏文采，专业味太浓；千篇一律，文章格式化。

（二）内部审计执行程序类的基本常识

（1）内部审计需要对内部控制的有效性进行监督检查，对检查过程中发现的内部控制缺陷要及时汇报。发现内部控制重大缺陷时要及时、直接向董事会或股东会等报告。

（2）内部审计可对各项活动过程进行检查和确认，有效防范企业各个层面的风险。

（3）内部审计若想达到确认与咨询协同的目的，需要确保内部审计的内部控制健全有效，内部审计需要及时发现经营管理中与企业实现经营业绩不匹配的、不合时宜的行为，并提供合适的解决方案或措施予以纠正。

（4）内部审计机构的作用容易因独立性不足、人员欠缺而失效。内部审计过于独立则容易脱离企业经营战略目标，导致审计两张皮而出现审计质量问题。最后，如果发现审计问题而被搁置，则可能导致企业本身的内部控制缺陷和违规行为无法得到纠正，形成长期的隐患。

（5）内部审计人员本身应该严格遵守职业道德规范，对内部审计事项做到客观、公正、独立、保密。有利害关系的还应该遵循回避原则。

（6）内部审计组织实施各类内部审计项目时，应当对包括编制审计方案、收集审计证据、编写审计工作底稿、出具审计报告、归集审计档案、跟踪落实审计结果等审计项目全过程实行质量控制。

（7）企业具体项目审计一般由实施现场审计项目负责人负责，企业内部审计部门需要通过计划、组织、协调、监督、检查、评价、奖惩等措施，提高项目审计内控工作质量。

二、内部审计的工作方法与基本常识

内部审计除负责执行过程中的检查、监督、考核之外，还需要协同制定与修订企业系统内部审计规章制度、管理标准等，拟订企业系统年度内部审计工作计划等一揽子工作计划。

就内部审计工作常规而言，需要形成集中管理、统一实施的工作机制，使内审的资源充分复用，系统发挥内部审计机构的职能作用，有效整合内部审计人力资源，从而系统做好内部审计工作。

（一）内部审计组织与内部审计人员的基本常识

（1）董事会为内部审计工作的领导机构，审计与风险管理委员会依据董事会的要求指导内部审计工作，总经理办公会对日常经营活动提出审计工作意见。

（2）企业设置内部审计机构，配备专职内部审计人员，建立健全内部审计规章制度，有效开展内部审计工作，强化内部监督和风险控制。

（3）内部审计机构依据企业董事会的安排开展内部审计工作，根据职责分工，行使内部审计职能。同时，内部审计工作所需经费，应列入年度财务预算。

（4）内部审计人员应具备以下条件：熟悉相关法律、法规、政策和企业的内部控制制度，熟悉企业生产经营活动和有关生产、经营方面的工作程序，掌握会计、审计专业知识，了解经营管理、工程、法律及其他相关专业知识，具备较强的组织协调、调查研究、综合分析、专业判断、计算机操作及文字表达能力。

（5）内部审计人员对审计业务的实质性指导，需要具有丰富的经营管理经验，具备较强的领导能力和管理能力。

（6）内部审计人员应当遵循职业道德规范，并以应有的职业谨慎态度执行审计业务：内部审计人员在履行其职责时，必须做到独立、客观、诚信、勤勉和廉洁；内部审计人员在办理审计事项时，若其与被审计企业或审计事项有利害关系，应当回避。

（7）内部审计人员必须遵循保密性原则，慎重地使用在履行职责时所获取的资料，不得从事损害国家利益、本企业利益和审计职业道德的活动。

（二）内部审计机构的权限类基本常识

为确保审计职责的有效履行，内部审计机构拥有以下工作权限。

（1）内部审计机构负责人为履行确认类工作，需要主动或接受邀请参加企业有关经营和财务管理决策会议；内部审计部门作为咨询类业务部门，可以参与协助企业有关职能部门研究制定和修改有关管理标准。

（2）内部审计机构可以要求被审计企业或个人提供与审计项目有关的资料，并要求其对所提供资料的真实性和完整性出具书面承诺。

（3）内部审计专项小组可以检查被审计企业的会计账簿、报表、凭证和现场勘察相关资产，查阅有关生产经营活动等方面的文件、会议记录、计算机软件、信息系统及其他电子数据等相关资料。

（4）内部审计机构可以对与审计事项有关的部门和个人进行调查，并取得证明材料。

（5）内部审计专项小组对正在进行的严重违法违规和严重损害企业利益的行为，可以及时报告，并予以临时制止。

（6）内部审计机构可以提出纠正、处理违反法律法规和企业规章制度行为的意见以及改进经营管理、提高经济效益的建议。

（7）内部审计专项小组对可能转移、隐匿、篡改、毁弃的会计凭证、会计账簿、会计报表以及与财务收支有关的资料，经批准，可以采取暂时封存措施以及其他经授权的事项。

（8）内部审计机构就民营企业的特点，可以协同企业股东会、董事会、管理层办公会的要求，协同人事等部门，建立健全立体、多维的内部监督联动机制。

（9）企业应保障内部审计机构和人员依法行使职权和履行职责，各职能部门应当在业务及人员方面积极配合审计工作。

（三）内部审计工作程序的基本常识

（1）审计部应当依据企业年度经营目标和工作重点编制年度审计计划，经董事会批准后执行。审计计划一经批准，应认真组织实施。因特殊原因需要调整的，应编制调整计划并经企业主要负责人批准。

（2）在审计准备阶段，审计中心应根据批准的年度审计计划和时间安排，按照内部专业分工，成立审计项目组。审计项目组组长应根据项目审计计划制定审计项目方案，对审计项目工作做出具体安排。最后下达审计通知书，一般项目审计应在审计实施一定的工作日前书面通知被审计组织，有特殊要求的审计项目可以不事先通知被审计组织。

（3）在审计实施阶段，审计项目组进入现场后，应进一步了解被审计组织情况，完善审计方案，并按照项目审计方案实施审计。

（4）在审计过程中，审计组应规范执行审计程序，严格控制审计项目质量。

（5）审计组根据获取的审计证据，形成审计工作底稿并编制内部审计报告，并书面征求被审计对象意见。

（6）被审计对象应当在规定的工作日内反馈书面意见，在规定期限内没有提出书面意见的，视同无异议。

（7）被审计对象有异议的，审计组应当核实，并根据核实结果修改内部审计报告。之后由内部审计机构对审计组提交的审计报告进行复核，履行审批程序后送达被审计企业，被审计企业应对审计报告披露的问题进行认真整改。

（8）内部审计机构应对审计整改情况进行跟踪，促使审计成果得到落实和有效运用。

（9）审计中心对审计报告涉及的重要问题应进行后续审计，后续审计一般可在审计整改终了后一年以内进行，必要时可随时进行。

（10）内部审计机构应采取严格的审计程序和适当的审计手段和方法，加强审计管理和信息处理电子化工作，促进审计工作质量不断提高。

（11）内部审计机构对整体工作质量负责，通过计划、组织、协调、监督、检查、评价、奖惩等措施，控制内部审计机构整体工作质量。

（12）在审计过程中应仔细审核审计工作底稿和相关资料，对项目审计人员进行指导。

（13）内部审计机构应当建立审计档案管理标准，加强对档案的归档、保管、查询、复制、移交和销毁等环节的管理工作，妥善保存审计档案。

（四）审计结果执行与安排的基本常识

（1）企业应高度重视审计问题的整改，明确企业主要负责人为整改第一责任人。对审计发现的问题和提出的建议，被审计企业应当及时整改，并将整改结果书面告知内部审计机构。

（2）对内部审计发现的典型性、普遍性、倾向性问题，相关企业应当及时分析研究，制定和完善相关管理制度，建立健全内部控制措施。

（3）内部审计机构应按照要求建立信息共享、结果共用、重要事项共同实施、问题整改问责共同落实等工作机制。

（4）内部审计结果及整改情况应当作为考核、任免、奖惩干部和相关决策的重要依据。

（5）企业应当建立审计发现问题清单台账，完善审计问题整改及跟踪机制，通过健全制度、堵塞漏洞、提升管理，促进审计成果转化。

三、经济责任审计的三类综合要素与基本常识

（一）经济责任审计组织层面的细节

（1）企业负责人履行经济责任的情况，应当依法依规接受审计监督。但民营企业的经济责任审计工作除审计对象、审计时间等基本因素相同之外，和国有企业的目的有实质性不同。

（2）企业负责人安排经济责任审计出现的时间节点包括：任职自然年度届满协同绩效考核一并办理，任期届满协同绩效尾款结算办理，因退休、调离、免职、辞职等各种原因离开工作单位协同责任认定办理，企业发生改制、改组、兼并、出售、拍卖、破产等重大资产变动行为，企业经营管理、财务状况发生重大异常。

（3）经济责任审计同样需要综合考虑审计独立性和成本效益原则。

（4）内部审计机构依法依规独立实施经济责任审计，任何组织和个人不得拒绝、阻碍、干涉。

（5）内部审计机构和审计人员对经济责任审计工作中知悉的国家秘密、商业秘密和个人隐私，负有保密义务。

（二）经济责任内部审计内容的细节

（1）企业对所属企业负责人开展的内部经济责任审计，主要内容包括：企业发展战略规划的制定、执行和效果情况，企业经营事项的决策、执行和效果情况，企业法人治理结构的建立、健全和运行情况，内部控制制度的制定和执行情况，企业财务的真实合法效益情况，风险管控情况，企业总体资产管理情况，其他需要审计的内容。

（2）经济责任审计实施情况。内部审计机构应当根据内部经济责任审计年度项目计划，组成审计组具体负责审计工作。内部审计部门需要向被审计企业负责人及其任职所在企业送达审计通知书。

（3）经济责任审计开展时，相关企业应当及时、准确、完整地提供被审

计企业负责人履行经济责任情况的材料，包括：被审计企业负责人经济责任履行情况报告或述职报告，工作计划、工作总结、工作报告、会议记录、会议纪要、决议决定、请示、批示、目标责任书、经济合同、考核检查结果、业务档案、机构编制、规章制度、以往审计发现问题整改情况等资料，财务收支相关资料，与履行职责相关的电子数据和必要的技术文档，审计所需的其他资料。

（4）内部审计部门依据相关法律、法规及内部审计规范，结合企业的实际工作，制定内部经济责任审计操作标准类工作手册，建立健全内部审计质量控制制度，规范审计组按照专业标准制定审计方案、执行审计程序、编制审计底稿、出具审计报告等工作。

（5）内部审计专项小组实施审计后，最终需要编制审计报告。审计报告一般包括被审计企业负责人任职期间履行经济责任情况的总体评价、主要业绩、审计发现的主要问题和责任认定、审计建议等内容。同时，内部审计机构应当书面征求被审计企业负责人及其所在企业对审计组审计报告的意见。

（6）经济责任审计报告结果应当事实清楚、评价客观、责任明确、用词恰当、文字精练、通俗易懂。

（三）经济责任审计的评价与整改细节

（1）内部审计机构应当根据不同职务的职责要求，在审计查证或者认定事实的基础上，综合运用多种方法，坚持定性评价与定量评价相结合，做出客观公正、实事求是的评价。

（2）审计评价应当有充分的审计证据支持，对企业负责人在履行经济责任过程中存在的问题，内部审计机构应当按照权责一致原则，根据企业负责人职责分工，综合考虑相关问题的历史背景、决策过程、性质、后果和企业负责人实际所起的作用等情况，界定其应当承担的直接责任或者领导责任。

（3）审计整改措施的闭环包括：对审计发现的问题，在规定期限内进行整改，将整改结果书面报告内部审计机构或主管部门。对审计决定，在规定期限内执行完毕，将执行情况书面报告内部审计机构或主管部门。根据审计发现的问题，落实有关责任人员的责任，采取相应的处理措施。根据审计建议，采取措施，健全制度，加强管理。在责任追究问题上，拒绝接受或者拒绝配合内部审计工作的；拒绝、拖延提供与内部审计项目有关的资料，或者提供资料不真实、不完整的；拒绝整改内部审计发现问题的，需要企业管理层及时采取妥善方式处理。内部审计人员因履行职责受到打击、报复、陷害的，应及时采取保护措施，及时对相关责任人员进行处理。

第三节　内部审计智能化一体化建设及企业案例

一、智能化科技赋能下的内部审计一体化框架及治理环境

（一）智能化科技赋能下的内部审计一体化框架

就企业内部审计与智能化科技赋能协同的通用技术框架的一体化方案来说（如图 8-4 所示），该框架主要包括基础层、技术层、应用层三类层面，并基于战略愿景、组织架构、人才培养等六项治理环境要素得以构建。

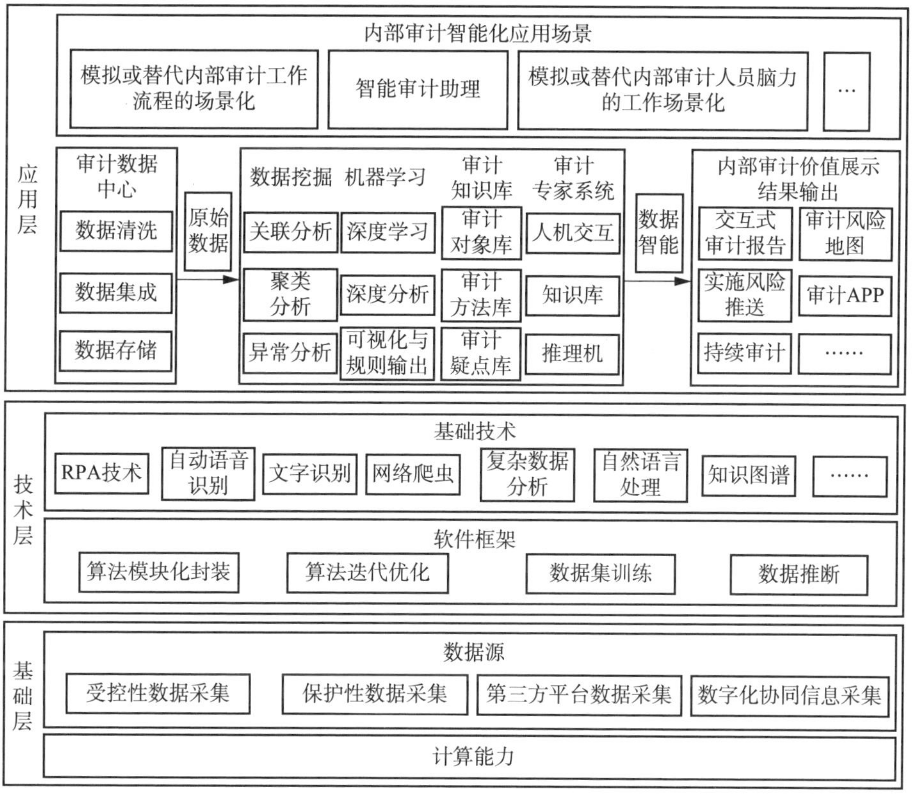

图 8-4　内部审计智能化应用技术框架

其中，基础层包括计算的能力与大数据，二者分别代表内部审计的计算技术硬件和数据资源渠道。技术层则包含算法模块化封装、迭代与推断的软件和 RPA 技术、语音识别、网络爬虫、可视化工具等基础智能化科技；应用层包括内部审计智能化的应用产品与应用场景，它们是智能化科技赋能与内部审计协同的最终成果表现。

（二）内部审计的治理环境

1. 战略与愿景

智能化的内部审计不仅仅是在技术层面上做出改变，也需要明确转型的战略和愿景。企业内部审计部门需要调整组织结构、引入先进文化，促进组织应用智能化技术的思想，推动内部审计实现其职能战略。

2. 组织架构

战略与愿景的实施需要匹配全新的审计团队和组织人员。企业需要重新定位组织职能和结构布局，从而使内审工作更具敏捷性与效率性。

3. 人力资源配置与审计人才管理

审计团队作为内审的主要实施者，不仅需要拥有审计专业素养，更要紧跟智能化步伐，学会高效地利用网络信息系统，处理信息化数据。

4. 三道防线协调一致的保障

在数字智能化背景下，内部审计需要利用技术赋能发现风险点，并传出预警进行规避和控制。内部审计应当在企业风险管理的三道防线间建立环境、风险与控制的联系，与企业风控协调一致，为企业治理提升效率。

5. 内部审计管理

内部审计管理主要有计划管理、作业中心管理、缺陷修整管理等方面。通过这些管理结构，保障内审工作的正常实施。基于云平台所构建的内部审计智能化，必须保证数据存储、转移及处理的安全性。

（三）内部审计的数据源与计算能力

审计所需要的数据按照特性来看，分为受控性、保护性、第三方、数字化协同下的不同来源。这些数据在 CPU、ASIC 等计算机算法下，实现数据采集与转化，为技术层的处理与分析、应用层的智能化产品提供数据基础。

1. 内部审计的基础技术

内部审计的基础技术主要有自动语音识别技术、网络爬虫技术、知识图谱和复杂数据分析等。自动语音识别技术能够实现语音数据的自动转换分析，提炼价值数据信息。利用网络爬虫技术的同时配合图像与语音识别，可以实现外部海量数据的高价值筛选与收集、对审计疑点和风险点的精准抓取。利用知识图谱，可以实现企业繁杂数据的整合，形成知识网络，突破关系型数据库的限制，提高审计效率和精准程度。对复杂数据进行分析可以梳理数据间的关系，发现其中蕴含的规律，捕捉疑点、指引工作。

2. 内部审计的智能化产品

内部审计的智能化产品主要有审计数据中心和审计知识库。审计数据中心的出现是由于各个渠道采集的数据不够准确、不够完整以及较为杂乱等问题，需要恰当运用数据管理，利用数据清洗以及集成提升审计数据的质量，方便内审人员调用。审计知识库是知识动态积累的仓库，结合了审计业务实践，为智能化提供场景模式、提供规则与标准，其涵盖了相关法律法规的同时也记录并且规范着智能运用中的算法与数据来源，提高了审计结果的精确性与效率。

3. 智能化审计的应用场景

应用场景是智能化审计的最终落脚点。其核心之处在于，通过数智化算法与模型替代或模拟审计人员的工作流程需要，甚至是其智力思维活动，从而将内部审计工作落到实处。

二、V 企业内部审计智能化体系的建设案例

（一）V 企业的闭环运营情况介绍

J 市 V 企业是投资型实体企业，由 8 位自然人投资设立，2010 年投资注册资本金为 5000 万元，并由其中 2 位股东借款 3000 万元运营。

V 企业自 2010 年成立以来，已形成了承担实业运营、产业投资、园区开发的业务格局，企业员工按 2022 年 6 月统计数据，总人数达 1500 人。作为 J 市投资建设的“主力军”，投资运营接近 20 个具体项目。

V 企业为推动高效运营，紧跟市内政府信息化建设脚步，2012 年正式成立业务运营共享中心，各分支机构的运行同属总部集中管理。

V 企业 2 位联合创始人对企业的风控合规要求比较严格，在业务运营常态化之下，计划推动企业的风控系统，并从内部审计角度出发拓展风险管理。

V 企业为此设立专项管理小组，针对企业各个业务条线，协同合规化运

作需要，结合企业内部稽核管控要求，建设企业业务与财务融合下的审计智能化系统。

V 企业内部审计在推动智能化转型之前，内部审计组织结构的问题如下。

第一，为节约企业运营成本，V 企业内部审计部门人员全部由其他部门人员兼任，仅通过法务部人员兼理内部审计的职责。

第二，从内部审计人员的专业素养上看，V 企业本身各个条线高层次人才比例过低，且传统审计人才严重欠缺，导致企业没有能力开展有效的内部审计工作，也就无法提及智能化内部审计工作的开展。企业转型之前其内部审计组织结构如图 8-5 所示。

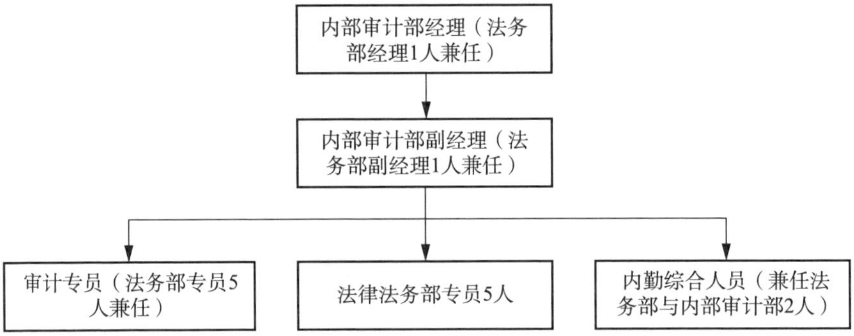

图 8-5　企业内部审计组织结构图

第三，企业的内部审计平台完成了基础建设。虽然企业已构建业务共享中心系统，并于 2015 年拓展至财务共享，应用的软件覆盖财务、营销、人力，如 ERP 管控系统、OA 系统、HR 系统等，但无论是业务共享系统还是财务共享系统，均没有给内部审计做系统接口，且业务共享系统与财务共享系统接口不兼容。审计人员虽然可以利用各类共享中心的数据，但由于信息孤岛问题，对内部审计数据分析之前的数据整理、数据汇总、数据归集等功能，以及审计工作的决策，仍由线下的法务兼职人员以手工方式完成，且效果欠佳。

第四，V 企业的内部审计流程包括计划、准备、实施与审计终结阶段。具体来讲，在完成审计计划、做好审计准备后，审计人员根据财务共享处的财务信息，对各财务报表信息进行识别、检查与分析，对生产销售等运营环节进行判断，对与风险相关的部门进行重点审查并发现审计疑点，形成意见。但由于财务系统与业务系统没有关联，相关数据无法用线上方式或采取妥善方式进行智能化验证，相关数据的验证还需要线下方式对接实现。具体见图 8-6。

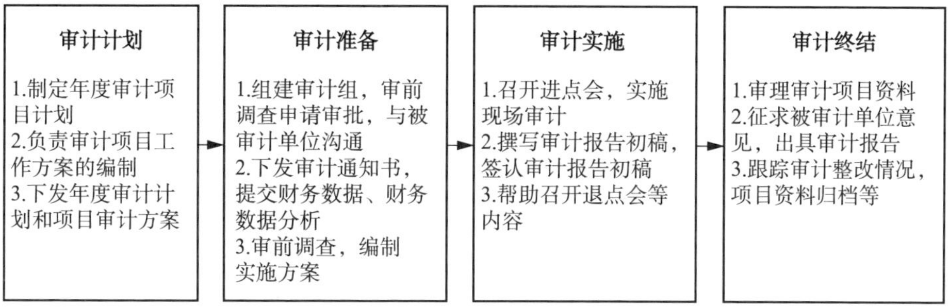

图 8-6　企业传统的内部审计流程

（二）V 企业内部审计智能化赋能的五步转型法

V 企业从股东层面结合董事会层面的推动，决定就内部审计做系统的转型，提升内部审计的效率，改善内部审计对企业的价值发现和服务智能，对内部审计的整体运作模式和框架进行优化与改进。为此，V 企业首先优化内部审计组织结构，明确内部审计部门直接向董事会汇报，并在企业日常经营管理环节向管理层汇报。此外，为提升内部审计的效果，V 企业引进内部审计实战经验丰富的审计经理 1 人，并引进一批相关新型智能化审计人才。具体推动方案如下。

第一，在内部审计架构上，V 企业在内部审计部门下设立内部审计经理一职，其职能为做好审计分析、日常审计、审计管理、智能审计四个条线，形成智能的内部审计体系，如图 8-7 所示。

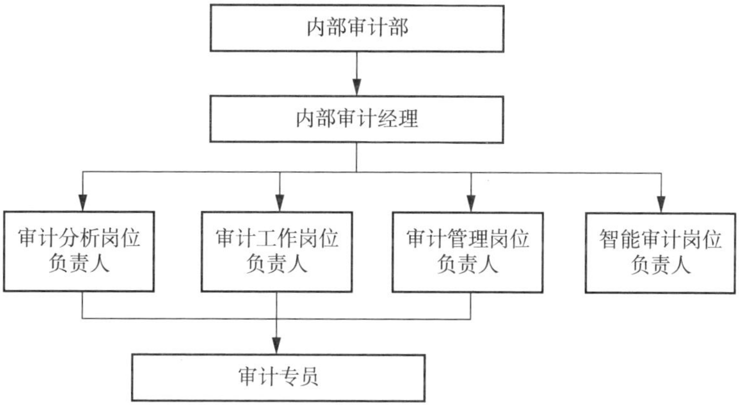

图 8-7　内部智能审计体系的组织结构

第二，为协同将企业传统的三大内部审计岗位盘活，V 企业打造了内部智能审计体系，同时引入智能审计人才，以精通 RPA、网络爬虫、区块链等新型技术，可实现审计数据的文本识别、自动核对等目的的相关人员为主。通过 RPA 与大数据的结合，降低人工错误，并配置专业的系统技术人员对系统进行定期维护。

第三，做好风控系统的顶层建设。V 企业将内部审计模块接口与业务共享、财务共享两个中心的接口打通，打造内部审计共享服务平台，实现法务管理、内控管理、分线管理为一体的智能融合，构建智能化内部审计风控平台。

第四，企业将内部审计模块全面系统地引入业务和财务共享的所有信息化体系，内部审计部门将包含风险监控在内的审计模型嵌入共享体系下的审计中心，并凭借智能技术的深度学习进行优化。智能化科技赋能下的内部审计平台主要有：数据获取、数据处理、数据储存、数据分析及场景应用五部分。

第五，在智能化内审平台基础上，重新修订并确定智能化内部审计流程。具体在如下节点做好系统设计：①流程确保内部审计工作能够通过各类技术连接业务数据库，经过智能化算法的整合匹配与分析处理，自动找寻审计疑点、输出关键控制点；②内部审计组织将线索归集至“审计作业平台”后，系统将会自动识别风险、抓取审计重点、驱动审计流程任务；③内部审计相关人员要对任务完成的合理性加以判断，重要情形下实施核实，完成最后的审计工作。智能审计体系的基本流程如图 8-8 所示。

通过企业财务共享下内审智能化体系的建立，企业的内审工作效率大大改善，效率提升了 300%，审计跟踪效率提升了 200%，人员执行专业化效果提升了 100%，使企业治理进一步优化，实现整体价值增值。

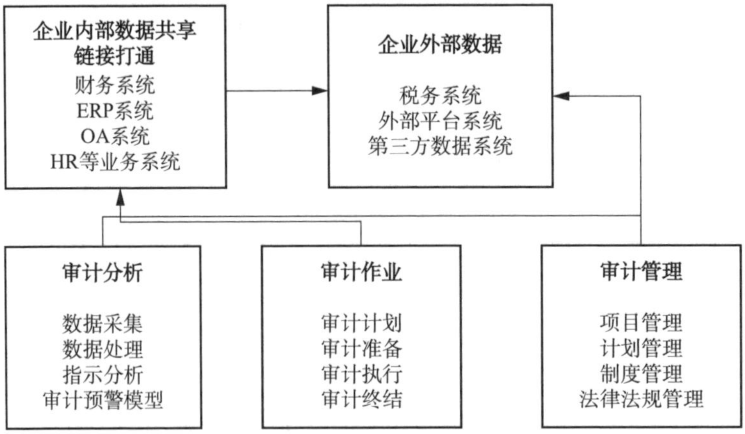

图 8-8　内部智能审计体系的审计流程

第四节　本章小结

企业内部审计是现代企业提升管理水平必不可少的重要内容之一。但随着全球经济的快速发展，新知识、新技术、新思维对传统的理念形成强大的冲击，如今越来越多的传统内部审计模式的企业为适应时代发展选择向数字化转型。通过将大数据与审计经验相结合，建立审计全覆盖大数据分析平台，可以帮助审计人员掌握更多信息，进行实时监督，提高工作效率。通过建立内部审计智能化应用技术框架，可将人工智能、智能软件、计算能力等技术与内部审计结合，并将其应用到具体场景中，实现内部审计与智能化科技赋能协同。

实施内部审计数字智能化转型，在减少审计数据采集和分析时间的同时，还优化了内部审计组织结构和审计流程，可以有效地识别风险，帮助企业更好地进行企业治理，实现战略价值。

本章参考文献

［1］赵红卫．高校内部审计规则错位反思与消弭策略［J］．高校教育管理，2016，10（1）：50-55.

［2］张庆龙，邢春玉，芮柏松，崔楠．新一代内部审计：数字化与智能化［J］．审计研究，2020（5）：113-121.

［3］万小芬．T保险公司内部审计信息化问题研究［D］．南昌：江西财经大学，2019：18-26.

［4］翟伟峰，张学文．供应链管理对制造业企业数字化投入的影响［J］．中国流通经济，2021，35（10）：82-92.

［5］陈娟，吕波．连锁经营数智化转型的路径选择与实践创新——第十届中国商贸流通企业发展论坛暨数智化连锁经营高峰会观点综述［J］．中国流通经济，2021，35（1）：113-128.

［6］赵丽锦，胡晓明．企业财务数字化转型：本质、趋势与策略［J］．财会通讯，2021（20）：14-18.

［7］张金昌．智慧企业：背景、特征、逻辑和理念［J］．企业经济，2021，40（10）：24-30+2.

第九章
十大风控合规工具之证据链条

企业证据链的落实是企业需要十分注意的点。企业风控合规五项职能的有效落实，需要确保证据链的真实、完整、准确。如果证据链形成的四流一致业务链条没有完善好，或是存在证据链的协同度不足、证据链缺失等问题，都会导致企业面临外部业务落地风险和税务风险，并给企业带来潜在风险。企业内部治理也会由于支持证据链本身不完善导致内部舞弊行为的发生，甚至严重影响企业的可持续健康发展。此外，如果企业证据链落地缺失，也容易导致其治理的效率和效果双下降，无法实现集约化协同效应。企业需要完善证据链支持系统，来有效开展五项职能落地的风险管理工作。“证据链”的协同问题，需要引起企业股东会、董事会、管理层办公会层面的深刻重视。

第一节　企业风控证据链的模式与框架体系

一、企业风控证据链的模式与系统

（一）企业风控证据链的模式背景

证据链是指在证据与被证事实之间建立连接关系，相互间依次传递联系的若干证据的组合。

企业经营层面的证据链系统是企业基于经营业务需要，结合经营业务各个节点，形成的基于企业内部制度规范、客观执行单据、企业接收和开具的发票和相关依据类文件，能够完整、准确地体现企业经营成果和经营过程的，证明企业的业务真实、业务合法、运营合规类的，能够为内外部机构确认的，形成闭环的证据类材料。这个证据链支持材料，与法律术语中一系列客观事实与物件所形成的证明链条不完全一致。企业的经营留痕能够完整地证明企业经营业务过程，从而使内外部机构都可以确定企业的实际业绩，可以对过程采取必要的固化、优化、整改、转型等经营措施，以支持企业持续性经营。

企业在经营过程中，如果能够针对合适的证据形成证据链条，那么对于企业而言，就规避了大量的业务和财务类风险。企业得出的经营真实、合法、合规类的证据链，必须要在企业业务四流一致、多个证据同时存在的情形下才能适用。这些确定企业经营链条的支持证据之间的关联性，需要协同四流一致的要求。

企业的支持证据链与其他证据链要求的不同之处体现在，企业经营行为的各个证据形式必须为四流一致达成的相关业务层面的证据，其他法律层面的多样化证据不适用于企业经营。

（二）企业风控证据链的系统

企业风控证据链体现在两个层面：首先，业务经营行为的各个环节节点的支持材料，体现企业内部控制制度建设和流程节点的支持材料的协同，协助企业业务行为的合规性、严谨性、规范性，规避企业业务经营层面的风险。其次，财务管理数据支持和财务合规系统的建设，可以解决不同企业、部门之间的业务协同问题，融合财务数据量化与支持服务，实现企业业务、合同、发票、资金的四流一致，解决支持证据链问题，消除财务管理“信息孤岛”，实现采购管理、库存管理、供应商管理、客户管理、销售管理、研发管理、财务管理等信息的良好互通与共享，从而能够系统、科学地提供企业管理层决策支持数据。

通过两个层面的协同，企业的证据链体现在：第一，落实证据链要求的制度规范和流程规范，这方面体现为内部控制管理系统的建设和相关制度规范体系，形成顶层设计类工作成果。第二，企业经营过程中形成的业务和财务各个明细节点的支持证据链材料，是日常经营过程的工作成果。

因此，这两个层面的协同可以使企业按照制度和流程规范进行运营。企业的业务链条依据“四流一致”体现的动态过程管理，借助制度规范和流程规范的建设，做好匹配企业证据链需求的设计，结合增值税、所得税等税种落地出发，实现企业生产过程的业务流程梳理和流程再造，使企业业务模式的过程规范与财务模式在税收筹划环节合法合规，从而使企业的税收策划方案与实际经营融合，确保企业发展的长治久安。

企业建设证据链规范的两个层面协同，在全企业系统实施很重要。为系统推动支持证据链的有效落地，企业可以有针对性地系统设计落地方式。

对防范风险而言，一是要防范由于各类业务和会计人员技术水平不高、不熟悉业务而引起的操作失误带来的风险；二是要防范个别业务人员和会计人员滥用职权的行为，且这些行为往往与管理者有关。通过证据链模板规范和系统化标准设计，可以避免支持证据链的系统性风险。由于在业务环节和财务环节的节点管控，系统错误导致的企业风险是致命的，失误会带来很大的管理不确定性。

因此，证据链支持模式两层协同意义重大，一方面是建章立制和流程规范，并借助证据链系统的融合，解决企业业务本身第一道防线以及第二道防线的自我纠错问题，另一方面可以解决企业第三道防线五项职能协同的监督闭环管理问题，形成事前监督、事中监督、事后监督的业财融合协同监管。在现行事前制度针对证据链进行标准化模块化，同时借助电子化程度提升的过程中，证据链支持的转型模式可以提升企业管理效率，减少企业暴雷风险。

通过企业支持证据链条的转化，解决企业业务和财务系统之下风控节点的落地问题，改善内部控制的制度和流程建设的落地问题，从支持证据链的制度端、流程端协同企业管理端、执行端，系统解决企业合同流、资金流、发票流、证据链流四流一致的工作成果转化和落地。同时，企业可以借助科技手段实时取证，协同支持证据链的匹配，提升关联度的检查，系统解决证据链的支持协同效果。具体见图 9-1。

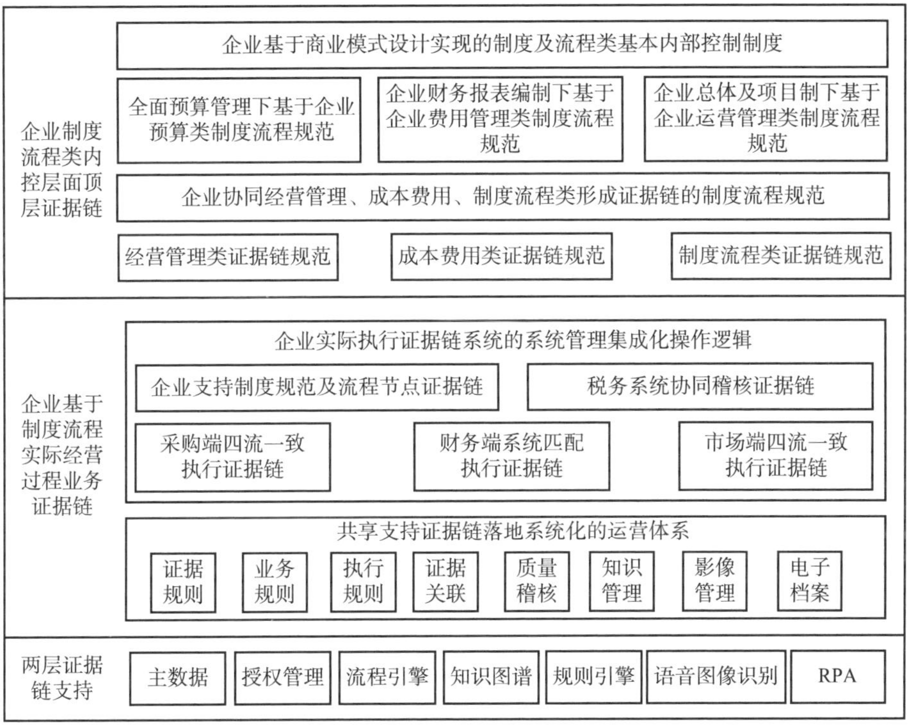

图 9-1　企业两层支持证据链协同的管控逻辑

二、企业证据链系统性设计框架与闭环

企业在设计证据链支持模式的时候，首先应明确这类支持证据链的融合是内部控制等五项职能的具体支持材料的呈现，体现了企业经营闭环过程的支持材料的充足性、适度性、完整性、匹配性，以此形成企业经营过程中证据之间的关联性。因此，这些原则落地具体体现在以下几个方面。

（一）结合企业商业模式和战略规划的证据链框架体系

企业在设计支持证据链系统的时候，前端的内部控制系统五项职能是首先需要综合考虑的。企业内部在推动支持证据链系统化的过程中，需要就企业业务处理中这些支持证据链做好事前要求，提前培训与规划，秉持着高效化处理企业支持证据链落地的工作原则。

在具体的实现方式上，企业可以采用集中式、分散式等处理方式，高效地满足企业内部风控合规需求。在具体开展中，结合制度流程规范要求的证据链系统、企业实际执行的证据链结果及时比对。通过系统的设计和规划，明晰企业支持证据链类型，借助规划分解的模块化工作，形成简易、简洁化操作的模式，避免企业员工在操作的时候出现各种错误，从而对业务造成一定的影响。具体见图 9-2。

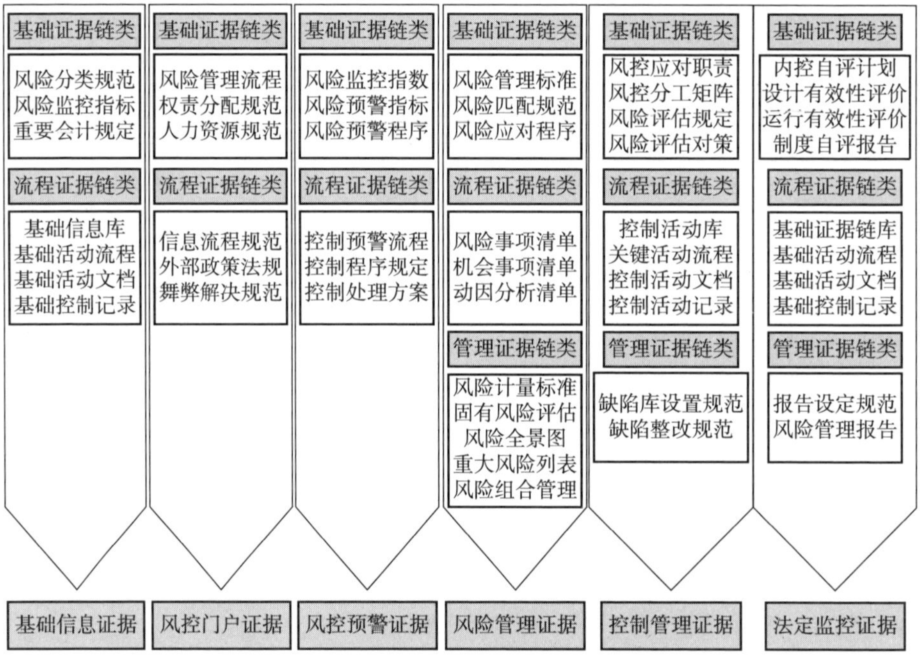

图 9-2 企业风险管理支持证据链系统框架

（二）结合企业日常运营的闭环证据链落地体系

就企业支持证据链的完善要求来说，需要做到流程化、节点化管理。

企业不同系统之间的支持证据链衔接存在不同的控制节点，不同的控制节点的证据链关联度存在很强的内在关联关系。这就要求企业针对支持证据链做好事前的明确，完善支持证据链支持材料，就共性做好系统规范，统一衔接和集成化运作，在推动企业各方面业务开展的同时，解决不同的系统业务支持证据链归集和设定存在较大差异的问题。通过标准化作业，解决证据链的分类、归类、系统化的有机集成和关联存储，使企业在支持证据链的实现层面，可以满足不同层面各个方面的支持证据链落地，提升企业管理的便捷性、高效性。

企业支持证据链设计需要结合经营目标的要求，严格按照企业规章制度，系统做好支持证据链的完善。企业支持证据链在业务端和财务端等不同端口都有管控要求，包括对于各种数据或者业务流程的留痕和确认等。

企业业务流程中各种数据形成的证据链支持，都必须按照一定的规章制度严格进行操作和存储。同时，在证据链支持的检查和稽核过程中，对于企业业务开展过程中存在的错误或者风险性操作，需要按照业务模式和证据链规范模式进行记载，确保证据链的完整性。此外，企业还需要通过有效方式保证证据链系统的安全性。证据链的安全性对于企业来说十分重要。

第二节　企业制度规章证据链的清单与对策

一、顶层设计的支持证据链标准清单及对策

企业需做好基于业务闭环模式的各个业务节点和财务管控节点的支持证据链，系统解决企业内部控制的制度规章和流程类支持证据的建设工作。一般而言，企业的制度规范和流程端证据链证据主要包括：制度规范、管理标准、机构设置及岗位职责、年度计划、工作底稿、专项报告、全面或专项决定书、发现问题整改情况报告、奖惩类处理决定等。

（一）企业信息层面的支持证据链

企业信息类制度流程证据链成果包括以下几个方面：企业战略、企业管理标准、企业财务报表、企业财务全面及专项分析、企业统计报表及分析、企业工作计划及总结、企业各类信息报告等。

信息按来源不同，可分为内部信息和外部信息。企业信息主要形成于企业内部及外部的相关信息类证据链。信息类证据链涉及企业经营相关的财务及非财务的信息。具体包括经营管理信息、财务管理信息、行业信息、经济信息、税务信息、监管信息等。

企业需要对收集的各种内部信息和外部信息进行合理筛选、核对、整合，提高信息的有用性。企业信息使用目标包括对企业经营发展的整理和系统加工，并将信息快速传递。因此，企业信息层面风险体现为：经营发展所需信

息未得到及时收集、收集的信息未得到适当整理加工、信息无法及时准确地传递给使用人。

从这三类风险形成的角度出发，企业需要采取支持证据链的内部控制措施。

（1）企业需要结合实际情况，通过发布管理标准或规定，明确界定相关部门收集内部、外部信息的职责权限、程序、内容、频率等。

（2）企业需要安排相关人员，做好信息的加工与传递工作。及时向适当人员传递足够的信息，重要信息应及时传递给股东会、董事会、经理层办公会等各个层级；为及时获取和传递信息类支持证据链，企业需要采取妥善措施，有效监控有关事件和活动，并对经济、行业因素和控制问题进行迅速反应。

为做好上述细节，企业需要将内部信息和外部信息做好系统加工与传递，完善企业的价值观、道德和行为期望、战略性经营目标、财务政策及程序、人力资源政策、财务信息、经营信息、管理标准信息、综合信息、员工提供的信息、信息系统产生的信息等支持证据链的工作，而在企业外部信息的加工与传递上，重点应做好法律法规层面信息、政策信息和监管机构信息、从客户以及供应商处获得的信息的转化。在企业信息层面的支持证据链落实上，还需要包括信息报告，具体为例行报告、专题报告、综合报告、信息技术的总体规划。

（二）企业沟通层面的支持证据链

企业沟通层面的证据链成果包括以下几个方面：宣传资料、培训资料、业绩考核资料、会议记录、纪要或决议、举报记录、奖励决定等。

沟通层面的支持材料决定了事项的最终设定与执行结果的呈现。沟通效果决定内部控制相关信息在内部各管理级次、责任单位、业务环节之间，以及在投资者、债权人、客户、供应商、中介机构和监管部门等有关方面之间的传递情况。对在信息沟通过程中发现的问题，常规形成沟通支持证据链，以此作为落地实现方式。

为建立有效沟通，企业应从沟通环境、沟通渠道、沟通方式及沟通反馈等多方面进行证据链的建设。通过系统证据链的呈现结果，体现既定沟通层面的效果。有效沟通的特点表现为：沟通频率高、方式随意，沟通深入而平等。因此，对应沟通所需的支持证据链体现在沟通管理标准和系统完备、全方位的信息共享模式完备等。

企业为确保沟通渠道畅通，保证沟通有效进行，需改善沟通渠道不畅、无法进行沟通等问题。具体包括如下四个方面。

（1）企业需要向员工传达其职责和控制责任，并提供支持证据链规范要求，以此促进企业沟通，实现沟通目的。

（2）企业需要建立开放有效的沟通渠道。需要就此编制沟通方面的反馈机制和规范，并对相关方的建议、投诉和收到的其他情况建立记录类支持证据链，并系统推动直到企业就此做出有效的处理。

（3）企业应重点关注内部沟通支持材料的充分性是否与沟通充分性形成一致，信息的完整性和及时性是否体现在支持证据链的完备性上，企业可以系统推动有效履行职责的信息充足性是否充分。为推动内部支持证据链的落地，企业的管理层办公会可以就业绩、发展、风险、重要事件或事故等问题向董事会进行专题和定期汇报，并形成系统支持材料。

（4）企业需要重点关注外部相关方以了解企业运营规范程度，采取及时适当的应对措施。针对外部沟通与交流方面的证据链，企业可以建立客户座谈会编制管理标准、客户走访管理标准，定期与客户进行座谈和走访，听取客户对销售政策的意见和建议，并就证据链编制相应政策。

企业在进行法务管理工作的信息披露等事项时，可以形成系统的支持证据链，可以依法披露企业信息，通过各类报告等方式，让监管者等外部相关方对企业经营状况有更深入的了解，形成系统的外部企业、监管机构、外部审计师、外部律师等层面的沟通交流证据链。

（三）企业反舞弊层面的支持证据链

舞弊是指企业内外人员采用包括欺骗等非合法合规方式，谋取个人不正当利益并为此损害企业经济利益的行为。因此，企业建立反舞弊机制是持续经营的重要保证，为此，企业需要系统做好内部规范，及时发现并规避舞弊产生。企业的反舞弊机制需要做到惩戒与预防两手抓，并重点在预防环节做好各项工作，尤其是支持证据链类工作。

企业反舞弊制度流程类证据链成果包括以下几个方面：企业廉洁责任书、企业反舞弊管理标准、企业文化手册、专项反舞弊报告、核决权限表、经济责任类专项审计报告、反舞弊会议记录纪要或相关决议、舞弊举报记录及舞弊调查结果汇报材料、舞弊整改结果报告等。

企业反舞弊支持证据链体现在企业涉及的可能舞弊的重点领域、关键环节和有关机构在反舞弊工作中职责权限的规定，舞弊案件的举报、调查、处理、报告和救济类程序的规定，企业举报投诉管理标准和举报人保护管理标准类相关程序。通过这些程序性支持材料，防止企业的资产被挪用和侵占，通过规范企业员工的职务侵占方式，防止谋取不正当利益等舞弊行为。

企业反舞弊类机制建设体现在风险防控和证据链支持协同上。企业应设立反舞弊工作机构，做好反舞弊机构的建章立制和与之对应的舞弊风险评估类工作；以反舞弊类规范为要求，开展舞弊调查，提出舞弊处理建议，形成系统的执行层面证据链。执行层面具有实质性意义的支持证据链体现在：不法方式侵占、挪用企业资产并为此牟取不当利益的行为，财务会计报告虚假记载和误导性陈述以及涉及关键信息遗漏或篡改行为，各级人员滥用职权并协同串通舞弊的行为。

为此，企业在做好反舞弊管理内部控制程序、完善相关支持证据链的过程中，应提前设计好相关的管控要求，形成针对关键领域实现不相容岗位的分离制衡原则。在制衡规范之下，编制并做好针对资金收支、物资采购、市场营销等领域的内部控制制度，以系统降低舞弊发生的可能性。因此，企业建立健全反舞弊管理标准的支持证据链规范，可以为反舞弊提供标准保障，有力地推动企业反舞弊调查，采取妥善的方式和合适的措施做好惩处工作。

二、日常运营的支持证据链标准清单及对策

（一）企业内部监督层面的原则证据链

内部监督是指企业在日常经营管理过程中，员工通过履行职责采取的检查内部控制执行质量的行为。内部监督行为在管理层面的证据链体现在：书面检查记录、往来款项询证资料、相关会议记录纪要或决议、相关合理化建议、相关培训资料。企业内部监督履职层面的支持证据链主要包括：相关管理标准、岗位职责、年度计划、工作底稿、专项报告、专项意见书、问题整改情况报告、处理或处罚决定。

内部监督体现在企业对证据链建立和落实情况的常规监督检查。企业可以通过定期或不定期方式，就企业发展战略、组织结构、经营活动、业务流程、关键岗位员工等各个重要环节，对形成的一方面或者某些方面证据链系统做有针对性的材料检查和监督检查。内部监督层面的支持证据链需要做好

合法合规、真实有效、分级负责、闭环管理等四个原则的贯彻。确保通过证据链的落实，发现企业在运行过程中出现的内部控制类相关问题和企业风险类问题，并通过证据链的确定，明确企业的缺陷，做好整改工作，系统维护企业体系的健全有效。

为此，企业制定内部控制监督管理标准类证据链，是对企业整体利益的维护。企业需要修订建设管理标准、监督标准和相关规范，明确相关监管机构的职责权限，规范程序、方法和要求，从而保证企业的管理体系安全、稳健、有效运行。为确保运行有效，企业需要收集支持企业正常运作的证据链。

（二）企业内部自我评价层面的原则证据链

企业内部自我评价层面的支持证据链主要包括：相关管理标准、内部控制评价报告、检查记录、会议记录、纪要或决议、整改记录。

企业应当结合内部监督情况，定期对内部控制落地的支持证据链的系统性、体现的内控有效性进行自我评价。从风险层面，企业需要充分识别影响企业经营目标实现的风险因素，对相关缺陷进行整改，以维护企业整个运作体系的健全有效。

为此，企业应围绕内部环境、风险评估、控制活动、信息与沟通、内部监督等要素，确定自我评价的具体内容，落实各项支持证据。依据支持证据材料，对内部控制设计与运行情况做好系统的内部自我评价。

对获得的相关证据，企业需要结合实际情况做好相关缺陷的认定，可根据证据链类型分为**设计缺陷证据和运行缺陷证据**。

因此，企业层面的内部评价很有必要结合获得的证据，对上述两类缺陷进行认定，并按照内部控制职能要求，分别界定为重大缺陷、重要缺陷和一般缺陷。认定之后，企业需要以书面或者其他适当的形式形成相关的稽核证据链，包括保存内部控制实施过程中的相关记录或者资料，确保内部控制实施过程的可验证性材料的汇总以及编制相关报告。

（三）企业目标设定层面的原则证据链

企业目标设定层面的支持证据链主要包括：企业发展战略、企业发展规划、阶段性经营计划、阶段性全面预算、战略发展规划执行分析报告、绩效考核指标及考核结果。

为此，就企业设定目标层面的证据支持而言，企业需要综合考虑市场机会与需求变化、竞争对手状况、可利用的资源水平和自身优势与弱点等情况。

企业需要在充分调查研究、征求意见和分析预测的基础上制定经营类目标。

企业需要根据自身的发展目标，系统制定企业战略规划。企业的战略规划体现企业在相关阶段内的市场拓展能力、盈利能力、资产质量、创新能力等，确保企业的长期核心竞争力。

企业股东会和董事会都需要对企业发展目标和战略规划进行审议和批准。

企业目标设定环节的支持证据，体现在企业的发展目标和战略规划、战略期间时间进度的安排材料、企业阶段性经营目标执行进度材料、企业年度工作计划和财务预算体系编制材料。企业应确保在发展战略分解、资产规模、利润增长幅度等层面做的相关工作和支持性文件，均基于财务量化投资和投资回报形成技术创新、品牌建设、人才建设、标准建设、企业文化建设等各个方面的支持材料。企业各机构根据职能分工，对分管的业务和管理流程设定具体的管理目标，通过逐步落实流程目标，保证机构分管指标落实全部工作文件系统和材料。

（四）企业控制活动层面的风控矩阵及核决权限证据链

企业的控制活动是指企业根据风险评估结果，采用相应的控制措施，将风险控制在可承受度之内的行为。企业的控制活动体现了企业内部控制与风险管理的系统融合，是实现一体化建设与运行的重要手段。企业控制活动层面的支持证据链主要包括两类。

1. 企业基于流程图设计的风险控制矩阵类文件

从企业控制活动层面的落地和协同角度，企业的控制体系证据文件重点强调控制目标、风险描述、控制措施的一致性以及针对重大风险制定的关键控制措施的有效性。

为此，企业需要就支持证据完善企业风险控制矩阵，以此形成系统的风控矩阵证据链。风险控制矩阵是确定流程控制目标，并以此为基础，将流程中涉及的风险和对应的控制措施进一步进行系统的汇总和分析，从中发现控制缺陷，结合缺陷提出改进建议的一种矩阵类型。因此，风险控制矩阵是比较合适的支持证据。

风险控制矩阵协同企业制度编制业务流程，尤其是以末级业务流程为基础，通过表格形式，将企业的控制目标、风险描述、风险归类、控制措施、执行部门和岗位以及控制证据等进行系统、完整、全面的体现。

风险控制矩阵模式，可以从一张表单体现出企业推动业务的工具和方法，形成证据支持的落地机制。风控矩阵可以为业务操作人员以及管理人员发现流程层面的缺陷、评价控制的有效性提供参考，并为企业各级人员提供明确的企业管理思路。

风险控制矩阵为企业相关人员做好证据支持的评价提供合适的集成方案。一方面，企业各级人员通过风险控制矩阵中涵盖的所有控制目标、风险描述与控制措施进行比对确认，另一方面，企业可以根据管理标准、业务测试、穿行测试、执行性测试等，系统判断企业流程的设计是否有效、执行是否到位。

2. 企业核决权限表类文件

核决权限表是企业内部控制和风险管理的重要组成部分，该表将企业的计划、组织、用人、执行、控制的各个环节，做了全面、系统的描述，对企业授权机制的构成、应用和监控做了确定，对企业的业务性质、体量规模的分级授权和制衡机制做了细化，落实了企业内各级批准权限的界定方法。

因此，企业设置科学、明确的核决权限表，有助于企业股东会、董事会、管理层和各级管理人员以及企业不同部门的职责人员，做好各项决策、经营活动的授权审批，并以此进行企业的系统化运营，确保决策的科学性，实现企业经营管理效率的提升。

第三节　企业成本费用证据链的路径与对策

费用管理的支持证据链是指与税前扣除凭证相关的资料，主要包括合同协议、支出依据、付款收据等，这些数据将被保留以供日后参考，以证实增值税抵扣文件的真实性。简言之，费用管理的支持证据链是与费用交易相关的合法扣除凭证的辅助材料。多个证据相互关联、彼此印证，共同证实费用交易的真实性、合理性和合法性。

一、企业成本费用类支持证据链的实施路径

常规而言，在企业的经营管理中，合同审核时间可能受制于内部管理，导致流程长且不规范。在费用类业务方面，费用审核人员要长期审批大量的单据，如供应商清单、请购单、订购单、合同协议、付款凭证等。报销单据处理不妥容易导致时间的耗费，业务发生的时间不确定、各单据资料的流转

时间不定，还容易导致各单据之间的关系割离，难以形成系统的、完备的、准确的业务证据链。

（一）企业成本费用类证据链的系统路径

企业的费用报销时间较长，问题单据处理效率低。由于这两个问题的存在，企业的费用管理容易导致证据链不完善。不完善体现在内容填写有误，费用报销的一体化附件相关支持证据链不系统、不完整，影响业务活动的开展，也可能违反税务监管对完整性支持材料的相关要求。

企业的成本费用是企业的成本类中心，对成本费用支出的有效、科学、降本等要求非常重要。企业需要通过顶层设计和制度建设，同时匹配科学的核决权限管控方法，结合信息化路径的设计，使企业费用支出受控，系统提升企业成本费用管理的效率和效果。

企业需要系统推动“业务流、合同流、发票流、资金流”四流合一，形成系统的支持证据链，从而确保企业的费用管理合规。具体见图 9-3。

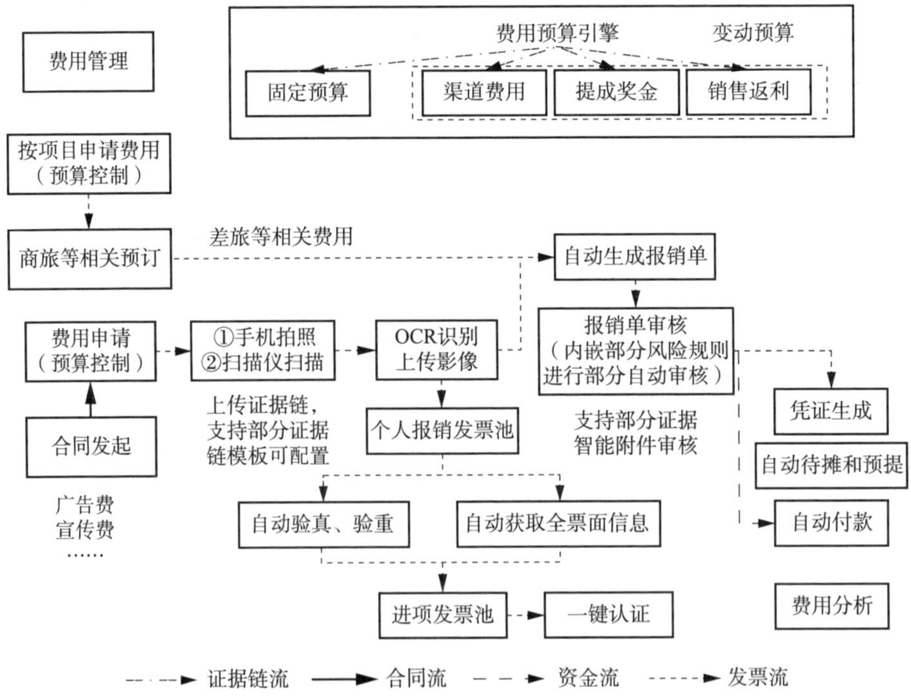

图 9-3 企业成本费用类证据链落地路径

（二）企业成本费用类证据链的智能化转型路径

企业在费用管理、会计做账、报销流程、税务监管等方面面临着不少难题。在这方面，企业基于证据链的管控模式作用明显。

证据链是企业执行合规业务的事实、在关键时刻维护自身利益的有效证明。为此，企业通过固化业务内容和流程，通过对费用管理支持证据的融合共享模式，实现证据链系统的共享共通，实现企业高效管控。通过企业对费用备查资料的融合管理，实现企业费用管理的证据链系统，形成系统证据链留痕和支持材料的完整系统性。

通过系统的融合方式，解决证据支持的可追溯，通过完整的证据还原业务本身、追踪处理过程，更好地进行费用报销与控制。此外，针对企业面临的税务检查，企业证据链支持系统形成的工作成果，作为企业合规合法的依据，可以帮助企业有效地保障相关利益、规避风险，形成企业经营的渠道透明化、商业伙伴合规化、费用管理合规化、成本核算准确性提升的系统协同。具体见图 9-4。

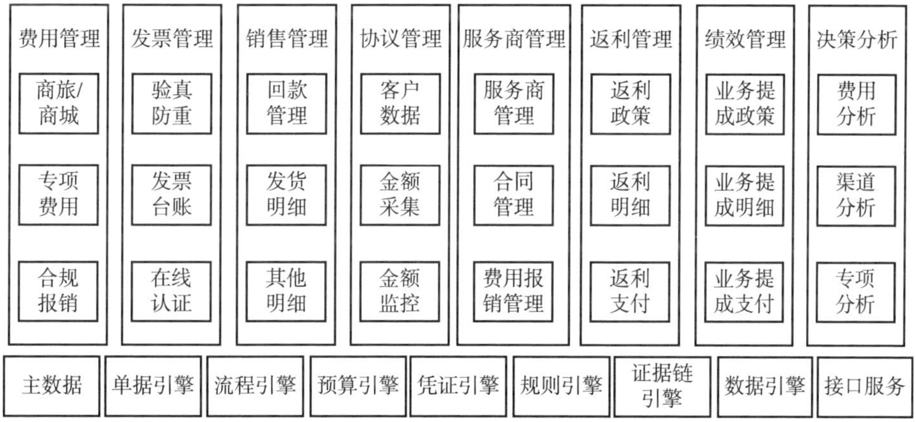

图 9-4　企业证据链支持智能化转型的综合功能集成一体化

二、企业成本费用数字化的对策与协同路径

（一）数字化成本费用的证据链转型对策

数字化赋能之下，企业费用管理的支持证据链转型涉及两个层面。

1. 费用审核业务层面的证据链落实

企业在发生费用业务时，首先要对供应商清单进行筛选，并编制请购单、采购单。之后，企业正式与供应商签订交易合同，供应商通过企业向财务共享中心提供货物发票，由财务人员审核无误后记录该笔费用，并将费用业务保存在系统中。在此过程中，完整的证据链包括供应商筛选清单、请购单、采购单、合同协议、发票、付款凭证。不少企业审批流程仅包括部分材料，例如仅仅包括发票扫描和审核、数据录入和处理、银行支付、供应商反馈等内容。在这几项支持材料中，缺少对费用业务申请过程的呈现，内部单据流转信息类证据链缺失。

2. 费用报销业务的证据链落实

费用报销主要通过自助报销系统完成。首先，员工将需报销的票据传递给票据中心，由扫描岗通过影像系统扫描后上传至自动报销系统，共享中心接收数据，审核岗进一步审核业务单据，结算岗收到支付指令后办理费用支付业务。档案部匹配原始单据、打印凭证并进行归档处理。以差旅费的报销为例，完整的证据链应包括报销单、所附车票、人员数量信息等。不少企业的相关报销流程仅包括票据接收和扫描、票据审核和处理、银行支付等。因此，这些支持材料和完整的支持材料相比存在缺失。

（二）费用管理智能化证据链的协同路径

常规而言，企业的费用管理支持证据链的系统优化，涉及企业制度规范层面和具体实操的线上转型层面。

1. 原始单据借助制度规范的优化形成分类分级

在原始单据层面，企业需要提前设置标准和规范，若因涉及单据多而繁杂且无规律性，未设置分类别的模块，便无法形成完整的费用证据链系统。因此，企业需要就证据链完整性进行规范，形成完整的证据链条。这样，一方面辅助企业监控所有费用业务，提高管理能力、减少不必要支出；另一方面，预防费用报销作假、降低财务风险。

2. 企业的原始单据影像扫描系统落地并实现线上模式的转型

在费用管理中，对原始单据的收集与识别、凭证和账目的审核与录入形成线上单证共享意义重大。业务部门填制整理的单据文件线上化转型包括实现线上原始单据审核，设置共享处理模块，实现在系统中接受、汇总与审核原始凭据，提升企业各个层面费用控制系统的效率。通过智能化系统自动检测凭据存在的问题并实现准确智能审核、准确录入，以合法性检查为主，辨别作假为辅，提升企业支持证据链辨别的效果。

利用智能报表系统记录费用证据链。企业通过智能报表系统，将与费用相关的活动设置成独立板块，并基于工作流自动进行数据导入与最终生成，利用系统提供多样化的数据分析、生成详细的数据报告等。当相关人员有查看需求时，只需选中费用板块便可完整地查看与具体业务相关的完整证据链以及相关的智能分析。在智能报表的辅助下，企业能够改善费用管理的具体环节，降低成本提升效率。整体改善证据链支持的路径见图 9-5。

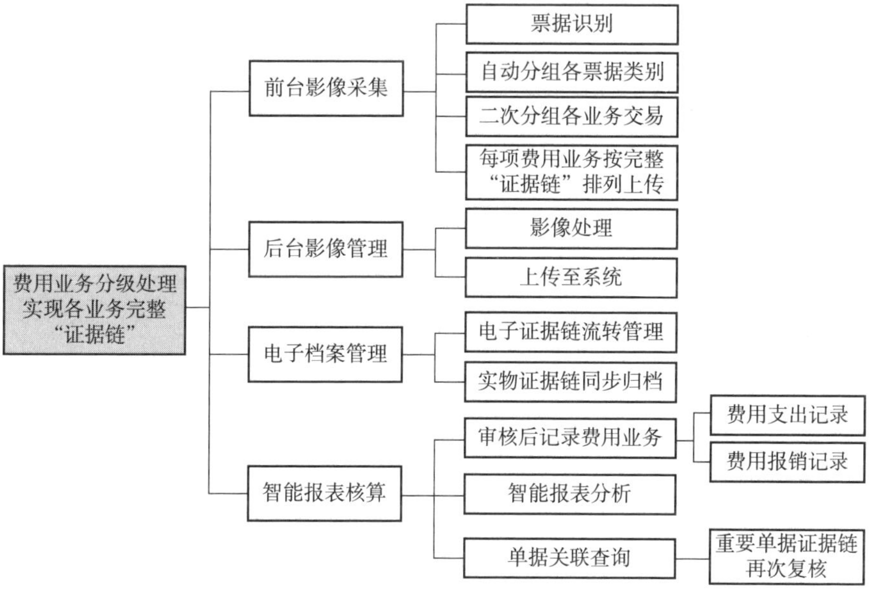

图 9-5　费用业务以及相关证据链处理改善路径

第四节　企业经营管理证据链的对策与案例

一、企业业务合规监管的支持证据链

企业支持证据链的合规标准和系统建设，关系企业本身监管层面的穿透式稽查和联动式检查。对系统的上游和下游本身的合规性，作为处于整个业务链条中的企业本身，需要系统关注。企业除了增强自身核心竞争力、提升议价能力，还要做好上下游专业服务机构和生态类企业的系统建设。具体企业业务证据链标准化管理与演进路径见图 9-6。

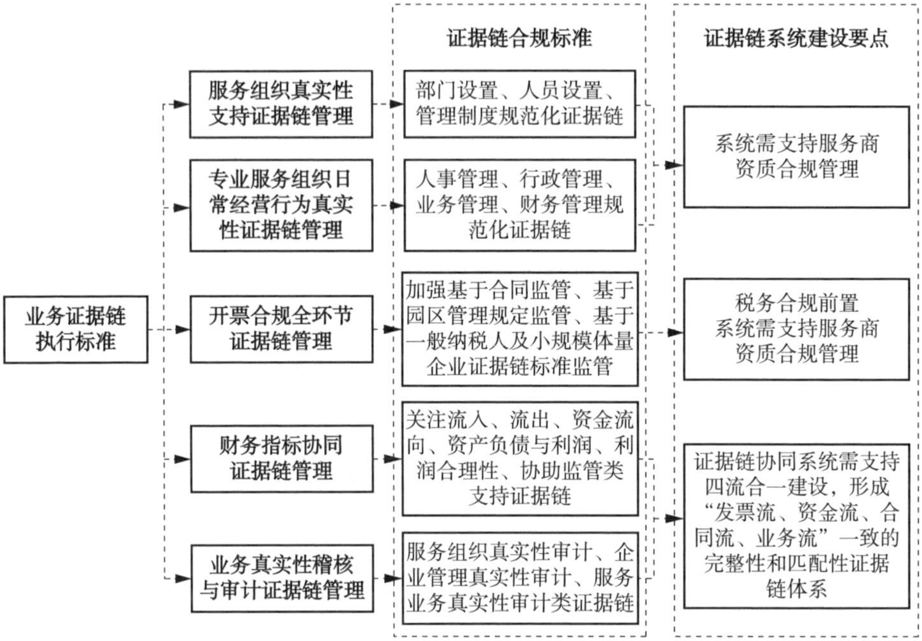

图 9-6 企业业务证据链标准化管理与演进路径

为此，按照各级监管机构的监管模块和监管要点，企业做好监管节点分解，以达到监管机构的监管标准要求。

（一）专业服务类一般纳税人企业的证据链管理标准

1. 服务组织真实性支持证据链管理层面

在人员配置层面，做好三项标准的确定，包括：人力配置是否符合标准，是否签订劳动合同或劳务合同，是否安排专职人员办理社保，尤其核心人员是否办理相关社保。

在管理制度证据链层面，是否完成基本制度的编制和规范并在组织内部做好培训和指导。具体包括的基本制度有：财务管理制度、推广会议管理规范、专业拜访工作规范、市场调研工作规范、服务组织人员绩效考核管理制度。

为达成基本的监管标准，企业需要就经营类档案在首次开具发票类证据材料之前归档，确定基本的审核标准，包括具备服务组织基本要素，体现服务组织职能，服务岗位职责，服务管理功能；满足专业服务机构的主体经营范围的确定类要求，体现部门职能去销售化、岗位职责去销售化、绩效考核去销售化、管理制度去销售化功能；具备基本人力基础，包括有专职管理人员和一定数量业务人员。

2. 专业服务组织日常经营行为真实性证据链管理层面

人事管理层面的人员月度绩效考核表、工资表、月度社保缴费凭证这三类支持材料，是人事方面重要的支持证据链。

行政管理层面的组织注册登记信息变更材料、注册登记联系人信息的真实性材料、部门设置、管理制度、人员等调整变更材料、组织联系人联系方式有效性材料，这些一揽子行政管理层面的支持材料，是企业行政管理正常化的支持性证据链。

业务管理层面的月度服务合同、月度服务实施计划、月度服务实施清单、服务实施证据链、服务业务管理真实性证据，是企业经营业务管理类正常化和合规化的有效支持证据链。

财务管理层面的月度财务账套和财务原始凭证材料、服务费用结算凭证、业务费用支付凭证、月季年各个期间节点的涉税资料、组织注销时是否完成清算材料，都是企业合规化的财务基本运营层面的有效支持证据链。

3. 开票合规全环节证据链管理层面

从合同到发票开具，从发票开具到各项关键要素标准的一致性，这几个层面是否出现异常决定了企业基于合同开具发票的证据链的真实性与关联性。

企业经营很重要的一环是合同的证据链监管。在专业化服务组织和代理商层面，以及供产销一体的上下游企业层面，针对合同的相关服务体现在合同服务属性审核、合同主体与开票单位一致性审核、合同金额与开票金额对应性审核、服务科目与合同一致性审核等工作。因此，企业基于管理规定的监管层面，主要体现在组织真实性资料是否齐全、经营真实性资料是否齐全、开票通知单、开票对象是否为准入企业这些基本材料的整理和归集。

除了一般纳税人，针对小规模企业标准监管层面，需要系统关注累计开票金额是否超标，以及连续 12 个月开票金额是否超标。因为超标行为容易导致企业从小规模纳税人转为一般纳税人。由于系统自动识别和智能化程度不断提升，可能会导致企业一般纳税人自动调升认定模式，为此，企业在开票合规环节的全环节证据链监管层面，需要注意以下几点。

组织真实性档案是否齐全；经营真实性档案是否齐全；在合同监管标准层面，开具发票的全链条过程中服务合同是否具备，合同双方是否符合封闭管理原则；开票监管标准是否完备，包括开票单位与合同是否一致、开票科目与合同是否一致；组织真实性、经营真实性资料是否齐全；财务指标是否存在异常；企业开票额度是否存在异常。

4. 财务指标协同证据链管理层面

在资金流入层面，企业资金流入体现在服务费回款单位与合同签署单位的一致性。

在资金流出层面，企业需要落实相关的对比类证据，以落实和匹配监管要求。其中包括各项支出的流出类费用类型占总费用比重的各期变化，或是与既定预算对比，支出的资金拨付对象需要具备合理性、费用核算内容去敏感性文字需要具备规范合理性。

在资金流向层面，企业需要确定，针对专业化服务层面，做好发票流、资金流、服务流、合同流的四流一致；针对代理商代理机构的产品购销层面，做好发票流、资金流、货物流、合同流的四流一致。

在资产负债与利润层面，资金余额是否出现异常、业务相关时期或自然年度内利润率水平是否出现异常。

在利润率合理性层面，企业需要落实针对客户的核定征收利润率是否合理，核定征收利润率合理原则与行业的相关匹配度是否合理。

在协助监管层面，企业需要协助税务监管部门完成相关工作。按照税务监管部门的管理标准，协助完成针对完税层面、发票抵扣层面的协同监管类服务。

为此，企业业务监管的标准执行之后，企业财务系统和审计系统相关人员，应协同企业合规相关人员，针对相关费用做好事前规范、事中检查、事后整改的协同作业。

5. 业务真实性稽核与审计证据链管理层面

主要体现在服务组织真实性审计、企业管理真实性审计、服务业务真实性审计。服务组织真实性审计体现在基于审计时点的组织真实性审计、去销售化审计。企业管理真实性审计体现在两个方面：基于流程的内部管理真实性审核体现在社会通用标准，管理制度审计体现在企业内部标准。服务业务真实性审计体现在基于流程的内部管理真实性审核、服务证据审计和部分管理证据审计。

（二）专业服务类小规模纳税人企业的证据链管理标准

专业服务类小规模纳税人企业，主要涉及以会议支持服务、专业业务实施服务、市场调研服务类为主的相关专业化支持服务。

1. 会议支持服务涉及的相关支持证据链

会前准备阶段：服务流程节点涉及会议审批、发放会议通知两个环节，需要完成的支持证据链包括会议计划审批单、会议通知单。

会议开会阶段：包括会议现场签到、启动会议的会议日程、会议进行过程三个环节，支持证据链涉及会议签到表、会议日程表、会议照片（涵盖全场，体现基本人数、体现会议主题，部分会议类型不需要）。

会后收尾阶段：包括参会专家、场地等费用核销两个环节，需要完成费用清单、费用凭证。

2. 专业业务实施服务的相关支持证据链

专业业务实施服务前阶段的相关事项：制定专业服务或拜访计划，企业做好相关的服务审批工作；形成专业业务实施服务的拜访计划支持证据。

专业业务实施服务进行阶段的相关事项：安排专业化服务事项，包括拜访客户在内的行程证明。证据支持包括交通类票据、收费票据，手机等定位系统、目的地目标机构沟通类照片；相关行为类证明材料包括拜访或沟通交流汇总表以及汇总表后附的支持证明类照片或图片。

专业业务实施服务结束后阶段的相关事项：具体包括针对专业化服务事项形成的费用支出，以及针对这些费用支出的核销费用清单、费用凭证等。

3. 市场调研服务类相关支持证据链

市场调研服务前事项：制定市场调查方案，并根据调查方案制定调研实施计划。为此形成的证据链支持材料包括市场调查方案、调研实施计划两类。

市场调研服务实施过程中事项：包括实施人员制定个人实施计划和收集调查信息两个层面，具体形成的支持有效证据链包括基于业务合理、时间合理、跨度区位合理、人员合理、逻辑合理前提下的两个类型。

首先，行程证明支持证据链类，可以有交通票据、收费凭据、手机定位、调查目标照片等相关材料。其次，行为证明支持证据链类，可以有调查对象出具的包括签名、身份证复印件、照片等证明，包括调查现场照片和调取的资料类照片类证明，发放的调查问卷和调查地点确定的相关稽核类证明。

市场调研服务实施后事项：相关支持证据链体现在完成市场的现场调研之后，专业化服务企业提供给需求调研类企业的调查报告，以及相关调查支出的费用报销材料。为此，相关的支持证据链包括调查报告、调查问卷、统计表、费用清单、费用凭证等相关类型支持材料。

二、P 企业内控与证据链支持协同的案例

（一）P 企业情况介绍

P 企业是从事医药制造的集创新研发、生产、销售为一体的制造型企业，由 2 位自然人发起，并采取 1 家创始人有限合伙企业、1 家股权激励有限合伙企业投资的设立方式。P 企业注册地在 H 省 S 市，注册资本金为 7000 万元，企业成立于 2013 年。

P 企业自创立起，借助医药产业蓬勃发展的东风，抓紧首仿美国同类的 M 领域类药物，至 2018 年成功实现营收过亿的目标。

2018 年，P 企业在 M 领域的医药产品销售、研发、生产格局蓬勃发展的背景下，意识到在确保企业战略目标实现可控性的同时，要兼顾产业发展的差异性和灵活性，才能实现高质量增长；而传统的管理面临着业务标准差异大、项目及员工分散、系统平台不统一等诸多挑战，企业逐步开启了管理的系统转型。

P 企业积极探索 M 领域治疗赛道的医药产品创新，不断扩大资产规模，不断增强业务实力。P 企业产品中心在 2020 年被列入省级创新名单。基于国家集中药品采购模式，P 企业的部分产品在 2020—2021 年未中标。为此，P 企业加强了两个层面的工作：一方面加强研发投入，2022 年 P 企业基于发展的需要，持续重视研发投入，以系统的创新产品管线入选 H 省专精特新示范企业名单；另一方面加强成本管控，通过规模化生产模式的落地，成功降低 M 系列医药产品的总成本和单位成本，采取让利模式，在 2022 年成功实现主要产品进入国家集采目录。

但是，P 企业在营销合规的管理环节出现很多问题，具体体现在如下三个方面。

第一，费用管理弱，费用控制差，营销费用高。产品流向没有安排统计，无法把控企业营销市场的终端客户，代理商较多，通过代理商推动业务，企

业无法掌握药品在渠道和终端的真实分布。

第二，合规管控弱，经营风险大。税务合规风险加剧，代理商费用支付方式采取开具发票并支付费用的包干模式，费用计算设计本身环节多，且体系庞大复杂，有不少刻意套现的行为，代理商的行为受企业管理的约束很薄弱，商业贿赂层面的风险很大，为合规管理带来困难。

第三，费用分析难，费用投向模糊。企业的药品营销效能无法可视化，部分药品集采后，成本核算受制于手工报告反馈不及时，难以结合多维度数据进行全面准确的营销可视化，也难以进行终端纯销分析，业绩考核、费用核算，甚至成本核算都受制于购进环节，导致分析决策不准。

（二）企业风控融合支持证据链的六步法转型

P 企业按照合规化设计，重新修订了组织架构图，针对企业的组织体系与管控实施方案，采取穿透式管理模式，在业务管控层面，进行了系统的专项合规的顶层设计以及转型工作。

为了进一步打造高效共享服务体系，P 企业在服务模式创新、数字化技术应用，以及智能语音机器人应用等方面，积极探索，在提高服务效率的同时进一步降低企业成本。同时，对全面风险管理的组织体系也进行了系统的调整优化，具体实施了六步调整转型方案。

1. 调查研究

确定性质，模块量化，确定标准与差异，明确需要处理的风险模块，明确风险防范的层级。简单来说，就是知己知彼。通过系统诊断，P 企业明确了企业的合规现状，针对合规类型进行分类，定性定量，对症解决问题。P 企业结合国内外宏观经济政策以及医药产业层面的经济运行情况，针对细分医药行业运行和发展状况、国家产业政策，进行了系统的政策研读和对策的顶层设计。

P 企业针对首仿类药物和其他相关仿制类药物，结合自主创新药的研发，系统推动技术创新的实践，并就相关业务节点做好合规化的设计和安排。P 企业结合市场建设产业链协同的战略合作伙伴生态企业关系，包括代理商、营销专项服务组织等；同时结合主要客户、供应商及竞争对手的有关情况，针对性采取国家集采的应对策略，做好精准的市场营销方案与设计。

2. 分析过程

按照闭环思维，重点落实企业现有特质资源，落实外部政策环境与企业营销模式风险点。针对企业的实际情况进行筛选定性，落实一体化模式中涉及采购、生产、营销的运营模式，落实流程问题和需要解决的合规化问题症结点；对企业当前已经累积的特质资源，做定性判断，对产品做准确的定量分析，对历史遗留问题进行分解处理，重点是分解分拆和软着陆。同时，确定P企业接下来要走的发展模式。此外，还要考虑涉及终端客户维护模式的转型：向P企业源头挖掘，对采购、生产、营销一体化及企业一体化模式进行分解。

此外，企业结合市场费用较高的问题，按照经营管理证据链类要求，就企业治理、资源配置、经营管理、企业文化、信息沟通等现状以及调整转型要求，做好细化方案，尤其针对反商业贿赂行为涉及的点实施系统的转型对策，解决资金出口的指向性问题，将不合规的与销量挂钩的行为，变成企业自主经营类的日常管理行为，量化工作量，转化传统的简单粗暴的模式。

3. 方案优化

重新梳理营销模式，重新设计总体的合规证据链新落地方案。系统优化企业对外投融资流程中曾发生或易发生错误的业务流程或环节。优化企业发展战略和规划、投融资计划、年度经营目标、经营战略，以及与编制这些战略、规划、计划、目标有关的工作，持续加强企业股东会、董事会、管理层三层沟通机制，加强针对营销一线的内部审计跟踪和稽查机制，系统建设内部控制检查评价体系。

P企业深刻认识到，合规证据链只有做到深度才能解决问题，第一步需要解决形式完备性，至少在两层实现证据链设计；第二步需要解决实质完备性，将证据链与外部商业企业等各类机构协同嵌套，完善证据链防火墙。特别需要注意的是，解决穿透式稽查的风险管理防火墙设置需要考虑有效性和适度性，兼顾成本效益原则。为确保形式合规的落地以及实质合规的落实，要做好持续优化工作。

4. 财务前置

优化财务管理配套设计，变被动为主动。财务预算工作务求升级升格，P企业总经理亲自带头推动，将财务预算提升至行为预算。这个以过程KPI为节点的行为预算模式，就是在各节点都采取合规化证据链，来匹配穿透式稽查要求的证据材料，尤其是营销费用与成本费用的完整性、合规性。在这个设计环节，如果采取信息化系统有助于重复性和繁杂性支持证据链的归集和整理。可以支持合规化落地的外部机构，包括专业化服务企业。此类企业务必是正式运营的、符合经营业务要求的企业。在财务前置筹划过程中，应充分考虑 P 企业在产业政策区域或税收优惠政策区域进行税务统筹。

P 企业从新的发展阶段和合规化转型的模式开始，持续加强风险管理的定性、定量结合的管理方案，加强结果与绩效挂钩并向董事会汇报的强管理模式，实现以内部控制为基础的风险管理转型。为此，企业对内部控制手册进行系统编制的同时，植入风险清单。梳理形成全环节对接的风险事项，落实大类一级风险、二级风险、三级风险和四级风险组成的风险清单，并与内控措施建立对应关系。

持续加强顶层设计，解决转型过程中前瞻性不足问题。针对 P 企业税务风险问题，落实转型需要的前期问题以及针对现状的调整方案。针对部门协调不足、信息传递不足，设置分级分类对接模式。针对企业发展方向，提前设计有关证据链嵌套的管理模式；针对业务事项，加强管理会计模块的测算配套；针对费用通路问题，进行基于企业高度的方案筹划和设计。

5. 以人为本

人员绩效考核与行为评估体系的落实，结合企业治理层面权责利的重新梳理，严格考核培训。P 企业从合规与风险管理导向出发，从上述落地方案中，推动内部培训和匹配考核工作。P 企业将流程环节按 KPI 指标进行划分，在人员层面进行文化熏陶和技能培训，提升精益管理模式。在立足合规层面，确保企业及其员工管制守则的合规义务明确彻底，针对“发票流”与“业务流”统一的证据链要求，从一线到后勤，进行系统性培训宣贯。在立足风险管理层面，P 企业一方面遵守国家法律法规等外部规则，另一方面遵循企业个性化制定的内部准则制度，并在企业内部形成制度文化，为完善业务证据链打下管理基础。企业文化的培育有助于带动精细化管控模式的落地。

6. 系统运营

P 企业采取系统运营方式，结合企业新的商业模式、营销模式与财务管理模式的转型调整，同步细节流程优化和业务并轨调整执行落地。

P 企业在人员培养、模式转型、证据链完善等防火墙设置完成之后，在总体形成闭环的前提下，系统运行上述流程和方案，同步培养培育精细化管理思维，完善证据链管理的新企业运作模式。通过合规形式和实质性操作，实现资金通路的安全性，结合外部环境变化，动态优化新运营模式。P 企业结合系统运营，不断发现不足，减少冗余环节，优化防火墙设置的适用性、经济性。实践证明，只有不断发现问题节点并及时优化，才能不断迭代，保证外界监管政策要求与企业特色合规通路的有效落地。

总的来说，在国家严格监管政策下，P 企业以合规转型和证据链落地的协同，系统提升营销端管理模式，从营销端纵向推动企业整体运营系统的改善，系统提升企业支持证据链的管控，从根本上改善了企业的运作模式，提升了企业核心竞争力。同时，P 企业通过动态、有效的合规管理解决了发展过程中的风险管理。通过系统运营，形成具有 P 企业特色的创新文化与合规管理文化。两者的有效结合，推动了 P 企业实现可持续性的快速发展。

P 企业的六步法模式，建立了包括技术部门、业务部门在内的第一道防线，建立了风险管理部门负责的第二道防线，以及审计部门负责的第三道防线。三道防线齐抓才能确保数字化风险在企业中得到有效控制，为探索具有企业特色的合规运营模式提供了系统性思路。具体见图 9-7。

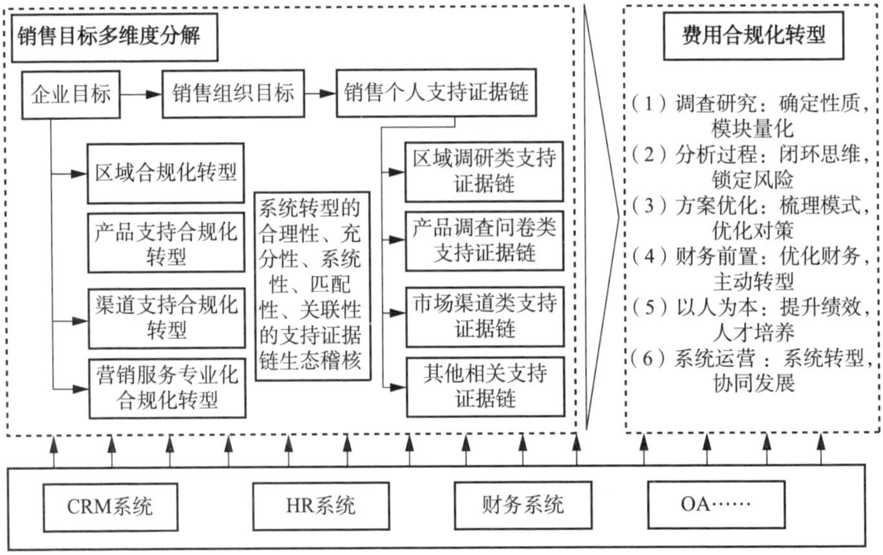

图 9-7 企业推动证据链支持系统转型的六步法过程方案

第五节 本章小结

业财融合的背景下，企业风控合规五项职能工作的有效实现，需要企业做好证据链的支持链条，系统解决问题并就证据链做好优化调整。企业支持证据链的落地，涉及两个层面。

首先，通过制度规章层面的建设，形成防火墙系统的顶层设计证据链。这个制度流程层面的设计，为企业管理实现建章立制、按照企业既定的管控模式实施提供了保障。企业为规避管理风险，确保战略的执行落地，需要系统落实支持证据链，在企业风险管理五项职能落地的执行端做好支持和服务，解决企业责权利对等和执行管控责任的比对稽核问题。

其次，执行层面的证据链涉及成本费用和经营管理两个子系统。在成本费用管理支持证据链系统的对策和模式之下，通过推动企业证据链管理的落地，实现企业核决与财务核决的协同，连带专项项目核决的支持协同，使企业的证据链支持系统在制度建设、内控建设、流程管控建设的协同下，形成集完整性、关联性、充足性、匹配性于一体的有效生态。

因此，从企业支持证据链的协同角度来看，证据链的完善可以系统助力企业实现业务闭环、资金闭环、票据闭环，助力企业实现管理的“四流一致”，系统降低企业管控风险。

本章参考文献

[1] 江海兵，卫林英．基于新业态共享经济的企业人力资源管理模式创新［J］．中阿科技论坛（中英文），2021（2）：60-62.

[2] 刘红霞．基于共享经济背景下探析人力资源管理模式［J］．财会学习，2017（4）：193.

[3] 张玉红．构建“互联网+”模式的人力资源共享平台思考［J］．纳税，2018，12（21）：202.

[4] 周晶，王帅，刘坤，段泽源．智慧业务协同共享平台智能化服务体系研究［J］．信息与电脑（理论版），2020，32（16）：141-143.

[5] 杨志学．智能化趋势下企业人力资源管理变革研究［J］．中国管理信息化，2022，25（4）：141-143.

[6] 杨文新．智能化趋势下企业人力资源管理变革的实践与探索［J］．人才资源开发，2019（21）：76-78.

[7] 王丛琳．大数据时代人力资源信息管理智能化的挑战和对策［J］．管理观察，2019（13）：82-83.

[8] 陈益民．公立医院智能化合同管理的研究与思考［J］．卫生经济研究，2022，39（4）：86-89.

[9] 郭乃晨．智能化合同管理在国企管理创新中的作用［J］．环球市场信息导报，2018（18）：45-46.

[10] 贺娟，孙昆．国有企业基于合同管理的合规管理运行机制建设研究［J］．中国商论，2021（16）：117-119.

[11] 连洁．国有企业合同合法合规的必要性及相关策略研究［J］．法制博览，2022（15）：138-140.

第十章 十大风控合规工具之流程管控

各个企业经营管理环境不同，但风险辨识的方法主要基于对流程的判断。按照流程判断逻辑，企业的风险辨识模式体现在基于流程分析层面和非流程相关层面的风险辨识。企业通过系统查找企业各业务单元、各项重要经营活动及其重要业务流程中是否有风险，有哪些风险，并通过全面风险管理体系的建设，形成基于流程分析的风险辨识体系。企业通过系统识别不同业务节点中的主要风险点，对风险点进行编号并描述，并对被识别出来的业务流程风险按照事先制作好的风险分类框架进行归类，对辨识的结果进行整理，并就流程管控节点的风险提出系统的改善建议。

企业按照制度规章的设计，通过核决权限的分授权模式，借助流程管控效果，提升企业成本费用支出的合理性和费用支出的“四流一致”匹配性，促进企业成本费用管理过程可控，系统提升企业流程管控的降本增效，提质增收。

第一节　企业五项职能的一体化融合

一、企业五项职能流程管控的时间节点与流程节点

在风险辨识层面，企业应就全面风险管理体系建设设计好系统步骤和流程：首先，进行制度规范等文件梳理，形成流程目录阶段成果，列出文件清单，收集企业外部风险初始信息，结合企业内部情况，开展流程风险分析。在流程风险分析过程中，针对流程风险现状做好分析表，形成初步风险清单。其次，制定并确定风险评估标准，针对标准开展流程风险评估，填写流程风险归集表，绘制风险坐标图。再次，结合流程类图表，形成重大风险清单和风险损失事件库，以此为基础，形成基于风险辨识的重大风险深度分析，确定重大风险承受度指标，形成解决方案。最后，结合企业实际情况制定并实施重大风险整改计划，系统修改体系文件，改进优化，形成企业新的制度体系。

（一）企业全流程管理的时间节点与一体化闭环路径

企业设计流程之前，需要按照内部控制等五项职能的要求，先完成前期工作，之后再细化节点和流程。

首先，确认支持证据链的制度文件，包括不相容职务分离控制类文件、授权审批类控制文件、会计制度规范、企业全面预算规范、企业分析预警规范、其他专项制度规范等。

其次，确认证据链的业务流程节点设计，流程节点包括决策节点、战略确定节点、投资节点、经营节点、运营节点、采购节点、人力节点、财务节点、研发节点、法务节点、内审节点、内控节点、风控节点、合规节点、办公节点等。

最后，以此作为企业流程设计控制层面的核心点，按照个性化企业资源禀赋和业务节点的复杂程度，细化分拆，明确一级节点和一级流程，并按一

级节点和一级流程分拆二级节点和二级流程、三级节点和三级流程。

为此，企业在按照业务节点要求细化流程的过程中，可以系统编制企业流程图。流程图是以可视的方式、运用特定符号展示流程的一组符号组合，就是帮助各级人员认识交易的生成、记录，获得授权并被处理和汇报的符号组合。

借助流程图，企业可以系统明确流程步骤的执行部门及岗位、具体步骤的操作内容、步骤的输入和输出文档、流程控制点。因此，企业流程图对业务流程中可能存在风险的环节及已有的控制步骤进行程序性的描述，可以协助各级人员快速识别相关管理的步骤和控制节点，并通过不同流程图的链接联系，系统解释企业各个层面相关的控制活动和关联情况，有助于企业快速发现、收集和处理各级数据。就全环节流程节点出现的问题，系统按照流程节点进行确认，分离可能出现问题的区域。通过流程图，企业可以快速向未参与业务过程的其他相关人员系统解读流程，系统指导工作的开展，实现业务操作规范化。

流程管控是保证企业管理层的指令得到有效贯彻并妥善实施的政策和程序。在流程管控过程中，按照核决权限表的核决规定决策人员的落实，实现授权审批、业绩复核、资产保全、职责分工、签字盖章、账务管理、档案储存等过程。因此，企业基于流程分析的风险辨识，可通过综合运用流程图分析法、风险自我评估法，结合流程归口部门系统组织流程相关人员进行，形成流程风险现状分析。

为实现流程管控效果，可以采取系统的落地方案推动和实施：第一，通过填写流程编号、流程名称、流程范围、流程目标，确定任务内容，通过主要业务流程步骤编号、主要流程步骤描述，系统识别不同业务步骤存在的主要风险点，对风险点编号并完成系统描述；第二，针对企业业务流程风险，按照风险分类框架进行归类；第三，针对风险控制现状做好分析，对辨识的结果进行整理和系统地排序，明确各级风险类别和事项。

因此，通过核决权限的顶层引导，通过建立合适的、符合企业发展阶段的制度体系，为建设信息化的管理系统以及搭建业财融合的智能财务系统打好基础。通过核决权限的建设，形成企业内部制衡管控模式之下的流程梳理并助力企业实现业务落地的系统生态。

（二）不相容职务分离岗位设置的流程节点

就内部牵制制衡之下的流程设计以及支持链条而言，涉及如下流程与支持类材料：贯彻落实企业运营决策制度的实施办法，系统推动企业核决权限表的管理模式，形成业务基础工作和财务基础工作管理手册或系列规定。主要涉及财务管理、资产管理、全面预算、运营管理、绩效考核、风险预警六大类型。

1. 财务管理类

财务管理类流程涉及会计系统的各个控制节点。从财务管理的流程管控角度，企业财务系统需要严格执行国家统一的会计准则，加强会计基础工作，明确会计凭证、会计账簿和财务会计报告的处理程序，保证会计资料真实完整。企业财务系统还需要做好会计机构的合理设置，配备会计从业人员。会计机构人员和相关负责人还应该取得所需的专业技术职务资格。为此，财务管理的流程建设包括资金管理流程、会计基础工作管理流程和相关规定、货币资金收支管理流程、财务决算管理流程等。

2. 资产管理类

资产管理类流程涉及企业财产保护控制的各个控制节点。从资产管理的流程管控角度，企业需要建立财产日常管理标准和定期清查机制，采取财产记录、实物保管、定期盘点、账实核对等措施，限制未经授权的人员接触和处置财产。为此，资产管理的流程建设包括资金管理流程、印章管理流程和办法、票据管理流程和办法、固定资产管理流程和办法、无形资产管理流程和办法、不动产租赁管理流程和办法、实物资产管理流程和办法、其他资产管理流程等。

3. 全面预算类

全面预算类流程涉及企业全面预算控制的各个控制节点。从企业全面预算落地的流程管控角度，需要实施全面预算管理标准，明确各责任单位在预算管理中的职责权限，规范预算的编制、审定、下达和执行程序，强化预算约束。全面预算流程建设包括全面预算管理流程及办法等。

4. 运营管理类

运营管理类流程涉及运营管理过程和运营分析控制的各个控制节点。从企业做好运营管理的流程管控角度，需要建立运营管理的过程控制流程、运营情况分析机制。企业还需要结合控制过程的结果，运用综合信息和多种合理有效的分析方法，定期开展运营情况分析，发现存在的问题，及时查明原因并加以改进。因此，运营管理类流程建设包括企业运营管理流程及办法、运营统计管理流程及办法、经营计划制定流程、运营管理巡视检查流程及办法等。

5. 绩效考核类

企业绩效考核类流程涉及绩效考评控制的各个控制节点。从企业做好绩效考核流程的规范要求来说，需要系统建立和实施绩效考评机制，科学设置考核指标体系，对企业内部各责任单位和全体员工的业绩进行定期考核和客观评价，将考评结果作为确定员工薪酬以及职务晋升、评优、降级、调岗、辞退等的依据。为此，企业的绩效考核流程包括：企业负责人经营业绩考核流程及办法、企业绩效考核管理流程及办法等。

6. 风险预警类

企业风险预警类流程涉及包括企业重大风险预警、企业突发事件应急处理的各个控制节点。从完成风险预警工作而言，企业需要系统规范建立重大风险预警机制和突发事件应急处理机制，明确风险预警标准，对可能发生的重大风险或突发事件，制定应急预案、明确责任人员，规范处置程序，确保突发事件得到及时妥善处理。为此，企业的风险预警流程包括安全生产应急管理流程及办法等。

二、企业五项职能流程管控的七个步骤与工具箱

企业的全流程风险管理是划分经营过程为不同环节，然后对每个环节中的管理内容实施标准化作业与标准化控制，最终实现信贷风险全过程控制的管理方式。因此，流程风险管理体现在流程的节点管控上，实现风险管理全流程的全面覆盖。

企业基于组织结构、业务性质、体量规模、营销模式等，结合业务流程以及评级指标体系等，对风险管控核心信息进行梳理。从企业内部制定好上下游客户和供应商的合作业务流程，并就业务流程进行精益化管理，包括客户及供应商的评级、业务合作前调查、资信额度确认、赊销额度审批、发货或付款后管理等，对其中存在的主要供销环节的货物及资金风险管控问题及其成因进行分析。

同时企业要运用风控集成思维、流程管理，对业务做好定性分析，并提出业务流程优化的节点对策和方案，通过业务流程优化来提高企业供销两端

风险管控的能力，从而达到管控风险的目的。

（一）全面风险管理一体化的七个步骤

就五项职能的风控融合推动而言，企业需要实现全面风控体系流程。常规而言，可分解为实际可操作的七个步骤：风控环境扫描、业务流程分析、一体化风控方案、风险识别与评估、风险应对与管控、绩效评价、纠正与持续改进。如图 10-1 所示。

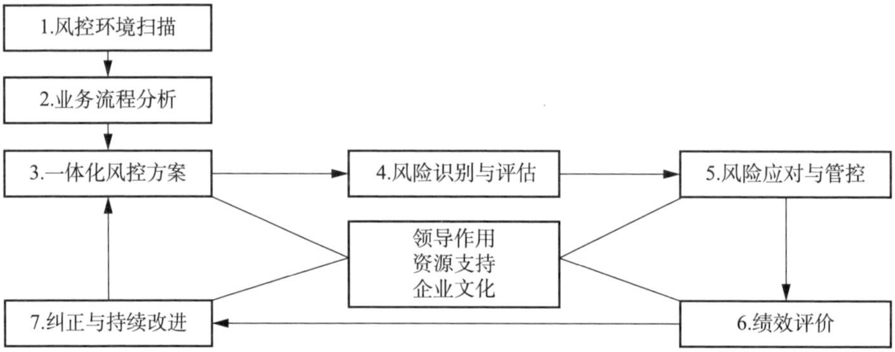

图 10-1　全面风控体系建设的七个步骤

根据上述风控体系，企业要系统建立顶层设计总体协同转型的规划，并按此细化流程，推动企业风控一体化融合战略。同时，基于企业经营管理涉及的环节多、时间长、风险控制难等特点，在企业流程管控中，可以从供销两端合规化管控的一体化融合和流程串联方式出发，借助流程的节点，就涉及的客户及供应商的评级、业务合作前调查、资信额度确认、赊销额度审批、发货或付款后管理五个节点，做好设计与规划。

为此，企业与各个层级之间应联系紧密，并且有各自的工作任务。同时，每个层级又设置有不同的管理部门，各个部门之间分工明确，相互监督相互制约，共同承担风险。

为此，按照集成和贯穿的流程串通互联逻辑，企业可以在业务端与财务端形成一体化融合流程，并就企业业务设计前台、中台、后台类的集成，按此实现风控合规五项职能的平台化管控。同时，按照分解的模块，融合上述流程管理，将所有业务节点形成流程，实现企业风险管控的可视化和简洁化，系统提升风控效果。具体见图 10-2。

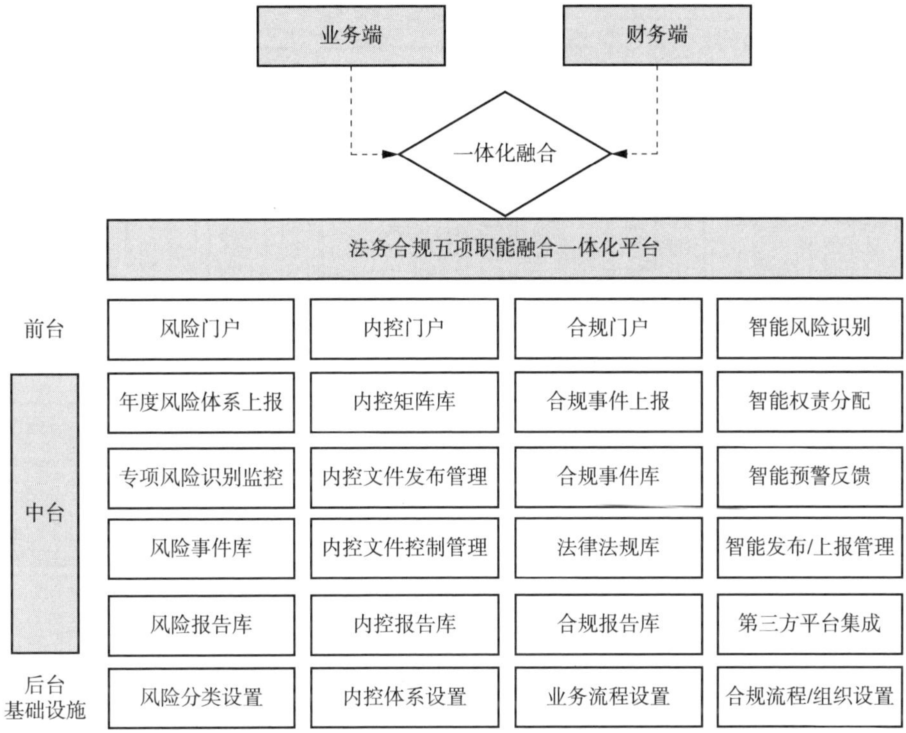

图 10-2 全面风控体系集成与流程化链接联通路径

（二）企业风险管理流程化链接的工具箱

在企业风控合规层面的流程管理上，企业的内部审计是五项职能实现的确认环节。因此，在企业内部审计的实现上，借助流程管控方式，系统将审计风控工作门户、审计项目管理平台、风险管控应用平台、风险信息管理平台、审计风控知识平台、一体化系统集成、一体化项目管理、智能化数据统计、智能化绩效管理、在线式整改督导、企业化全面覆盖、全景观智能风控串联起来，形成内部审计工作的流程化。

在此基础上，内部审计工作将上述工作内容形成模块，并按照工具箱模式，实现内部审计工具的组合，形成企业五项职能融合的防火墙，通过流程化五项职能的融合路径，系统化解企业存量风险，筑牢企业风险防范体系。一体化的工具箱是运用信息化等科技手段，借助流程方式落地，做好定性分析，丰富并实现风控集成的工具集合，如图 10-3 所示。

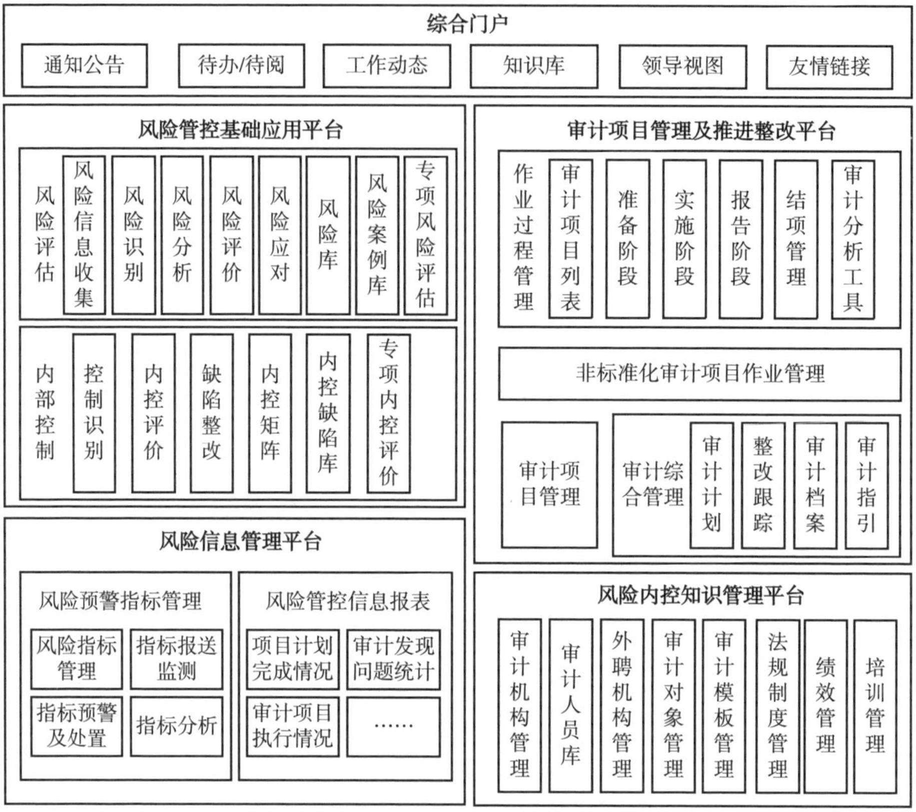

图 10-3　一体化工具箱的流程链接

第二节　企业五项职能的三大价值与融合流程

风控合规五项职能的融合，对企业实现风控系统协同运作的应用价值巨大，在外部经济形势严重不确定性下，企业的总体战略目标对系统防控风险提出了新的、更高的要求，需要通过协同运作强化内部管理，提高运营效率，系统防范风险，实现资源高效利用。

一、企业流程管控的三大价值与科技赋能

（一）五项职能流程管控的三大价值

风控合规五项职能的融合一体化，对于企业补齐短板、夯实基础、更加有效地防控风险，具有较高的实用价值和意义。

1. 协同运作能够进一步加强企业风险防控

通过基于法治的法律、合规、风险、内控协同运作，可以充分地统筹项目前期、建设期（实施阶段）、运营期、退出期“全生命周期”的风险管控；统筹企业管理“三道防线”各维度的风险管控；统筹职能监督、审计监督、法律监督、合规监督、巡视监督的“大监督”格局下风险事项的整改和处置。

2. 协同运作能够进一步提高企业管理质效

通过基于法治的法律、合规、风险、内控协同运作，进一步明晰各项职能的逻辑结构和体系界面，找到五项职能的最大公约数和最小公倍数，剔除了职责交叉、重叠的冗余工作，弥补了单一职能对全面风险防控的不足和遗漏，最大限度地避免工作重复，减少资源占用，节约管理成本，提升管理效率。

3. 协同运作能够进一步整合企业管理资源

通过基于法治的法律、合规、风险、内控协同运作，使风险管控能够第一时间响应业务需求、第一时间传递市场信息，业务人员第一时间获得解决方案、第一时间完成业务赋能。通过对历史数据的整理、分析，做出风险趋势判断，通过海量案例归类、分析，提供解决问题的初步方案，实现战略管控与风险管控的有机统一、职能管理与综合评价的有机统一、职能监督与审计监督的有机统一。基于法治的协同运作，在全面推进依法治国、建设中国特色社会主义法治体系的背景下，企业通过贯彻落实风控系统逻辑，进行前瞻性、探索性的管理创新，具有十分重要的现实意义和实践价值。

企业风控部门可以在董事会的指导下，进一步优化推进法律、合规、风险、内控一体化管理平台的建设，为做好风险防控提供有益的参考和借鉴。因此，通过五项职能价值的实现和落地，企业可以明确各级员工在利益诱惑面前、在制度规范和流程稽核的处罚机制下的底线思维，使各级员工都面临触犯企业规范的处罚压力，从而规避可能出现的舞弊借口，堵住各级员工利用企业管理漏洞创造舞弊机会的路径。具体见图 10-4。

（二）企业全流程管控的模式与路径

对企业各级业务管理部门来说，要实现对各级员工费用管理的准确、科学、及时，可以在企业董事会授权、企业管理层决策之下，基于企业核决权限表的节点，进一步优化完善成本费用支出的流程。

首先，在采购成本及费用支付端，企业需要做好成本费用的流程化管控。

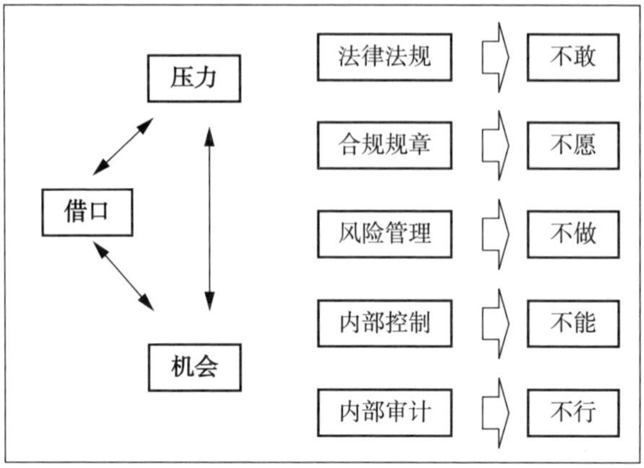

图 10-4 五项职能融合防范风险的压力与细化流程链接

供应链各主体风险产生的原因，体现为企业在销售和经营活动中可能遭遇外部经营风险和内在多重经营风险的冲击。外部风险因素指物流产品会受到各种宏观经济政策的影响等，内在风险因素指由于物流产品的同领域竞争加剧，会出现存货贷款违约的可能性。

因此，在企业全流程的成本费用管理上，应系统形成流程管控，为企业完成费用支出、提升费用支出的效率、解决企业与相关平台的协同、系统提升企业商旅费用效果打好基础。同时，企业风控五项职能融合在上述费用支出流程管控过程中，实现成本费用端的风险管理前置。具体见图 10-5。

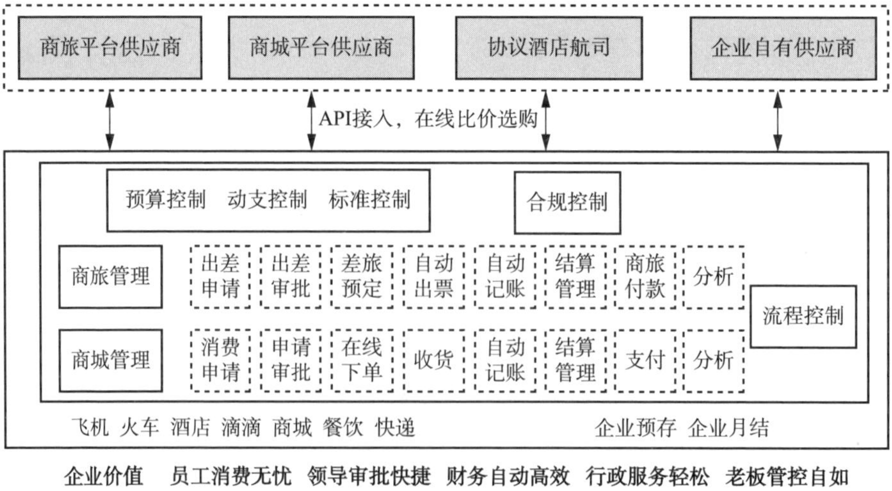

图 10-5 成本费用管理流程化协同模式

其次，供销两端融合形成各个业务类型贯通的综合风险。这个层面主要是企业供应链端和营销端需要外部融资，外部融资带来的经营风险既可能是产品供应商的经营风险，也可能是金融领域的经营风险。金融机构的主体经营风险来自供应商的内部交易条件、外部环境；交易方式经营风险来自各种金融机构的经营风险，包含了金融市场风险、信用风险以及内部管理风险。为此，进一步分析供应商系统，可以将其划分为整个供应商系统的外部经营风险，包含所有法规风险、法律风险以及整个供应链体系中的内在经营风险。

一旦企业运营情况不良，就会增加企业信用风险。仅靠一家实体企业无法避免在行业供应链中的巨大风险，需要供应链中多个主体间的协同合作。企业供应链风控需要及时优化，通过系统固化流程增加风险管理与识别成本，将流程设计系统融合，有助于实现企业风险管理成本的最小化，系统提高企业风险管理效率，以便于合理实施供应链金融机构的规划，为经济产业化快速发展打下坚实基础。传统供应链金融模式见图 10-6。

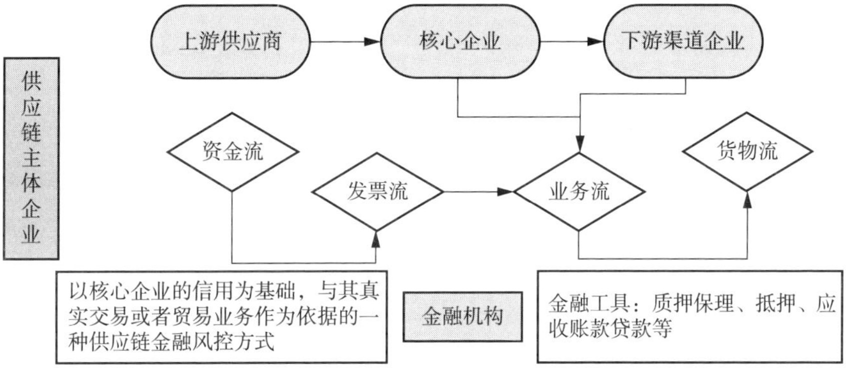

图 10-6　传统供应链金融模式

通过对于人工智能风控技术的运用，可以使企业市场融资的下行风险得到有效的规避，减少坏账和损失，降低企业成本，增加企业效益。企业经营类业务流程风控平台，按照数据源、数据提取、数据处理、数据画像等，形成数字化赋能的流程节点管控，见图 10-7。

（三）企业营销风险流程管控的科技赋能

在企业营销活动中，各种不可控因素会影响到营销效果，获得与预期不符的收益，可能是低于预期的损失，也可能是额外收益。一般来说，这种影

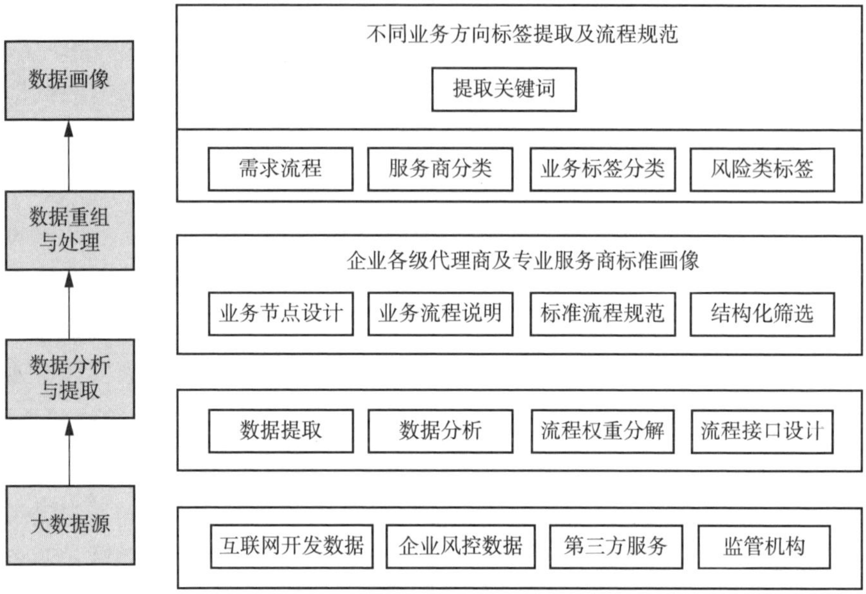

图 10-7　企业经营类业务流程风控平台

响负面的、表现为企业自身存在纰漏或市场发生重大变故的损失，会导致企业面临巨大风险。

因此，企业需加强对营销风险的流程管控。在这个落地模式上，需要结合企业的营销模式，针对企业营销形成的产品风险、定位风险、营销渠道风险、促销风险，按照流程模式进行优化，并改善企业的运营。针对营销风险做好流程管理。

第一，加强营销风险管控并形成流程化管控，具体包括提高企业应变能力、建立风险预防机制、构建营销风险评估体系、加强营销人员素质管理。第二，科技赋能助力营销数字化转型。企业将流程管控与风险管理系统协同，助力企业从传统模式的流程管控到数字化赋能的科技模式的流程管控。具体见图 10-8。

此外，在企业全流程营销费用的管理上，应针对性地形成对各项明细的流程管控。市场主体人员的风险不可忽视，市场主体人员的风险包括投入库存管理投资服务中的供应商、销售企业、金融机构和物流服务托管企业等不同市场主体的员工数量超出企业承担能力的风险，一旦企业实际经济情况无法承担这个重担，企业就会面临市场主体风险。

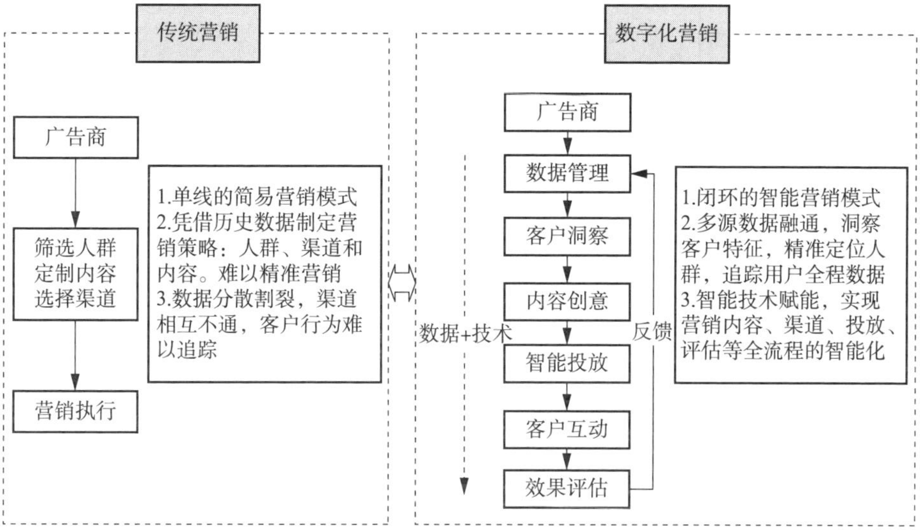

图 10-8　传统营销模式的流程管控与数字化营销模式的流程管控

对于企业销售中相关折扣类激励费用，企业可以通过设定规范，明确折扣支出项目和模式，系统促进企业市场销售层面费用折扣的落地。同时，企业也可以将风控五项职能融合在营销费用的各个节点上，助力企业营销费用支出证据链协同和各个支付节点规范化，实现营销端企业风险管理的前置。企业费用管理流程化协同模式见图 10-9。

二、五项职能的融合流程

（一）五项职能顶层设计的规划流程

首先，合规管理是“打基础”，核心是“确保企业各项生产经营活动遵循内外部的法律、制度、条例、规范、指引等”；其次，内控是合规的“最高等级”，核心是不但要求合规，还要考察“规”的状态（是否完善、是否有配套指引）；再次，风险管理是风险管控的“最高形式”，核心是必须把风险管理的职能提升到管理层，站在管理层的高度来对风险进行检视；最后，内部审计是通过确认和咨询的方式，对企业运营、内部控制、风险管理和企业治理进行评估与评价，以保证完成企业目标。

可以说：合规是做人，风控是做事；内部控制是正确地做事，风险管理是做正确的事。内部控制与风险管理的区别见表 10-1。

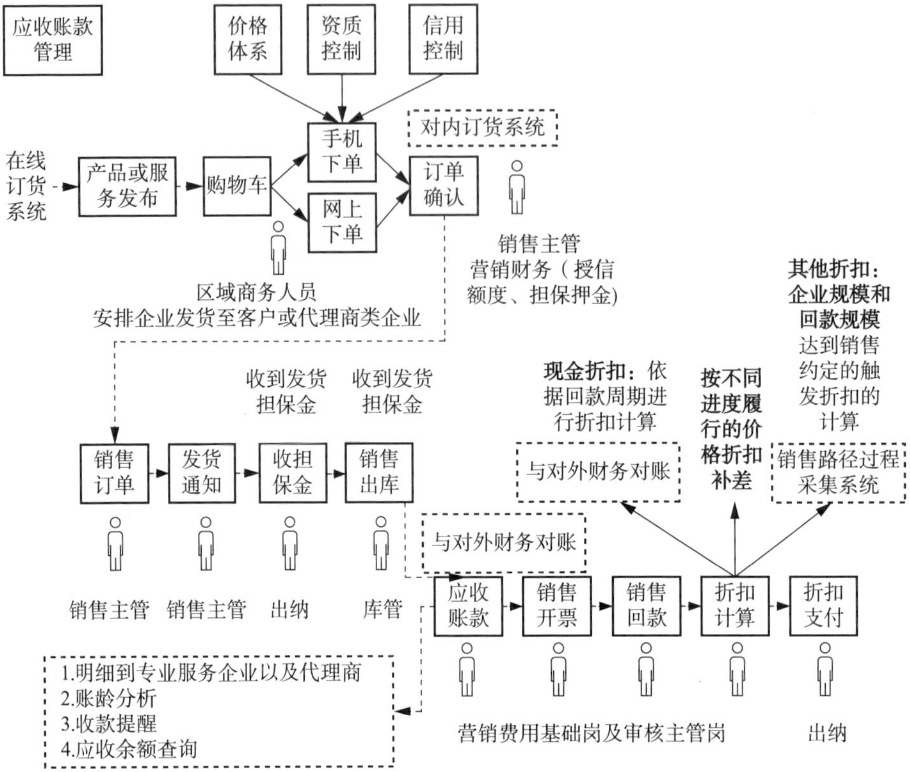

图 10-9　企业费用管理流程化协同模式

表 10-1　内部控制与风险管理的区别

区别	内部控制	风险管理
目标	合法合规、财务报告、资产安全	风险可控、信息真实、合法合规、战略实现、危机处理
风险偏好与承受度	有，但难以具象化	有，但难以具象化
组织	治理结构、权责分配、核决权限表	风险管理决策与执行机构、风险管理三道防线、各部门风险管理职责
风险评估	有，分为企业层面和流程层面	有，分为企业层面和流程层面
风险应对	主要针对内容风险，依靠风险基本应对策略、控制措施，落实企业制度与流程	针对内部和外部风险，依靠预警管理体系、风险基本应对策略、解决方案、控制措施、制度与流程，构建全面风险管理信息系统
风险基本应对策略	风险规避、风险降低、风险分担、风险承受	风险承担、风险规避、风险转移、风险转换、风险对冲、风险补偿、风险控制

续表

区别	内部控制	风险管理
控制活动	重点在制度与流程、控制矩阵	重点在制度与流程、控制矩阵
重大风险专项解决方案	无，体现在控制活动中	制定《风险管理专项解决方案》
风险事件应急预案	无	有
风险预警管理体系	无	有，可设计企业层面和流程层面预警指标
制度修订	参照《企业内部控制配套指引》修订制度	未强调
流程梳理、优化、流程风控矩阵编制	有，强调流程层面编制	有但未突出，可加入流程预警信息梳理
缺陷排查与整改	重点在内控缺陷	重点在风险管理机制、措施的改进
风险与内控运行配套制度	《内控管理办法》《内控绩效考核办法》《内控自我评价管理办法》	《全面风险管理办法》《风险预警管理办法》《风险管理绩效考核办法》《全面风险管理报告管理办法》
自我评价或报告	内部控制自我评价报告	全面风险管理报告
手册	内部控制手册	全面风险管理手册
信息系统	内控管理信息系统	全面风险管理信息系统，包含内控管理功能

（二）内部审计参与风险管理的流程与范例

内部审计参与风险管理的流程涉及如下几个方面。参与建设：协助企业制定风险管理策略、确定风险承受能力和基本的风险管理框架；实施评估：对企业整体风险管理流程、业务部门风险责任履行情况进行评价；提供咨询：对具体项目提出风险分析意见，对风险管理设计和实施提出咨询意见；监督落实：对风险管理措施执行情况进行监督检查，督促风险措施执行到位。按此逻辑，企业合同管理示例如下。

企业合同管理目标是指通过合同风险管控体系的构建，尽可能降低风险。企业结合自身情况制定通用合同文本，再结合合同对方资信，起草合同，进行谈判，组织会签及审批，合同用印后进行合同履约跟踪，合同归档后实施档案管理，或者是合同用印后不需要进行跟踪直接归档。企业合同风险管控体系建设流程如图 10-10 所示。

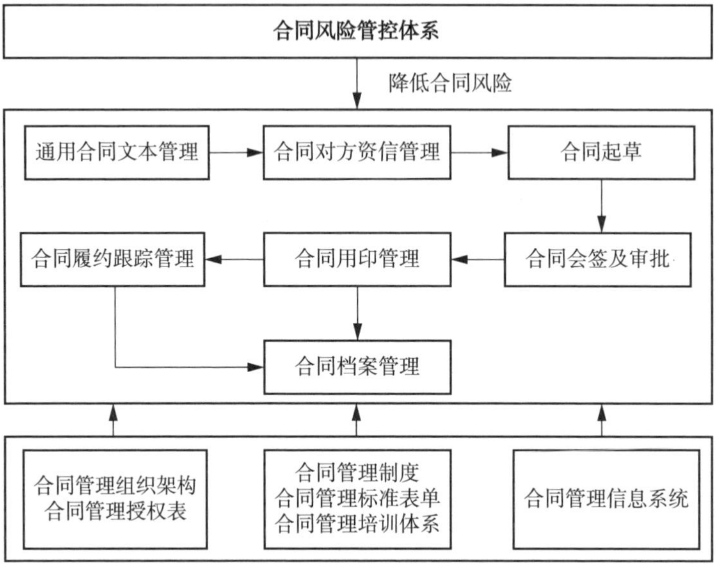

图 10-10　企业合同风险管控体系建设流程

（三）建立风险数据库的四步流程

建立风险数据库，需要建立风险量化分析框架，根据风险管理流程进行信息收集和研究、风险识别以及风险分析，进而搭建风险管理框架，如图 10-11 所示。

在持续的数据审计过程中，主要包含以下四步流程，如图 10-12 所示。

第一，识别机密数据。以业务流程为基准，找出机密数据的储存位置、移动方向及可能的出入渠道。具体为：确定关键业务；确定重要的应用系统；确定与这些应用系统相关的数据库、主机；确定所在的网段设备；确定在该业务中所有的数据流向。

第二，留存审计轨迹。确认机密数据储存及出入的渠道，保证轨迹审核留存的完整性。

第三，搜集及管理相关审计轨迹。具体为：搜集并整合不同类型的审计轨迹；保护轨迹信息，避免其被窜改或遭未经授权的存取；制定轨迹数据的备份政策。

第四，分析审计轨迹与报告。具体为：采用事先确定的监控规则进行侦测以识别异常行为；发展统计模型预测潜在的异常行为；采用权重及回馈机制，优化异常行为侦测机制。

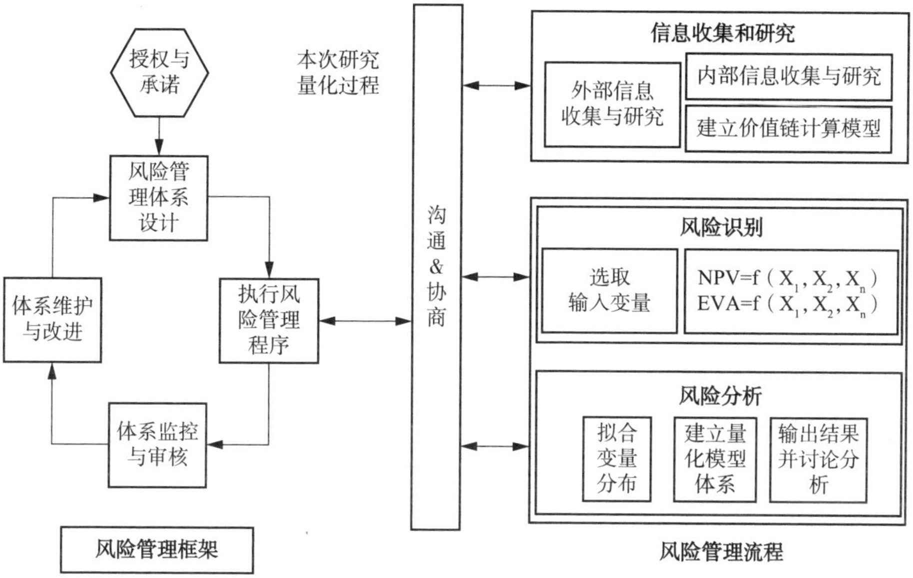

图 10-11　风险管理框架

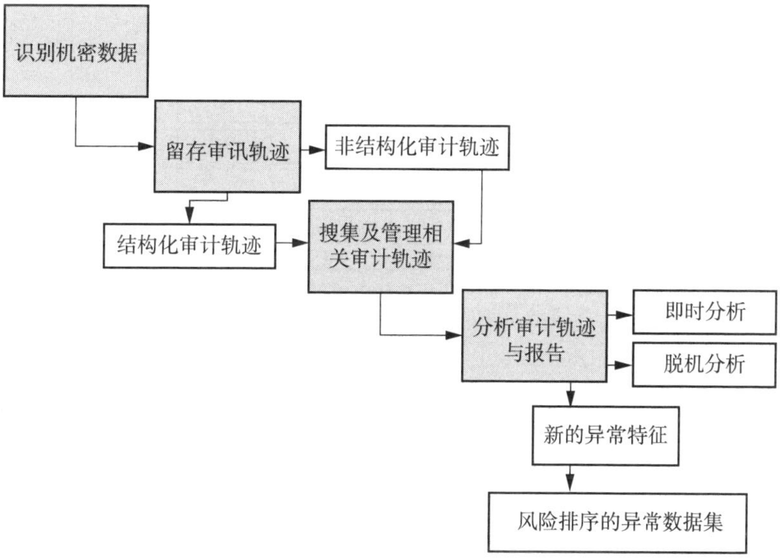

图 10-12　风险管理进阶的持续数据审计流程

（四）风险内控与合规监督的基本流程

根据以上分析，风险内控与合规监督一体化的融合在科技赋能下可能性变大，具体如下。

四大领域都是企业依法治企建设的重要内容和组成方面，各有侧重、相互补充、相辅相成、共同推进；都属于企业的职能管理部门，对企业业务部门与业务活动提供支持，进行监督；都将管理要求和节点融入业务流程；风险管理是四大领域共同的内容，法律风险管理、合规风险管理是全面风险管理的组成部分；四大管理体系的流程和环节存在趋同性。

风控合规一体化运作逻辑如图 10-13 所示。不论是企业内负责风险防控的专业部门和人员，还是企业的管理者及经理层，对于合规、内控、风险管理三者边界的认知，以及是否能够进行一体化，仍是不清晰的，甚至存有不少的困惑。这对建立合规、内控、风险一体化管理体系，再次提出了新的期望。

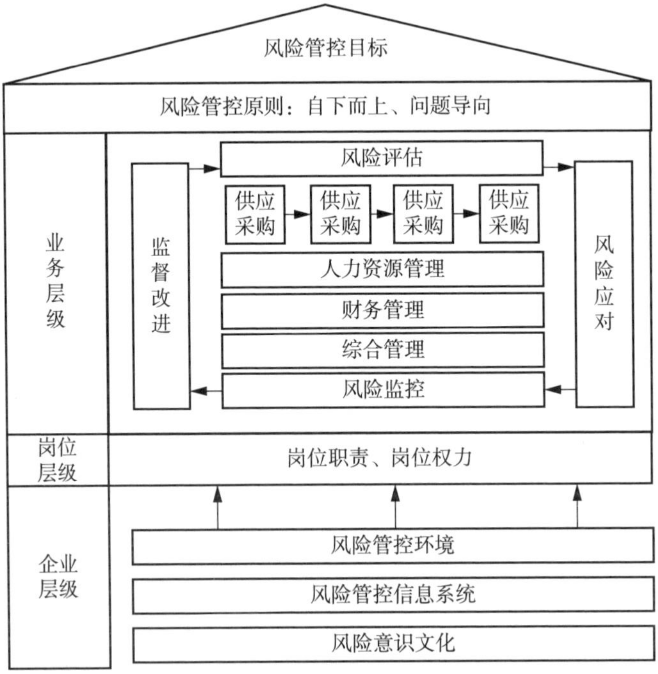

图 10-13　风控合规一体化运作逻辑

如何制定管控模式是一个难题，结合政策和模式来制定是基本原则，同时要综合考虑突发性、全面与重要、制衡性、适应性、成本与效益。风险管理在企业实践中已形成了公认的基本管理流程，涵盖风险评估、风险应对、风险监控和评价改进等环节，构成闭环管理，如图 10-14 所示。

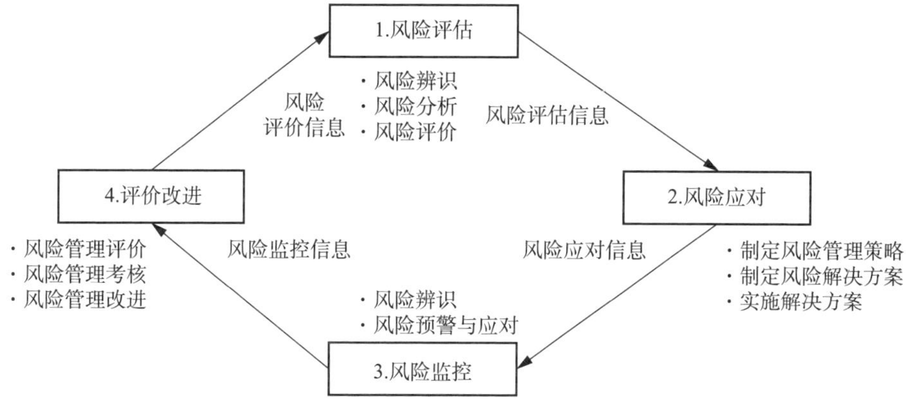

图 10-14　风险管理基本流程

三、Z 企业流程管控的数字化转型案例

（一）Z 企业概况

Z 企业成立于 1995 年，主营科技服务类产品及相关配件制造，是两位自然人投资设立并运营的民营企业。经过几十年积累，企业从最初的 500 万元净资产提升到 10 亿元净资产，收入从零到 25 亿元，净利达到 3 亿元左右的规模。

随着科技赋能的时代变化，数字化智能科技不断推动企业产品的智能化采购、生产、销售、服务的一体化。2020 年，Z 企业开启了“传统产品+转型产品+服务协同”模式。

Z 企业积极推进科技产品的生态品牌输出战略，渗透到新的健康服务领域、医药制造领域，并形成协同的跨界场景品牌，构建了涵盖科技服务、健康管理、医药制造、其他服务的“生态场景制造+服务”的业务体系。

由于快速发展，Z 企业针对传统市场逐渐饱和的现状，深入挖掘用户需求，并根据用户的不同需求提供个性化定制，开辟了传统产品的场景解决方案与健康管理的综合解决方案协同的新赛道。

（二）Z 企业的转型对策

Z 企业通过平台化模式找到了“服务网”“健康网”“诊疗网”的一体化智能解决方案，通过系统的流程设计，形成企业上下游等各种资源生态的网状式链接，可以为用户提供各种组合的、可供选择的科技服务和健康管理类解决方案。

Z 企业的新增产业条线，实现了健康管理与保险系统打通，打造了一个为用户提供“康、养、诊”一体的智慧全场景解决方案，全面提升用户的科技生活和健康生活品质，通过知识图谱的系统化应用，实现了个性化智慧终端的交互、体验、销售、服务的融合。

Z 企业成功实现了流程化生态系统建设，通过系统的线上线下流程管控模式，解决了企业所有供应商和销售商链接链路的融合，系统实现了所有供销体系的平台化模式，通过核心的算法实现了相关防火墙设计和业务链条的智能化推送设计，并提升了供销两端企业的合作黏性。有效的流程管控模式使得 Z 企业一方面解决了客户管理问题，另一方面提升了产品和服务的流程设计。

Z 企业完成上述系统建设，从 2008 年至 2021 年历时 13 年时间。2008 年，Z 企业董事会决定采取流程管控的各个流程节点模块化建设方式。在此流程节点模块化模式的战略规划下，Z 企业从 2010 年开始打造流程管控模式，并于 2011 年实现线上互联网营销，2012 年实现各项软件集成，2015 年完成会员运营系统建设，2018 年开始建设人工智能子平台，2019 年完成数字化流程管控模式的转型，2020 年实现规模化标签化运作，并系统优化企业数据中台建设，打通业务数据壁垒，系统支持企业的数字化转型。2021 年底，Z 企业成功完成数据驱动的全生态运营体系，形成了全流程系统管控的企业生态。

Z 企业推动具体流程管控的操作方案包括三步。

首先，Z 企业推动整体数字化转型规划。从关键节点出发，以流程链接形成企业线上线下一体化的网状布局，构建一个跨越科技服务和健康管理的创新生态系统，实现了对用户场景的深入挖掘。满足用户对品质生活、智慧生活的要求。Z 企业基于大量的用户数据分析，形成了智慧家庭生活科技产品系列及科技服务落地的场景打造，并形成健康管理进入家庭生活的线上诊疗、线下链接的互联互通。

其次，Z 企业在医药制造和健康管理的融合上，以总部融合协同方式，定制系统的健康生活管理方案。针对数据统计的家庭健康管理的个性化需求，企业系统建设了健康管理子平台，实现个人与家庭零距离参与健康管理的全流程全环节节点的个性化定制，使得企业上下游资源和服务协同，不断拓展企业合作规模，借助知识图谱等科技手段，使各方资源直接触达用户。

最后，Z 企业基于流程链接下的节点模块化，实现了企业节点模块化的大规模定制方案。Z 企业创造了科技制造融合服务管理的用户平台，医药制造协同健康管理、健康服务的用户交互平台，两大平台构成了企业智慧制造平台以及健康管理创新平台。Z 企业按此模式，针对两大平台的节点做好模块化设计，优化各个流程，实现企业与用户零距离。Z 企业利用“模块化+平台化”方式，提升了五项职能风控合规的风险控制，实现了全流程可视化作业和合规化作业，保证了用户的最佳体验。Z 企业在流程管控下的数据运营体系具体见图 10-15。

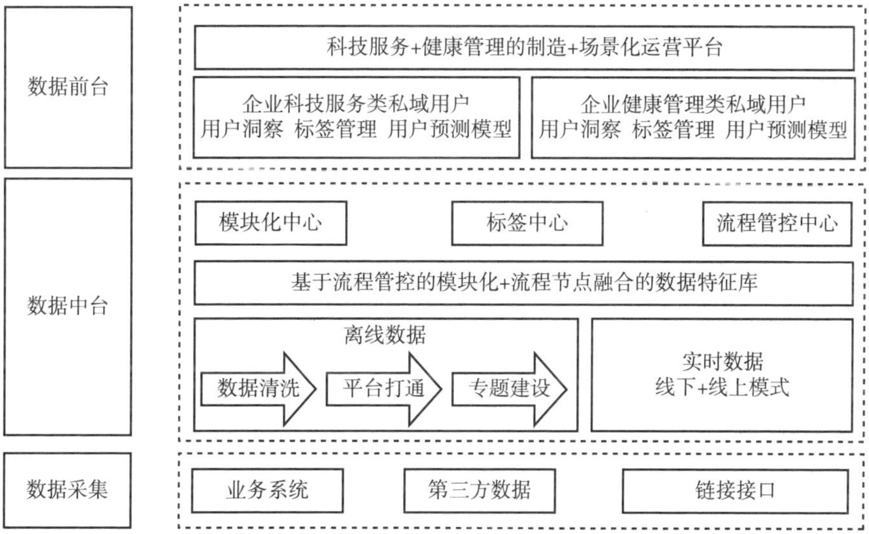

图 10-15 Z 企业在流程管控下的数据运营体系

第三节 本章小结

企业通过全面风险管理体系的建设，形成基于流程分析的风险辨识体系。企业通过系统识别不同业务节点中的主要风险点，对风险点编号并描述，并按照事先制作好的风险分类框架进行归类和分析，对辨识的结果进行整理，并就流程管控节点的风险做好系统的改善建议。

涉及流程管控层面，企业按照内部控制制度建设落地的流程，结合一体化实现路径，明确一体化步骤，结合流程管控的工具模式，解决流程管控本身具有的赋能价值。结合流程管控的转型实现过程，对企业顶层设计规划、风险数据库建设、合规监管管控模式做了系统的阐述。

通过对企业供销融合路径的流程管控分解，分析企业供销环节的风险节点和流程管控要求，系统提出流程节点需要提升的应变能力，建立各个风险节点需要做到的风险预防机制，构建系统的企业风险评估体系。

本章参考文献

［1］李延舜．隐私政策在企业数据合规实践中的功能定位［J］．江汉论坛，2020（10）：136-144.

［2］罗建强，蒋倩雯．数字化转型下产品与服务创新优先级演化分析——基于海尔智家案例［J/OL］．科学学研究：1-17［2022-06-16］.

［3］戚凯月．数字经济背景下数据安全合规管理［J］．经济研究导刊，2021（36）：95-97.

［4］肖潇．数字时代电子商务数据流通：合规方案、法律模式与规范路径［J］．中国流通经济，2022，36（2）：120-128.

［5］薛兴华．强化网络运营商数字化转型依法合规管理［J］．互联网天地，2021（1）：38-43.

［6］王宏．共享经济背景下人力资源共享模式发展研究［J］．经营与管理，2021（6）：86-90.

［7］韩耀东．共享经济背景下人力资源共享模式发展研究［J］．中国中小企业，2021（3）：187-188.

［8］聂翠丽．企业人力资源共享中心模式探索［J］．中国市场，2021（34）：118-119.

第十一章
十大风控合规工具之平台管控

11

平台化管控有助于形成“点、线、面、体”立体式的平台化风控系统的架构模式。企业平台化管控模式借助统一工作部署等方式完善企业管理，推动一体化建设，保证一体化工作体系的各个环节稳步运行，系统克服五项职能各个环节等制度体系过多、容易出现偏重单项职能而忽略五项职能融合等问题。企业推动战略目标实现融合与嵌入五项职能的平台化。企业采取五项职能的平台化方式补足单个职能功能实现不彻底的短板。企业借助平台化管理解决实践问题，实现平台化管理形成的管理工具的功能融合，并反向优化和补足企业各项职能的独立落地。平台化管控可以优化企业治理、弥补管控漏洞、提升制度有效性、提升管理效能、有效防控重大风险。

第一节 全流程业务网络平台化的三维空间与统一部署

平台化模式，需要借助科技赋能的信息系统，将企业 IT 应用在日常经营管理中，更需要对企业风控体系有充分的认知和了解，深入企业业务流程，对于全流程业务逻辑中出现的问题，按照一体化的平台化模式，由企业进行系统的认识和明确。

在平台管控的逻辑之下，将孤立的改善思路调整为系统的改进方案，涉及的步骤如下。

第一，对企业具体的运营环境进行分析判断，结合五项职能的落地过程，系统决策是否需要将与企业治理相关的环境进行优化。

第二，根据企业的具体情况，对企业的商业模式设计、战略规划落地、细化职责和架构方案、科技赋能下的流程管控方案、企业同步修订的核决权限方案，分主题范围和目标范围进行明确和确认，排除不属于企业远景战略规划和当前经营范围的事项，以便建立科学高效的五项职能体系部署，系统优化内部控制体系和风险控制体系。

第三，根据企业所处的行业，按照行业发展形态，促进五项职能框架的优化，尤其是对需要过程控制的内部控制框架和风险管理框架的优化。

第四，对于五项职能的专业化融合模式，在建立相关框架之后，针对平台化落地方法进行系统的确认和研究。

第五，五项职能中的内部审计对于企业的风险控制有着关键作用，能够有效降低企业的风险系数，对于企业所采用的审计方法应该事先进行确认。

企业五项职能融合形成的平台化管控，对于高效解决企业治理问题有着非常重要的作用，需要充分考虑五项职能本身的专业性和特殊性，在确保专业工作的融合上做好协同。

通过对传统系统的了解，要求企业建立平台化的管控思维，配置系统的平台化融合模式，独立高效地开展风险管理融合工作（见图 11-1）。在企业现有的系统处理水平上不断优化，创造五项职能的融合环境，促进企业内部管理和风控合规对五项职能的支持。

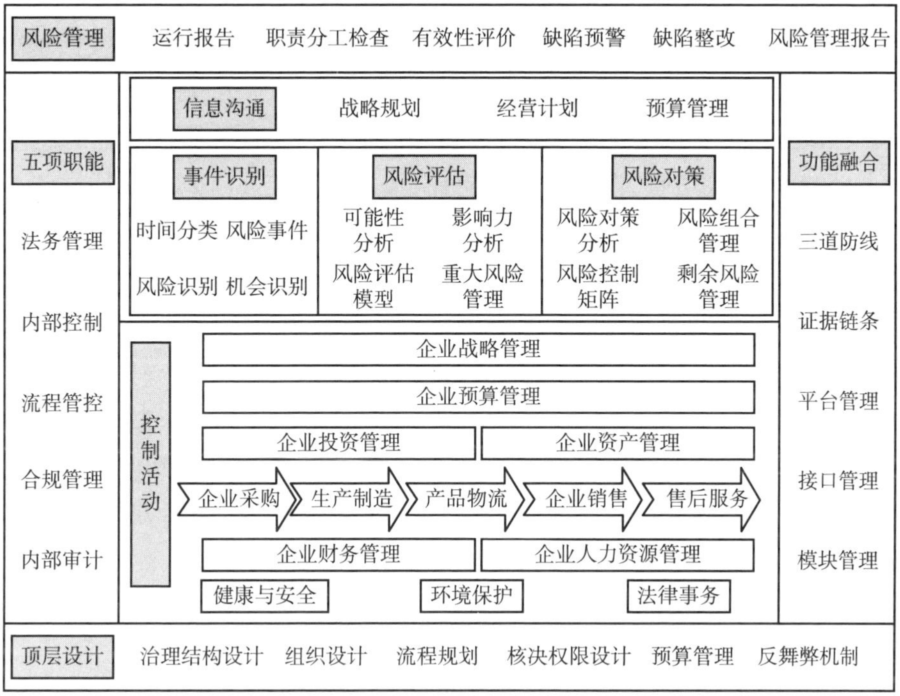

图 11-1　五项职能融合平台管控一体化的对策

一、平台化管控的顶层设计与三维空间定位

五位一体的一体化模式，通过穿透管理、系统融合、系统提升转型，实现功能集成的价值最大化。融合管控过程形成各个节点的功能模式，都是企业依法治企建设的重要内容，各有侧重、相互补充、相辅相成、共同推进。这些功能是企业的职能管理部门对业务部门与业务活动的支持，要将管理要求和节点融入业务流程。企业的全面风险管理是五项职能需要共同达成和实现的目标，五项职能的每一项都是全面风险管理的组成部分。五项职能管理体系的流程和环节存在趋同性。因此，五项职能的一体化设计，体现在机制功能的融合和系统化上。

（一）企业平台化集成的一体化趋势

企业的全流程业务网络平台及合规管控体系的构建，需要业务流程信息的交互，以及数据分析后的迭代优化。传统业务流程大都需要手工单或者人工纸质审批，导致业务环节缺少数据记录，难以跟踪订单和业务流程，也缺乏对数据的及时采集和分析，工作效率非常低，不能实现同上游供应商和下游分销商的信息共享，使得高库存、低流转问题严重。企业通过数字技术可以实现对传统业务流程的彻底改造，推动企业业务价值链的拓展和线上线下的互联互通，实现业务流程的一体化。企业建立全流程业务网络平台，叠加包括 SBC（S 是大供货商，B 是渠道商，C 是消费者）、B2C（B 是厂商，C 是消费者）、B2B（B 是厂商）、渠道、OMS（订单管理系统）、CRM（客户关系管理系统）等在内的各类业务模式模块，打造线上开放平台，有助于实现业务一体化与模块化、财务共享化与标准化、合规风险管控可视化与全流程化。

在科技不断赋能业务发展的数字化阶段，企业内外部都被大量碎片化交易数据所包围。企业在数据管理方面受到越来越多的挑战。技术不断突破，信息收集、分析处理等能力持续提升，企业风险控制不断融合并进入数智化的融合转型阶段。

企业基于全渠道运营数据，快速应用数字化落地技术，主动促进运营向智能化发展。因此，企业的各个端口都需要实现转型，具体如下。

首先，**架构端**。科技信息技术的发展，不断推动企业顶层设计的改变，形成企业管理一体化集成运营模式。企业的运营模式不断呈现集成和共享、链接和转型特征。企业的运营呈现集成一体化的集中管控模式与不断完善的一体化信息化架构模式，具体如图 11-2 所示。

一体化共享推动管理模式变革，企业的发展呈现数字化转型的系统协同。一方面，通过共享平台，企业各个专业板块和模块系统提供标准化服务。另一方面，企业人员协同外部专业人员，形成专业化分工，形成企业员工与业务外包人员、专业化分包机构、高级顾问专家协同的模式，形成新的逻辑并转化成新的流水化作业。为此，对企业内部的事业部或内设机构而言，企业的财务、采购、资产、人力等不断实现内生式共享，并不断向互联互通生态式共享转型。

其次，**销售端**。在一体化集中式共享推动之下，通过企业的信息技术革命实现全渠道业务运营闭环的销售模式迭代。因此，为实现销售端的业务，企业需要解决平台前端和后台两部分的融合。其中，前端包括“顾客触达前端”和“一线作业移动工具前端”，后台包括“运营支持平台”和“物流供应链作业平台”。前端和后台融合的业务架构如图 11-3 所示。

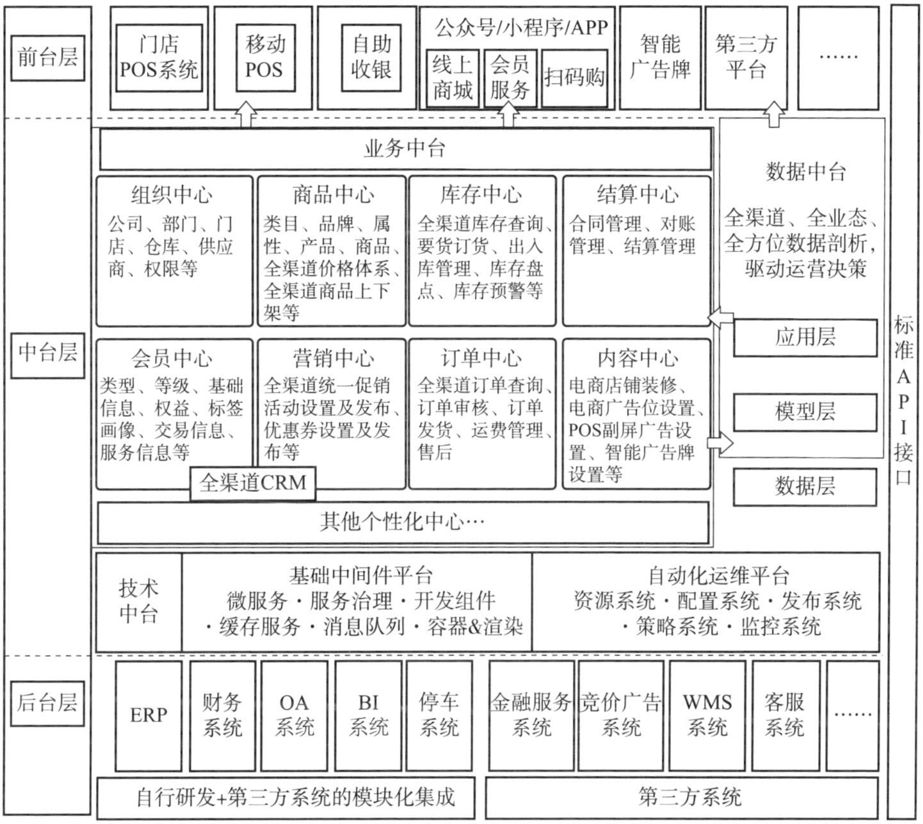

图 11-2 企业运营一体化集中管控和信息化架构模式

基于营销系统一体化带来的客户关系管理的新要求，企业在线上线下一体化融合模式之下，形成线上公域流量与私域流量的融合转化，且不断优化企业业务形态。客户关系管理的精益化管控如图 11-4 所示。

（二）企业全流程业务的数字化转型

企业将数字化技术应用到业务流程，有助于基础业务模块标准化、系统化、程序化，为顶层规划类、战略发展类、宏观设计类业务的数字化转型奠定基础。企业数字化技术的应用，使得价值链从传统的微笑曲线转到创新研发、个性化设计、赋能型营销、复合拓客挖掘等新价值链上来，有助于价值链集成化作用的叠加。企业的全流程业务数字化转型推动价值链重塑，实现企业岗位更迭、企业架构升级，与外部机构实现突破式互联互通，使价值链与供应链平台化，并通过利益机制共享提质增效。

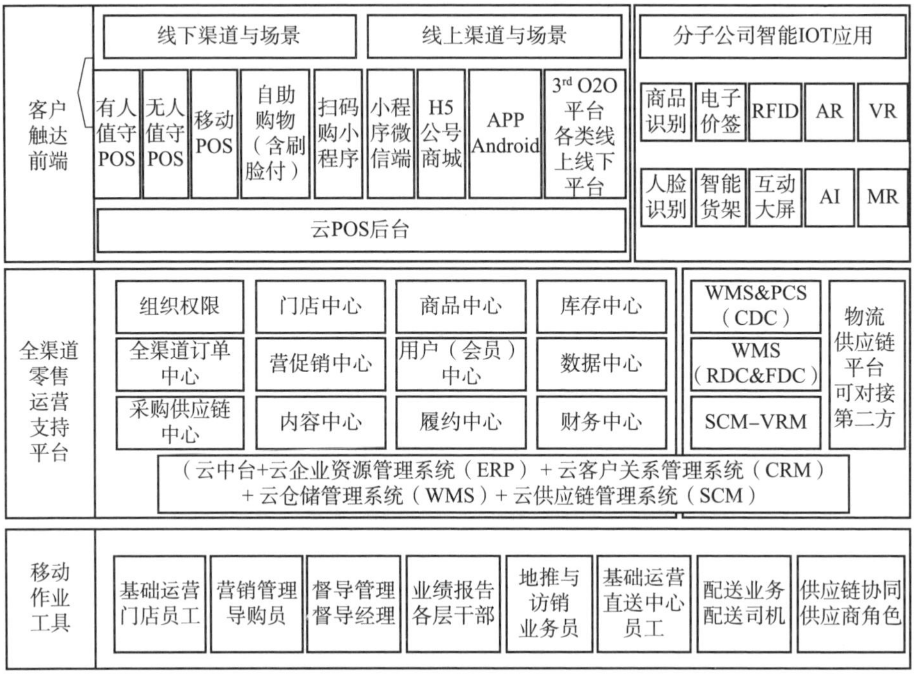

图 11-3　前端和后台融合的业务架构

企业通过将数字化技术运用到研发、生产和销售等环节，实现全流程业务的数字化转型。

第一，企业利用数字化技术可以推动生产层面的实质性转变，实现生产制造环节的一体化集成与精准控制。精准的生产管控与量化统计分析，可将传统滞后的数据进行实时的结果量化与同步的数字化呈现，可以实现精准生产数据与精益管理的同步，以及生产决策与营销接口的无缝衔接。

第二，企业利用数字化技术，借助市场需求带动产品拓展，推动企业的新品研发与新赛道规划，提升研发转化的时效性，实现市场先导型的产品研发设计，避免生产不能满足市场需求的产品。针对市场需求的变化，企业通过数字化技术推动产品的个性化研发与生产的协同，实现从研发创新到生产转化的一体化渗透，降低研发周期，提升新品产出率，加快新品迭代率，提升产品销量。

第三，企业利用数字化技术可以推动营销端口的商品与客户消费场景的数字化。企业实现一线业务移动化，推动业务线下升级，为数字化赋能的线上线下融合一体化模式奠定基础。企业能够推动营销端的批量和运营数字化

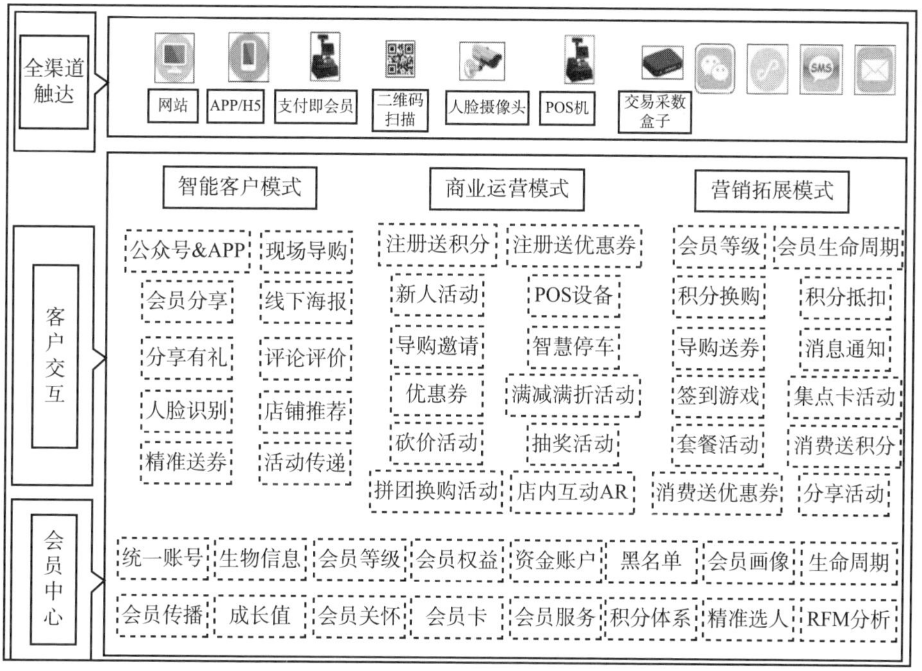

图 11-4　客户关系管理的精益化管控

转型，实现正规军（员工、导购）、非正规军（兼职、关键意见领袖、会员等）并存，进而解决社会化营销体系下的利益共享机制，把正式员工融入类似合伙人制度，把非正式员工融入分销制度，通过有效的系统转化，实现价值链的集成。

（三）企业数字化全流程业务的合规管控

从管理流程、核心流程和支撑流程来看，企业通过数字化赋能的价值链集成，能够有效实现供应链协同，将生产、采购、仓储运输系统集成至供应链体系中，实现全渠道的销售体系一体化作业，从而有利于合规管控的可视化与规范化。实现以数字化为基础的“四流一致”（货物流、合同流、资金流、发票流）及证据链系统协同，提升了业务流程的运行效率与可靠性。

全流程业务网络平台中的合规风险管理，需要控制信息交互过程中数据的可靠性、规范性、模型迭代适用性和优化分析合理性等因素。

首先，合规管控需要检查企业的生产、经营、信息服务等许可证及销售产品注册证等资质是否齐全，并且确认企业是否具备专业技术人员、证书和证件是否正规、专业生产和销售背景是否丰富，并进行数字化整理备案。

其次，企业应建立全流程业务的信息追溯系统，在采购流程方面应核查供应商信息、采购记录、随货同行单、验收记录等信息的完整性与真实性，在入库出库方面应检查入库记录、出库复核、检查养护记录、报损记录等信息有无缺失或遗漏，在销售流程方面应核查商品信息记录、供应商信息记录、购买用户信息、收货信息等的准确性。

最后，企业应进行合规信息展示，包括必要信息、参数规格等信息的公开展示，以及合规风险管理流程的信息展示，进行合规管控的方案规划，依照管理办法、实施细则优化合规管控流程，做到实时监控。

（四）平台化风控的三维空间定位

企业的平台管控模式，需要在“点、线、面、体”三维空间的定位上做好各个层面的协同管控节点设计，多点协同、联动管理，实现随时随地的全局动态优化。

基于系统平台化模式和思路，在企业平台化管控之下，企业风险评估是对所收集的风险管理初始信息、各项业务管理及其重要业务流程进行的风险评估，具体包括风险识别、风险分析和风险评价三个步骤，其目的在于查找和描述企业风险，评价所识别出的各种风险对企业的影响程度，并给出风险控制的优先次序等。

风险评估的前提条件是确立目标，只有先确立了目标，企业才能针对目标确定风险并采取必要的行动来管理风险。企业的目标可以分为企业层面目标和业务层面目标。企业层面目标是指企业的总目标和相关战略计划，企业层面目标包括企业期望实现目标的总体说明，且要有相关的战略计划支持。业务层面目标是总目标的子目标，来自企业总目标和战略计划，并与之相联系，是针对企业业务活动的专门化目标。具体如下。

第一，确定明确的平台管控目标，并按照多维的平台化方式和既定预算、核决权限的层级要求，完成层层分解落实。

第二，按照平台管控的各个节点做好相关的风险描述。明确可分解的企业发展目标，规避企业盲目发展，确保企业保持动力和后劲，并规避由于发展目标不明确导致企业发展脱离客观实际，确保企业目标得以分步骤实现。

企业的平台化模式风险识别，是在针对企业内外部基本情况做系统研究和布置的基础上，对企业的风险事件进行归类，形成企业的风险清单；按照风险清单列示风险并锁定各级风险标签，包括风险动因、风险影响、责任岗位、风险流程、风险三维形态等，为风险评估提供基础资料。

风险识别层面的目标主要体现在保证充分识别影响企业总体发展目标的风险因素，并就识别的风险进行分级分类。从平台管控角度，需要针对风险管理五项职能的实现，做好风险的充分识别，借助平台化的协同，落实风险的应对准备。具体措施体现为：将董事会明确为企业风险管理的决策机构，负责审定风险评估的总体方案，审定企业层面风险清单、风险解决方案及其他相关重要文件并进行落实。企业管理层及各级职能部门同步收集初始信息，全面系统持续地收集与企业风险和风险管理相关的内部、外部初始信息，包括历史数据和未来预测，并对收集的初始信息进行必要的筛选、提炼、对比、分类、组合，以便进行风险识别。

二、平台化管控的统一部署

防范化解风险工作涉及的面广点多，要取得成功，首要工作就是在企业内部建立起统一思想、统一部署、统一指挥、统一推进的“统一战线”。在这一阶段，企业要做好四个方面的工作：一是要建立专门的工作组织机构，负责组织协调，确保工作顺利运转；二是要讨论形成工作思路，确定工作原则，并通过会议或培训形成全企业的共识，为后续推进各项措施奠定思想基础；三是要明确企业内相关部门和业务单元应承担的防范化解责任，做到责权清晰、岗位明确；四是要制定完善的风险防范化解工作思路，为推进工作确定具体的路径和重点。

（一）成立防范化解风险的组织机构

为提升防范化解风险工作的质量和效果，确保全面风险管理工作的规范开展，在企业层面应成立防范化解风险专项工作领导小组和工作小组。领导小组组长应由企业董事长或执行董事担任。董事会是企业风险管理的最终责任主体，董事长或执行董事也应是企业风险管理的第一责任人。企业董事长担任领导小组组长，既是履行法律赋予董事长的法定职责，同时也有利于从董事会层面把控企业整体风险，调配各项资源，督促各个管理主体履行好防控风险责任。领导小组成员应包括企业总经理以及所有的副总经理或副总裁，以及履行管理或业务条线的主要负责人等。

领导小组是风险防范化解工作的核心组织，是取得工作成果的关键因素。领导小组的主要工作职责有四项：一是要确定企业全面风险管理的总体目标和原则，确定风险偏好、风险承受度，批准风险管理策略和风险应对方案；二是要统一全企业风险管理理念，督导风险管理文化的培育；三是要负责领导、组织、协调企业防范与化解重大风险专项工作的开展，促进企业重大风险专项工作指标的落实、督办；四是听取工作小组防范化解风险工作的汇报。

在领导小组之下还要建立专项工作小组。工作小组是根据总体要求，负责具体落实各项工作的机构和督促机构，主要职责有三项：一是落实领导小组的工作要求，制定具体的工作计划，并负责重大风险防范与化解、专项工作的推进与实施；二是负责对下属企业履行防范化解风险工作及职责效果进行指导、监督、评价和考核；三是收集汇总工作信息，并向领导小组汇报工作进展情况。

工作小组组长可以由企业分管风险管理的副总经理担任，其既是领导小组的重要成员，同时也是工作小组的直接领导者，这有利于在领导小组和工作小组之间建立起紧密联系，有利于工作小组及时理解和贯彻领导小组工作意图，同时，也加大了对工作小组成员的管理力度，促使工作小组成员充分履职。工作小组成员应包括企业所有管理和业务部门负责人，还可以加入一些重要的业务骨干或专业人士。由于专项工作小组成员人数众多，还应设置一个专项的办公室或专门的协调机构，这个协调机构一般设置在风险管理部门，负责协调工作小组成员的工作、汇总工作成果、组织提交相关报告等。

此外，根据风险管理三道防线的分工，还应赋予相关部门一些具体的管理职责，具体包括：企业各职能部门负责自身职责及业务范围内重大风险的防范与化解工作，对相关下属企业及业务的重大风险防范化解工作进行指导、督办；企业风险部门负责制定重大风险防范化解工作规划及方案，报领导小组审定后组织实施，履行工作小组办公室职责，负责汇总总部各职能部门、事业部提交的重大风险信息及工作情况信息，为领导小组提供日常相关工作的支持；企业办公室（包括董事会办公室）负责企业总部部门防范化解风险专项工作的督办；运营管理部门、人力资源部门负责下属企业防范化解风险专项工作的绩效与考核工作；审计监督部门负责企业风险损失责任追究工作。

（二）确定防范化解风险的原则

防范化解风险的工作目标应该分为长期目标和短期目标两类。

长期目标是要通过持续不断的工作，建立起全面覆盖、规范有序、科学有效的防范风险工作流程和机制，构建起完善的风险管理防线，确保企业能及时监测发现并有效防范可能出现的各种重大风险。

短期目标是梳理识别出影响企业经营发展的主要风险、重要和重大风险，制定科学的措施有效化解风险可能带来的不利后果，确保企业能够健康稳健经营，不受或减小受到重大风险的不利影响。

防范化解风险的工作原则一般包括七个。

第一，风险管理全覆盖原则。风险管理工作要求牢固树立全面、全员、全过程、全体系的理念，实现风险防控机制的全覆盖和无死角。

第二，分工协作原则。风险管理是企业各个层面和环节的工作和任务，企业的全体员工都需要参与其中并尽职履行风险的防范与化解。风险管理由三道防线构成，第一道防线是企业风险管理的关键，是事前防范、事中化解风险的核心与重点，应将风险管理工作的重点放置在第一道防线。

第三，风险底线原则。要结合自身的经营发展状况确定企业的风险偏好和风险承受度，合理划定风险管控底线。

第四，风险分层分类管理原则。按照分层、分类的原则对风险进行管理；加强对重大风险、重点单位、重要业务的管理，把管理资源集中在解决企业主要矛盾、抓好关键环节方面。

第五，全局思维和抓主要矛盾原则。增强大局意识和全局意识，准确把握当前和未来一个时期风险防控的重点领域和关键环节，找准切入点，实现对重大风险的全覆盖，确保风险综合防控效果。

第六，标本兼治、疏堵结合原则。循序渐进、科学有序推进，进一步创新工作思路，加强制度机制建设，补齐制度短板，建立风险防控长效机制，铲除滋生各种风险的土壤。

第七，加强监督原则。正风肃纪，加强监管，依法依规做好风险防范化解处置，防范风险处置过程中的法律和道德风险。

（三）明确部门承担的防范化解职责

防范化解风险是一项系统性工作，需要企业各层级全面参与配合。在企业层面要做好顶层设计，建立工作总目标和原则，建立相应的组织机构，明确防范和化解重大风险的工作计划及目标，制定详细的风险防范和应对措施，各职能部门、事业部及各下属企业则应按照专项工作的布置要求全面推进工作展开。

各职能部门的主要工作职责包括：职能部门和事业部应明确指定专人负责本部门的风险防范化解工作，负责在统一指挥下做好本部门的风险防范化解工作。各部门应制定本部门的风险防范化解工作计划，并将工作动态、计划进展、存在问题和建议等情况定期上报。企业防范化解工作办公室负责收集、汇总并分析各单位上报的数据和各项信息，监督并督促各单位执行工作计划，并按照要求定期汇报。企业防范化解风险领导小组定期听取汇报，并组织专题研究，提出具体意见，领导和协调风险防范化解工作。

（四）防范化解风险的总体工作思路

在建立防范化解风险的组织机构、工作原则、目标基础时，应根据企业具体情况制定出台总体工作思路。总体工作思路要符合风险防范化解的基本要求，同时要符合企业战略规划、经营目标和实际经营管理状况。形成统一的工作思路有助于企业各业务单元统一思想，明确目标和方向，为顺利推进工作提供路径保障。

明确风险管控的战略重点及方向，企业风控部门组织开展年度风险、经营风险等多项排查工作，确保风险“看得清”，企业风险图谱逐渐清晰，风险管理重点逐步明确。

第二节　企业平台模式推动风控建设的五步法与四对策

一、平台一体化风控模式的五步法

（一）充分识别风险，摸清风险底数

风险管理的首要工作就是要识别风险。要有效防范和化解重大风险，就要充分辨识存在的风险，摸清底数，做到有的放矢。风险识别的结果直接关系到风险防范的效果。在这一阶段，主要做好以下几项工作：一是要建立好风险分类的框架，并以框架为指导进行充分的风险识别工作；二是要对已识别出的风险开展完整的风险评估，合理地分析评价风险发生的可能性和可能造成的影响；三是要对风险实施分级评价，确定需要重点进行管控的重大风险；四是要建立风险敞口计算标准，并以此来分析计算各个重大风险的风险敞口，全面摸清企业的风险底数，为后期开展风险应对奠定基础。

（二）建立风险分类，做好风险识别

风险辨识是“查找企业各业务单元、各项重要经营活动及其重要业务流程中是否有风险，有哪些风险”。风险辨识工作的两个重要要求如下。

一是完整性，要确保主要风险没有遗漏，风险识别的覆盖面要宽要全，不能“盲人摸象”，要做到横向到边纵向到底，不留死角。

二是准确性，要确保识别出的风险是真正的风险，不要模棱两可、只说现象不说具体问题，要识别出具体的风险事件，找出引发风险的源头，找到病根才能对症下药。此外，由于风险具有高度实效性的特点，在不同环境下风险会不断变化演进，在风险识别过程中也要注意及时性，要善于捕捉风险动态，建立风险动态反应和报告机制。

（三）开展风险评估，合理分析风险

风险评估是指对风险全貌进行总体评价并判断出当前的重大风险和管理上需要重点改进的风险。**风险评估包括风险识别、风险分析、风险评价三个步骤**。在风险识别的基础上，企业应对风险事件的各项属性特征进行分析判断，包括发生可能性、现有应对措施、事件之间的相互影响等，整理、分析、判断各风险的属性特征和管理现状。

根据风险分析的目的、可获得的信息数据和资源，风险分析可以有不同的详细程度，可以是定性、定量的分析，也可以是这些分析的组合。一般情况下，首先采用定性分析，以初步评定风险等级揭示主要风险。在可能和适当的时候，要进行更具体和定量的风险分析。其中：风险发生可能性是指在企业目前的管理水平下，风险发生概率的大小或者在给定时间段内发生的频繁程度。风险发生的可能性主要基于历史数据分析、风险因素分析和专业性经验判断等方式进行评估。可将风险发生的可能性分成 5 个等级，分别赋予 1 分至 5 分，表示发生可能性依次加强，得分越高意味着风险发生的可能性越大。

在对风险分别从发生可能性和影响程度两个维度分析后，应对风险进行总体评价。在风险分析的基础上，根据各项风险的影响程度、发生可能性、管理水平等属性特征值，采取绘制风险图谱等手段进行风险评价，对各项风险进行比较，确定各项风险的重要性特征和管理优先顺序。风险图谱能够直观地展示不同风险根据重要性特征确定的序列关系，从而判断各个风险的重要性级别以及有待改进管理水平的急迫性等。

（四）实施风险分级，确定重大风险

根据每一个经营风险事件发生的可能性和造成的最大损失金额，综合评估后，将经营风险事件分为 9 个风险等级。划分风险等级是开展经营风险事件管理的重要基础，对不同风险等级采取不同的应对流程，实现对风险的“分层、分类和集中”管理。一般而言，风险等级在 R7 及以上则为企业管理的重大经营风险事件，R7 以下的经营风险事件由相关部门实施管控。各等级的基本释义如表 11-1 所示。

表 11-1　风险等级释义

风险等级	风险等级释义	管理层级
R1	预计未来可能发生轻微损失	一般风险（绿区）
R2	预计未来可能发生一般损失	
R3	预计未来很可能发生一般损失	
R4	预计未来可能发生大额损失	重要风险（黄区）
R5	预计未来很可能发生大额损失	
R6	预计未来可能发生巨额损失	
R7	预计未来很可能发生巨额损失	重大风险（红区）
R8	预计未来几乎可确定将发生巨额损失	
R9	出现危及企业持续经营的重大危机事件	

此外，下列重大经营风险应按以下原则确定风险等级：企业所在地区存在战争、重大政治冲突等风险，导致无法持续经营，应确定为 R8 或 R9 级；政府、行业组织等机构将企业或产品纳入限制进入名单，预计对经营构成重大不利影响，应确定为 R6 或以上级别；企业受到境外国家、地区或国际组织出口管制、贸易制裁等，预计对企业国际化战略或国际形象产生重大负面影响，应确定为 R6 或以上级别；企业被境内外媒体网络刊载，造成重大负面舆情影响，应确定为 R6 或以上级别；企业违规开展融资性贸易、股票、金融衍生品业务，应确定为 R7 或以上级别；企业被司法机关或监管机构立案调查，主要资产被查封、扣押、冻结或企业面临行政处罚等，对企业正常生产经营造成重大影响，应确定为 R7 或以上级别；企业违反境外地区法律及合规要

求，预计对企业造成重大不利影响，应确定为R6或以上级别；企业违反物资采购、招标投标规定，预计对企业造成重大不良影响，应确定为R6或以上级别；企业违反财经法纪，存在私设“小金库”、伪造单据、虚列成本费用和收入等问题，预计对企业造成重大不良影响，应确定为R7或以上级别。

（五）分析风险敞口，摸清风险底数

经过详细的风险评估后，企业已识别出相应的一般风险、重要风险和重大风险，对于每种风险，企业都应建立相应的应对策略，对识别出的风险事件进行专项管理。

首先，需要对风险事件的风险敞口进行计算。风险敞口指未加保护的风险。满足以下条件之一的风险事件，应该进行风险敞口认定：预计损失概率大于50%、逾期款项账龄达3年及以上、负面清单项目。风险敞口一般的计算标准为：项目当前资金占用减去当前未发生风险部分金额、减去有效抵押质押物资产金额。资金占用指项目财务账面，即应收账款、预付账款、存货、其他应收款、金融资产、已核销债权等的合计金额，计算时，用资产的原值，不包括项目利息、罚息、违约金等。有效抵押质押物资产金额指项目经认定可以变现的抵押质押物资产金额。在认定风险敞口时，应对同一交易对手或同一项目合并认定。一般而言，企业风险敞口认定标准如表11-2所示。

表11-2　企业风险敞口认定标准（参照）

序号	风险分类	风险敞口认定标准
1	法律纠纷风险	作为被告：未判决的，按诉讼标的金额；已判决的，按（判决金额-已执行金额）
2	股票投资风险	单个项目浮亏金额
3	项目投资风险（包括拟退出项目、财务投资项目）	投资本金-可变现资产价值
4	融资性贸易风险	资金占用-有效抵押质押物金额
5	融资租赁风险	项目本金余额-租赁物估值
6	外汇管制风险	预计汇兑损失金额
7	项目出库风险	投资本金-可变现资产价值
8	项目融资和管理风险	与原融资方案相比，现在的方案需要额外增加的成本
9	应收账款逾期风险（产品销售类）	逾期应收账款金额-预收账款

续表

序号	风险分类	风险敞口认定标准
10	应收账款逾期风险（贸易类）	项目或业务资金占用余额减未发生逾期部分金额、减有效抵押物认定金额、减法院冻结对方单位银行存款
11	资产减值风险	预计资产减值的金额

其次，应按照风险敞口大小，对风险事件实施分层管理。企业可以制定相应金额标准，对于单个风险敞口大于一定标准的风险事件实施“提级管理”或“集中管理”，即由企业统一管理。

最后，企业可以系统建立风险事件库，并建立风险库入库和出库的标准。对于企业级风险事件，应在风险事件暴露时认定初始风险敞口，并根据金额纳入企业风险事件库进行动态跟踪管理，定期评估当前剩余风险敞口。

对于企业级风险事件，当项目风险敞口降低到一定金额以下，且有迹象表明风险事件朝着敞口减小的方向发展，可以移出企业风险事件库，作为观察事项；当风险敞口降为0，可以向企业总部提出销号申请，由总部进行销号审批；企业应持续跟踪风险事件，直到资金占用变为0。

实践中，可以作为风险敞口减少的有如下几种情形：①直接收回现金，包括项目利息、违约金、分红等，收回额可全额作为风险敞口减小金额；②申请法院判决冻结、查封合作单位资产，且为首封（无抵押），在获得法院回执情况下（如被查封资产为无抵押房产、无抵押非国拨土地），可按估价作为风险敞口减小金额；③对方单位有偿债措施及偿债合同，可按照新合同的50%确认风险敞口减小；④债务重组（债转股、债务转移、债务抵销、以非现金资产抵债等）后，将全额作为风险敞口减小金额。采用债转股方式的，一般将债务重组金额的25%作为“债转股”额，将剩余75%作为事实损失，也可根据未来可收回金额进行判断；⑤财务账面核销后，核销金额作为风险敞口减小金额，同时认定事实损失；⑥除以上情况外，根据已有信息确认为事实损失的，可以作为风险敞口减少计算。

当项目出现可确认的损失时，应及时进行事实损失的确认。可制定如下事实损失认定标准：①发现对方单位被列入失信被执行人且无可执行财产，结合法院查封资产情况，考虑受偿变现因素，依照谨慎性原则进行判断，确认事实损失金额；②对方单位已破产清算，按照受偿比率，扣除受偿金额，全额确认事实损失；③债务重组（债转股、债务转移、债务抵销、以非现金资产抵债等）后，债务重组额的75%确认为事实损失，也可根据未来可收回金额进行判断；④财务核销后，核销部分全额确认事实损失。风险敞口不包含事实损失。

二、平台化风控考核的四个系统对策

（一）确定风险化解责任，实施风险目标考核

在完成重大风险和风险事件的识别评估以后，要有针对性地对重要和重大的风险事件实施风险应对，促进化解风险。为了有效落实风险化解责任，提高风险化解措施执行的有效性，企业可以根据管理需要，制定重大风险化解目标责任机制，确定风险化解目标，通过与有关单位签订《重大风险化解专项目标责任书》等方式，运用绩效考核的方式，最大可能地调动企业各相关单位对于风险化解工作的积极性和行动力。

这一阶段需要开展的工作主要包括：一是要确定风险指标考核的目标、原则，以及目标考核的范围和方式；二是确定考核工作的职责分工；三是制定风险考核指标，并设定目标考核的评价和奖惩机制；四是设计并组织签订目标考核责任状；五是落实风险化解措施；六是实施目标考核。其中，设计和确定考核目标、评价机制和奖惩机制是该阶段的难点和重点。

（二）确定风险化解考核的原则

总的来讲，风险化解要把握“现金为王”的核心，已收回资产尽快变现，已保全资产尽快掌握处置权，进一步降低整体风险敞口，守住不发生系统性风险的底线。重大风险化解工作考核的基本原则如下。

第一，坚持底线原则。风险化解工作应符合企业发展战略目标和年度经营计划要求，确保完成年度经营管理工作。对于多项风险事件，要明确化解工作重点，坚持底线思维，制定化解工作目标底线和红线。

第二，分类考核原则。应针对不同类型风险提出初步化解策略，并匹配不同考核标准，促进合理配置资源，确保化解工作的有效性。

第三，正向激励原则。应根据化解难度分别制定已核销项目、呆坏账项目、一般项目奖惩措施，难度越大奖励越多，以正激励为主，充分调动工作积极性。

第四，鼓励现金回款原则。应对资产保全、债转股、签订新还款协议、以资抵债等风险化解策略制定折算为现金的标准，分别赋予不同的权重。

风险化解的考核范围可包括企业所有存在重大风险化解责任的责任人。采取的主要考核方式为：根据风险化解指标完成情况予以相关单位经营管理层或责任人年度薪酬奖惩考核。年初，由企业负责人与风险化解相关单位或责任人签订《重大风险化解责任书》，确定考核指标，次年初根据实际完成情况兑现考核。

（三）确定风险考核的职责分工

风险考核工作涉及企业内绩效管理、人力资源、财务、风险、审计等多个管理部门，应在考核工作开展前做好协调沟通，确定各个部门的权力和责任，确保考核工作顺利进行。一般可以采用的职责分工为：风险管理部门负责企业重大风险化解和风险库的管理，提出重大风险化解考核项目，负责对重大项目风险管理过程的数据进行统计并汇总年度结果，依据汇总结果提出风险化解部分考核指标建议；考核管理部门负责组织重大风险化解专项考核工作，起草并组织签订责任书，实施考核过程管理，组织相关部门开展考核结果评审并提出考核意见；人力资源部门负责考核结果兑现；财务部门负责提供数据支持；审计监督部门负责对考核过程实施监督。

（四）制定风险考核指标

制定风险考核指标是这一阶段的核心工作，也是关系到风险目标管理能否有效的关键工作。具体来说，制定考核指标面临三个难点：一是考核指标的选择，既要可准确计量、方便获得，也要能够真正体现风险化解的情况，增强风险化解工作的责任与动力。二是如何确定考核方案，要体现考核力度，确保完成指标有一定难度，同时也要基于实际情况，符合企业和风险特点。如何确定一个合理科学的方案，有赖于指标制定者对于风险事件性质和化解难易程度的清晰认识。三是确定考核的奖惩机制，对于什么情况执行什么奖励和惩罚，要做到科学合理、公平公正，对同一类风险事件要保持同样的尺度。在实际工作中，制定风险考核指标往往需要进行多轮博弈、多次修改，可以采用的考核指标具体如下。

第一，降低风险敞口指标。这是最为常见和通用的风险化解指标。其具体含义和计算方法可参见本节第一部分。该指标旨在通过激励风险化解责任主体采取各种化解风险或减少风险敞口的措施，降低风险事件未来可能带来的不利影响，其核心是降低风险事件的不确定性，减少敞口风险。该指标一般针对风险敞口较大、现金回款较为困难、尚未财务核销处置的风险项目。

第二，坏账盘活指标。从会计处理角度，企业往往会根据会计准则的要求，按照账龄或个别认定的方法，根据预计损失或风险情况对出现风险的事件做计提坏账准备或减值准备。有的项目在全额坏账或减值计提以后，根据核销程序进行财务核销。对这一类项目，虽然在会计上进行了相应处理，但从风险管理的角度，依然可以纳入风险化解工作范畴。通过设置坏账盘活、减值冲回等指标，鼓励风险化解责任主体在减值计提或财务核销以后仍然不放松化解责任，尽一切可能减少或挽回损失。可以根据盘活的难度，设置现金回款或资产回收的条款，一般多采取正向激励，收回现金还可以追加奖励。

第三，现金回款指标。从风险化解效果来说，收到现金是最好的风险化解手段和结果，但同时也是比较难的一种化解手段。企业应分析风险事件的性质和具体情况，一般对于以下几种情形的风险项目应加大现金回款的考核力度，如对方企业尚有现金支付能力，且有可能争取现金回款的项目；对方企业提供资产无法变现或变现风险、损耗较大的项目；境外项目；对方企业为非制造企业，或实物资产较少的企业等。该指标可以与降低风险敞口等指标组合使用，采取正向激励为主的措施，同时可以根据回款金额大小设计定额累进的激励策略，进一步提高激励力度，鼓励风险化解责任者多回款、快回款。

第四，资产变现指标。在风险化解过程中，往往出现债务方现金流断裂、经营亏损、无法到期偿还债务等财务危机，在这种情况下，要获取债务方的现金回款难度很大，因此一般会通过实物资产、无形资产、股权、债转股等方式进行补偿。企业通过各项风险化解和应对措施，收到各种风险偿付资产，这些资产有的具有较高的变现能力，有的则难以变现，对这些资产的处置可能形成资产贬值的次生风险。因此，在这种情况下，企业要针对以资抵债项目、债转股项目等制定资产变现指标，鼓励风险化解责任主体持续履行风险化解责任，及时盘活实物资产，避免或减少资产贬值的次生风险。

第五，一项一策指标。企业风险事件的表现形态千差万别，风险发生动因千差万别，对其进行风险应对的措施也各不相同。企业应在以上通用指标的基础上，针对具体项目一项一策地制定考核目标。如某项目可能因法律合规问题出现账户冻结风险，对其可以制定“消除法律合规风险，解除资金冻结”的考核目标；对于某些风险难以化解且可能持续增加的风险事件，对其可以划定底线，制定“风险敞口不进一步增加，且不能出现××情况”等的考核目标。

在确定风险化解指标的过程中，由于风险化解的手段措施不同，产生的风险化解效果也不同，需要对各种化解效果区别对待，确定对应金额的折算标准，以此来计量各种风险化解手段产生的化解金额。具体标准可以参考风险敞口计算标准，以下几种方法可供参考：通过资产保全手段化解风险，可在有效保全和基本确定胜诉情况下，按评估价值50%折算为化解金额；通过债转股方式化解风险，可按股权评估价值计算化解金额；通过与债务方签订新还款协议方式化解风险，按年内回款金额的一半与次年回款金额孰低计算；通过以资抵债方式化解风险，可按资产评估价的60%计算化解；通过债务抵销或债务重组等方式化解风险，可视同现金全额回款。

三、企业化解存量风险平台管控的案例

（一）E企业基本情况及其平台管控模式介绍

E企业于20世纪80年代在S省Q市创立，是中国领先的居家生活和数字化转型解决方案的服务商。E企业迄今累计有超过100家下属子企业，在多国设有设计中心、制造基地、贸易公司。

从平台化管控模式上看，E企业采取了平台化管控的全生命周期管理模式。

从用户运营上看，E企业长期以来都十分重视用户价值与用户体验，并坚持以用户为核心，设计、推行优质的产品与服务；在服务全程密切关注用户的个性化需求，基于用户生命周期的特征与管理流程，成功构建E企业独有的、一切为用户的全程闭环数字服务体系。

由上述E企业的用户运营模式、实际流程可知，E企业会根据用户群体的不同特征与需求，采取不同的策略，提供的服务也会有所差异。E企业通过将私域与公域相结合，打造了一个集服务、交易、精准触达、个性化服务于一体的运营模式。

E企业基于现有的CRM系统、企业第一方数据管理平台、标签工厂等技术，通过研究与实践，新增AI管理平台，并以此建立专属的用户运营体系，依托数据的推动，实现跨领域、全流程的系统化与数字化管理。具体见图11-5。

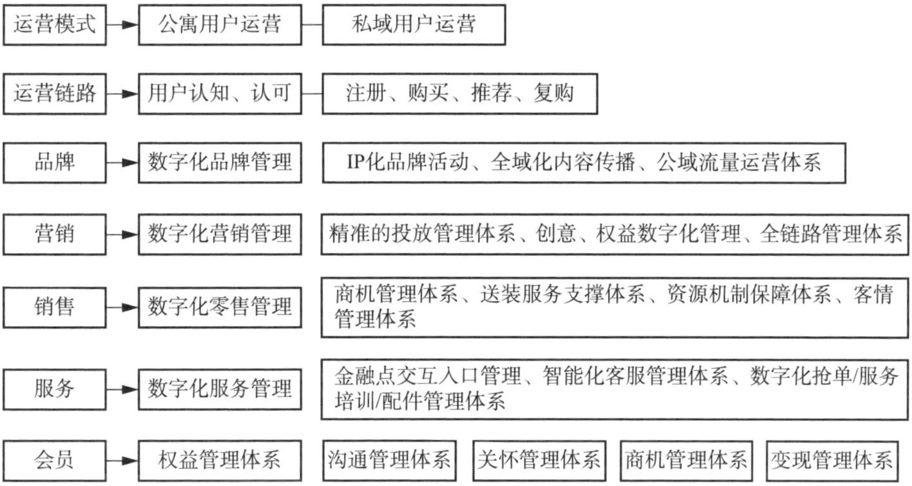

图 11-5　数字化体系

E 企业从数字化转型出发，颠覆了以往的战略、组织、机制，重点围绕“用户”构建平台化运营体系，组织网状节点，从原来的“按岗付薪”转变为“用户付薪”，优化工作机制、提升员工的工作热情与工作效率。智能调度（跨城协同、跨应用调度）避免了传统化解存量风险时大量消耗人力的弊端，减少了不必要的开支，化解了企业内部的存量问题。

企业实施合规的财务资产管理模式，关键在于制度的建立和执行，同时还要在企业文化建设过程中增加合规文化理念，使这一理念得到广泛推广和认可，让企业工作人员自主遵守合规文化理念，从而真正实现对财务资产的有效管理和合规运营。企业财务管理的核心在于资金安全和灵活应用，区块链技术的发展为智能化资金管理系统设计提供了可靠的技术支持。

（二）平台化管控模式整合实施的六步对策

第一，多措并举，工作组合。为进一步落实企业要求，要建立工作组织、确定工作原则、细化工作目标、落实工作内容、压实相关责任，全面深入推进。督促指导企业推进工作，并对工作情况进行通报。

发挥风险管理作用，提升企业和相关人员风险管理能力，包括提升风险分析预判能力，即对可能发生的风险进行“沙盘推演”和“压力测试”；提升风险事件管控能力，即灵活机动并有效及时处理各种风险事件；提升风险信息管理能力，即继续推进“风控一体化信息系统”建设；提升风险文化融

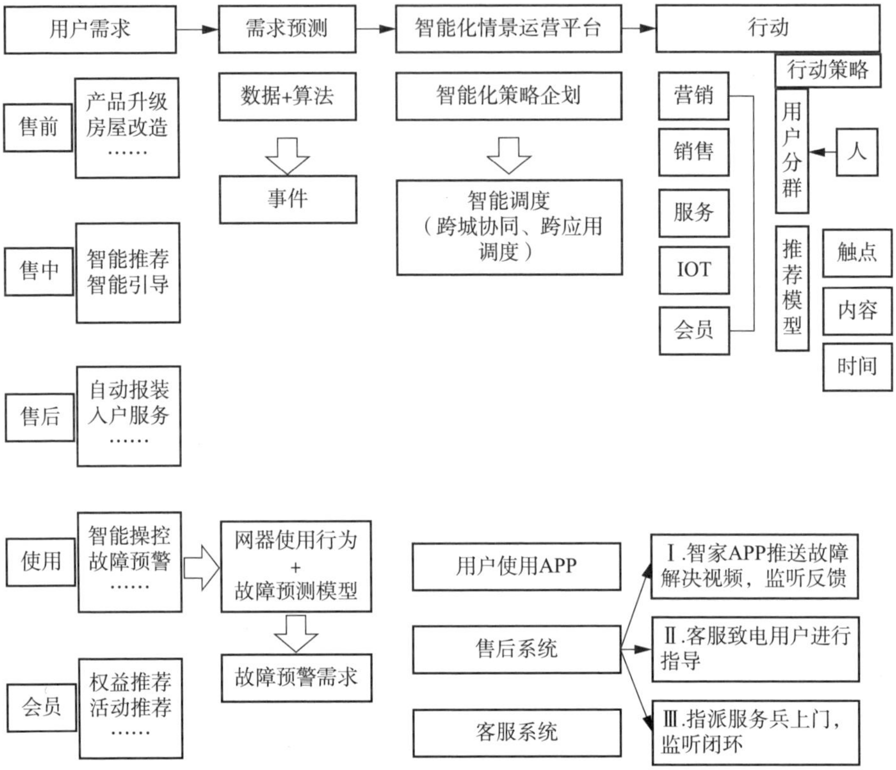

图 11-6　平台化运营体系

合能力，即将风险意识融入企业各项业务和管理活动。平台化运营体系见图11-6。

第二，千方百计，整合策略。防范化解风险的总目标是“化存量、防增量”，实现以下“四个突破”：风险责任突破，即风险考核及责任落实全程跟进、评价，杜绝短期行为；风险策略突破，即加强政策的深度研究，借助外脑和智库力量，最大限度规避政策和环境风险；风险机制突破，即建立务实、高效的风险防控机制并使之真正落地，实现风险管理“关口前移”；风险意识突破，即强化合规管理和规则意识，提升全员整体防范风险的能力和水平。通过内引外联，组建风险化解专项小组，针对每一项重大风险制定风险化解策略。实施重点监控，分解督导。

第三，源头管控，建立标准。企业为了将重大项目风险管控关口前移到业务发生单位，制定了《风险评审管理办法》，完善基本的管理方案，集成相关管理模式，规定需由项目牵头部门组织风险评估并出具风险评估报告，在实现各个阶段功能的同时，也集约化实现各个职能功能的分解，系统确保企业项目风险可控、科学决策。

第四，事中控制，强化监督。企业建立了包括“流程梳理—内控评估—缺陷认定—缺陷整改”在内的闭环机制，组织开展内控体系建设及内部控制自我评价工作。采用远近结合、夯实基础与做实推进双管齐下的方法组织开展企业内控监督工作。制定下发《五项职能监督评价工作规划》，加强企业风控合规体系的监督评价工作，以评价促进五项职能的水平提升。

第五，对标要求，夯实基础。整合企业对相关业务的红线要求，对标同类企业，系统编制企业五项职能平台化管控手册。编制了应知应会、监管红线、岗位责任、企业实务相关章节，对提升风险管控效果发挥积极作用。同时完成相关的配套风险指南，建立风险事件档案库，并根据风险大小实行九级风险管控机制，使风险识别、风险化解、风险考核、风险报告数据化。

第六，及时监控，实施预警。企业在确定风险偏好和容忍度后，通过确定风险的预警标准（风险承受度），设立绿色、黄色、红色三个预警区间，制定不同的应对策略，在确定预警频率和监控单位后，开展风险预警管理。企业构建了两套风险指数开展风险预警管理：一是企业风险综合指数，二是企业财务风险综合指数。

第三节　本章小结

随着时代发展，平台管控方式成为大势所趋。面对各项职能集约化运作提质增效的根本诉求，企业通过加强五项职能，形成“点、线、面、体”立体式的平台化风控系统，建立以风险导向为核心的五项职能融合的平台化管控体系，系统提升五项职能的效率和效果。

为达成五项职能的融合，企业需要优化组织机构，统一工作部署，完善企业平台化运作模式，推动一体化建设，保证一体化工作体系的各个环节稳步运行。

全流程业务数字化转型及网络平台构建为企业带来崭新发展机遇的同时，也要求企业配套构建完善的合规管控体系，基于五项职能的平台化融合保障了企业业务流程和模块运营的稳定、安全、合规。

在企业全流程业务平台建立的过程中，立体式风险防控已成为影响企业生存和发展的关键命题，需要认真研判外部法治环境和数字化转型对五项职能管理的新要求，通过推进五项职能的管理体系建设，实现风控合规组织体系健全、制度体系完备、工作流程规范、管控措施到位等，从而系统聚焦并助力企业平台化运营之下的全流程业务数字化转型和高质量发展。

本章参考文献

[1] 尹晗. 基于合同管理的央企合规管理运行机制 [J]. 现代商业，2022 (1)：148-150.

[2] 吴炎太，林斌，孙烨. 基于生命周期的信息系统内部控制风险管理研究 [J]. 审计研究，2009 (6)：87-92.

[3] 谢岳山. 联网环境下信息系统审计的体系架构 [J]. 审计研究，2009 (5)：37-39.

[4] 刘艳宾. 企业运营过程中财务资产管理与优化 [J]. 财经界，2020 (22)：145-146.

[5] 财政部等五部委《企业内部控制基本规范》(财会〔2008〕7号) 及其配套指引 (财会 [2010] 11号)。

[6] 牛慧，孙茜，佟磊，苗欢，刘岳. 人力资源合规控制制度法律合规性审查——企业规章制度 (续) [J]. 中国劳动，2012 (8)：39-41.

[7] 甄玉敏. 企业市场营销中的风险管理研究 [J]. 商场现代化，2022 (6)：66-68.

[8] 阎芳. 大数据时代企业营销风险转化机制及防范对策分析 [J]. 中国产经，2020 (24)：127-128.

[9] 李卫华. 大数据背景下传统零售企业精准营销探析 [J]. 商业经济研究，2019 (15)：71-74.

第十二章
归纳总结：风控合规工具转型——边界化、一体化、价值化

风险防控、合规管理、内控管理、审计管理、法务管理五项职能的一体化风控融合具有实质必要，可以系统实现风险化解。防范化解风险作为企业重大经营管理问题，需要从“防范”和“化解”两个方面充分调动企业资源，整合企业风险管理、内部控制、审计监督、合规和法务等专业部门，实现风控合规的专业化工具打造，实现企业风控合规管理在边界化、一体化、价值化上的转型融合。企业在五项职能的实现和融合上，协同做到内部控制的不相容职务分离，法务管理工作推动系统风险化解，形成合规管理的企业内部底线思维，促进内部审计的确认与咨询功能的实现。因此，立足实际、着眼长远，以可持续发展模式促进企业依法合规经营，建立符合市场经济发展需求的五项职能融合的风控管理体系，全面提升企业风险防控能力，为企业建设有效持续的风控体系奠定坚实基础。

第一节　五项职能融合发展的五大原则

将全面风险管理、内控体系建设、法律事务与合规管理等职能纳入平台化管控的一体化管理职责中，构建以风控文化为基石、五项职能融合为主线、内控制度为抓手、合规审核为重点、法治建设为协同，借助数字化赋能形成企业可持续利益最大化目标管控的五项职能管理体系，对于企业战略目标的实现具有重大意义。通过五项职能一体化融合，形成制度化、模块化、平台化、流程化的设计，并按此形成十大工具的应用，建立起一套符合外部法律法规要求的内控制度。以五项职能融合的治理体系为主线，结合十大管理工具，提升企业风控合规治理效能。

首先，通过五项职能融合推动企业风控系统建设，实现一体化融合，克服五项职能各自孤立的“两张皮”问题。系统改善具有民营企业特色的管理机制问题。

五项职能设计需要考虑的问题包括：事件突发性、全面性与重要性、制衡性、适应性、成本与效益等方面。原则的系统落地，具体包括以下五个方面。

第一，全面性原则。五项职能贯穿决策、执行和监督全过程，覆盖企业及其所属单位的各种业务和事项。

第二，重要性原则。五项职能在全面控制的基础上，关注重要业务事项和高风险领域。

第三，制衡性原则。五项职能在治理结构、机构设置及权责分配、业务流程等方面相互制约、相互监督，同时兼顾运营效率。

第四，适应性原则。五项职能与企业经营规模、业务范围、竞争状况和风险水平等相适应，并随着情况的变化及时加以调整。

第五，成本效益原则。五项职能权衡实施成本与预期效益，以适当的成本实现有效控制。

其次，以“融合嵌入”理念推动风控管理体系建设，规避单独建设职能管理体系导致运行管理低效和无法落地的问题。

以风险管理为导向，以防范风险为出发点和落脚点，以促进企业实现战略目标为最终目标。合规管理防控法律合规风险，侧重实体性。内控建设除了防控法律合规风险外，还要防控企业战略、市场、运营、财务等风险，侧重程序性及配套措施的完善性。形成权责明确、放管结合、规范有序、风控有力的监管体制机制。使合规管理与企业业务深度融合，实现合规管理制度化，依法治企和风险管理能力全面提升，经营风险全面降低，依法合规运营全面实现。

最后，企业以五项职能融合的管理平台化和流程化建设，解决过往制度庞杂、无法兼容、管理低效、信息不畅通等协同问题。

五项职能的系统管理，可以共同构成企业“五翼齐飞”的风险管理机制。风险管理的主要目的是防范控制风险、降低损失、管理好机会风险、创造价值。加强企业内控体系建设，提高风险自控能力，加强业务部门职能职责建设，提高风险把控能力，强化审计体系职能作用，提升风险管理监控能力。

第二节　五项职能风控管理的协同与融合

一、五项职能的四个协同思路

基于风控合规一体化的五项职能协同运作模式，以体制协同为前提，以体系协同为基础，以机制协同为主线，以岗位协同为重点，以规范化、信息化、智能化、数字化为手段，以人才队伍建设为保障，聚焦关键事项实现“一岗式审查”，聚焦内控体系实现“一站式评价”，聚焦风险管控实现“全景式支持”。

（一）体制协同形成的定位落地协同

体制协同是指五项职能在组织领导和责任划分方面建立的协同关系，主要解决五项职能在企业治理和职能管理中的定位问题。在企业治理架构中，各治理主体在依法治企中履行相应职责。“防风险”是董事会的职责之一，董事会对合规、风险、内控管理的有效性负有最终责任。把五项职能统一在法治建设框架下，董事会履行审核程序，并按照股东会要求履行决策程序。企业还可以设立专项领导小组，在董事会下设专业委员会，分别负责相应议事协调和专业审查工作，为董事会决策提供意见和建议。

在体制协同方面，企业可以成立风控合规融合小组开展工作。组建董事会风险（合规）管理委员会，履行风险、合规、内控专业委员会职责，把具体的法律风险、合规风险和内控缺陷纳入风险管理范畴，风险管理报告由企业管理层办公会确定后，提请董事会审定。把风险管理体系和内部控制体系融入民营企业的法治建设体系框架，由董事会审定后报股东会确定。董事会需要定期听取风险防控情况汇报。

（二）体系协同实现的各方落地协同

体系协同是指五项职能在管理理念、机构设置、职责划分、方法工具、人员配置等管理要素方面建立协同关系。通过对五项职能工作的系统梳理，使其在计划、实施、检查、整改、信息共享、独立报告、能力培训、考核评价八个方面具备协同因子，在相关工作开展过程中实现“五同时”，即同计划、同部署、同实施、同检查、同考核。五项职能间具有较强的关联性，其中法律与合规高度关联，风险与内控高度关联，如五项职能统一集成化管控，有利于建立协同关系。在归口管控模式上，企业可将法律与合规归属一个部门管理，风险与内控归属一个部门管理。

在体系协同方面，企业可以把法律、合规、风险、内控、内审五项职能整合，类似法律部或内审部统一牵头，职能归口于一个或几个部门，类似法治、合规职能归口到法律部，风险、内控职能归口到战略部或审计部，可以为探索实施五项职能协同运作奠定基础。

企业可以制定风控合规相关的规定，明确在法治框架下，建立法律管理、合规管理、风险管理、内部控制、内部审计的风控合规体系，使五项职能的管理体系在保持各自独立的前提下，统一在依法治企的逻辑框架下，实现同计划、同部署、同实施、同检查、同考核。在规范管理的基础上，通过建立信息化平台，实现协同运作和信息共享。

（三）机制协同实现的防线整体协同

机制协同是指五项职能在工作事项、规则、程序、标准、评价等方面建立有机联系和高效运转的工作方式，把属性类同、高度关联的工作事项一次完成，最大限度地避免工作重复、交叉，使五项职能的高质量服务保障业务发展。通过审查决策事项、法律文件、体系文件发现业务领域风险，确定专项评价和风险管控重点领域；通过合规评价、内控评价和风险评估监督检查业务过程的风险控制情况，建立台账；通过管控风险台账和内控缺陷台账，完善管理体系和管理机制，实现风险可控在控；通过梳理评价报告、评估报告、审计报告、后评价报告、巡视报告揭示的问题，建立问题库和风险预警体系。

机制协同是五项职能协同运作的核心，以解决问题为导向，以防控风险为目标，聚焦关键业务事项，实现管理要素“场景化”和“全周期”的协同。

1. 聚焦关键事项，实现“场景化”运作协同

“场景化”运作协同是指五项职能面向业务时，要置身于具体业务场景或业务事项，明确五项职能中哪项或哪几项需要参与到该业务事项中，及其在业务事项中的角色定位。在运作层面的协同事项通常由第一道防线部门发起并主导，五项职能归口部门作为第二道防线通常发挥审查、咨询、督导的作用，其中专业化审查工作是运用五项职能实施系统风险防控的重要抓手。为了更好地理解并实现五项职能“场景化”协同运作，可以从宏观、中观和微观三个层面理解其协同运作的机制。

在宏观层面，五项职能协同运作的组织基础是“三道防线”，围绕风险防控目标，厘清各关键事项在三道防线间的相关职责，形成三道防线运作协同。按照“三道防线”管理要求，第一道防线应落实风险/合规/内控主体责任，负责部门职责范围内的日常业务工作，对其中的重大事项需要第二道防线共同参与；第二道防线一方面负责建立健全五项职能体系，另一方面参与重大事项的专业审查、咨询以及督导工作；第三道防线负责对第一、第二道防线的风险防控效果进行独立监督和评价。在实践中，五项职能参与的关键业务事项主要包括制度文件、投资项目、重大决策以及合同协议四大类，通常属于企业“三重一大”事项或者法律文书范畴。

在中观层面，第二道防线对关键业务事项开展一岗式审查，坚持以法律、合规为主线，结合内部控制、风险管理，实现制度文件、重大决策和合同协议审查全覆盖。

在微观层面，对五项职能开展审查工作时，将岗位角色化，实行“一岗式审查”，即根据每个岗位关键业务事项审查的侧重点，履行一项或多项审查职能，实现在流程节点上的协同运作。

开展“一岗式审查”是五项职能协同运作根植于岗位的具体体现，以“一岗式审查”取代岗位间传递式审查，能够节约信息传递与沟通成本，提高工作效率。同时，可设置复核岗保障审查质量。在实践中根据关键业务事项的性质，开展“一岗式审查”的多种角色组合。

2. 聚焦关键事项，实现“全周期”运作协同

推动关键业务事项在事前、事中、事后“全周期”协同，进而带动三道防线整体协同，实现风险防控系统化。五项职能在不同阶段相互协同，各有侧重，采用多种管理手段，实现业务与事项闭环管理。事前主要以法律、合规审查为主线，融入并完成各职能协同的“一岗式审查”；事中主要以内控为主线，整合内控、合规、风险开展专项综合评价，督促事前各项审查意见、风险防控措施有效落地；事后主要是在审计报告、后评价报告征询意见过程中提出意见建议，与第三道防线建立协同路径，确保事前、事中提出的意见和发现的问题得到落实和处理，支持业务谈判和纠纷解决。

五项职能协同运作由关键业务事项拓展到业务事项的“全周期”，一方面在不同阶段五项职能分别以法律、合规、内控为主线协同其他职能；另一方面在五项职能协同运作的基础上，推进三道防线实现更高层次的“大协同”，从而达到系统防控风险的最终目标。

（四）岗位协同形成的流程集成协同

岗位协同是指五项职能在岗位上职责明确、相互配合，实现工作有序开展，面向业务快速高效响应，节约信息传递与沟通成本，提高工作效率和质量。在岗位协同方面，企业合同审查和决策事项审查以合规为主线，整合法律、风险、内控要求，在同一岗位实现合同、协议、章程、投资项目等决策事项和法律文件审查一次完成；体系文件和规范性文件的审查以内控为主线，整合法律、合规、风险要求，在同一岗位实现制度、流程、工作方案、实施意见等体系文件和规范性文件审查的一次完成。

在实际工作中，五项职能基于流程、根植岗位开展工作，五项职能归口管理部门需要在内部岗位设置、定位与职责方面进行必要调整与优化，以保障协同运作的最终落地。由于五项职能既要体现并发挥其专业性，又要在具体业务中发挥协同作用，在岗位设置上可将部门岗位分为体系和业务两大类。

体系类可设置法治建设岗，以整合开展五项职能体系性工作为主，具体包括体系建设与维护、文化宣贯/培训、报告、考核等。业务类可分为法律合

规和风险内控两个条线，法律合规条线下设置法务岗和审查岗，法务岗以日常法律事务工作为主，包括法律文书范本起草、商事谈判、法律救济、案件处理、外部律师管理等。审查岗基于关键业务事项开展“一岗式审查”，根据审查对象不同配备相应人员代入不同岗位角色，一岗完成并出具审查意见，同时设置复核岗保障审查质量。在风险内控条线下设置风控岗和评价岗，风控岗主要围绕重大风险开展风险研判、专项评估、应对与监控等工作；评价岗统筹开展合规管理、内部控制、风险防控的综合评价以及各类专项评价工作。两个条线岗位间实行 AB 岗制，相互备岗。

二、五项职能与五类特征的边界扩展与跨界融合

五位一体是指风险防控、合规管理、内控管理、审计管理、法务管理融合风控体系的边界扩展，形成五项职能的有效衔接，并通过职责的边界融合，实现五项职能的功能落地。

（一）风险管理形成五项职能的意识形态

在大数据时代下，企业数字化转型已经成为创新驱动发展的必要手段，但如何正确对待企业数字化转型以及数字化转型所带来的问题，也为企业风控合规带来了巨大的挑战。企业需要进一步建立健全相应的合规风险识别与控制机制，制定合规行为规范，建立合规风险预警机制与应对策略，形成企业风险合规文化，为企业数字化转型的持续稳定发展提供保障。

企业文化是指企业在经营实践中逐步形成的、为整体团队所认同并遵守的价值观、经营理念和企业精神，以及在此基础上形成的行为规范的总称。风控文化的概念源于全面风险管理的具体要求，属于企业文化的范畴。在风险管理活动中，风险控制文化凝聚和传递着企业的影响力，能够识别并使员工自觉遵守风险管理行为标准。这种文化结合了企业新的发展要求和风险因素，是企业理顺内部关系、实现可持续发展、培养员工使命感和凝聚力的基础。

风险控制文化作为企业的一般行为准则，极大地促进了各级员工和经理之间的有效沟通。通过风险控制文化的运用，增强防范风险的能力，增强核心竞争力，确保业务目标的实现，是切实可行且成本可控的。风控文化的目标体现在：①保证企业培育积极向上的整体价值观；②保证企业诚实守信的经营管理理念的提炼；③保证企业树立现代管理理念，强化风险意识，倡导爱岗敬业、开拓创新和团队协作精神；④加强廉洁风险防控管理，规范企业

决策和经营行为，把廉洁风险防控与健全企业治理结构、完善企业内部控制体系、加强企业全面风险管理、培育企业文化有机结合起来，切实防范管理标准缺失、制衡失效、内控失调、操守失范带来的廉洁风险。

为此，企业需要结合职能定位，全面梳理各项重点业务工作，识别经营决策、实施、后评估等全流程风险事项。对风险发生的可能性、影响程度、潜在后果等进行系统分析和评估，明确相关风险管理策略。以风险识别评估结果为依据，完善企业治理、合同管理等内控制度体系。运用大数据等工具，通过信息化手段优化合规管理流程，实现全面风险监控、信息集成与共享、业务全流程管控，强化对经营管理行为依法合规情况的实时在线监测和风险分析，提高合规管理的时效性和可执行性，降低企业经济损失风险的概率，实现管理制度的不断优化和管理流程的持续升级。

（二）合规管理形成五项职能的底线思维

企业要建立合规前置性审查机制，对企业的规章制度制定、重大事项决策、重要合同签订、项目运营等经营管理行为进行全覆盖的合规审查，确保董事会、管理层办公相关事项的前置审核程序。

在合规风险识别及评估层面，企业可以建立合规风险识别预警机制；加强企业合规风险应对，对于重大合规风险事件统筹领导、协同配合，最大限度化解风险。

在合规审查与监督层面，对企业经营行为的合规性以及员工对法律、规则和准则的遵循情况进行监督。

合规管理的本质是风险管理，合规风险的高效管控离不开技术手段的支撑，基于企业的业务、流程，结合信息化技术，践行数字化思维，建成合规平台，形成合规风险自动化管控新模式，提高“技防技控”能力，加快提升依法合规经营管理水平，着力打造法治企业，保障企业持续健康发展。

首先，流程穿行测试，建立合规风险管理框架。合规管理的对象即企业的业务及其员工的经营管理行为，如采购管理、销售管理、运营管理、财务管理、人力资源管理、投资管理等。合规平台搭建的前提是摸清企业的主要业务领域、业务流程、风险岗位，梳理企业业务流程的目的在于了解潜在的合规风险，建立合规风险管理框架。

其次，合规管控拆解，建立风险持续监控模型。基于合规数据集市，选取重点关注的合规监控对象及内容，利用各类统计、建模、数据挖掘工具，将已识别的可量化的风险因子、风险影响、风险责任人、风险流程及相应的惩罚措施进行拆解组合，搭建合规风险分析模型，模型对企业合规风险进行诊断性分析及预测性分析，根据模型试点成效进行多领域广泛开发运用。

（三）法务管理形成五项职能的战略价值

法务管理本身的职能体现在合同协议起草、修订及审核、项目法律论证、纠纷案件管理及信访事项调处、知识产权管理、外聘律师管理、企业律师及法律顾问管理等。企业法务管理需要重视对企业治理、合同管理、市场交易、资本管理、知识产权管理与信息安全保护等重点领域的合规管理工作。法务管理搭建以法律纠纷案件管理、合规管理体系建设、法治建设考核评价、知识产权管理四个功能模块为主的法务管理系统平台，将法务制度建设形成系统。

让法务部门提能增效，为企业提供更多战略价值产出。企业利用智能化技术促使法务工作数字化转型，可在充分提升人力效率的同时，让法务部门拥有更多的时间为企业提供更突出的战略价值。通过数字化转型，建立不同部门数据之间的映射关系，有助于打破内部信息孤岛，逐渐转向指标预测、事前策划等更具指导意义的工作。增强企业风险控制能力，使发展更安全、稳定。合规管理是企业高质量发展的关键内生动力。在这样的大背景下，通过信息化技术手段，构建符合企业实际需求的数字化法务系统，加强法律风险防范，促使企业更加合规地发展。通过法务数字化转型，可以帮助企业建立全方位的风险地图，实现对企业风险的提前预知，并根据风险制定业务策略。

企业需要系统培育将法务工作纳入数字化战略的思维意识。加强法务工作领域的人才配置。企业数字化转型需要跨领域、跨部门、跨专业的人才协同工作，人才战略先行是法务业务数字化转型的基础。企业利用智能化技术改善法务部技术生态系统，将法务工作与先进的技术、工具、方法相融合，更是法务工作实现数字化转型的重中之重。合同管理作为法务最主要也是最高频的工作事项，将与智能化技术融合。

（四）内部控制形成五项职能的制衡思维

内部控制的重要职能包括梳理企业业务工作、完善相关领域内控制度文件、制定企业治理各个领域的方案、完善企业管理制度体系。在管理过程中，需要优化内控制度体系，落实内控制度体系与企业日常管理相互融合的落地方式。数字化转型为企业内部控制的体系构建和实施带来变革。数字化转型产生了新的技术和系统，需要建立与之相适应的新的内控制度。基于数字化系统的内控改善，由于系统权限的严格设置和流程的自动化执行，规避了相关职责的落地风险。

数字化转型提升了内部控制制度执行的效率。除了对业务流程和经营管理进行风险监控外，数字化的内部控制系统还要对信息系统和数据中台进行风险监控。例如企业为了打破信息系统的沟通壁垒而建立了数据中台，数据中台的存储安全、数据标准、运行合规等，都需要建立新的内部控制制度，以防范相关风险。

在内部控制措施方面，数字化背景下的风险控制、不相容岗位分离控制、授权审批、会计系统控制、财产保护控制、预算控制、营运分析控制、绩效考评控制等措施，由于数字化系统的建设和流程的改进，都将与传统内控模式不同。数字化内控体系的构建要更加重视信息技术的控制，保证信息系统安全、有效运行。数字化环境下的业务运作将更加依赖于数字化系统，因此对信息系统的控制成为企业内部控制体系适应数字化转型的基础。

从技术层面来讲，要加强对信息系统的开发与维护、访问与变更、数据输入与输出、信息储存与保管、网络安全等控制，保证信息系统在授权、运维、存储等方面的合规性和安全性。

内部控制可以分为财务控制和管理控制两方面。财务控制主要指与财务报表及财务组织、流程相关的内部控制。财务数字化系统的建立，运用数字化技术重构财务流程，提升了财务数据的质量和财务运营的效率，降低了财务报表信息质量的相关风险，从而使财务更好地赋能管理、辅助经营和支撑决策。管理控制涉及企业生产、技术、经营、管理的各部门及环节，需要加强各领域流程的数字化内控建设，以提升内控的运营效率。

（五）内部审计形成五项职能的兜底管控

内部审计机构应向董事会汇报工作。内部审计采取集中管理、统一实施的工作机制；细化完善机构设置和人员配备要求，进一步明确内部审计机构按照“管审分离”原则，分离业务管理和业务实施。内审机构应加强与组织人事等部门的协作配合，建立联动机制。审计整改工作要求被审计单位的主要负责人为整改第一责任人。强化审计结果运用，建立问题清单台账，通过健全制度、堵塞漏洞、提升管理，促进审计成果转化。将内部审计结果及整改情况作为考核、任免、奖惩干部和相关决策的重要依据。

在内部审计管理过程中，需要针对企业的经营业绩，按照管理考核口径和内部专项服务口径做好确认工作，并就企业的经营过程，完成相关文件、企业标识、员工培训和宣传资料、相关活动资料、规范、企业文化评估报告、定期报告及临时报告、廉洁责任书、决策过程记录或会议纪要、廉洁风险登记表、信访举报记录及处理结果、贪腐舞弊行为的处理意见等，形成企业一体化运作的收口。

第三节　本章小结

在剧烈变化的外部经济形势下，企业发展尤其面临各个环节、各个层面的风险。为此，企业需要及时调整战略，突破发展瓶颈，采取妥善的风控措施，应用合适的风控工具，才能确保可持续发展。

和国有企业不同，民营企业的生存需要综合考虑市场拓展和持续运行方法，民营企业做好独具特色的风控系统建设非常关键。

民营企业面临着数字经济背景和日渐复杂的外部环境，系统做好企业战略规划和优化，持续获得市场份额，确保企业在所在赛道具有持续的竞争优势，并在成本可控前提下，做好一揽子风控措施，实现五项职能的落地非常必要。

民营企业可以按照集约化方式，推动五项职能的风控措施落地，借助十大工具的系统应用，实现流程、制度、平台的协同，实现五项职能的专业化运作，解决企业三道防线和证据链支持的协同，推动企业管理向构建企业生态系统转化，改善企业生存状态，实现活下来、活得好、活得久的根本目标。

民营企业为达成有效风控的目标，综合推动五项职能的融合，确保发展过程中达成各阶段价值的创造逻辑，实现企业发展有效风控系统的落地，实现系统的协同，借助风控系统实现企业价值网络重构和价值生态共建演变。

因此，通过风控五项职能的融合，形成意识形态、底线思维、战略价值、制衡模式、兜底管控系统的落地，借助企业风险管理、内部控制、审计监督、合规和法务等专业部门的职能整合，通过一体化融合手段，做到既能成功化解存量风险，同时也能筑牢风险防范体系的有效治理。

本章参考文献

[1] 梁珊. 基于RFID技术的智能化资产管理系统［J］. 数字技术与应用，2021，39（12）：166-168.

[2] 凌尧帆，胡晓琪，喻玲. 互不挖角协议的垄断风险与管理：以企业反垄断合规为视角［J］. 中国人力资源开发，2021（12）：86-98.

[3] 冯晓霞. 合规时代的企业人力资源合规控制挑战与机遇［J］. 光彩，2019（10）：58-59.

[4] 王海林. IT环境下企业内部控制模式探讨［J］. 会计研究，2008（11）：63-68+97.

[5] 石爱中. 从内部控制历史看内部控制发展——内部控制的信息化改造［J］. 审计研究，2006（6）：3-7.